컴퓨터 프로그램 거래는 매매계약이다

허 명 국

한림대학교 출판부

목 차 _ contents

第 1 章

서 론

第1章 서론

第1節 서술의 목적

컴퓨터 프로그램을 하드웨어와 독립한 상품으로 판매하는 소위 언번들링(Unbundling) 전략의 성공으로 이제는 누구나 손쉽게 컴퓨터 프로그램을 구매[1]할 수 있게 되었다. 얼마 전까지만 해도 컴퓨터 프로그램은 컴퓨터 하드웨어에 끼워 팔거나 하드웨어를 구매하면 대가없이 자동으로 얻게 되는 것이었으나, 이제는 하드웨어와는 독립된 거래의 객체로서 생활필수품이 되었다고 하여도 과언이 아닐 정도이다.[2] 컴퓨터 프로그램의 경제적 가치가 점차 커지면서 컴퓨터 프로그램 개발자들은 자신들이 컴퓨터 프로그램의 개발에 투하한 시간, 비용, 지식 그리고 노동력에 대한 대가를 보호하기 위하여 노력하게 되었고, 많은 나라들은 컴퓨터 프로그램을 저작권법에 의해 명문으로 보호하기에 이르렀다. 우리나라에서도 저작권법 제4조 제1항 제9호를 통하여 컴퓨터 프로그램을 저작물로서 인정하고 있다.[3] 컴퓨터 프로그램이 저작물로 인정됨으로 인하여 컴퓨터 프로그램에 대한 보호의

---

1) '구매'라는 용어는 전형계약인 매매계약을 염두에 둔 용어가 아님을 밝혀둔다.

2) 컴퓨터프로그램보호위원회 편, 2007년도 SW정품사용 실태 및 의식 조사연구, 2008, 166-169면에 의하면 응답자들이 최근 1년간 컴퓨터 프로그램을 구입한 개수를 살펴보면 1개가 39.2%, 없음이 31.0%, 2개가 20.1%, 3개가 5.8%, 4개가 0.9%, 6개 이상이 1.2%라고 한다. 또한 컴퓨터 프로그램 구입에 지출한 비용에 관한 조사를 보면 1만원에서 10만원 이하가 41.6%, 없음이 32.9%, 11만원에서 20만원 이하가 11.7%, 21만원에서 50만원 이하가 8.4%, 51만원 이상이 5.4%라고 한다.

3) 1986. 12. 31. 개정된 저작권법에서 처음으로 컴퓨터 프로그램을 저작물로 인정하였고, 컴퓨터 프로그램 저작물의 보호 등에 관하여 필요한 사항은 따로 법률로 정한다는 규정에 따라 1986. 12. 31. 법률 제3920호로 컴퓨터프로그램보호법이 제정·시행되었다. 그 후 2009년 4월 22일 개정된 저작권법에 컴퓨터프로그램보호법의 내용이 흡수되고 2009년 7월 23일을 기준으로 컴퓨터프로그램보호법은 폐지되었다.

문제는 어느 정도 해결되었지만,[4] 정신적 산물로서의 컴퓨터 프로그램 저작물로부터 생산된, 거래의 목적물로서의 컴퓨터 프로그램의 거래를 어떻게 규율할 것인가의 문제는 여전히 미해결의 문제로 남아 있다.

컴퓨터 프로그램 거래를 둘러싸고 발생하는 가장 중요한 민법상의 분쟁은 컴퓨터 프로그램에 하자가 있는 경우 이를 어떻게 규율해야 할 것인가라는 문제이다. 컴퓨터 프로그램 거래를 전형계약 중 하나로 파악할 수 있는 경우에는 그 전형계약의 하자담보책임규정이 적용될 수 있을 것이지만, 전형계약 중 어느 것으로도 분류할 수 없는 경우에는 컴퓨터 프로그램 거래에서 발생한 하자를 어떻게 규율할 것인지 다시 검토해야 할 것이다. 결국 컴퓨터 프로그램 거래가 전형계약 중의 하나인가 아니면 전형계약유형 중 어떤 것으로도 분류될 수 없는 비전형계약인가라는 컴퓨터 프로그램 거래의 법적 성질이 결정되어야만 컴퓨터 프로그램 거래에서 발생한 하자담보책임을 어떻게 규율할 것인지 결정할 수 있게 된다.

컴퓨터 프로그램의 취득자가 그 취득목적을 모두 달성하는 등 컴퓨터 프로그램이 더 이상 필요없게 된 경우에 그 컴퓨터 프로그램을 제3자에게 재판매하거나 증여할 수 있는지의 여부도 컴퓨터 프로그램 거래의 법적 성질이 결정되어야 해결될 수 있는 문제 가운데 하나이다. 저작권법 제20조는 "저작자는 저작물의 원본이나 그 복제물을 배포할 권리를 가진다. 다만, 저작물의 원본이나 그 복제물이 해당 저작재산권자의 허락을 받아 판매 등의 방법으로 거래에 제공된 경우에는 그러하지 아니하다"고 규정하고 있다. 이에 따르면 컴퓨터 프로그램이 판매의 방법으로 거래에 제공된 경우에만 그것의 취득자는 자신이 취득한 컴퓨터 프로그램을 재판매하거나 증여할 수 있게 된다. 따라서 컴퓨터 프로그램 거래가 저작권법 제20조 단서에서 말하는 판매의 방법으로 이루어진 것인지에 따라서 컴퓨터 프로그램 취득자가 자신이 취득한 컴퓨터 프로그램을 재판매할 수 있는지 여부가 결정될 것

---

4) 컴퓨터 프로그램의 보호의 문제가 완전히 해결된 것은 아니다. 독일이나 미국에서도 여전히 컴퓨터 프로그램이 특허권에 의해서 보호될 수 있는지의 문제가 다투어지고 있다.

이다.

컴퓨터 프로그램 거래의 법적 성질을 결정하는 것은 그 밖에도 취득한 컴퓨터 프로그램이 멸실된 경우에 그 위험을 누가 부담하는가의 문제와 할부거래에관한법률이 적용되는지를 결정함에 있어서도 선결문제로서 의미를 가진다. 컴퓨터 프로그램 거래를 매매계약으로 파악하는 경우에는 매수인은 그가 소유권을 취득한 매매목적물이 멸실되는 경우 그 멸실의 위험을 부담하게 될 것이다. 그러나 컴퓨터 프로그램 거래를 라이선스 계약으로 파악한다면 라이선스 취득자는 컴퓨터 프로그램의 멸실의 위험을 부담하지 않을 것이다. 할부계약에 의한 거래를 공정하게 규율하기 위해 제정된 할부거래에관한법률은 동산의 매매계약을 그 적용범위로 하고 있다. 따라서 컴퓨터 프로그램 거래를 동산의 매매계약으로 파악할 수 있는 경우에만 동법이 적용될 수 있을 것이다.

종래부터 저작권법에 의한 보호가 인정되고 있는 기존의 정신적 산물인 서적, 음반, 비디오테이프 등은 물건으로 보고 그 거래는 매매라는 것이 통일된 견해이다. 이에 따르면 서적, 음반, 비디오테이프 등에 하자가 있는 경우에는 매매계약의 하자담보책임규정이 적용될 것이고, 그 매수인은 자신이 취득한 서적, 음반, 비디오테이프를 저작권법 제20조 단서에 따라서 제3자에게 재판매하거나 증여할 수 있다. 그리고 할부로 이와 같은 것을 구매한 경우에는 할부거래에관한법률이 적용되고, 구입한 서적, 음반, 비디오테이프 등이 멸실된 경우에는 그 위험은 매수인이 부담하게 된다.

그런데 새로이 지적인 산물로 인정받은 컴퓨터 프로그램도 기존의 서적, 음반, 비디오테이프와 동일하게 취급될 수 있는 것인지 아니면 컴퓨터 프로그램은 기존의 것들과는 달리 취급되어야 할 다른 성질을 가지고 있는 것인지에 대하여는 아직까지 통일된 견해가 도출되지 않고 있다. 특히 컴퓨터 프로그램은 자기테이프, CD 또는 DVD와 같은 유체물인 정보저장매체에 고정됨이 없이 인터넷과 같은 정보통신망을 통하여 전송될 수 있다는 점이 위 문제에 대한 해결을 더욱 어렵게 하고 있다.

또한 컴퓨터 프로그램 개발자들은 자신들이 개발한 정신적 산물인 컴퓨터 프로그램에 대한 보호를 더욱 강화하기 위해서 기존의 정신적 산물인 책이나 음반 등의 거래방식과는 다른 방식의 거래를 개발해 내었다. 컴퓨터 프로그램에 대한 보호장치로서 저작권이 갖고 있는 '한계'를 극복하고 자신들의 이윤을 더욱 극대화하기 위해서 라이선스라는 방법으로 컴퓨터 프로그램을 거래하고 있다. 컴퓨터 프로그램 개발자들이 개발해 낸 라이선스라는 거래방식이 컴퓨터 프로그램의 거래의 성질을 판단하는 데 있어서 어떠한 의미를 갖는가 하는 점도 함께 해결되어야 할 문제이다. 그런데 컴퓨터 프로그램 개발자가 직접 자신이 개발한 컴퓨터 프로그램 저작물로부터 제작된 거래의 목적물로서의 컴퓨터 프로그램을 유통시키는 경우도 있지만 중간에 하나 혹은 다수의 상인이 개입되는 경우가 일반적이다. 이렇게 중간에 상인이 개입된 유통구조 속에서 컴퓨터 프로그램 개발자는 컴퓨터 프로그램의 사용자에게 컴퓨터 프로그램의 사용에 대한 여러 가지 제한을 부과하기 위해서 직접 컴퓨터 프로그램 사용자와 접촉하려고 시도한다. 소위 슈링크랩라이선스(shrinkwrap-license), 클릭랩라이선스(clickwrap-license) 등은 이러한 시도의 구체적인 방법들이다. 이러한 시도들이 거래관계를 더욱 복잡하게 만들어 컴퓨터 프로그램 거래의 법적 성질을 파악하는 것을 한층 더 어렵게 만들고 있으므로 이에 관한 정확한 검토가 필요할 것이다.

이와 같이 이론적, 실무적으로 중요한 의미를 갖는 컴퓨터 프로그램 거래의 법적 성질이 결정되어야 컴퓨터 프로그램 거래에 대한 규율내용이 당사자들에게 예측가능한 것이 되어 컴퓨터 프로그램 개발자와 사용자가 명확한 규율내용에 따라 자신들의 행동양식을 결정할 수 있게 될 것이다. 이 책에서는 컴퓨터 프로그램 거래를 둘러싸고 발생할 수 있는 민법상의 하자담보책임, 재판매의 가능성, 위험부담 등에 관한 규율내용 결정의 선결문제인 컴퓨터 프로그램 거래의 법적 성질을 명확히 규명하고자 한다. 이를 통하여 컴퓨터 프로그램 개발자와 사용자가 명확한 규율내용에 따라 자신들의 행동양식을 결정하는데 기여할 수 있기를 기대한다.

第2節 서술의 범위 및 방법

컴퓨터 프로그램[5]은 그 사용자의 범위에 따라서 표준 컴퓨터 프로그램과 주문형 컴퓨터 프로그램으로 나눌 수 있다. 시장에 존재하는 불특정 다수의 사용자들을 위한 컴퓨터 프로그램을 표준 컴퓨터 프로그램이라 한다. 이에 반해서 특정한 사용자의 특별한 사용목적에 따라서 제작되는 컴퓨터 프로그램은 주문형 컴퓨터 프로그램이라고 한다.[6]

컴퓨터 프로그램 거래[7]의 법적 성질을 논함에 있어서 공급되는 컴퓨터 프로그램이 표준 컴퓨터 프로그램이냐 주문형 컴퓨터 프로그램이냐를 구분하여서 논하는 것이 보통이다.[8] 표준 컴퓨터 프로그램의 공

---

5) 이 책에서는 컴퓨터 프로그램과 소프트웨어를 같은 의미로 사용하기로 한다. 다만 혼동을 피하기 위해서 컴퓨터 프로그램이라는 용어를 주로 사용하고 소프트웨어는 꼭 필요한 곳에서만 사용하기로 한다. 일부 문헌에서는 컴퓨터 프로그램과 소프트웨어를 구별하여 소프트웨어는 디지털화된 정보와 그것을 담고 있는 정보저장매체만을 의미하고 컴퓨터 프로그램은 소프트웨어와 그것에 부속된 사용설명서 등을 포함하는 의미로 사용하기도 한다. 예컨대, Mängelansprüche bei Software-Verträgen, BB 1985, 1160; Kindermann, Vertrieb und Nutzung von Computersoftware aus urheberrechtlicher Sicht, GRUR 1983, 150; Mehrings, Computersoftware und Gewährleistungsrecht, NJW 1986, 1905.

6) Hoeren, Softwareüberlassung als Sachkauf, München 1989, S. 3 Rn. 6; Marly, Softwareüberlassungsverträge, 4. Aufl., München 2004, S. 19 Rn. 42; Mehrings, NJW 1986, 1905; Sodtalbers, Softwarehaftung im Internet, Frankfurt a.M. 2006, S. 121 Rn. 177.

7) 이 책에서 사용하는 컴퓨터 프로그램 거래라는 용어는 법적으로 중립적이며 어떠한 특정한 계약유형과도 관련되어 있지 않음을 밝혀둔다. 처음에는 컴퓨터 프로그램 양도계약이라는 용어의 사용을 검토하였으나 '양도'는 소유권의 이전을 의미하기 때문에 어떤 특정한 계약유형과 결합되지 않은 중립적인 의미로 사용하기에는 무리가 있는 것으로 생각되어 컴퓨터 프로그램 거래라는 용어를 사용하기로 하였다.

8) Damm, Zivil, urheber und wettbewerbsrechtliche Fragen zum Handel mit Software, Münster 2004, S. 151 ff; Dörner/Jersch, Die Rechtsnatur der Softwareüberlassungsverträge, IuR 1988, 138 ff; Hoeren, a.a.O., S. 3 Rn. 6 ff; Kindermann, GRUR 1983, 150 ff; Krauß, Die Auswirkung der Schuldrechtsreform auf Softwareüberlassungsverträge, Münster 2004, S. 3 f; Lenhard, Vertragstypologie von Softwareüberlassungsverträgen, München, 2006 S. 116 ff; Marly, a.a.O., S. 19 Rn. 42 ff; v. Ohlen, Die Rechtliche

급의 경우에는 컴퓨터 프로그램 공급자의 양도의무(Übergabepflicht)가 주된 급부의무인 반면에 주문형 컴퓨터 프로그램의 공급의 경우에는 공급에 앞선 컴퓨터 프로그램의 제작이 계약관계의 핵심에 놓여 있다.[9] 이처럼 양 계약관계에 있어서 각각의 주된 급부의무가 상이하므로 양 계약은 계약유형론상(vertragstypologisch) 다른 계약유형으로 분류되어야 할 것이다. 따라서 컴퓨터 프로그램 거래의 법적 성질을 논함에 있어서 표준 컴퓨터 프로그램과 주문형 컴퓨터 프로그램을 구별하여서 논하는 것이 타당할 것이다.[10]

이하의 논의는 표준 컴퓨터 프로그램의 공급에 한정될 것이다. 즉 저장매체의 공급과 함께 혹은 저장매체의 공급없이 이루어지는 표준 컴퓨터 프로그램의 영구적 공급과 일시적 공급의 법적 성질을 규명하는데 초점이 맞추어 질 것이다. 이러한 범위의 설정은 주문형 컴퓨터 프로그램의 제작은 도급계약에 의해 이루어진다는데 다툼이 없으며, 표준 컴퓨터 프로그램의 거래가 컴퓨터 프로그램 거래의 전형이라는 점에 의해서 정당화될 수 있을 것이다.[11] 표준 컴퓨터 프로그램의 거래 중에서도 대가없이 이루어지는 것은 논의의 범위에서 제외하기로 한다. 유상으로 이루어지는 컴퓨터 프로그램의 거래가 일반적인 모습

Einordnung des Softwareüberlassungsvertrages, Göttingen 1991, S. 15 ff; Pres, Gestaltungsformen urheberrechtlicher Softwarelizenzverträge, S. 74 ff; Ruppelt, Die Überlassung von Computerprogrammen, S. 21 ff.

9) Dörner/Jersch, IuR 1988, 138 ff; Hoeren, a.a.O., S. 3 Rn. 6 f; Lenhard, a.a.O., S. 148; Marly, a.a.O., S. 19 Rn. 42 ff.

10) Dörner/Jersch, IuR 1988, 138; Hoeren, a.a.O., S. 3 Rn. 6; Kotthoff, Softwareerstellungs-Verträge nach der Schuldrechtsmodernisierung, K&R 2002, 105; Marly, a.a.O., S. 19 Rn. 42.

11) 주문형 컴퓨터 프로그램의 제작을 목적으로 하는 계약은 도급계약(Werkvertrag)이라는 점에 견해가 일치한다. Bartl, Hardware, Software und Allgemeine Geschäftsbedingungen, CR 1985, 13; Braun, Überlassung von Computerprogrammen an den Anwender als Werkvertrag, BB 1992, 154; Dörner/Jersch, IuR 1988, 138; Hoeren, a.a.O., S. 3 Rn. 8; Marly, a.a.O., S. 19 Rn. 42; Mehrings, NJW 1986, 1904; Sodtalbers, a.a.O., S. 121 Rn. 177. 이렇게 볼 때 다수의 대중들이 그들의 특별한 요구에 따른 조정없이 접근가능한 컴퓨터 프로그램인 셰어웨어(Shareware)와 프리웨어(Freeware)는 언제나 표준 컴퓨터 프로그램일 수밖에 없다. Busse, Verträge über Freeware und Shareware, Berlin 2002, S. 6.

이며 주로 이로부터 법적 문제가 발생하므로 이를 중심으로 컴퓨터 프로그램 거래의 법적 성질을 살펴보기로 한다.

또한 이 책은 컴퓨터 프로그램 거래의 법적 성질을 탐구하는데 중점을 두기로 한다. 컴퓨터 프로그램 거래의 법적 성질이 확정된 후에는 컴퓨터 프로그램의 하자로부터 발생하는 하자담보책임, 컴퓨터 프로그램의 재판매 가능여부, 멸실에 대한 위험부담 문제, 컴퓨터 프로그램을 할부로 거래하는 경우에는 할부거래에관한법률의 적용여부 등이 문제가 된다. 이러한 주제들은 그 자체로 독립한 연구주제가 되므로 이하에서는 이에 관하여 컴퓨터 프로그램 거래의 법적 성질을 이해하는 데 필요한 범위내에서 개괄적인 사항만 논하기로 하고 각각의 주제에 관한 세부적인 사항은 참고문헌을 제시하는 것으로 한정하기로 한다.

컴퓨터 프로그램의 법적 성질 및 그것의 거래의 법적 성질에 대한 논의는 독일과 미국에서는 1980년대 초반부터 전개되었다. 이에 비해 한국에서는 아직까지도 이에 대한 본격적인 논의가 초기단계에 머무르고 있다고 생각된다. 따라서 우선 독일과 미국에서의 논의를 정리하여 그 결과를 우리나라에서의 논의와 비교하여 우리나라의 법체계 속에서 컴퓨터 프로그램의 거래를 어떻게 규율하여야 하는지 시사점을 찾아야 할 것이다. 독일 및 미국에서의 논의와 우리나라에서의 논의를 비교하는 방법으로는 각 주제별로 논의를 전개하는 방법보다는 각 나라별로 나누어서 논의를 진행하기로 한다. 독일과 우리나라는 유사한 법체계를 가지고 있어 컴퓨터 프로그램 거래의 법적 성질에 관한 논의의 전개과정도 유사하지만, 미국과 우리나라는 서로 다른 법체계를 가지고 있어 주제별로 논의를 전개하면 서로 다른 맥락 속에서 다른 의미를 가지고 있는 유사한 내용의 논의를 우리 법의 체계에 맞추는 과정에서 오류가 발생할 위험이 있다고 판단하였다.

그러므로 이하에서는 우선 독일과 미국에서 이루어지고 있는 컴퓨터 프로그램 거래의 법적 성질에 관한 학설과 판례를 자세히 살펴보고 그 후에 한국에서의 이론을 검토하면서 독일 및 미국에서의 논의와 비교검토 하여 그로부터 시사점을 발견하고 그에 따라 컴퓨터 프로그램 거래의 법적 성질에 대한 결론을 내리는 방법으로 서술할 것이다.

第 2 章

독일에서의 논의

第2章 독일에서의 논의

第1節 개관

독일에서는 1980년대 초반에 컴퓨터 프로그램 및 컴퓨터 프로그램 거래의 법적 성질에 관하여서 논의가 시작되어 현재에 이르기까지 격렬하게 다투어지고 있다.[12] 이러한 논의의 핵심에는 소위 표준 컴퓨터 프로그램(Standardsoftware)이 자리잡고 있다. 컴퓨터 프로그램이 독일 민법 제90조의 물건인지 그리고 컴퓨터 프로그램 거래를 물건의 매매 혹은 임대차를 규율하는 법규정으로 규율할 수 있는지의 여부, 더 정확하게 말하자면 컴퓨터 프로그램에 하자가 있는 경우 독일 민법상 각 계약유형별로 규정되어 있는 하자담보책임규정이 그대로 적용될 수 있는 것인지의 여부가 컴퓨터 프로그램 및 이의 거래의 법적 성질에 관한 논의의 핵심쟁점들이었다.[13]

---

12) Baus, Verwendungsbeschränkungen in Softwareüberlassungsverträgen, Köln 2004, S. 1.

13) BGH Urt. v. 03.06.1981 - Ⅷ ZR 153/80, NJW 1981, 2684 ff. 이 사례에서 원고는 회사내부의 데이터를 저장하고 처리하기 위해서 피고와 라이선스계약(Lizenzvertrag)을 체결하고 'System 2000' 이라는 컴퓨터시스템을 인도받아 사용하였다. 그런데 그 컴퓨터시스템에는 일정한 시간이 지나면 시스템이 작동되지 않도록 하고, 피고가 조작을 하여야만 다시 시스템을 사용할 수 있도록 하는 차단장치(Sperre)가 프로그램되어 있었다. 그리고 원고와 피고간의 라이선스계약에는 차단장치에 관한 약정이 존재하지 않았다. 이에 원고는 피고에게 즉시 그 차단장치를 제거할 것을 청구하고 이를 위한 기한을 설정하면서 그 기한이 경과하기 전에 피고가 이를 이행하지 않으면 계약을 해제(Rücktritt)한다고 통지하였다. 정한 기한이 지나도록 피고가 아무런 조치도 취하지 않자 원고는 계약을 해제하고 자신이 이미 지불한 사용료의 반환을 청구하였다. 독일연방대법원은 이 계약을 노하우계약(Know-how-Vertrag)이라 하고 이에 임대차의 규정이 유추적용(analoge Anwendung)될 수 있다고 하면서, 피고가 미리 프로그램해 둔 차단장치(vorprogrammierte Sperre)는 하자(Mangel)가 아니므로 원고는 이 계약을 해지(Kündigung)할 수 없다고 판시하였다; BGH Urt. v. 05.10.1981 - Ⅷ ZR 259/80, NJW 1982, 696 ff. 이 사건에서 원고는 피고에게 피고가 운영하는 치과

컴퓨터 프로그램 거래에서 발생하는 이와 같은 문제들을 해결하기 위해서는 먼저 컴퓨터 프로그램 거래의 법적 성질이 무엇인지 확정하는 것이 필요하다. 독일의 입법자들은 민법(Bürgerliches Gesetzbuch)과 상법(Handelsgesetzbuch)에 독일사회에서 빈번하게 등장하는 개별적인 계약관계들을 규정하고, 각 개별계약관계에 있어서 특유한 당사자들의 권리와 의무를 정해놓고 있다. 이 각 계약유형들에 대한 법률규정들은 그에 따를 경우 계약당사자의 이해관계의 균형을 이루게 되는, 즉 합리적인 것으로 이해되고 있다.[14] 이렇게 법전에 규정된 계약유형들이 독일사회 내에서 성립가능한 모든 계약을 열거한 것은 아니며, 계약의 당사자들은 계약자유의 원칙(Prinzip der Vertragsfreiheit)에

병원에서 병원업무관리를 위한 컴퓨터시스템을 36개월의 기간 동안 월임대료 2303.31DM에 임대하여 주었다. 약정한 컴퓨터시스템을 인도받은 피고는 임대료를 지불하지 않고 오히려 컴퓨터시스템에 하자가 있음을 이유로 임대차계약의 해지(außerordentliche Kündigung)를 통지하였다. 피고는 자신이 인도받은 컴퓨터시스템을 이용하여 작성한 청구서를 독일 뮌헨주의 의료보험연맹이 거절하였고, 따라서 피고는 청구서를 수작업으로 작성할 수밖에 없었다는 점을 계약해지의 이유로 들었다. 이에 원고는 계약은 해지되지 않았고 오히려 자신이 임대료 미지급을 이유로 계약을 해지하며 계약조건에 따라 전임대기간에 대한 임대료를 청구하였다. 독일연방대법원은 원고의 청구를 기각한 원심판결을 확정하였다; BGH Urt. v. 04.11.1987 - Ⅷ ZR 314/86, CR 1988, 124 ff. = NJW 1988, 406 ff. 이 사건의 사실관계는 다음과 같다. 컴퓨터시스템(하드웨어와 소프트웨어)을 판매하는 원고는 컴퓨터 프로그램을 제작하는 일을 하는 피고에게 컴퓨터 하드웨어와 운영체제 그리고 그 외에 두 개의 프로그램이 설치된 컴퓨터시스템을 판매하였다. 이 컴퓨터시스템에 설치된 컴파일러(Compiler)를 이용해서 프로그램을 제작한 피고는 그 컴파일러에 하자가 있어 자신이 제작한 프로그램에도 하자가 있다는 사실을 발견하였고, 원고에게 이 하자를 제거해 줄 것을 청구하고 원고가 이에 응하지 않을 경우에는 계약을 해제청구(Wandlung)하겠다고 통지하였다. 이에 대하여 원고는 피고에게 매매대금의 지급을 청구하였다. 독일 연방대법원은 이 계약을 매매계약으로 보고 매매규정을 적용하였다. 따라서 컴퓨터 프로그램에 하자가 있는 경우에 독일 구민법 제459조와 제469조가 적용되어 피고는 계약을 해제청구(Wandlung)할 수 있다고 판시하였다.

14) Diedrich, Typisierung von Softwareverträgen nach der Schuldrechtsreform, CR 2002, 474; Martinek, Moderne Vertragstypen Band Ⅰ; Leasing und Factoring, München 1992, S. 17f; Schmid, Probleme der Rechtsnaturbestimmung moderner Vertragstypen, CR 1994, 514; Staudinger/Mayer-Maly, Einl. zu § 433 Rn. 5 ff; Erman/Kindl, Vor § 311 Rn. 9; Münch-Komm/Thode, § 305 Rn. 56 ff.

따라서 자유롭게 민법이나 상법에 규정되지 않은 새로운 유형의 계약을 만들어 낼 수 있으며, 민법이나 상법에 규정된 유형의 계약을 체결하는 경우에도 그 계약유형을 규율하는 법률규정들 중 일정한 규정과 다른 내용을 약정할 수 있다.[15] 따라서 새로운 유형의 계약인 것처럼 보이는 거래유형이 등장하는 경우에는 우선 그것이 법률에 규정되어 있는 계약유형들 중 하나에 포섭(Subsumtion)될 수 있는 것인지 검토되어야 한다. 그리고 그것이 부정되는 경우에야 비로소 비전형계약(atypischer Vertrag)이라고 인정될 수 있다.[16] 계약의 유형이 확정되면 그에 따라서 그 계약의 이행과정에서 발생하는 문제들을 해결하는데 기준이 되는 법률규정이 확정된다. 계약의 유형을 확정하는 방법론을 계약유형론(Vertragstypologie)이라고 하고, 컴퓨터 프로그램 거래의 법적 성질 역시 이 방법론에 따라서 결정된다.[17]

계약유형론에 따르면, 계약유형은 해당 계약에서 발생하는 당사자의 주된 급부의무와 법에 규정된 계약유형에서 발생하는 당사자의 주된 급부의무(Hauptleistungspflichten)의 비교를 통해 결정된다.[18] 따라서 컴퓨터 프로그램 거래의 법적 성질을 확정하기 위해서는 컴퓨터 프로그램 거래에 참여하는 당사자의 주된 급부의무를 밝히는 것이 우선되어야 한다. 그런데 당사자의 주된 급부의무를 확정하기 위해서는 다시금 거래의 목적물인 컴퓨터 프로그램의 법적 성질이 무엇인지, 컴퓨터 프로그램 거래의 정확한 대상이 무엇인지, 그리고 거래당사자의 이해관계는 어떠한지가 선결문제로서 먼저 해결되어야 한다. 독일에서는 컴퓨터 프로그램이 저작권법에 의한 보호대상으로 규정되어 있다. 그러므로 컴퓨터 프로그램을 둘러싼 저작권법상의 문제들 역시 컴퓨터 프로그램 거래에 참여한 당사자의 주된 급부의무를 확정함에 선행하여 해결되어야 할 것이다.

이러한 논의 과정에서 수많은 학설들이 제시되었는데 대체적으로 세 개의 그룹으로 나누어서 개관해 볼 수 있다. 첫째로 컴퓨터 프로

15) Brox/Walker, Allgemeines Schuldrecht, 30. Aufl., München 2004, S. 30 § 4 Rn. 12 f.
16) Münch-Komm/Thode, § 305 Rn. 56.
17) Lenhard, a.a.O., S. 2 ff.
18) 이에 관하여 자세한 것은 후술할 이 책 제2장 제2절 Ⅳ. 계약유형론 참조.

그램의 물건성을 부정하고 이의 거래를 라이선스계약으로 파악하는 견해이다. 둘째로 컴퓨터 프로그램의 물건성을 부정하지만 컴퓨터 프로그램의 거래에는 매매계약의 규정이 직접 혹은 유추적용될 수 있다는 견해이다. 셋째로 컴퓨터 프로그램의 물건성을 인정하고 그것의 거래를 물건의 매매로 보는 견해이다. 독일연방대법원은 초기에는 컴퓨터 프로그램 거래를 라이선스계약으로 보았다. 그 후 1987년 판결[19]에서 최초로 컴퓨터 프로그램 거래에 매매규정을 적용하였고 그것이 오늘에 이르고 있다.

요컨대 독일에서는 1980년대 초반부터 컴퓨터 프로그램 거래에서 발생하는 문제들을 컴퓨터 프로그램 거래의 법적 성질을 계약유형론에 따라서 계약당사자가 부담하는 주된 급부의무를 통하여 확정함으로써 그 거래를 규율하는 규범을 확정하고 이에 따라서 해결해 왔으며 그 과정에서 다양한 학설들이 제시되었다.

第2節 컴퓨터 프로그램 거래의 법적 성질 결정의 선결문제들

Ⅰ. 컴퓨터 프로그램의 개념 및 법적 성질

1. 컴퓨터 프로그램의 개념

가. 컴퓨터 프로그램에 관한 일반적 정의

컴퓨터 프로그램의 개념에 관하여 일반적으로 승인된 정의는 아직 존재하지 않는다.[20] 다만 세계지적재산권기구(WIPO, World Intellectual Property Organization)가 1977년 공표한 컴퓨터 프로그램의 보호를 위한 모범규정[21]에 있는 개념정의가 학자들 가운데서 폭넓게 지지를 받고 있을 뿐이다. 이에 의하면 컴퓨터 프로그램이란 “기계적으로 판독

19) BGH Urt. v. 04. 11. 1987 - Ⅷ ZR 314/86, CR 1988, 124 ff.

20) Lenhard, a.a.O., S. 5; Marly, Die Qualifizierung der Computerprogramme als Sache nach § 90 BGB, BB 1991, 433; Sodtalbers, a.a.O. S. 25 Rn. 4.

21) Mustervorschriften für den Schutz von Computersoftware.

가능한 저장매체에 저장되면 정보처리능력이 있는 장치로 하여금 특정한 기능을 나타내거나 작업을 수행, 또는 특정한 결과를 얻도록 하는 작용을 할 수 있게 되는 일련의 명령들"을 말한다고 한다.22) 독일 연방대법원은 세계지적재산권기구의 정의를 그대로 원용하고 있으며23), 많은 문헌들에서도 이와 비슷한 정의들을 찾아볼 수 있다.24) 이러한 정의들을 살펴보면 무엇보다도 컴퓨터 프로그램의 정보처리장치의 조정기능(Steuerungsfunktion)이 컴퓨터 프로그램 개념의 핵심적인 요소임을 알 수 있다.25) 정보처리장치의 조정이란 정보를 정보처리장치의 저장장치에 프로그램이 지시하는 대로 쓰거나 지우도록 하는 것을 의미한다.26) 따라서 컴퓨터 프로그램은 정보처리장치의 조정기능이 없고 단지 정보처리작업의 목적물로서 존재하는 정보(Daten)와는 구별되어야 한다고 한다.27)

나. 거래상의 컴퓨터 프로그램 개념과 저작권법상의 컴퓨터 프로그램 개념

위에서 말한 WIPO의 컴퓨터 프로그램의 개념정의는 저작권법(Urheberrechtsgesetz)에 따른 컴퓨터 프로그램의 보호를 위하여 만들어진 것이다.28) 따라서 저작권법에 의해서 보호되는 저작물로서의 컴퓨터 프로그램이 그 중심에 위치한다. 저작자의 창작자(Schöpfer)로서의 정신적인 활동(geistige Leistung)을 보호하는 것이 목적인 저작권법과

22) Mustervorschriften für den Schutz von Computersoftware § 1(i).

23) BGH Urt. v. 09.05.1985 - Ⅰ ZR 52/83, BGHZ 94, 276(283).

24) 특히 독일표준기구(Deutsches Institut für Normung)에서 발간한 DIN 44300 Teil 4 Nr. 4.1.9. 참조; Lenhard, a.a.O., S. 5; Marly, a.a.O., S. 1.

25) Dworatschek, Grundlagen der Datenverarbeitung, 9. Aufl., 1989, S. 51; Marly, BB 1991, 433; ders, a.a.O., S. 9 Rn. 26 f; Sodtalbers, a.a.O., S. 28 Rn. 10.

26) Sodtalbers, a.a.O., S. 28 Rn. 10. 그는 컴퓨터 프로그램을 "정보처리장치를 조정하는 저장장치의 변동을 유발하는 일련의 지시들"이라고 정의한다.

27) Marly, a.a.O., S. 9 Rn. 27 f. 이에 반하여 Sodtalbers, a.a.O., S. 28 Rn. 10은 컴퓨터 프로그램이 조정기능을 정상적으로 수행하기 위해서는 일련의 명령들만으로는 부족하고 그에 속한 정보들도 필요하다고 하여 컴퓨터 프로그램은 일련의 명령과 그에 따르는 정보를 포함하는 것으로 정의한다.

28) Damm, a.a.O., S. 9; Sodtalbers, a.a.O., S. 26 Rn. 7.

는 달리 컴퓨터 프로그램 거래(Softwareüberlassungsvertrag)에 있어서는 이미 생산되어 있거나 생산될 거래의 목적물(Handelsgegenstand)로서의 컴퓨터 프로그램이 중심에 있다는 점을 기억해야 할 것이다. 그래서 일부 학자들은 저작권법상의 컴퓨터 프로그램개념과 컴퓨터 프로그램 거래상의 컴퓨터 프로그램개념을 구분한다.[29] 이에 따르면 컴퓨터 프로그램 거래상의 컴퓨터 프로그램은 거래의 목적물로서의 컴퓨터 프로그램으로서, 저작권법에 의해 보호되는 정신적인 산물인 컴퓨터 프로그램 저작물(Softwarewerk)의 개별적인 복제물(Vervielfältigungsstück)을 의미한다. 예를 들어 한 작가가 소설을 집필하고, 한 출판사에 그 소설을 인쇄하고 일반 대중들에게 판매할 것을 위탁하였다면, 그 출판사에 의해서 소설이 인쇄되어 묶여진 종이뭉치를 "소설책"이라는 개념으로 이해하고 이것은 거래의 목적물이 된다. 반면에 작가가 집필한 소설은 그 작가의 정신적 활동의 산물(ein Erzeugnis der geistigen Leistung des Schriftstellers)로서 저작권법상의 보호의 대상인 저작물로서 독일 저작권법 제2조 제1항 제1호의 문언저작물(Schriftwerk)에 해당한다.[30] 그러나 이러한 용어사용에 있어서의 저작물과 그 저작물을 바탕으로 제조된 거래의 대상물의 구별은 컴퓨터 프로그램에 있어서는 지켜지지 않고 있다. 즉 컴퓨터 프로그램이란 용어에는 두 개의 의미가 담겨 있다. 그것은 저작권법의 보호를 받는 저작권자의 정신적 활동의 산물로서의 컴퓨터 프로그램을 의미할 수도 있고, 그러한 정신활동의 산물에서 대량생산되어 거래되는 거래의 목적물로서의 컴퓨터 프로그램을 의미할 수도 있다.[31]

---

29) Damm, a.a.O., S. 9. 그는 컴퓨터 프로그램의 개념을 기술적, (거래)법적, 보호법적 관점에서 나누어서 설명하고 있다; Krauß, a.a.O., S. 19; Taeger, Außervertragliche Haftung für fehlerhafte Computerprogramme, Tübingen 1995, S. 16. 그는 제조물책임법에 있어서는 단지 설치되어 사용가능하거나 이미 설치되어 사용되고 있는 컴퓨터 프로그램만이 문제가 된다고 하여서, 명시적으로 밝히고 있지는 않지만, 역시 거래의 대상물로서의 컴퓨터 프로그램과 저작권법에 의한 보호의 대상으로서의 컴퓨터 프로그램을 구별하고 있다.

30) 독일 저작권법 제2조 제1항 제1호는 언어저작물(Sprachwerke)을 저작권의 대상이 되는 저작물로 명시하고 있는데, 그 예로써 문언저작물(Schriftwerke), 강연(Reden) 그리고 컴퓨터 프로그램(Computerprogramme)을 들고 있다.

31) Hoeren, a.a.O., S. 2 Rn. 4. 이러한 맥락에서 독일문헌에서 단순히 컴퓨터 프로

다. 표준 컴퓨터 프로그램과 주문형 컴퓨터 프로그램

컴퓨터 프로그램은 그 사용자의 범위에 따라서 표준 컴퓨터 프로그램과 주문형 컴퓨터 프로그램으로 나눌 수 있다. 시장에 존재하는 다수의 고객들을 위한 것으로 특정한 고객의 주문에 의해서 생산된 것이 아닌 컴퓨터 프로그램을 표준 컴퓨터 프로그램이라 한다.[32] 이에 반해서 특정한 사용자의 특별한 사용목적에 따라서 제작되는 컴퓨터 프로그램은 주문형 컴퓨터 프로그램이라고 한다.[33]

컴퓨터 프로그램 거래의 법적 성질을 논함에 있어서 공급되는 컴퓨터 프로그램이 표준 컴퓨터 프로그램이냐 주문형 컴퓨터 프로그램이냐를 구분하여서 논하는 것이 보통이다.[34] 그러나 일부 학자는 이러한 구별을 거부하며 다른 기준에 의하여 컴퓨터 프로그램 거래의 유형을 나누기도 한다. 예컨대 Müller-Hengstenberg에 의하면 컴퓨터

그램이라고 하면 저작물로서의 컴퓨터 프로그램을 의미하는 것인지 거래의 대상물로서의 컴퓨터 프로그램을 의미하는 것인지 불명확한 경우가 많다. 사견으로는 여기에서부터 많은 오해들이 발생하고 있다고 생각한다. 따라서 독일에서도 "Software"와 "Softwarewerk"를 구별하여 전자는 거래의 대상물로서의 컴퓨터 프로그램을 후자는 보호의 대상으로서의 컴퓨터 프로그램을 지칭하는 것으로 사용하는 것이 바람직할 것이다. 이 점에서 우리 저작권법 제4조 제1항 제9호가 "컴퓨터 프로그램 저작물"이라는 용어를 사용하고 있는 것은 독일에서와 같은 오해를 줄일 수 있도록 입법되어 있다는 점에서 바람직한 것이라고 평가할 수 있을 것이다.

32) Hoeren, a.a.O., S. 3 Rn. 6; Marly, a.a.O., S. 19 Rn. 42; Mehrings, NJW 1986, 1905; Sodtalbers, a.a.O., S. 121 Rn. 177.

33) 주문형 컴퓨터 프로그램의 제작을 목적으로 하는 계약은 도급계약(Werkvertrag)이라는 점에 견해가 일치한다. Bartl, a.a.O., CR 1985, 13; Braun, a.a.O., BB 1992, 154; Dörner/Jersch, IuR 1988, 138; Hoeren, a.a.O., S. 3 Rn. 8; Marly, a.a.O., S. 19 Rn. 42; Mehrings, NJW 1986, 1904; Sodtalbers, S. 121 Rn. 177. 이렇게 볼때 다수의 대중들이 그들의 특별한 요구에 따른 조정없이 접근가능한 컴퓨터 프로그램인 셰어웨어(Shareware)와 프리웨어(Freeware)는 언제나 표준 컴퓨터 프로그램일 수밖에 없다. Busse, a.a.O., S. 6.

34) Damm, a.a.O., S. 151 ff; Dörner/Jersch, IuR 1988, 138 ff; Hoeren, a.a.O., S. 3 Rn. 6 ff; Kindermann, Vertrieb und Nutzung von Computersoftware aus urheberrechtlicher Sicht, GRUR 1983, 150 ff; Krauß, a.a.O., S. 3 f; Lenhard, a.a.O., S. 116 ff; Marly, a.a.O., S. 19 Rn. 42 ff; v. Ohlen, a.a.O., S. 15 ff; Pres, a.a.O., S. 74 ff; Ruppelt, a.a.O., S. 21 ff;

프로그램은 그것이 개별적인 필요에 따라 제작되는가 아니면 다수의 필요에 의해 사전에 제작되어 있는가의 여부와 관계없이 단지 어떠한 과제를 해결하기 위한 기술적인 수단에 불과하다고 한다.[35] 또한 최근에는 컴퓨터 프로그램이 소위 "블럭원칙(Bausteinprinzip)"에 따라서 사전에 제작되어 있는 컴퓨터 프로그램모듈을 결합하는 방식에 의해 제작되는 것이 일반화되고 있고, 이러한 현상은 표준 컴퓨터 프로그램과 주문형 컴퓨터 프로그램의 명확한 구별을 더욱 어렵게 하고 있다고 한다.[36]

표준 컴퓨터 프로그램의 공급의 경우에는 컴퓨터 프로그램 공급자의 양도의무(Übergabepflicht)가 주된 급부의무인 반면에 주문형 컴퓨터 프로그램의 공급의 경우에는 그에 앞선 컴퓨터 프로그램의 제작이 계약관계의 핵심에 놓여 있다.[37] 이처럼 양 계약관계에 있어서 각각의 주된 급부의무가 상이하므로 양 계약은 계약유형론상(vertragstypologisch) 다른 계약유형으로 분류되어야 할 것이다.[38] 따라서 컴퓨터 프로그램 거래의 법적 성질을 논함에 있어서 표준 컴퓨터 프로그램과 주문형 컴퓨터 프로그램을 구별하여서 논하는 것이 타당할 것이다.[39]

2. 컴퓨터 프로그램의 법적 성질

가. 컴퓨터 프로그램의 법적 성질에 관한 논의의 의미

컴퓨터 프로그램의 법적 성질이 무엇인지에 관해서, 즉 그것이 물건(Sache)인지 아니면 무체재산(immaterielles Gut)인지에 대해서는 오래 전부터 격렬하게 다투어졌다. 그런데 이러한 논의는 컴퓨터 프로그램

---

35) Müller-Hengstenberg, Computersoftware ist keine Sache, NJW 1994, 3132.

36) Müller-Hengstenberg, NJW 1994, 3129; ders, Die Bedeutung des Kaufrechts für die Computersoftware, ZUM 1999, 219.

37) Dörner/Jersch, IuR 1988, 138 ff; Hoeren, a.a.O., S. 3 Rn. 6 f; Lenhard, a.a.O., S. 148; Marly, a.a.O., S. 19 Rn. 42 ff.

38) 이에 관하여 자세한 것은 후술하는 제2장 제2절 Ⅳ. 계약유형론 참조.

39) Dörner/Jersch, IuR 1988, 138; Hoeren, a.a.O., S. 3 Rn. 6; Kotthoff, K&R 2002, 105; Marly, a.a.O., S. 19 Rn. 42.

거래의 법적 성질을 결정함에 있어서 매우 중요한 의미를 가진다. 왜냐하면 각 계약의 유형들은 물건개념과 밀접하게 연결되어 있기 때문이다.[40] 예컨대 독일 민법은 제433조 이하에서 물건의 매매만을 우선적으로 규정하고 있다.[41] 그리고 동법 제453조 제1항에서 권리 및 그 밖의 목적물(sonstige Gegenstände)의 매매에 물건의 매매에 관한 규정들을 준용(entsprechende Anwendung)하도록 규정하고 있다. 도급계약에 있어서는 독일 민법 제631조 제2항은 물건의 생산 또는 변형뿐만 아니라 비물질적인 일의 완성 역시 계약의 목적물이 될 수 있다고 규정하여 물건과 비물질적인 대상을 동일하게 취급한다. 그러나 독일 민법 제634a조 제1항 제1호에서 물건의 생산이나 변형이 도급계약의 목적인 경우에는 그 하자담보책임의 소멸시효를 2년으로 하는 반면에, 동조 제3호에서 그 밖의 경우에는 일반적인 소멸시효인 3년을 따르도록 규정하고 있어 제631조 제2항과는 달리 물건과 비물질적인 대상을 달리 취급하고 있다. 또한 독일 민법 제651조 역시 생산될 동산(bewegliche Sache)의 인도를 목적으로 하는 계약에는 매매에 관한 규정이 적용된다고 하여 물건과 비물질적인 대상을 구별하고 있다. 그 밖에도 임대차계약(Mietvertrag)은 물건만을 그 대상물로 하는 반면에 용익임대차(Pacht)는 그 대상물을 물건에 한정하지 않는다.[42]

위의 예들은 컴퓨터 프로그램의 물건성(Sacheigenschaft)이 독일 민법에 규정된 전형계약들에 관한 규정들의 적용가능성 및 적용방법-즉 직접 적용되는 것인가 아니면 준용되는 것인가-에 관한 물음에 있어서 중요한 의미가 있음을 보여주고 있다. 비록 컴퓨터 프로그램의 물건성에 관한 판단이 특정한 전형계약유형의 적용가능성을 필연적으로 배제시키는 것은 아니지만, 컴퓨터 프로그램 거래의 성질결정에 있어서 중요한 단서가 될 것이다.[43] 또한 물건만을 급부의 목적물로 삼고 있거나, 물건을 전형적인 거래의 목적물로 설정하고 있는 계약유형에

---

40) Baus, a.a.O., S. 26; Erman/Michalski, § 90 Rn. 1; Krauß, a.a.O., S. 15; Münch-Komm/Holch, § 90 Rn. 28; Lenhard, a.a.O., S. 12; Marly, BB 1991, 432.

41) 독일 민법 제433에서 제451조까지 참조할 것.

42) Siehe. § 535 Abs. 1 S. 1 und § 581 S. 1 BGB.

43) Lenhard, a.a.O., S. 12.

관한 법률의 규정들이 물건이 아닌 목적물의 거래에 준용 또는 유추 적용되거나 목적론적 축소로 인하여 변경되어서 적용되어야 할 경우에는 적어도 그것을 정당화 할 수 있는 근거가 필요할 것이다.[44] 이러한 점에 있어서도 컴퓨터 프로그램의 물건성에 관한 논의는 큰 의미가 있다고 할 것이다. 그 밖에도 컴퓨터 프로그램이 물건인지의 여부는 제조물책임법(Produkthaftungsgesetz)의 적용여부에 있어서도 중요한 의미가 있다. 동법 제2조는 동법상의 제조물이란 모든 동산과 전기를 말한다고 규정하고 있으므로 컴퓨터 프로그램의 물건성이 인정되는 경우에는 하자있는 컴퓨터 프로그램의 제조자는 제조물책임법상의 책임을 부담하게 될 것이다.

컴퓨터 프로그램의 물건성을 결정하는 것은 민법총칙의 규정을 통하여 결정될 문제이다.[45] 그런데 민법총칙의 규정들은 추상화의 원칙(Ausklammerungs- prinzip)상 물권법과 채권법에도 직접 적용된다.[46] 이에 따르면 컴퓨터 프로그램의 법적 성질에 관한 판단은 컴퓨터 프로그램의 거래를 규율하는 채권법뿐만 아니라 컴퓨터 프로그램의 지배관계를 규율하는 물권법에도 그대로 적용되어야만 할 것이다.[47] 이러한 점에서 볼 때 총칙상의 물건 개념과 별개로 매매의 목적물로서의 물건개념을 말하는 것[48]은 타당하지 못하다고 할 것이다.[49]

---

44) Lenhard, a.a.O., S. 12.

45) 우리 민법은 제1편 총칙 제98조에서 물건을 정의하고 있고, 독일 민법은 제1편 총칙 제90조에서 물건을 정의하고 있다.

46) Brox, Allgemeiner Teil des BGB, 28. Aufl., Köln 2004, S. 27 Rn. 37 f; König, Software(Computerprogramme) als Sache und deren Erwerb als Sachkauf, NJW 1993, 3124; ders, Die Qualifizierung von Computerprogrammen als Sachen i. S. des § 90 BGB, NJW 1989, 2604; Larenz/Wolf, Allgemeiner Teil des Bürgerlichen Rechts, 8. Aufl., München 1997, S. 80 Rn. 86 ff; Medicus, Allgemeiner Teil des BGB, 9. Aufl., Heidelberg 2006, S. 11 Rn. 18 f; Weitz, a.a.O., S. 24 ff. Ausklammerungsprinzip을 직역하면 "괄호로 묶어냄의 원칙"이 되겠지만, 민법총칙의 규정이 물권편, 채권편, 친족 상속편에 공통적으로 적용되는 것을 묶어서 독립된 규정으로 만든 것이라는 의미이므로 '추상화의 원칙'으로 의역하였다.

47) Lenhard, a.a.O., S. 23.

48) Z.B. Busse, Softwarevertrieb in Netzen, CR 1996, 389; Hoenike/Hülsdunk, Leistungskomponenten und Vertragsbeziehungen bei kommerziellen Musik-Download-Plattformen im Internet, MMR 2004, 65; Köhler/Fritzsche in: Lehmann, Rn. 8. 이들에

비록 세부적인 점들에 있어서는 학자들 간의 차이가 존재하기는 하지만 컴퓨터 프로그램의 법적 성질에 관한 독일에서의 논의는 크게 세 개의 그룹으로 묶어볼 수 있다. 이하에서 이를 각각 살펴보기로 한다.

나. 컴퓨터 프로그램을 무체재산(immaterielles Gut)으로 보는 견해

컴퓨터 프로그램을 무체재산으로 보는 학자들이 주장하는 주요한 논거는 다음과 같다.

1) 컴퓨터 프로그램은 정보저장매체와 개념적으로 구별되어야 함

많은 학자들은 컴퓨터 프로그램을 인간의 정신작용의 결과인 무체재산으로서 유체물인 정보저장매체와는 구별되는 것으로 본다.[50] 그

의하면 컴퓨터 프로그램은 독일 민법 제90조상의 물건은 아니지만 매매를 규정하는 독일 민법 제433조 제1항 제1문상의 물건으로서 매매의 대상이 될 수 있다고 한다; Vgl. Staudinger/Dilcher, Vorbem 10 zu §§ 90 f; Palandt/Heinrichs, Überblick vor § 90 Rn. 1; Münch-Komm/Kramer, § 119 Rn. 113.

49) Soergel/Mühl, § 90 Rn. 1; Weitz, Software als Sache, S. 24 ff.

50) Brandi-Dohrn, Die gewährleistungsrechtliche Einordnung des Software-Überlassungsvertrages, CR 1986, 66; Busse, a.a.O., S. 33; Cichon, Internetverträge, 2. Aufl., Köln 2005, S. 243 Rn. 922; Diedrich, CR 2002 273; Engel, BB 1985, 1159; Heussen, Urheber- und lizenzrechtliche Aspekte bei der Gewährleistung für Computersoftware – Zugleich zum Problem der Rechtsnatur von Lizenzverträgen -, CR 2004, 7; Hilty, Der Softwarevertrag – ein Blick in die Zukunft. Konsequenzen der trägerlosen Nutzung und des patentrechtlichen Schutz von Software, Überlassung von Programmkopien – Sachkauf oder Realakt in Vertrag sui generis?, MMR 2003, 3; Moritz, Überlassung von Programmkopien – Sachkauf oder Realakt in Vertrag sui generis?, CR 1994, 257; Münch-Komm/Holch, § 90 Rn. 27; Köhler, Rechtsfragen zum Softwarevertrag. Zugleich Besprechung des BGH-Urteils vom 25. März 1987, CR 1987, 827. 그러나 그는 컴퓨터 프로그램 거래를 매매계약으로 보고 있다; Lenhard, a.a.O., S. 22 ff. 그는 컴퓨터 프로그램 거래를 매매계약과 사용권 설정계약의 혼합계약으로 보고 있다; Mehrings, NJW 1986, 1905; ders, GRUR 1985, 192; Müller-Hengstenberg, NJW 1994, 3130; Schwarz, Die rechtlcihe Einordnung von Softwareüberlassungsverträgen im deutschen Recht, Regensburg 1992, S. 11; Spindler/Klöhn, Neue Qualifikationsprobleme im E-Commerce, CR 2003, 82; Staber, Gesetzliche Verjährung des Vergütungsanspruches, CR 1988, 717; Stichtenoth, Softwareüberlassungsverträge nach dem Schuldrechtsmodernisierungsgesetz,

에 의하면 정보저장매체(Datenträger)와 그것에 저장되어 있는 컴퓨터 프로그램 그 자체(Computerprogramm als solche)는 구별되어야 한다고 한다.[51] 디스켓이나 CD 혹은 DVD와 같은 정보저장매체가 독일 민법 제90조에서 말하는 물건이라는 점은 의문의 여지가 없지만, 컴퓨터 프로그램 그 자체는 정신작용의 산물로서 일정한 공간을 차지하고 있어서 다른 목적물과 공간적으로 구분가능하거나 지배가능한 성질의 것이 아니므로 물건이라고 할 수 없다고 한다.[52] 물건성(Sacheigenschaft)을 판단함에 있어서 핵심기준은 공간적인 구분가능성(räumliche Abgrenzbarkeit)인데,[53] 이는 기술의 발전에 따른 인간의 객체에 대한 지배가능성(Beherrschbarkeit)의 변화에 의해 좌우될 수 있다고 한다.[54] 그런데 컴퓨터 프로그램은 전기와 마찬가지로 저장매체가 없으면 그 자체로 지배할 수 있는 것이 아니고 따라서 공간적인 구분가능성이 없으므로 물건이 아니라고 한다.[55] 만일 정보저장매체나 건전지 등과 같은 보조수단의 도움을 받아 지배할 수 있다는 것을 물건성을 인정하기에 충분한 요건이라고 한다면 거의 모든 대상물이 물건으로 평가될 수밖에 없을 것이라고 한다.[56]

컴퓨터 프로그램 사용자의 이해관계는 오로지 컴퓨터 프로그램 개

K&R 2003, 106; Ulmer, Verjährung des Mängelansprüche beim Werkvertrag, ITRB 2003, 163; ders, Der Bundesgerichtshof und der moderne Vertragstyp “Softwareüberlassung”, CR 2000, 494; Zahrnt, Gewährleistung bei der Überlassung von Standardsoftware, IuR 1986, 252.

51) Diedrich, CR 2002, 475; Köhler/Fritzsche in: Lehmann, S. 517 Rn. 5; Lenhard, a.a.O., S. 14; Mehrings, NJW 1986, 1905; Moritz, CR 1994, 257 ff; Müller-Hengstenberg, NJW 1994, 3130.

52) Lenhard, a.a.O., S. 14; Redeker, NJW 1992, 1730; Sickinger, Vertrieb von Standardsoftware, Köln 1993, S. 29.

53) Bydlinski, Der Sachbegriff im elektronischen Zeitalter: zeitlos oder anpassungs bedürftig?, AcP 198(1998), 303; jurisPK-BGB/Vieweg, § 90 Rn. 10; Münch-Komm/Holch, § 90 Rn. 7.

54) Bydlinski, AcP 198(1998), 303. 그는 전기나 컴퓨터 프로그램도 인간에 의해 지배될 수 있으므로 물건으로 볼 수 있다고 한다; a.A. Bamberger/Roth/Fritzsche, § 90 Rn. 7. 그는 물건의 요건으로 지배가능성을 들고 있으며 지배가능성의 판단은 공간적 구분가능성에 있다고 설명한다.

55) Busse, a.a.O., S. 29.

56) Busse, a.a.O., S. 29.

발자에 의해서 고안된 문제해결 또는 컴퓨터 조정기능에 있을 뿐이고 정보저장매체에 있는 것이 아니라고 한다. 따라서 정보저장매체는 컴퓨터 프로그램이 물건인가 아닌가를 결정함에 있어서 결정적인 역할을 할 수 없다고 한다.[57] 그리고 컴퓨터 프로그램을 사용하거나 그 사용가능성을 제3자에게 제공할 수 있기 위해서는 컴퓨터 프로그램이 물질적인 저장매체에 고정되어 있어야 한다는 사실이 이러한 결론을 바꿀 수 있는 것은 아니라고 한다. 왜냐하면 컴퓨터 프로그램이 저장매체와 결합된다고 해서 그 자체가 물건이 되는 것이 아니고 그 자체는 여전히 인간이 만질 수 없는 정신적인 산물로 존재하기 때문이라고 한다.[58]

이러한 논거에 대하여는 다음과 같은 비판이 가해진다. 컴퓨터 프로그램의 사용자는 컴퓨터 프로그램 개발자의 정신적인 노력으로부터 이익을 얻고자 할뿐만 아니라 동시에 저장매체에 담긴 컴퓨터 프로그램을 점유하기를 원한다고 한다.[59] 프로그램 개발자에 의해 고안된 문제해결방법이나 아이디어는 컴퓨터 프로그램의 개발에 있어서 매우 중요하고 필수적인 사전작업(Vorarbeit)일 뿐이다. 그러한 문제해결방법이나 아이디어를 컴퓨터 프로그램으로 옮기기 위해서는 그에 상응하는 명령이나 지시정보가 정보저장매체에 기록되어야만 한다.[60] 따라서 컴퓨터 프로그램은 프로그래머의 정신적 작업(geistige Leistung) 그 자체가 아니라 그의 정신적 작업의 결과물이라고 한다.[61]

2) 정보저장매체의 무가치성

컴퓨터 프로그램의 경제적 가치라는 관점에서 볼 때도 정보저장매체는 컴퓨터 프로그램 그 자체에 비하여 볼 때 거의 의미가 없다고 한다. 컴퓨터 프로그램의 본래의 가치는 거의 완전히 컴퓨터 프로그

57) Schwarz, a.a.O., S. 12.

58) Mehrings, NJW 1986, 1905; Redeker, Wer ist Eigentümer Goethes Werther?, NJW 1992, 1730; Sickinger, a.a.O., S. 29.

59) Werner/Brüning, Windows 95 und Microsoft Network - Verstoß gegen das europäische Kartellrecht?, CR 1996, 67; Damm, a.a.O., S. 17.

60) König, Sind Standardprogramme materielle Wirtschaftsgüter?, CR 1989, 375.

61) BGH, Beschl. v. 02.05.1985 - Ⅰ ZR 8/84, NJW-RR 1986, 219.

램 그 자체에서 나오는 것이고, 그것을 물질화 하고 있는 정보저장매체에서 나오는 것이 아니라고 한다.62) 또한 경제적 관점에서 볼 때 컴퓨터 프로그램 그 자체는 그것의 저장매체와는 독립한 가치를 갖는 경제재(eigenständiges wirtschaftliches Gut)라고 한다.63)

그러나 이에 대하여는 컴퓨터 프로그램의 물건성을 결정하는데 있어서 컴퓨터 프로그램의 가치가 어디로부터 발생하는지, 그리고 컴퓨터 프로그램 그 자체의 가치와 정보저장매체의 가치가 서로 어떠한 비율관계에 있는가 하는 것은 의미가 없을 뿐만 아니라,64) 컴퓨터 프로그램 그 자체와 그 저장매체는 경제적으로 분리할 수 없는 일체(eine wirtschaftlich untrennbare Einheit)를 형성하고 있으므로 이를 경제적으로 분리하는 것은 불가능하다는 비판이 가해진다.65)

3) 컴퓨터 프로그램의 유비쿼터스적 성격

컴퓨터 프로그램의 핵심을 이루는 것은 컴퓨터에서 정보를 일정한 목적에 따라서 처리하고 가공하도록 하는 지시(Anweisungen)와 명령(Befehlen) 등을 통하여 특정한 문제를 해결함에 있어서의 창의성(Kreativität)과 그러한 지시 내지는 명령의 내용(Inhalt) 그 자체이다.66) 이러한 문제해결방법이 일단 하드웨어가 인식가능한 완전한 지시 내지는 명령의 형태를 취하면 불특정 다수의 사용자에 의해서, 사용자가 원하는 만큼 빈번히, 그리고 동시에 여러 곳에서 사용될 수 있다. 그리고 이러한 사용과정에서 컴퓨터 프로그램의 본질이 변하거나 약해지지 않으며 그 가치가 감소하는 일도 없다.67) 컴퓨터 프로그램의

---

62) Engel, BB 1985, 1160; Kort, Software – eine Sache?, DB 1994, 1505; Lenhard, a.a.O., S. 14; Mehrings, NJW 1986, 1905; ders, GRUR 1985, 192; Müller-Hengstenberg, NJW 1994, 3128; Ruppelt, CR 1989, 109; Schwarz, a.a.O., S. 12.

63) Mehrings, GRUR 1985, 192.

64) Marly, BB 1991, 433; ders, a.a.O., S. 48 Rn. 100 ff.

65) Hoeren, a.a.O., S. 31 Rn. 74 ff; Marly, a.a.O., S. 48 Rn. 101 ff; Sodtalbers, a.a.O., S. 114 Rn. 163.

66) Heussen, GRUR 1987, 779; Mehrings, GRUR 1985, 189; Schwarz, a.a.O, S. 10.

67) Rehbinder, Urheberrecht, 14. Aufl., München 2005, S. 2 Rn. 3 ff. 그는 지적재산의 이러한 성질을 잠재적인 유비쿼터스(die potentielle Ubiquität)라고 명명하고 있다; Schwarz, a.a.O., S. 11.

이러한 성질은 바로 무체재산의 특징과 일치하며 따라서 컴퓨터 프로그램은 무체재산으로 봐야한다고 한다.[68] 그리고 이러한 결론은 컴퓨터 프로그램을 저작권법 제2조 제1항 제2호와 동법 제69a조에서 명시적으로 저작권법의 보호대상으로 규정한 입법자의 의도와도 일치한다고 한다.[69]

그러나 동시에 다른 여러 장소에서 사용되는 것은 특정한 하나의 컴퓨터 프로그램이 아니라 원본프로그램의 복제물들이라는 점을 간과했다는 비판을 받는다.[70] 그러한 컴퓨터 프로그램의 복제물들은 독립한 거래의 대상물이고 이러한 점은 각각의 복제물들이 일련번호를 통해서 구별될 수 있을 때 더욱 명확해진다고 한다.[71] 즉 컴퓨터 프로그램의 거래에 있어서는 정신적인 노력으로서의 컴퓨터 프로그램 저작물이 문제가 되는 것이 아니라 개별적인 거래의 대상으로서의 컴퓨터 프로그램이 문제가 된다고 지적한다.[72]

4) 개정 독일 민법 제453조 제1항의 입법이유

2002년 독일의 민법개정에서 매매법 규정에도 상당한 변화가 있었다. 독일 민법 제433조에서 물건의 매매를 기본유형으로 하여 제453조까지에 물건의 매매에 관한 규정들을 두었다. 그에 이어서 제453조 제1항에서 권리와 그 밖의 목적물(sonstige Gegenstände)의 매매에 물건의 매매에 관한 규정을 준용(entsprechende Anwendung)하도록 하였다.[73] 독일 민법 제453조의 입법이유서(Gesetzes- begründung)는 "매매계약은 물건이나 권리뿐만 아니라 다른 재산적 가치(Vermögenswerte)들 예컨대, 전기(Elektrizität)나 열기(Fernwärme) 혹은 법적으로 보호되지 않는 발견(Erfindungen)이나 노하우 그리고 저작권법의 보호를 받지

---

68) Heussen, GRUR 1987, 779; Mehrings, GRUR 1985, 189; Schwarz, a.a.O, S. 10.

69) Nordemann/Vinck, § 2 Rn. 30; Schricker/Loewenheim, § 2 Rn. 73 ff; Schwarz, a.a.O., S. 11.

70) Damm, a.a.O., S. 17.

71) Damm, a.a.O., S. 17.

72) Bösert, Nießbrauch von Computerprogrammen, Köln 1992, S. 140 f; Damm, a.a.O., S. 17.

73) Krauß, a.a.O., S. 13; Palandt/Putzo, § 453 Rn. 1.

못하는 컴퓨터 프로그램과 광고아이디어(Werbeideen) 등에 대한 유상의 영구적 이전(dauerhafte Übertragung)에 대하여도 적합한 계약유형" 이라고 밝히고 있다.[74] 입법이유서의 이러한 설명을 통하여 컴퓨터 프로그램을 독일 민법 제90조에서 말하는 물건에 포함시키지 않으려고 하는 독일 민법제정자의 의도가 간접적으로 드러난 것이라고 주장하는 견해도 있다.[75]

이에 대하여 채권법개정은 단지 그동안 판례와 학설에서 인정되던 것을 법제화한 것에 불과하다. 따라서 매매법규정의 입법이유서에서 컴퓨터 프로그램의 물건성 인정 여부와 같은 입법자의 본질적인 태도의 변화를 도출해낼 수는 없다는 비판이 있다.[76]

5) 컴퓨터 프로그램의 전송가능성

컴퓨터 프로그램의 물건성을 긍정하는 견해들의 약점은 정보의 전송(Datenfernübertragung)기술의 발전과 그 중요성이 날로 더해가고 있다는 점에서 분명히 드러난다고 한다.[77] 이에 따르면 정보전달능력(Datentransferkapazität)의 비약적인 증가로 인하여 정보저장매체가 더 이상 필요하지 않게 될 수도 있다고 한다. 즉 정보통신망의 발달로 인하여 이제는 정보저장매체를 통하는 것보다 더 많은 양의 정보가 저렴하고 안정적으로 전달될 수 있고 정보를 거래하는 당사자에게는 어떠한 방법으로 정보가 전달되는가 하는 것은 아무 의미가 없기 때문이라고 한다.[78] 오늘날과 같은 정보화 사회에서 컴퓨터 프로그램은 더 이상 물리적인 정보저장매체에 고정되어서 유통되지 않고 따라서 어떠한 물리적인 기반도 필요없다고 한다.[79] 또한 최근에는 컴퓨터

---

74) Regierungsbegründung, BT-Drucks. 14/6040, S. 208.

75) Diedrich, CR 2002, 476; Plath, Abnahme bei Individualverträgen, ITRB 2002, 99 ff; Stichtenoth, K&R 2003, 108; Thewalt, Softwareerstellung als Kaufvertrag mit werkvertraglichem Einschlag, CR 2002, 1.

76) Krauß, a.a.O., S. 26 ff; Lenhard, a.a.O., S. 22 f; Marly, a.a.O., S. 56 Rn. 117 f.

77) Diedrich, CR 2002, 475; Lenhard, a.a.O. S. 24; Müller-Hengstenberg, NJW 1994, 3130; ders, NJW 2000, 3547; Pres, a.a.O., S. 19 f; Redeker, NJW 1992, 1739 f.

78) Diedrich, CR 2002, 475.

79) Müller-Hengstenberg, NJW 1994, 3130.

프로그램이 인공위성을 통해서도 전송될 수 있는데, 이를 통하여 이제는 컴퓨터 프로그램을 특정한 물질적인 기초위에 고정시키는 것은 불가능해졌다고 한다.80)

컴퓨터 프로그램을 물건으로 볼 경우에는 물건의 양도에 관한 독일 민법 제929조 제1문81)이 컴퓨터 프로그램에도 그대로 적용되어야 할 것이라고 한다. 그런데 컴퓨터 프로그램이 인터넷과 같은 정보통신망을 통하여 정보저장매체 없이 전송되는 경우에는, 프로그램 전송자에게 전송 후에도 여전히 그가 전송한 컴퓨터 프로그램의 원본이 남아있고, 그러한 전송은 단지 독일 민법상 물건이라고 볼 수 없는 전기의 흐름을 통하여만 이루어지므로82), 프로그램 전송자에게는 어떠한 점유의 상실(Besitzverlust)도 발생하지 않게 되는 이론적인 문제점이 발생하게 된다고 한다.83) 컴퓨터 프로그램을 물건으로 볼 경우 컴퓨터 프로그램의 매도인은 독일 민법 제433조 제1항 제1문에 따라 매수인에게 컴퓨터 프로그램을 인도하고 그 소유권을 넘겨주어야 할 의무를 부담한다. 그런데 정보저장매체 없이 컴퓨터 프로그램의 인도가 이루어지는 경우 매수인이 넘겨받은 컴퓨터 프로그램은 이미 매수인의 소유에 속한 정보저장매체-예컨대, 하드디스크, CD, 디스켓, 메모리스틱 등-에 저장되므로 매도인이 이미 매수인의 소유에 속한 물건의 인도의무를 부담하게 되는 결과가 되므로 부당하다고 한다.84)

이러한 주장에는 다음과 같은 오류가 있다고 비판하는 견해가 있다. 정보저장매체(Datenträger)는 디스켓이나 CD 혹은 DVD와 같은 교환가능한 저장매체(Wechselspeichermedium)만을 의미하는 것이 아니라 컴퓨터의 하드디스크도 당연히 포함되는데, 컴퓨터 프로그램이 저장

80) Müller-Hengstenberg, NJW 1994, 3130.

81) 독일 민법상 점유의 이전을 위해서는 공시(Publizität)의 원칙상 선점유자의 점유의 상실이 필연적으로 요구된다고 한다. Palandt/Bassenge, § 929 Rn. 9ff; Bydlinski, AcP 198(1998), 287 ff.

82) 이것이 제국법원의 RGZ 86, 14판결 이래로 확고한 판례의 입장이다. Palandt/Heinrichs § 90 Rn. 2; Münch-Komm/Holch § 90 Rn. 25 f; Staudinger/Dilcher § 90 Rn. 2. a.A. Bydlinski, AcP 198(1998), 287, 292; Weitz, Software als Sache, S. 43 ff.

83) Lenhard, a.a.O., S. 24.

84) Diedrich, a.a.O., CR 2002, 475 ff; Lenhard, a.a.O., S. 24.

매체없이 존재할 수 있다고 주장하는 견해는 이를 간과하고 있다고 한다.[85] 컴퓨터 프로그램의 다운로드과정에서 그 컴퓨터 프로그램은 한 정보저장매체에서 다른 정보저장매체로 복제되는 것이고, 바로 이 다른 정보저장매체에서 문제없이 물건의 요건인 유체성(Körperlichkeit)을 찾을 수 있다고 한다.[86] 컴퓨터 프로그램의 유체성은 그것이 컴퓨터의 조정기능을 수행하기 위해서는 필수적인 것이고, 정보저장매체 없는 전송과정에 있어서 정보통신망(Datenleitung) 안에 존재하고 있는 정보패킷들(Datenpakete)은 컴퓨터 조정기능이 없으므로 컴퓨터 프로그램으로 볼 수 없고, 모뎀과 컴퓨터를 위한 일종의 복제명령들(Kopieranweisungen)일 뿐이라고 한다.[87] 따라서 정보저장매체 없는 컴퓨터 프로그램 그 자체(Computerprogramm als solche)라는 것은 존재할 수 없다고 한다.[88] 그리고 정보통신망을 통한 컴퓨터 프로그램의 전송은 단지 특수한 컴퓨터 프로그램의 거래유형일 뿐, 그로부터 컴퓨터 프로그램의 물건성에 대한 긍정적 논거나 부정적 논거를 도출해 낼 수는 없다고 한다.[89]

다. 컴퓨터 프로그램을 노하우(Know-how)로 보는 견해

일부 학자들은 컴퓨터 프로그램을 노하우로 본다.[90] 노하우란 지적재산권법이나 기타 특별법에 의해서 보호되지 않는, 그 보유자에게

---

85) Baus, a.a.O., S. 28; Damm, a.a.O., S. 15; Ernst, Urheberrechtliche Probleme bei der Veranstaltung von On-demand-Diensten, GRUR 1997, 593; Krauß, a.a.O., S. 17; Schwarz, GRUR 1996, 840; Sodtalbers, a.a.O., S. 116 Rn. 166.

86) Baus, a.a.O., S. 28; Damm, a.a.O., S. 15; Krauß, a.a.O., S. 18; Sodtalbers, a.a.O., S. 116 Rn. 166.

87) Damm, a.a.O., S. 16; Koch, GRUR 1997, 425; Müglich, Die Anwendbarkeit des Sachmängelgewährleistungsrechts bei der ONLINE-Übertragung von Standardsoftware, Baden-Baden 1991, S. 133; Sodtalbers, a.a.O., S. 115 Rn. 164. 그는 정보통신망을 통해 전송중에 있는 컴퓨터 프로그램을 단순한 전기라고 한다.

88) Baus, a.a.O., S. 27; Hoeren, a.a.O., S. 32 Rn. 76; Krauß, a.a.O., S. 18; Marly, a.a.O., S. 57 Rn. 119; Sodtalbers, a.a.O., S. 114 Rn. 163.

89) Hoeren, a.a.O., S. 32 Rn. 76; Krauß, a.a.O., S. 17; Marly, a.a.O., S. 53 Rn. 109.

90) Killian, in: Gorny/Killian, Computer-Software und Sachmängelhaftung, Stuttgart 1985, S. 22 f; Moritz, CR 1989, 1053.

이익을 가져다 주는 경험지식(Erfahrungswissen)을 말한다고 한다. 이러한 경험지식은 기술적인 영역에서 혹은 경영의 영역에서도 발생할 수 있다고 한다.[91)]

이러한 노하우의 개념정의가 보여주듯이 저작권법에 의해 보호되지 않는 컴퓨터 프로그램만이 노하우가 될 수 있다. 독일 저작권법 제69a조 제3항 제1문에 의하면 컴퓨터 프로그램은 그것이 저작자의 개별적이고 정신적인 창작의 결과물인 경우에 저작권법에 의한 보호를 받는다. 그리고 동조 동항 제2문에 따르면 컴퓨터 프로그램의 저작권법적 보호가능성을 판단함에 있어서 다른 질적인 혹은 미학적인 기준이 적용될 수 없다.[92)] 저작권법 제69a조는 1993년에 있었던 제2차 저작권법 개정을 통해 저작권법에 들어왔다.[93)] 이러한 저작권법의

---

91) Bartenbach/Gennen, Patentlizenz- und Know-how-Vertrag, 5. Aufl., Köln 2001, S. 508 Rn. 2545 ff.

92) 이러한 저작권법 개정전에는 독일 연방대법원은 컴퓨터 프로그램이 저작권법상의 보호를 누리기 위해서는 저작자의 독창적인 창작물일 것을 요구하였다. 여기서 독창성(Eigentümlichkeit)심사는 그 프로그램이 이미 창작되어 존재하는 다른 컴퓨터 프로그램 저작물과의 비교에서 저작자만의 개성을 드러내는지를 판단하는 개별성심사(Individualitätsprüfung)와 평균적인 프로그래머가 할 수 있는 정도를 훨씬 상회할 것을 요구하는 창작정도심사(Prüfung der Gestaltungs- bzw. Schöpfungshöhe)로 나누어서 이루어 졌다고 한다. BGH Urt. v. 09. 05. 1985 Ⅰ ZR 52/83, NJW 1986, 192ff; BGH Urt. v. 04. 10. 1990 Ⅰ ZR 139/89, NJW 1991, 1231 ff. 이러한 기준에 의하여 컴퓨터 프로그램의 저작권법에 의한 보호가능성을 판단하는 경우 대부분의 컴퓨터 프로그램이 저작권법에 의한 보호를 받을 수 없었을 것이라고 한다. von Gravenreuth은 전체 컴퓨터 프로그램 중 5%만 저작권법에 의한 보호를 받을 수 있을 것이라고 추측하였다. von Gravenreuth, Juristisch relevante technische Fragen zur Beurteilung von Computer-Programmen, GRUR 1986, 721. 이에 관하여 더 자세한 것은 Marly, a.a.O., S. 65 Rn. 123 ff; Lenhard, a.a.O., S. 31 ff. 참조.

93) Zweites Gesetz zur Änderung des Urheberrechtsgesetzes vom 9. 6. 1993. 이것을 Urheberrechtsnovelle von 1993이라고 부른다. 동 개정을 통하여 독일 저작권법에 69a조부터 69g조까지의 조문이 제8장으로 독립하여 입법되었다. BGBl. 1993 Ⅰ, S. 910. 저작권법에 컴퓨터 프로그램의 보호에 관한 장이 독립적으로 규정된 것은 우선 컴퓨터 프로그램에 대한 보호를 쉽게 개관할 수 있도록 하며, 또한 컴퓨터 프로그램과 다른 전통적인 저작물들 사이에 존재하는 구조적인 차이들을 고려해야 한다는 것을 환기시키는 것이라고 평가하기도 한다. Schricker/Loewenheim, Vor §§ 69a ff., Rn. 4.

개정은 컴퓨터 프로그램의 법적보호에 관한 유럽연합의 지침[94]에 따른 것으로 독일 저작권법 제69a조 제3항은 동 지침 제1조 제3항과 일치한다. 이에 의하면 단순히 복제되었거나 지극히 단순한 컴퓨터 프로그램이 아니라면 소위 "작은 동전(kleine Münze)"[95]으로서 저작권법에 의한 보호를 받게 된다고 하는 것이 다수의 입장이다.[96] 이러한 다수의 입장을 따를 경우 컴퓨터 프로그램이 저작권법상의 보호를 누리는 것이 일반적인 경우이고 저작권법상의 보호를 받지 못하는 것이 오히려 예외에 속하게 될 것이다.[97] 따라서 저작권법상의 보호를 받지 못하는 예외적인 컴퓨터 프로그램만을 노하우로 이해하고 이의 거래를 노하우의 거래로 보는 것은 개념설정에서부터 타당하지 못하다는 비판이 제기된다.[98]

그밖에도 컴퓨터 프로그램을 노하우로 보는 것이 실질적으로도 타당한지에 대해서 의문이 있다. 컴퓨터 프로그램을 노하우로 보는 견해에 의하면 컴퓨터프로그래머가 프로그램을 만들기 위해서는 프로그램기술의 숙련뿐만 아니라 정보처리기술 외의 영역에 관하여도 남들에게 알려지지 않은 세부적인 사항에 관한 지식을 필요로 하며, 이러한 지식이 컴퓨터프로그래밍과정에 컴퓨터 프로그램에 흘러들어가게 되므로 컴퓨터 프로그램을 노하우로 볼 수 있다고 한다.[99] 그러나 이러한 사실만 가지고는 컴퓨터 프로그램을 노하우로 평가할 수는 없

---

94) EG-Richtlinie über den Rechtsschutz von Computerprogrammen vom 14. 5. 1991, ABlEG Nr. L 122/42 ff. vom 17. 5. 1991. 이 지침은 GRUR Int. 1991, 545 ff.에서 찾아 볼 수 있고 그에 대한 논의는 Dreier, Verletzung urheberrechtlich geschützter Software nach der Umsetzung der EG-Richtlinie, GRUR 1993, 781 ff; Lehmann, Das neue deutsche Softwarerecht, CR 1992, 328 ff.에서 찾아볼 수 있다.

95) 이 표현은 Elster, in: Bussmann, Gewerblicher Rechtsschutz und Urheberrecht, 3. Aufl., Berlin 1962, S. 40에서 처음 사용된 이래 저작권법 문헌에서 널리 사용되고 있다.

96) Haberstump, NJW 1991, 2106 ff; Marly, a.a.O., S. 65 Rn. 132; Lehmann, CR 1991, 150 ff; Lenhard, a.a.O., S. 33; Rehbinder, a.a.O., S. 38 Rn. 51; OLG Düsseldorf Urt. v. 27. 03. 1997- 20 U 51/96, CR 1997, 337 ff.(338 f.).

97) Lenhard, a.a.O., S. 32.

98) Lenhard, a.a.O., S. 16.

99) Killian, in: Gorny/Killian, Computer-Software und Sachmängelhaftung, S. 22 f; Wiebe, Know-how-Schutz von Computersoftware, München 1993, S. 240 ff.

다. 즉, 컴퓨터 프로그램을 제작하는데 있어서 노하우가 필요하다는 점으로부터 사용자가 사용하는 컴퓨터 프로그램이 노하우라는 결론을 내릴 수는 없다.[100] 컴퓨터 프로그램 거래의 목적물은, 컴퓨터 프로그램의 제작에 필수적이지만 컴퓨터 프로그램에 담겨서 함께 공급되는 노하우가 아니라 그것의 활용을 통해 제작된 컴퓨터 프로그램이라고 한다.[101]

라. 컴퓨터 프로그램을 독일 민법 제90조상의 물건으로 보는 견해

많은 학자들은 컴퓨터 프로그램을 독일 민법 제90조에서 규정하고 있는 물건으로 본다.[102] 독일 민법 제90조에 의하면 유체물만이 물건이다.[103] 여기서 유체물이란 공간적으로 구분가능한 것을 말하는데, 그 목적물 자체가 공간적으로 구분가능한 경우뿐만 아니라 용기에 담김으로서 혹은 경계석이나 카드에의 기록 등과 같은 인위적인 수단에 의해서 구분가능한 경우도 포함된다고 한다.[104] 이들의 주장에 의하

---

100) Köhler/Fritzsche, in: Lehmann, Rechtsschutz von Computerprogrammen, S. 520 Rn. 11; 이러한 점은 HiFi-오디오와 같이 첨단 기술의 활용을 통해 생산되는 정밀한 장비를 생각해보면 명확하게 드러난다고 한다. Lenhard, a.a.O., S. 16.

101) Lenhard, a.a.O., S. 16.

102) Bartsch, Softwareüberlassung – was ist das?, CR 1992, 394; Baus, a.a.O., S. 24 ff; ders, Umgehung der Erschöpfungswirkung durch Zurückhaltung von Nutzungsrechten?, MMR 2002, 15 ff; Bösert, Nießbrauch von Computerprogrammen, S. 150 ff; Bydlinski, AcP 98(1998), 287, 306; Damm, a.a.O., S. 13 ff; Hoeren, a.a.O., S. 31 Rn. 74 ff; Koch, ITRB 2004, 14; König, NJW 1989 2604 ff; ders, aNJW 1990 1584 ff; ders, NJW 1993, 3121 ff; Krauß, a.a.O., S. 16 ff; Marly, a.a.O., S. 46 Rn. 96 ff; ders, BB 1991, 432 ff; von Ohlen, a.a.O., S. 137 ff; Sodtalbers, a.a.O., S. 116 Rn. 166 ff; Weitz, a.a.O., S. 109 ff; BGH Urt. v. 14. 07. 1993-Ⅷ ZR 147/92, NJW 1993, 2436(2437).

103) Vgl. Weitz, a.a.O., S. 37 ff은 유체물의 개념을 수학적·기하학적 유체물 개념과 물리적·화학적 유체물 개념으로 나누어서 이해한다. 수학적·기하학적 유체물 개념은 그 목적물의 고정된 형태와 범위가 핵심요소인 반면에 물리적·화학적 유체물 개념에서는 목적물의 특정한 작용이 그 개념요소라고 설명한다. 따라서 민법상의 물건개념은 두 가지 방향 모두로 해석될 수 있다고 한다.

104) Bamberger/Roth/Fritzsche, § 90 Rn. 7; Erman/Michalski, § 90 Rn. 1; jurisPK-BGB/Vieweg, § 90 Rn. 10; Münch-Komm/Holch, § 90 Rn. 7; Palandt/Heinrichs, § 90 Rn. 1; Staudinger/Dilcher, § 90 Rn. 1.

면 컴퓨터 프로그램도 공간적으로 구분가능한 것으로 유체물에 해당하고 따라서 물건이라고 한다. 이들이 드는 주요한 논거들은 다음과 같다.

1) 컴퓨터 프로그램은 정보저장매체와 분리할 수 없는 경제적 일체임

컴퓨터 프로그램은 그것을 담고 있는 정보저장매체와 경제적으로 분리할 수 없는 일체(eine wirtschaftlich untrennbare Einheit)를 이룬다고 한다.[105] 컴퓨터 프로그램 사용자의 이해관계는 컴퓨터 프로그램 그 자체에 대한 것과 그것을 담고 있는 정보저장매체에 대한 것으로 나눌 수 없으며, 각각의 저장매체에 담겨 있는 컴퓨터 프로그램에 대한 일체적인 이해관계만이 존재한다고 한다.[106] 정보저장매체는 단순히 정보의 전달을 위한 수단이라는 부차적인 기능만 하는 것이 아니라 그것은 컴퓨터 프로그램의 존재를 위한 전제요건이고 따라서 정보처리기능이 있는 장치에 컴퓨터 프로그램이 투입되어 사용되기 위한 불가결한 요건이라고 한다.[107] 컴퓨터 프로그램은 정보처리기능이 있는 장치(EDV-Anlage)의 조정(Steuerung)을 그 목적으로 하는데, 이를 위해서 컴퓨터 프로그램이, 예컨대 프로그래머의 머릿속에서처럼 혹은 유·무선의 정보통신망 안에서 데이터패킷(Datenpakete)의 형태로, 비물질적인 형태로-도대체 이것이 가능하다면-“존재(existieren)”하는 것만으로는 충분하지 않다고 한다. 오히려 컴퓨터 프로그램이 정보저장매체에 물질화된 형태로(in einer verkörperten Form) 존재할 것이 컴퓨터 프로그램의 목적달성을 위한 불가결한 전제조건이라고 한다.[108] König는 컴퓨터 프로그램은 바로 디스켓 혹은 자성테이프(Magnetband) 그 자체이며 이러한 물질(Substanz)과 분리될 수 없다고 한다.[109] 왜냐하면 디

105) Baus, a.a.O., S. 27; Hoeren, a.a.O., S. 31 Rn. 74 ff; Krauß, a.a.O., S. 16; Sodtalbers, a.a.O., S. 116 Rn. 166.

106) Hoeren, GRUR 1988, 340 ff; König, NJW 1993, 3121.

107) Baus, a.a.O., S. 27; Hoeren, a.a.O., S. 31 Rn. 75; König, NJW 1989, 2605; Krauß, a.a.O., S. 16; Marly, a.a.O., S. 48 Rn. 100 ff; ders, BB 1991, 434.

108) Hoeren, a.a.O., S. 31 Rn. 75; Marly, a.a.O., S. 50 Rn. 103; ders, BB 1991, 433; Krauß, a.a.O., S. 18; Sodtalbers, S. 114 Rn. 163.

109) König, NJW 1990, 1585.

스켓이나 자성테이프는 컴퓨터 프로그램의 복사과정에서 물리적인 변화를 경험하게 되며 따라서 복사전과 후의 물리적인 상태가 동일하지 않기 때문이라고 한다.[110] 계속하여 그는 컴퓨터 프로그램의 쉬운 복제가능성은 컴퓨터 프로그램의 물건성에 반하는 논거로서 제시될 수 없다고 한다. 즉 쉬운 복제가능성으로부터 비물질적인 컴퓨터 프로그램이 존재한다는 결론에 이를 수 없고, 컴퓨터 프로그램이 복제되면 다만 또 하나의 새로운 컴퓨터 프로그램(Programmstück)이 생성될 뿐이라고 한다.[111]

2) 컴퓨터 프로그램의 존재요건인 유체화

컴퓨터 프로그램의 물건성을 부정하는 학자들은 흔히 컴퓨터 프로그램은 어떠한 정보저장매체의 인도(Übergabe)없이도 컴퓨터 프로그램 사용자의 컴퓨터에 직접 저장되어질 수 있다-예를 들어 인터넷과 같은 정보통신망을 통하여, 컴퓨터 프로그램이 저장되어 있는 컴퓨터 프로그램 공급자의 컴퓨터와 컴퓨터 프로그램 취득자의 컴퓨터를 직접 연결함으로써 혹은 컴퓨터 프로그램이 저장되어 있는 컴퓨터 프로그램 공급자의 하드디스크를 컴퓨터 프로그램 취득자의 컴퓨터에 일시적으로 연결함으로써-는 점을 그 근거로 든다.[112]

그러나 위와 같은 기술적 방법에 의해서 정보저장매체 없이 컴퓨터 프로그램을 공급할 수 있는 가능성은 단지 특별한 거래유형들 중 하나일 뿐, 그것으로부터 컴퓨터 프로그램의 물건성에 관한 어떠한 논거나 반대논거도 도출될 수 없다고 비판한다.[113] 정보저장매체 없이 이루어지는 컴퓨터 프로그램의 공급과정에서는 우선 컴퓨터 프로그램 공급자의 컴퓨터에만 유체화되어서 존재하는 컴퓨터 프로그램이 전송과정 후에는 컴퓨터 프로그램 사용자의 컴퓨터의 하드디스크나 디스켓 혹은 메모리스틱 등에 복제되어서 유체화되어 존재하게 된다

110) König, NJW 1990, 1585.

111) König, NJW 1990, 1585.

112) Diedrich, CR 2002, 475; Lenhard, a.a.O., S. 24 f; Müller-Hengstenberg, NJW 1994, 3130; ders, NJW 2000, 3547; Pres, a.a.O., S. 19.

113) Hoeren, a.a.O., S. 32 Rn. 76; Marly, a.a.O., S. 52 Rn. 109; ders, BB 1991, 435.

고 한다.[114] 정보저장매체 없는 컴퓨터 프로그램의 공급에서는 유체물이 '공급'되는 것이 아니라 유체물이 '생성'되는 것이라고 한다. 이 경우에도 컴퓨터 프로그램의 사용자는 생성된 컴퓨터 프로그램의 유체화없이는 그 컴퓨터 프로그램을 사용할 수 없다고 한다.[115] 따라서 모든 형태의 정보저장에서는 유체화되는 것이 필수적이라고 한다.[116] 이에 의하면 컴퓨터 프로그램의 물건성을 판단함에 있어서 그것이 어떠한 기술적 중간단계(technische Zwischenschritt)를 거쳐서 거래되는가 하는 것은 고려되어서는 안 된다고 한다.[117] 그래야만 다양한 거래유형들에 있어서 컴퓨터 프로그램이 동일하게 취급될 수 있다고 한다.[118]

3) 책이나 비디오테이프와 동일한 취급의 필요성

책이나 비디오테이프와의 비교가 위의 주장을 명확하게 해준다고 한다.[119] 정보저장매체인 종이나 비디오테이프는 일반적으로 경제적으로 핵심적인 가치를 갖지 못하고 그것에 담겨 있는 내용을 획득하기 위해서 취득된다. 그러나 이러한 사실이 책이나 비디오테이프가 물건이 아니라는 결론으로 이어질 수는 없다고 한다.[120] 독일연방대법원은 출판물(Druckwerk)의 거래는 물건의 매매에 해당하고 출판물의 내용에 하자가 있는 경우에 물건의 매매의 하자담보책임규정이 적용될 수 있다고 한다.[121] 어떤 목적물의 물건성을 판단함에 있어서 그

---

114) Baus, a.a.O., S. 28; Hoeren, a.a.O., S. 32 Rn. 76; Marly, BB 1991, 435; Sodtalbers, a.a.O., S. 114 Rn. 163.

115) Baus, a.a.O., S. 28.

116) Sodtalbers, a.a.O., S. 114 Rn. 163.

117) Baus, a.a.O., S. 28; Hoeren, a.a.O., S. 32 Rn. 76; König, NJW 1989, 2605; Marly, BB 1991, 435.

118) Baus, a.a.O., S. 28; Hoeren, a.a.O., S. 32 Rn. 76; König, NJW 1989, 2605; Marly, BB 1991, 435.

119) Baus, a.a.O., S. 27; Hoeren, a.a.O., S. 32 Rn. 77 ff; ders, Softwareüberlassung an der Schnittstelle von Urheber- und Vertragsrecht, GRUR 1988 342 ff; Marly, a.a.O., S. 47 Rn. 98, S. 51 Rn. 105 ff.

120) Hoeren, a.a.O., S. 32 Rn. 77 ff; Marly, BB 1991, 433.

121) BGH Urt. v. 14. 03. 1973 - Ⅷ ZR 137/71, NJW 1973, 843; BGH Urt. v. 08. 02. 1978 - Ⅷ ZR 20/77, BGHZ 70, 356 = BB 1978, 980 = NJW 1978, 997.

목적물의 가치가 어디에 놓여 있는지 그리고 정보저장매체와 그에 저장된 정보의 가치의 비율이 어떠한가 하는 것은 아무런 의미도 없다고 한다.[122)]

Hoeren에 의하면 책의 매수인은 유체화되지 않은 정보만을 얻으려고 책을 매수하는 것은 아니고, 오히려 그는 언제든지 그 책을 참고하기 위해서 그리고 수 년이 지난 후에도 그 책을 찾아보기 위해서 그 책을 구매하는 것이라고 한다. 그런데 이것은 정신적인 내용(geistiger Inhalt)이 종이와 결합되어서 유체화되었기에(verkörpert) 가능한 것이라고 한다.[123)] 음반을 구매하는 자도 악보의 구성이나 일련의 음표의 구성을 취득하려는 것이 아니라 음반에 유체화된 특정한 음악을 취득하려는 것이고, 이러한 물질화(Materialisierung)덕분에 그 구매자는 언제든지 자신이 원하는 경우에 그 음악을 들을 수 있게 된다고 한다.[124)] 책과 음반에 관한 이러한 설명은 컴퓨터 프로그램의 경우에도 동일하게 적용되고 따라서 컴퓨터 프로그램을 책이나 음반 혹은 비디오테이프와 달리 판단할 이유가 없다고 한다.[125)]

마. 판례의 태도

독일 연방대법원(Bundesgerichtshof, BGH)은 "컴퓨터 프로그램이란 하나의 정보저장매체에 유체화되어 있는 컴퓨터 프로그램을 말하는 것이고 따라서 유체물이다"라고 판시하였다.[126)] 이전의 판결들에서 독일 연방대법원은 컴퓨터 프로그램을 노하우로 보고 그것의 거래를 노하우 라이선스계약으로 보고 있었다.[127)] 그러다가 1987년 11월 4일

122) Marly, BB 1991, 433.

123) Hoeren, a.a.O., S. 33 Rn. 78.

124) Hoeren, a.a.O., S. 33 Rn. 78.

125) Hoeren, a.a.O., S. 32 Rn. 77.

126) BGH Urt. v. 04. 11. 1987 - Ⅷ ZR 314/86, CR 1988, 124 ff; BGH Urt. v. 18. 10. 1989 - Ⅷ ZR 325/88, CR 1990, 24 ff; BGH Urt. v. 24. 01. 1990 - Ⅷ ZR 22/89, BGHZ 110, 130 ff. = CR 1990, 384 ff; BGH Urt. v. 14. 07. 1993 - Ⅷ ZR 147/92, CR 1993, 681 ff; BGH Urt. v. 22. 12. 1999 - Ⅷ ZR 299/98, BGHZ 143, 307 ff. = CR 2000, 207 ff; BGH Urt. v. 15. 11. 2006 - Ⅻ ZR 120/04, CR 2007, 75 ff.

127) BGH Urt. v. 03. 06. 1981 - Ⅷ ZR 153/80, NJW 1981, 2684 ff; BGH Urt. v.

판결[128]에서 최초로 컴퓨터 프로그램의 물건성을 긍정한 이후로 현재까지 같은 태도를 유지해 오고 있다. 1989년 10월 18일 판결에서는 한 걸음 더 나아가 원격정보송신방법(Datenfernübertragung)에 의한 컴퓨터 프로그램의 이전이 컴퓨터 프로그램의 물건성 인정을 방해하는 것은 아니라고 판시하였다.[129] 그 근거로 독일연방대법원은 결국 컴퓨터 프로그램의 매수인의 하드디스크에 컴퓨터 프로그램이 기록되는 것이고 이것은 그 기능상 필연적으로 정보저장매체에 유체화되어야만 한다는 점을 들었다.[130] 그 후 1993년 7월 14일 판결에서는 "표준컴퓨터 프로그램은 물건으로 보아야 한다는 점은 본 법원이 이미 여러 차례 판결한 바와 같다"고 하여 당연히 컴퓨터 프로그램의 물건성을 전제하였다.[131] 이러한 판례의 태도는 그 이후의 판결들에서 명시적으로 혹은 묵시적으로 인용되거나 재차 확인되어[132] 이제는 확립된 판례의 태도가 되었다고 볼 수 있다고 한다.[133] 그 외에도 컴퓨터 프로그램 그 자체를 정보저장매체에의 고정을 전제하지 않고 물건이라고 판단한 하급심 판례도 존재한다.[134] 이하에서는 주요한 판례에 대하여 그 사실관계, 판결요지 및 판결이유에 대하여 좀 더 자세하게 살펴보기로 한다.

1) BGH Urteil v. 04. 11. 1987 – Ⅷ ZR 314/86

이 사건의 원고는 컴퓨터 하드웨어와 컴퓨터 프로그램을 판매하는 자이고, 피고 역시 최종소비자가 사용하는 컴퓨터 프로그램(Endanwenderprogramm)

---

25. 03. 1987 - Ⅷ ZR 43/86, CR 1987, 358 ff.

128) BGH Urt. v. 04. 11. 1987 - Ⅷ ZR 314/86, CR 1988, 124 ff.

129) BGH Urt. v. 18. 10. 1989 - Ⅷ ZR 325/88, CR 1990, 24 ff.

130) BGH Urt. v. 18. 10. 1989 - Ⅷ ZR 325/88, CR 1990, 24(26).

131) BGH Urt. v. 14. 07. 1993 - Ⅷ ZR 147/92, CR 1993, 681(683).

132) Vgl. BGH Urt. v. 24. 01. 1990 - Ⅷ ZR 22/89, BGHZ 110, 130 ff. = CR 1990, 384 ff; BGH Urt. v. 14. 07. 1993 - Ⅷ ZR 147/92, CR 1993, 681 ff; BGH Urt. v. 22. 12. 1999 - Ⅷ ZR 299/98, BGHZ 143, 307 ff. = CR 2000, 207 ff; BGH Urt. v. 15. 11. 2006 - Ⅻ ZR 120/04, CR 2007, 75 ff.

133) Baus, a.a.O., S. 30.

134) OLG Stuttgart Urt. v. 08. 11. 1988 - 6 U 135/87, CR 1989, 692 ff. = NJW 1989, 2635 f.

을 제작하고 컴퓨터하드웨어를 판매하는 일에 종사하는 자이다. 피고의 원고에 대한 1984년 8월 5일자 주문에 따라서 원고는 피고에게 같은 해 8월 30일에 Xenix라는 운영체제(Xenix-Betriebssystem)와 마이크로소프트사의 컴파일러 프로그램(Compiler)과 인터프리터 프로그램(Interpreter)이 설치되어 있는 컴퓨터 시스템을 공급하였다. 원고가 피고에게 보낸 청구서에 의하면 총 대금(Gesamtsumme)은 68750.55DM이었고, 이 중에 컴파일러와 인터프리터에 해당하는 것은 4438.02DM이었다. 피고는 이 컴파일러와 인터프리터를 이용해서 자신이 개발한 "Tesy"라는 프로그램을 원고에게서 구매한 컴퓨터 시스템에서 작동하도록 만들고 이 컴퓨터 시스템을 다시 다른 고객에게 판매하려고 하였다. 그러나 그 컴퓨터 시스템을 고객에게 인도하기 직전에 실시한 검사과정에서 원고가 공급한 컴파일러에 컴퓨터 시스템을 즉시 다운시키는 중대한 하자가 발견되었고, 피고는 원고에게 이를 통지하였다. 이에 원고는 피고에게 원래 제공하였던 컴파일러 버전 5.60대신에 컴파일러 버전 5.41을 공급하였다. 새로운 컴파일러를 통해서는 피고가 개발한 프로그램이 정상적으로 작동하였다. 그러나 그것에는 버전 5.60의 핵심적인 기능인 Record-locking이라는 기능이 없었다. 따라서 피고는 그 기능을 스스로 개발해야만 했으며 그로 인해 자신의 고객에게 이행기가 지나서야, 그것도 임시적인 운영을 위해서 그 컴퓨터 시스템을 공급할 수 있었다. 그러나 고객은 그 시스템에서는 그들이 1980년 이래로 사용해 오던 "Tesy"프로그램이 정상적으로 작동하지 않으므로 이 문제를 해결하든지 혹은 그 컴퓨터 시스템을 회수해 갈 것을 요구하였다. 그러자 피고는 원고에게 하자의 제거를 요청하면서 이를 이행하지 않을 경우 매매계약을 해제하겠다고 통지하였다. 원고는 이러한 피고의 요청을 거부하고 오히려 컴퓨터 하드웨어와 컴퓨터 프로그램 매매대금 68750.55DM의 지급을 소구하였고, 피고는 이러한 주장에 대하여 계약해제청구(Wandlung)를 항변하였다.[135)]

제1심과 제2심 법원은 컴파일러와 인터프리터에 하자가 존재하므로 피고는 정당하게 해제청구권을 행사하였고 그러한 해제는 컴퓨터

---

135) CR 1988, 125.

프로그램뿐만 아니라 하드웨어부분에도 효력이 있음을 근거로 들어 원고의 청구를 기각하였다.[136] 원고가 상고하자 독일연방대법원은 4438.02DM을 제외한 범위에 대한 원고의 상고를 인용하였다. BGH는 판결이유에서 표준 컴퓨터 프로그램이 일회의 반대급부에 대하여 취득자가 자유롭게 처분할 수 있도록 공급되는 경우에는 최소한 매매계약과 유사한 계약의 성립을 인정할 수 있으며, 이 경우 매매목적물은 정보저장매체와 그에 유체화된 컴퓨터 프로그램, 즉 유체물이며 그러한 점에 있어서는 컴퓨터 프로그램은 책이나 음반과 다를 바가 없다고 하였다.[137] 그러나 원심법원과는 달리 하드웨어와 컴퓨터 프로그램이 일체화된 물건(einheitliche Sache)으로써 하나의 매매목적물이 되는가는 당사자의 의사에 의해서 판단할 것이 아니라 거래관념(Verkehrsanschauung)에 따라서 판단하여야 하는데, 당시에 하드웨어와 컴퓨터 프로그램을 분리해서 거래하는 소위 언번들링(Unbundling)이 컴퓨터 프로그램시장에서 널리 행해지고 있는 점 등을 들어서 컴퓨터 프로그램과 하드웨어는 한 번의 거래기회에 함께 거래된 다수의 물건에 해당하고 따라서 컴퓨터 프로그램 부분에 대한 계약해제는 하드웨어 부분에는 효력을 미치지 않는다고 하였다.[138]

2) BGH Urteil v. 18. 10. 1989 - Ⅷ ZR 325/88

이 사건의 피고2는 1985년 8월 31일 원고가 취급하는 컴퓨터 프로그램을 공급받아 사용하기로 하는 계약을 체결하였다. 피고2는 그 컴퓨터 프로그램을 다른 자에게서 구매한 컴퓨터에서 임금계산을 위하여 사용할 계획이었다. 계약에 의하면 사용대가로 18000DM이 합의되었는데, 피고2는 이 금액을 1985년 10월 1일부터 시작하여 매월 500DM씩 36개월에 걸쳐 지불하기로 하였다. 이와 함께 1985년 8월

136) CR 1988, 125. 원심법원은 컴퓨터시스템은 일체로 보아야 하며 하드웨어와 컴퓨터 프로그램이 한 공급자로부터 구매되었다는 점으로부터 당사자의 의사표시는 독일 민법 제133조와 제153조에 의하여 하드웨어와 컴퓨터 프로그램으로 이루어진 일체화된 물건(einheitliche Kaufsache)에 대한 매매계약을 체결하는데 의사가 일치한 것으로 해석되어야 한다고 판시하였다.

137) CR 1988, 126, 127.

138) CR 1988, 129.

30일 원고는 피고2와 그가 공급할 컴퓨터 프로그램에 대하여 관리계약(Wartungsvertrag)을 체결하였고 그 대가는 매월 300DM으로 하기로 하였다. 원고는 자신의 컴퓨터의 하드디스크에 담겨 있는 약정한 컴퓨터 프로그램을 피고2의 컴퓨터와 자신의 컴퓨터를 케이블로 직접 연결(Kabelverbindung)하여 피고2의 컴퓨터의 하드디스크에 직접 복제하는 방법으로 인도하였다. 피고2는 3개월 동안은 합의한 대로 500DM의 사용료를 지급하였다. 그 후 1986년 3월 10일 편지를 통하여 그 사용계약을 1986년 3월 31일자로 해지(Kündigung)한다고 통지하였다. 이에 대하여 원고는 피고2와 그녀가 설립한 유한회사(GmbH)"awps Di"(피고1)를 상대로 컴퓨터 프로그램 사용계약에 따른 사용료와 관리계약에 따른 관리대가 및 그 동안의 이자의 지급을 소구하였다. 이에 피고2는 1985년 8월 30일자 관리계약 및 31일자 사용계약의 체결을 위한 그녀의 의사표시는 독일 구 할부거래법(Abzahlungsgesetz)[139] 제1b조에 의하여 유효하게 철회(Widerruf)되었음을 항변하였다. 제1심 법원은 원고의 청구를 모두 인용하였고, 제2심 법원은 피고1에 대한 청구는 모두 기각하고 피고2에 대하여는 피고2의 계약해지 통지를 구 할부거래법상의 철회로 인정하고, 그 철회의 의사표시가 원고에게 도달하기까지의 목적물에 대한 사용대가에 해당하는 1177.62DM의 지급을 동법 제1d조 제3항을 근거로 명하였다.[140] 이에 원고는 상고하였고 독일연방대법원은 상고를 기각하였다.[141]

독일연방대법원은 피고2는 컴퓨터 프로그램의 사용계약과 관리계약의 체결을 위한 자신의 의사표시를 적법하게 할부거래법 제1b조에 의하여 철회하였으므로 피고2는 할부대금지급의무를 부담하지 않는다

---

139) 독일 구 할부거래법(Abzahlungsgesetz)은 1894년 5월 16일 제정된 법률로써 이것은 1990년 12월 17일 제정되고 1991년 1월 1일부터 시행되었던 구 소비자신용법(Verbraucherkreditgesetz)에 의하여 대체되었다. 이 소비자신용법 역시 2002년 독일 민법 개정과정에서 폐지되고 그 내용은 민법 제499조 이하에 흡수되어 규정되어 있다.

140) 독일 구 할부거래법 제1d조 제3항은 철회의 효과를 규정하면서 철회권의 행사시까지 동산의 사용대가를 지불하여야 한다고 규정하고 있었다. 원문은 다음과 같다. Für die Überlassung des Gebrauchs oder der Benutzung bis zu dem Zeitpunkt der Ausübung des Widerrufs ist deren Wert zu vergüten.

141) CR 1990, 24(25).

고 판시하였다. 그런데 구 할부거래법 제1조에 의하면 동법은 동산의 양도를 목적으로 하는 계약(ein auf die Übergabe einer beweglichen Sache gerichteter Vertrag)에만 적용되었다. 여기서 원고와 피고가 8월 31일에 체결한 컴퓨터 프로그램의 공급 및 사용계약이 동산의 매매계약인지가 문제가 되었다. 대법원은 우선 위에서 살펴본 1987년 11월 4일자 판결을 원용하면서 일회의 대가를 받고 영구적으로 컴퓨터 프로그램을 공급하는 계약은 매매계약이며, 이러한 사정은 대금의 분할지급을 약정하였다고 하여서 달라지는 것이 아니라는 점을 확인하였다.[142] 즉 대금의 분할지급 약정은 매수인의 대금지급의 부담을 완화하려는 것이지, 이를 통하여 대금지급이 약정된 기간 동안만의 한정된 사용을 위한 계약으로 되는 것은 아니라고 하였다.[143] 그리고 동산에 대한 매매계약인가에 관하여서는 역시 앞에서 설명한 판례를 원용하며 컴퓨터 프로그램이 저장되어 있는 정보저장매체를 공급하는 경우에는 이 정보저장매체는 그것에 유체화되어 있는 컴퓨터 프로그램과 함께 동산이라고 인정하였다. 그 후 문제가 된 사례에서는 피고2가 구매한 컴퓨터 프로그램이 케이블연결을 통하여 직접 피고2의 하드디스크에 옮겨졌다는 점에 특징이 있지만, 이러한 차이점이 할부거래법의 적용에 있어서 다른 결론을 정당화할 수 없다고 하였다.[144] 그 근거로 컴퓨터 프로그램 매매계약의 최종목적(Endzweck)은 그 컴퓨터 프로그램을 사용자의 하드디스크에 인스톨하여 사용하는 것이며, 이점에 있어서 정보저장매체에 저장된 컴퓨터 프로그램을 공급하는 경우와 직접 사용자의 하드디스크에 컴퓨터 프로그램을 저장하는 경우에는 차이가 없다고 한다. 후자의 경우에는 다만 컴퓨터 프로그램을 정보저장매체에 저장하는 중간단계(Zwischenstadium)만이 빠져있을 뿐이므로 양자를 달리 취급할 여지가 없다고 한다.[145] 그리고 이러한 후자의 경우에도 매도인은 매수인에게 매수인의 하드디스크라는 정보저장매체에 저장된 컴퓨터 프로그램 복제물(Vervielfältigungsstück)

---

142) CR 1990, 24(26).
143) CR 1990, 24(26).
144) CR 1990, 24(26).
145) CR 1990, 24(26).

에 대한 점유를 이전하는 것이라는 Hoeren의 견해를 원용하고 있다.[146] 그러면서 이러한 견해에 의하지 않더라도 동일한 경제적인 목적을(bei gleichem wirtschaftlichen Endzweck) 추구하는 거래들에 대해서는 같은 법률규정이 적용될 수 있으므로, 문제된 사례의 경우에 할부거래법이 최소한 유추적용될 수 있으며 이러한 태도가 동법의 규범목적(Schutzzweck)에도 부합한다고 판시하였다.[147]

3) OLG Stuttgart Urteil v. 08. 11. 1988 - 6 U 135/87

이 판결은 위 2)에서 설명한 대법원 판결의 제2심 법원의 판결이다. 이 판결에서 OLG Stuttgart는 컴퓨터 프로그램은 책이나 음반과 마찬가지로 그 자체로 동산이며, 문제된 사례의 경우처럼 정보저장매체에 저장되지 않은 채 직접 매수인의 하드디스크에 기록되는 경우에도 달라지지 않는다고 판시하였다.[148] 그리고 컴퓨터 프로그램의 물건성을 판단함에 있어서는 磁氣化(Magnetisierung) 그 자체에 대한 순수한 물리적 시각(rein physikalishce Sicht)이 중요한 것이 아니라 컴퓨터 프로그램을 물건으로 보는 실질적인 관점(das praktische Verständnis)이 중요하다고 한다.[149]

바. 각 학설의 검토

컴퓨터 프로그램을 무체재산이나 노하우로 보는 견해에 의하면 컴퓨터 프로그램 거래는 물건을 목적물로 하는 전형계약에 해당할 수 없게 되고, 컴퓨터 프로그램의 취득자는 그것의 소유자가 아니므로 물권적 청구권을 행사할 수 없게 된다는 결과에 이르게 된다. 또한 컴퓨터 프로그램은 제조물책임법상의 제조물이 아니므로 컴퓨터 프로그램에 하자가 있는 경우에도 그 제작자는 제조물책임법상의 책임을 부담하지 않게 될 것이다.[150] 이에 반하여 컴퓨터 프로그램의 물건성

146) Hoeren, CR 1988, 908, 912; a.A. König, NJW 1989, 2604, 2605; Mehrings, NJW 1988, 2438, 2439; Zahrnt, IuR 1986, 252, 253.

147) CR 1990, 24(27).

148) NJW 1989, 2635(2636).

149) NJW 1989, 2635(2636).

을 긍정하는 경우에는 컴퓨터 프로그램 거래는 물건을 목적물로 하는 전형계약에 해당할 수 있게 되고, 컴퓨터 프로그램의 취득자는 그것의 소유자이므로 물권적 청구권을 행사할 수 있게 된다는 결과에 이르게 된다. 그리고 하자있는 컴퓨터 프로그램을 제작한 자는 제조물책임법상의 책임을 부담하게 될 것이다.

생각건대 컴퓨터 프로그램의 물건성에 관한 물음에 정확하게 답을 하기 위해서는 물건성을 확인하려고 하는 대상물이 무엇인지 정확하게 확정하는 작업이 선행되어야 할 것이다. 우리가 물건성을 확정하려고 하는 대상물인 컴퓨터 프로그램은 컴퓨터 프로그램 저작물의 복제물(Vervielfältigungsstück)로서 거래의 목적물(Handelsgut)인 컴퓨터 프로그램을 의미한다는 점을 항상 염두에 두어야 한다.[151] 우리가 물건성을 확정하려고 하고 그것의 거래의 법적 성질을 논하려고 하는 컴퓨터 프로그램은 어떠한 정신적인 것이 아니고, 마치 책, 음반, 혹은 비디오테이프가 그러하듯이 컴퓨터 프로그램 저작물이 유체화된 개별적인 복제물이다.[152] 컴퓨터 프로그램을 비물질적 재화로 보는 견해의 오류는 저작권법의 보호대상인 정신적인 저작물과 그것의 물질적인 존재로서 거래의 목적물인 복제물을 구분하지 않고 있다는 점에 있다고 생각된다.[153]

독일 민법 제90조는 대상물의 유체성(Körperlichkeit)을 물건성의 요건으로 들고 있다. 여기서 유체성이란 인간이 지배가능한 물질(Materie)이 공간을 차지하면서 존재하고 있음(das räumliche Zutagetreten)을 의미한다.[154] 이러한 판단에 있어서 중요한 것은 최신의 자연과학지식이

150) 독일 제조물책임법 제2조는 동법상의 제조물이란 모든 동산과 전기를 말한다고 규정하고 있다. 원문은 다음과 같다: Produkt im Sinne dieses Gesetzes ist jede bewegliche Sache, auch wenn sie einen Teil einer anderen beweglichen Sache oder einer unbeweglichen Sache bildet, sowie Elektrizität.

151) Baus, a.a.O., S. 27.

152) Baus, a.a.O., S. 27; Bydlinski, AcP 198, 307; König, NJW 1993, 3122.

153) König, NJW 1993, 3121 ff도 같은 견해임.

154) Erman/Michalski, § 90 Rn. 1; jurisPK-BGB/Vieweg, § 90 Rn. 8; Soergel/Marly, § 90 Rn. 1; Staudinger/Dilcher, §90 Rn. 1; a.A. Weitz, a.a.O., S. 37 ff. 그에 의하면 유체물의 개념은 시대별로 관점별로 달라졌으며 민법제정당시에도 두 가지의 유체물 개념이 존재하였다고 한다.

아니라 일반적인 거래관념(allgemeine Verkehrsanschauung)이라고 한다.[155] 이러한 설명은 컴퓨터 프로그램의 물건성을 판단함에 있어서도 그대로 적용되어야 할 것이다. 거래의 대상물인 컴퓨터 프로그램은 그것이 정보처리기기의 조정기능을 수행하기 위해서는 필연적으로 유체화되어 있을 것을 요구한다.[156] 따라서 유체화되어 있지 않은 거래의 대상물인 컴퓨터 프로그램 그 자체라는 것은 존재하지 않으며, 이러한 필수적인 유체화 속에서 컴퓨터 프로그램의 유체성을 인정할 수 있을 것이다.[157]

컴퓨터 프로그램이 정보저장매체에 저장되지 않은 채 정보통신망을 통하여 공급될 수 있다는 사실은 컴퓨터 프로그램의 물건성에 대한 반대논거로서 제시될 수 없다. 정보저장매체 없는 컴퓨터 프로그램의 공급에서 우리가 물건성을 판단해야 하는 대상은 공급자의 컴퓨터에 존재하고 있는 컴퓨터 프로그램과 양수인의 컴퓨터에 복제되어서 새로 생성되는 또 하나의 컴퓨터 프로그램이다.[158] 이 두 개의 컴퓨터 프로그램은 모두 하드디스크라는 정보저장매체에 유체화되어 존재하는 독일 민법 제90조상의 물건이다.[159] 컴퓨터 프로그램이 정보통신망을 통하여 정보저장매체 없이 공급될 수 있다는 사실은 그를 통하여 컴퓨터 프로그램의 법적 성질을 결정하게 될 컴퓨터 프로그램의 성질(Eigenschaft)이 아니라, 단지 컴퓨터 프로그램의 거래방법을 묘사한 것에 불과한 것이다.[160] 어떤 객체가 물건인지를 결정함에 있어서는 그 객체의 특징이 물건의 요건을 갖추고 있는지를 검토해야 하

---

155) Erman/Michalski, § 90 Rn. 1; jurisPK-BGB/Vieweg, § 90 Rn. 8. 그에 의하면 최근의 자연과학적 지식에 의하면 빛(Licht)은 입자라고 하는데 그렇다고 빛을 유체물로 볼 수는 없다고 한다; Münch-Komm/ Holch, § 90 Rn. 23; Staudinger/Marly, § 90 Rn. 1.

156) Baus, a.a.O., S. 27; Bydlinski, AcP 198, 307; Krauß, a.a.O., S. 16 f; Hoeren, GRUR 1988, 342; Marly, a.a.O., S. 50 Rn. 103; BGH Urt. v. 15. 11. 2006 - Ⅻ ZR 120/04, CR 2007. 75(76).

157) Baus, a.a.O., S. 27; Krauß, a.a.O., S. 17.

158) Vgl. BGH Urt. v. 15. 11. 2006 - Ⅻ ZR 120/04, CR 2007. 75(76).

159) Baus, a.a.O., S. 28; Damm, a.a.O., S. 15; Ernst, GRUR 1997, 593; Krauß, a.a.O., S. 17; Schwarz, Urheberrecht und unkörperliche Verbreitung multimedialer Werke, GRUR 1996, 840; Sodtalbers, a.a.O., S. 116 Rn. 166.

160) Hoeren, a.a.O., S. 32 Rn. 76; Krauß, a.a.O., S. 17; Marly, a.a.O., S. 53 Rn. 109.

는 것인데, 컴퓨터 프로그램의 전송가능성은 정보통신기술의 발전과 그를 이용한 거래방법의 개발에 따른 것이지 컴퓨터 프로그램 자체의 특징이 아니므로 이로부터는 컴퓨터 프로그램의 물건성을 긍정하는 논거도 부정하는 논거도 도출될 수 없다고 생각된다.

Ⅱ. 컴퓨터 프로그램 거래의 개념 및 유형

1. 컴퓨터 프로그램 거래의 개념

컴퓨터 프로그램 거래(Softwareüberlassungsvertrag)란 컴퓨터 프로그램 공급자(Softwarelieferant)가 특정한 컴퓨터 프로그램 사용자(Softwareanwender)에게 유상으로 혹은 무상으로 합의한 컴퓨터 프로그램 복제물을 공급해야 할 의무를 부담하기로 하는 계약을 말한다.[161] 즉 컴퓨터 프로그램 공급자가 사용자에게 합의된 컴퓨터 프로그램을 넘겨줌으로써 사용자가 그 컴퓨터 프로그램을 적법하게 사용할 수 있게 해주는 것을 내용으로 하는 계약이 컴퓨터 프로그램 거래이다.[162] Brandi-Dohrn에 의하면 유체물을 수단으로 하여서 정신적인 재화(ein geistiges Gut)를 사용할 수 있도록 공급하는 것이 컴퓨터 프로그램 거래의 핵심이라고 한다.[163] 그러나 이러한 견해는 타당하지 못하다고 생각된다. 정신적인 재화의 사용은 컴퓨터 프로그램 거래의 목적이 될 수 없고, 오히려 컴퓨터 프로그램 저작물과 정보저장매체의 분리할 수 없는 일체로서 독일 민법 제90조상의 물건인 컴퓨터 프로그램의 일시적인 혹은 영구적인 공급이 컴퓨터 프로그램 거래의 목적이라고 해야 할 것이다.[164]

---

161) 하지만 유상의 컴퓨터 프로그램 공급이 일반적인 경우이고 따라서 더 중요한 의미가 있으므로 이 책에서는 무상의 컴퓨터 프로그램 공급은 다루어지지 않을 것이다.
162) Kindermann, GRUR 1983, 154; Lenhard, a.a.O., S. 7; Marly, a.a.O., S. 17 Rn. 39.
163) Brandi-Dohrn, CR 1986, 66.
164) Marly, a.a.O., S. 17 Rn. 39도 같은 견해임.

2. 컴퓨터 프로그램 거래의 발현형태

독일에서 컴퓨터 프로그램 거래의 법적 성질을 논함에 있어서 컴퓨터 프로그램 공급의 형태를 컴퓨터 프로그램의 종류에 따라서 표준 컴퓨터 프로그램의 공급과 주문형 컴퓨터 프로그램의 공급으로, 공급기간에 따라서 영구적 공급과 일시적 공급으로 나누어서 설명하는 것이 일반적이다. 즉 컴퓨터 프로그램 거래의 형태를 네 가지로 구별하고 그것들을 상이한 계약유형으로 분류하고 있다.[165)]

가. 표준 컴퓨터 프로그램의 공급

1) 표준 컴퓨터 프로그램의 영구적 공급(Softwareüberlassung auf Dauer)

컴퓨터 프로그램 거래의 양 당사자가 시간적인 제한이 없이 컴퓨터 프로그램을 사용할 수 있도록 공급하기로 합의한 경우이다. 이것은 당사자가 컴퓨터 프로그램의 사용에 대하여 시간적인 제한을 합의하였지만, 그 사용이 종료되는 정확한 시점에 대하여는 합의하지 않은 기한이 정하여지지 않은 일시적 공급과는 구별하여야 한다.[166)] 기한이 정하여지지 않은 일시적 공급은 컴퓨터 프로그램의 영구적 공급이 아니라 컴퓨터 프로그램의 일시적 공급의 한 경우로 다루어져야 할 것이다.[167)]

2) 표준 컴퓨터 프로그램의 일시적 공급(Softwareüberlassung auf Zeit)

계약상의 합의에 의할 경우 컴퓨터 프로그램 사용자가 특정한 시점 이후로는 그 컴퓨터 프로그램을 더 이상 사용해서는 안 되는 경우 표준 컴퓨터 프로그램의 일시적 공급이 성립한다. 이러한 일시적인 공급은 예컨대, 컴퓨터 프로그램 사용자가 그 컴퓨터 프로그램을 공급자에게 반환해야 하는 경우, 자신의 컴퓨터에서 삭제해야 하는 경

---

165) Braun, BB 1992, 154; Dörner/Jersch, IuR 1988, 138; Hoeren, a.a.O., S. 3 Rn. 6 ff; Lenhard, a.a.O., S. 120 ff; Marly, a.a.O., S. 18 Rn. 41 ff; BGH Urt. v. 24. 10. 2002 - I ZR 3/00, CR 2003, 323 ff. = NJW 2003, 2014 ff.

166) Lenhard, a.a.O., S. 120; Marly, a.a.O., S. 20 Rn. 44.

167) Lenhard, a.a.O., S. 188; Marly, a.a.O., S. 20 Rn. 44.

우, 그 컴퓨터 프로그램에 기술적인 차단장치가 포함되어 있어서 계약당사자가 새로운 합의를 하고 컴퓨터 프로그램 공급자가 그 차단장치를 풀어주지 않으면 차단장치로 인하여 그 컴퓨터 프로그램이 더 이상 작동하지 않게 되는 경우에 성립한다.[168]

나. 주문형 컴퓨터 프로그램의 공급

표준 컴퓨터 프로그램과는 달리 주문형 컴퓨터 프로그램은 개별적인 사용자의 요구에 따라서 특별히 제작된다는 점에 특징이 있다. 따라서 주문형 컴퓨터 프로그램의 공급에 있어서는 표준 컴퓨터 프로그램과는 달리 필연적으로 단순한 공급 외에 컴퓨터 프로그램의 제작이 중심에 놓이게 된다.[169] 주문형 컴퓨터 프로그램도 영구적으로 또한 일시적으로도 공급될 수 있다.[170] 주문형 컴퓨터 프로그램의 영구적인 공급의 경우에는 학설과 판례는 일치하여 독일 민법 제631조 이하의 도급계약이 성립한다고 한다.[171] 그러나 근래에 들어 독일 민법의 개정이 주문형 컴퓨터 프로그램 거래에 어떠한 영향을 미치는가에 관하여 활발한 논의가 이루어지고 있다.[172] 이에 관한 자세한 논의는 이 책의 한계를 벗어나므로 관련문헌들을 소개하는 것으로 한정하기로 한다.

주문형 컴퓨터 프로그램의 일시적인 공급도 이론적으로는 가능하지만 실제에 있어서 널리 이용되지 못하고 있으므로[173], 이 역시 이

168) Lenhard, a.a.O., S. 188; Marly, a.a.O., S. 20 Rn. 44.

169) Kotthoff, K&R 2002, 105; Lenhard, a.a.O., S. 148.

170) Lenhard, a.a.O., S. 191; Marly, a.a.O., S. 22 Rn. 46.

171) Bartl, CR 1985, 13; Braun, BB 1992, 154; Dörner/Jersch, IuR 1988, 138; Hoeren, a.a.O., S. 3 Rn. 8; Marly, a.a.O., S. 19 Rn. 42; Mehrings, NJW 1986, 1904; Sodtalbers, a.a.O., S. 121 Rn. 177.

172) 이에 관하여 자세한 것은 Bräutigam/Rücker, Softwareerstellung und § 651 BGB – Diskussion ohne Ende oder Ende der Diskussion?, CR 2006, 361 ff; Diedrich, CR 2002, 473 ff; Junker, NJW 2003, 2792 ff; Kotthoff, K&R 2002, 105 ff; Krauß, a.a.O., S. 37 ff; Lenhard, a.a.O., S. 151 ff; Marly, a.a.O., S. 26 Rn. 55 ff; Redeker, ITRB 2002, 119 ff; Schnieder, CR 2003, 1 ff; Spindler/Klöhn, CR 2003, 81 ff; Stichtenoth, a.a.O., K&R 2003, 105 ff; Thewalt, CR 2002, 1 ff. 참조할 것.

책에서 논외로 한다.

3. 컴퓨터 프로그램 거래 당사자의 이해관계

컴퓨터 프로그램 거래 당사자 간의 경제적인 이해관계를 살펴보는 것은 다음과 같은 두 가지 면에서 의미가 있다고 한다. 먼저 일정한 계약관계를 규율하는 법규정은 그 계약관계의 당사자간의 경제적인 이해관계의 균형을 위한 도구라고 한다.[174] 따라서 컴퓨터 프로그램 거래의 법적 성질을 밝히고 그것을 규율할 법규정을 확정하는 것에 경제적인 이해관계를 밝히는 작업이 선행되어야 한다고 한다.[175] 또한 당사자간의 경제적 이해관계는 컴퓨터 프로그램 거래 성립시에 이용되는 약관의 유효성을 판단하는 기준으로 작용할 수 있다고 한다. 독일 민법 제307조 제1항 제1문에 의하면 약관의 규정은 그것이 약관사용자(Verwender)의 상대방에게 신의성실의 원칙에 반하여(entgegen den Geboten von Treu und Glauben) 부당하게(unangemessen) 불리한 경우에는 무효라고 규정하고 있다. 그런데 여기서 부당하게 불리한지(unangemessene Benachteiligung)의 여부를 판단함에 있어서 원칙적으로 당사자에게 법적으로 인정된 이익이 다른 이익으로 대체됨이 없이 침해되거나, 그러한 침해가 침해자의 정당한 이익(berechtigte Interessen)에 의해서 정당화될 수 없는 것인 경우에 상대방에게 부당하게 불이익한 것으로 인정된다고 한다.[176] 따라서 계약당사자의 경제적 이해관계는 약관통제에 있어서도 큰 의미가 있다고 한다.[177]

컴퓨터 프로그램은 사용자가 개발자로부터 직접 취득할 수도 있고, 개발자와 사용자 사이에 있는 한 명의 혹은 수인의 중간상인(Zwischenhändler)을 거쳐 유통될 수도 있다.[178] 직접취득은 주로 주문

---

173) Marly, a.a.O., S. 21 Fn. 105.
174) Hoeren, a.a.O., S. 7 Rn. 17.
175) Hoeren, a.a.O., S. 7 Rn. 17.
176) Wolf/Horn/Lindacher, AGB-Gesetz Kommentar, 8. Aufl., 1997, § 9 Rn. 83.
177) Marly, a.a.O., S. 15 Rn. 34.
178) 컴퓨터 프로그램의 유통방법 및 중간상인의 개입방법에 관하여 자세한 것은 Damm, a.a.O., S. 2 ff; Lenhard, a.a.O., S, 91 ff. 참조.

형 컴퓨터 프로그램의 공급의 경우에 일반적인 반면에, 표준 컴퓨터 프로그램의 공급의 경우에는 중간상인이 개입하는 것이 일반적인 유통경로이다.[179] 이하에서는 이 두 경우로 나누어 계약당사자들의 이해관계가 어떠한지 살펴보도록 한다.

가. 개발자로부터의 직접취득에 있어서의 당사자의 이해관계

컴퓨터 프로그램의 직접취득은 중간상인의 개입없이 컴퓨터 프로그램 개발자와 사용자간에서 완성된다. 컴퓨터 프로그램 개발자의 주된 이해관계는 일반적으로 자신의 생산품(Produkt), 즉 컴퓨터 프로그램의 매출(Vertrieb)을 통해서 가능한 한 높은 수익을 얻는 것에 있다.[180] 컴퓨터 프로그램 개발자와 사용자간에 존재하는 또 다른 이해관계의 대립은 특히나 다음과 같은 점을 통해서 분명해진다. 컴퓨터 프로그램의 개발과 제작을 위해서는 일반적으로 막대한 인적, 재정적 비용이 소요되는 반면에, 그 컴퓨터 프로그램의 복제물은 적은 시간과 비용만으로도 생산될 수 있다는 것이다.[181] 따라서 컴퓨터 프로그램 개발자는 컴퓨터 프로그램 거래 안에 컴퓨터 프로그램의 불법복제(Softwarepiraterie)에 대하여 가능한 한 폭넓게 대항할 수 있는 조항들을 삽입하기를 원한다.[182] 이러한 컴퓨터 프로그램 개발자의 이해관계는 정당한 것으로 평가되고 따라서 컴퓨터 프로그램 거래의 구성을 통하여 컴퓨터 프로그램의 부당한 사용을 방지하려고 하는 시도는 그의 이해관계에 부합하는 것으로 평가된다고 한다.[183] 그러나 이러한 컴퓨터 프로그램 거래의 구성은 법적 한계, 특히나 약관통제의 한계내에 있는 것이어야 한다.[184] 이에 반하여 컴퓨터 프로그램 사용자의 주된 이해관계는 일반적으로 자신의 사용목적에 부합하고 그가 자유

179) Marly, a.a.O., S. 15 Rn. 35.
180) Baus, a.a.O., S. 5; Damm, a.a.O., S. 9.
181) Baus, a.a.O., S. 5; Hoeren, a.a.O., S. 7 Rn. 18; Marly, a.a.O., S. 16 Rn. 36.
182) Baus, a.a.O., S. 7; Marly, a.a.O., S. 16 Rn. 36.
183) Baus, a.a.O., S. 5; Hoeren, a.a.O., S. 7 Rn. 18; Loewenheim, CR 1988, 799; Marly, a.a.O., S. 16 Rn. 36.
184) Marly, a.a.O., S. 15 Rn. 34. 이에 관하여 자세한 것은 후술하는 제2장 제5절 Ⅲ. 개발자계약의 유효성 참조.

롭게 처분할 수 있는 컴퓨터 프로그램을 획득하는데 있다.[185]

나. 중간상인이 개입하는 경우에 있어서의 당사자간의 이해관계

컴퓨터 프로그램 거래에 중간상인이 개입하는 경우는 중간상인이 컴퓨터 프로그램 개발자의 사자(Bote)로서 혹은 대리인(Stellvertretende)으로서 개입하는 경우와 중간상인이 자기 자신의 이름으로(im eigenen Namen) 자신의 행위를 하는 경우로 나누어 생각해 볼 수 있다.[186] 중간상인이 사자나 대리인으로 등장하는 경우의 당사자간의 이해관계는 직접유통의 경우와 다를 것이 없으나 자신의 이름으로 거래하는 경우에는 이해관계의 삼각관계(Interessendreieck)를 형성하게 된다고 한다.[187]

컴퓨터 프로그램 개발자의 이해관계는 두 개로 나누어진다. 그는 중간상인에 대하여는 가능한 한 많은 수익을 얻기를 원하고 컴퓨터 프로그램의 사용자에 대하여는 컴퓨터 프로그램의 불법복제와 불법사용으로부터 보호받기를 원하며 이를 통하여 간접적으로 많은 수익에 대한 이해관계를 보호하고자 한다.[188] 중간상인은 사용자에 대하여 컴퓨터 프로그램의 거래를 통하여 가능한 한 많은 수익을 얻는데 이해관계가 있으며, 사용자에 의한 불법복제나 불법사용으로부터의 보호에 대하여는 단지 간접적인 이해관계만을 가진다.[189] 이러한 삼면적 이해관계 하에서는 컴퓨터 프로그램 개발자는 컴퓨터 프로그램 공급과 관련하여서 직접 사용자와 계약을 체결하지 않는다.[190] 컴퓨터

---

185) Baus, a.a.O., S. 6; Hoeren, a.a.O., S. 7 Rn. 18; Marly, a.a.O., S. 16 Rn. 36.

186) Baus, a.a.O., S. 3 ff; Damm, a.a.O., S. 2 ff; Lenhard, a.a.O., S. 91 ff.

187) Hoeren, a.a.O., S. 7 Rn. 18 f; a.A. Marly, a.a.O., S. 15 Rn. 35 그에 의하면 중간상인이 개입하는 것은 컴퓨터 프로그램 거래의 전형적인 경우가 아니라 현대적인 거래의 거의 대부분이 그러한 모습을 띄고 있고, 중간상인은 컴퓨터 프로그램의 쉬운 복제가능성에 대하여 단지 간접적으로만 이해관계를 가질 뿐이므로 컴퓨터 프로그램 거래에 있어서 그의 이해관계를 특별히 논할 필요가 없다고 한다.

188) Vgl. Hoeren, a.a.O., S. 7 Rn. 17 ff. 그는 컴퓨터 프로그램 개발자의 이해관계는 중간상인에 대하여서 그리고 사용자에 대하여서도 불법복제 또는 불법사용으로부터의 보호에 있다고 한다.

189) Hoeren, a.a.O., S. 7 Rn. 18; Marly, a.a.O., S. 15 Rn. 35.

190) Marly, a.a.O., S. 218 Rn. 464.

프로그램 사용자는 컴퓨터 프로그램 개발자와의 계약을 통하여 컴퓨터 프로그램을 취득하는 것이 아니라 중간상인과의 계약관계를 통하여 그것을 취득한다.[191] 이러한 이유로 컴퓨터 프로그램 개발자는 중간상인과 컴퓨터 프로그램 사용자간에 성립하는 컴퓨터 프로그램 거래와는 별도로 직접 컴퓨터 프로그램 사용자와 계약관계를 맺기를 원한다.[192] 그리고 이러한 계약관계는 주로 컴퓨터 프로그램 사용자의 사용권능에 관한 제한을 통하여 컴퓨터 프로그램 개발자의 불법복제 및 불법사용으로부터의 보호이익을 지키는 것을 그 내용으로 한다.[193] 컴퓨터 프로그램 사용자의 이해관계는 직접취득의 경우와 마찬가지로 자신의 취득목적에 적합한 컴퓨터 프로그램을 자유롭게 사용하고 처분할 수 있도록 취득하는데 있다고 할 것이다.

이상에서 살펴본 컴퓨터 프로그램 거래의 당사자간의 이해관계를 정리해 보면 컴퓨터 프로그램 개발자는 컴퓨터 프로그램의 불법복제 및 불법사용으로부터의 보호를 간접수단으로 하여 자신의 생산품인 컴퓨터 프로그램의 거래를 통하여 높은 매출을 올리려고 하며, 반면에 컴퓨터 프로그램 사용자는 컴퓨터 프로그램을 자유롭게 사용하고자 한다.

Ⅲ. 컴퓨터 프로그램 사용과 그에 필수적인 컴퓨터 프로그램 저장의 저작권법상 의미

1. 논의의 필요성

가. 컴퓨터 프로그램의 사용과정[194]

---

191) Marly, a.a.O., S. 218 Rn. 464.

192) Marly, a.a.O., S. 219 Rn. 467.

193) Baus, a.a.O., S. 43 ff; Hoeren, a.a.O., S. 143 Rn. 392 ff. 이에 관하여 자세한 것은 후술하는 제2장 제5절 컴퓨터 프로그램 거래와 소위 개발자계약의 관계 부분 참조.

194) 컴퓨터 및 정보통신기술의 발달로 인하여 나타나는 새로운 현상들에 대한 정확한 평가를 위해서는 그러한 현상들에 대한 법적인 검토에 앞서 그 기술적인 면에 대한 자세한 분석이 있어야만 가능할 것이라는 Ernestus의 지적이 이

매우 용량이 작은 컴퓨터 프로그램과 소위 "일체화된 컴퓨터 프로그램(Software im Gehäuse)"[195]을 제외한다면 거의 대부분의 컴퓨터 프로그램은 그것이 처음으로 사용되기 전에 먼저 사용자의 컴퓨터에 설치(Installation)되어야 한다.[196] 왜냐하면 일반적으로 사용자에게 공급되는 컴퓨터 프로그램은 그 형태 그대로는 개별 사용자의 컴퓨터에서 구동될 수 없는 형태를 취하고 있기 때문이다.[197] 컴퓨터 프로그램이 정보저장매체에 저장되어서 공급된 경우에는 이러한 설치과정에서 그 정보저장매체로부터, 이와는 달리 정보저장매체 없이 공급된 경우에는 그렇게 공급된 컴퓨터 프로그램이 저장되어 있는 사용자의 하드디스크(Festplatte)로부터 우선은 사용자 컴퓨터의 램(Arbeitsspeicher)으로[198] 전송된다. 그 후에 그 컴퓨터 프로그램은 사용자의 컴퓨터시스템의 사양(Bedingungen)에 맞게 변형되어서 하드디스크에 저장된다.[199] 이제 설치된 컴퓨터 프로그램이 사용되는 경우에는 그것은 하드디스크로부터 램으로 읽혀지고 그에 따른 실행(Ausführung)과정에서는 그 컴퓨터 프로그램의 각각의 명령들이 사용자의 컴퓨터의 프로세서(Prozessor)로 전송되고 그곳에서 처리된다. 그 후에 이러한 실행의 결과가 모니터(Bildschirm)와 같은 출력장치(Ausgabegerät)를 통하여 보여

하의 논의의 필요성을 잘 보여주고 있다고 할 것이다. Ernestus, Nutzung und Vervielfältigung eines Computerprogramms, Der Ablauf eines Computerprogramms im System der urheberrechtlichen Verwertungsrechte, CR 1989, 784.

195) Kindermann, a.a.O., GRUR 1983, 153.이 최초로 정보처리능력이 있는 기계장치의 일부분으로 일체화되어 있는 컴퓨터 프로그램을 "Software im Gehäuse"라고 불렀고 이러한 개념이 이제는 일반적으로 사용되고 있다. 예컨대 Ernsetus, CR 1989, 788; Haberstumpf, CR 1987, 412; Lenhard, a.a.O., S. 44.

196) Lenhard, a.a.O., S. 44.

197) Lenhard, a.a.O., S. 44; Zecher, Zur Umgehung des Erschöpfungsgrundsatzes bei Computerprogrammen, Baden-Baden, 2004, S. 23 f.

198) Arbeitsspeicher는 본래 컴퓨터의 프로세서(Prozessor)가 그곳에 저장되어 있는 데이터를 직접사용할 수 있는 저장매체를 가리키는 것으로서 RAM과 ROM을 모두 가리키는 용어로 사용되었다. 그러나 지금은 대부분의 학자들이 RAM만을 가리키는 것으로 사용하고 있고, ROM을 지칭하고자 할 때는 Festplatte내지는 Hauptspeicher라는 용어를 사용한다. 예컨대 Marly, a.a.O., S. 17 Rn. 39 und S. 92 Rn. 188 ff. Vgl. Ernestus, a.a.O., CR 1989, 786 f.

199) Lenhard, a.a.O., S. 45; Zecher, a.a.O., S. 23.

지게 된다.[200)]

이러한 컴퓨터 프로그램 사용과정의 묘사로부터 컴퓨터의 사용에 있어서 세 가지 과정, 즉 컴퓨터 프로그램의 설치(Installation),[201)] 컴퓨터 프로그램을 RAM으로 읽어들임(Laden) 그리고 컴퓨터 프로그램의 프로세서에서의 실행(Ausführung)이 저작권법상 의미가 있을 수 있으며 따라서 이러한 과정들이 독일 저작권법 제69c조 제1호에서 말하는 복제(Vervielfältigung)에 해당하는지 검토해 보아야 할 필요가 있음을 알 수 있다.[202)]

나. 문제의 소재

위에서 언급한 세 가지 과정들 중 어느 하나 혹은 그 이상이 독일 저작권법 제69c조 제1호에서 말하는 복제에 해당하는가라는 문제는 컴퓨터 프로그램에 대한 저작권법적 보호의 범위 및 컴퓨터 프로그램 거래의 법적 성질을 확정함에 있어서 매우 중요한 의미를 갖는다.[203)]

---

200) Lenhard, a.a.O., S. 45.

201) Lenhard, a.a.O., S. 46은 컴퓨터 프로그램의 설치는 저작권법상 문제가 될 것이 없다고 한다. 그 근거로 컴퓨터 프로그램의 설치는 단 한 번만 일어나는 과정이기 때문이라고 한다. 그러나 이러한 설명은 타당하지 못하다. 왜냐하면 컴퓨터 프로그램의 설치과정은 컴퓨터 프로그램의 복제임이 명백하기 때문이다.

202) 독일 저작권법 제69c조 제1호는 전단에서 저작권자는 컴퓨터 프로그램의 전체 혹은 일부에 대한 영구적 혹은 일시적 복제를 수행하거나 이를 허용할 수 있는 배타적인 권리를 갖는다고 규정한다. 그리고 후단에서는 컴퓨터 프로그램의 읽어들임(Laden), 출력(Anzeige), 실행(Ablaufen), 전송(Übertragen) 혹은 저장(Speichern)을 위하여 복제(Vervielfältigung)가 필요한 경우에는 이러한 행위를 하기 위해서는 저작권자의 동의(Zustimmung)를 요한다고 규정하고 있다.

203) Ernestus, CR 1989, 784; Hoeren, a.a.O., S. 37 Rn. 86; Lenhard, a.a.O., S. 42; a.A. Marly, S. 59 Rn. 124 ff. und S. 94 Rn. 193 ff. 그에 의하면 컴퓨터 프로그램의 사용을 위하여 복제가 필수적이고 따라서 저작권자의 동의를 얻어야 하는 경우에도 컴퓨터 프로그램 거래의 내용으로 저작권자는 동의의무를 부담하고 이러한 저작권자의 동의의무는 단지 부수적 의무로서 컴퓨터 프로그램 거래의 법적 성질을 판단하는데 영향을 미칠 수 없다고 한다. 다만 그도 이 문제가 컴퓨터 프로그램의 저작권법상의 보호의 범위와 관련하여서는 중요함을 인정하고 있다. Marly, a.a.O., S. 80 Rn. 161; Kolle, Schutz der Computerprogramme, Bericht der deutschen Landesgruppe, GRUR Int. 1985, 29. 그는 컴퓨터 프로그램의 램에의 읽어들임이 복제에 해당하는가 하는 문제는

독일 저작권법 제69c조 제1호에 의하면 컴퓨터 프로그램의 복제행위는 그 방법, 복제의 범위 및 복제의 수단을 묻지 않고 모두 저작권자의 통제아래 놓여 있게 된다. 저작권자는 컴퓨터 프로그램 저작물의 복제행위를 자신이 직접 행하거나 다른 사람이 이를 하도록 허락해 줄 수 있는 배타적인 권리(ausschließliches Recht)를 가진다.[204] 이에 따라 컴퓨터 프로그램의 복제행위를 하려는 자는 저작권자의 동의를 얻어야 한다.[205] 이에 이어서 독일 저작권법은 제69d조와 제69e조에서 저작권자의 동의를 요하는 행위들의 예외를 규정하여 이 예외에 해당하는 경우에는 저작권자의 동의없이도 해당행위를 할 수 있다고 하고 있다.[206] 제69d조 제1항은 컴퓨터 프로그램을 사용할 권한 있는 자의 계약에 따른 컴퓨터 프로그램 사용에 있어서 복제행위가 필수적인 경우에 이러한 행위에는 저작권자의 동의를 요하지 않는다고 규정하고 있고, 동조 제2항은 안전복제물(Sicherungskopie)의 제작을, 그리고 동조 제3항은 컴퓨터 프로그램의 기능을 관찰하고 연구하는 행위를 예외로 규정하고 있다. 또한 제69d조는 일정한 조건하에서 특정 컴퓨터

사실상 아무런 중요성도 없다고 한다.

204) 독일 저작권법은 컴퓨터 프로그램을 제외한 다른 저작물의 경우에는 제15조에서 저작권자의 배타적인 가치활용권(Verwertungsrecht)들을 유체적인 형태의(in körperlicher Form) 가치활용권과 무체적인 형태의(in unkörperlicher Form) 가치활용권으로 나누어 규정하고 있는데, 복제권은 유체적인 형태의 가치활용권 중 하나로 규정되어 있다. 컴퓨터 프로그램에 대해서는 제69a조 이하에 특별규정을 두고 그곳에서 컴퓨터 프로그램 저작권자의 권리들에 대해서 따로 규정하고 있다. 제69c조에 의하면 복제 외에도 제2호에서는 번역(Übersetzung)이나 번안(Bearbeitung) 및 기타의 개작(Umarbeitung)행위를 제3호에서는 컴퓨터 프로그램의 원본 또는 복제물의 임대를 포함한 배포행위(Verbreitung) 그리고 마지막으로 제4호에서는 유선의 또는 무선의 공개적인 접속가능성의 제공(öffentliche Zugänglichmachung)을 포함한 공개적 시연(öffentliche Wiedergabe)행위를 직접 실행하거나 허용할 수 있는 권리가 배타적으로 저작권자에게 속한다. 따라서 이러한 행위를 하려는 자는 저작권자의 동의를 얻어야 한다.

205) UrhG § 69c Nr. 1.

206) 이러한 독일저작권법의 구조는 조문의 표제들에서도 잘 나타나다. 제69c조의 표제는 "동의를 요하는 행위들(Zustimmungsbedürftige Handlungen)"인 반면에 제69d조의 표제는 "동의를 요하는 행위들의 예외들(Ausnahmen von den zustimmungsbedürftigen Handlungen)"이라고 되어 있다.

프로그램의 다른 프로그램과의 호환성(Interoperabilität)을 확보하기 위하여 필요한 정보를 수집하는 것이 필요하다면, 컴퓨터 프로그램을 복제하거나 번역하는 것이 필수적인 경우에는 역시 저작권자의 동의를 요하지 않는다고 규정하고 있다. 이러한 예외들 중에서 컴퓨터 프로그램의 사용과 이에 수반되는 저장행위와 관련이 있는 것은 제69d조 제1항의 규정뿐이다. 따라서 이하에서는 제69d조 제1항의 예외만을 논하게 될 것이다.

이상의 논의를 토대로 생각해보면 컴퓨터 프로그램의 사용 및 그에 필수적인 컴퓨터 프로그램의 저장행위가 저작권법적으로 어떠한 의미를 가지는지를 알기 위해서는, 즉 저작권자의 동의를 요하는 행위인지를 알기 위해서는, 두 단계로 나누어서 문제를 제기하고 이에 답하여야 한다.[207] 먼저 특정한 행위가 저작권법 제69c조 제1호에서 말하는 복제행위에 해당하는지, 따라서 원칙적으로 저작권자의 동의를 요하는 행위인지를 판단해야 한다. 이러한 첫 번째 물음에 대하여 긍정할 수 있는 경우에만 그러한 행위가 제69d조에서 규정하는 예외로서 저작권자의 동의 없이도 행해질 수 있는 것이지 판단하여야 한다. 컴퓨터 프로그램의 사용자는 위에서 설명한 컴퓨터 프로그램 사용의 과정 중에 어느 하나 혹은 그 이상이 저작권법 제69c조 제1호에서 말하는 복제에 해당하고, 이에 대하여 제69d조 제1항의 예외규정이 적용될 수 없는 경우에만 컴퓨터 프로그램의 사용을 위하여 저작권자의 동의를 얻어야 할 필요가 있다.

만일 컴퓨터 프로그램의 취득자가 컴퓨터 프로그램의 사용을 위해서 저작권자의 동의가 필요하다고 한다면, 그의 컴퓨터 프로그램 거래의 상대방은 그 취득자가 필요한 저작권자의 동의를 얻을 수 있도록 해주어야 할 급부의무를 부담하게 될 것이다. 이 경우 이러한 컴퓨터 프로그램 공급자의 급부의무가 컴퓨터 프로그램 거래의 법적 성질을 판단함에 있어서 어떠한 의미를 가질 수 있는지가 문제된다. 예컨대 컴퓨터 프로그램을 독일 민법 제90조의 물건으로 보고 그것의 공급을 독일 민법 제433조 제1항의 물건의 매매로 본다면, 컴퓨터 프

207) Vgl. Lenhard, a.a.O., S, 43 ff; Marly, a.a.O., S. 78 Rn. 158 ff.

로그램의 매수인은 매도인에 의한 매매계약의 이행을 통하여 독일 민법 제929조 제1문에 따라서 그가 매수한 컴퓨터 프로그램의 소유자가 되고, 그렇게 되면 제903조에 따라서 그 컴퓨터 프로그램을 임의로 사용할 수 있게 될 것이다. 그러나 컴퓨터 프로그램의 사용이 필연적으로 독일 저작권법 제69c조 제1호에 규정되어 있는 복제에 해당하고 그러한 복제에 대하여 제69d조 이하의 예외규정이 적용되지 않는다면, 컴퓨터 프로그램의 매수인은 자신이 매수한 컴퓨터 프로그램의 사용을 위하여 저작권법 제69c조 제1호에 의하여 저작권자의 동의를 얻어야 할 것이다. 즉 컴퓨터 프로그램의 매수인에게 그 컴퓨터 프로그램의 소유권 및 점유뿐만 아니라 저작권자의 동의가 주어져야만 할 것이다.[208] 그렇다면 결국 컴퓨터 프로그램의 매도인의 급부의무는 매수인에게로의 컴퓨터 프로그램의 점유 및 소유권 이전의무 외에 매수인에게 컴퓨터 프로그램의 사용에 필요한 복제행위의 실행을 위한 저작권자의 동의 내지는 컴퓨터 프로그램의 사용권(Nutzungsrecht)을 확보해 줄 의무라는 또 하나의 의무를 포함하게 될 것이다.[209] 만일 이러한 또 하나의 의무에 계약유형확정적 의미(typenprägende Bedeutung)가 있다고 한다면 컴퓨터 프로그램 거래를 단순히 물건의 매매계약으로 볼 수만은 없을 것이다.[210]

2. 독일 저작권법 제69c조 제1호에서 말하는 복제(Vervielfältigung)

복제란 저작물(Werk)을 인간이 감각(menschliche Sinne)을 통하여 직접적으로 혹은 간접적으로 인식(wahrnehmen)할 수 있도록 해주는

---

208) Lenhard, a.a.O., S. 42; Marly, a.a.O., S. 432 Rn. 1002.

209) 독일 민법 제433조 제1항 제1문에 의하면 물건의 매도인은 매수인에게 매매의 목적물을 인도(übergeben)하고 그에 대한 소유권을 취득하게 해 줄(verschaffen) 의무를 부담한다. 동조 동항 제2문은 매도인은 매수인에게 물적 하자 혹은 권리의 하자가 없는 물건을 취득하게 할 의무를 부담한다고 규정한다. 그리고 제433조의 표제를 보면 "매매계약에 전형적인 의무들(vertragstypische Pflichten beim Kaufvertrag)"이라고 되어 있는데, 이것은 이러한 의무들이 매매계약이라는 유형을 확정하게 하는 의미(typenprägende Bedeutung)가 있다고 한다. 이에 관하여 자세한 것은 후술한다.

210) Fischl, ITRB 2004, 286; Mäger, CR 1996, 522; Nordemann, CR 1996, 7.

하나 혹은 복수의 유체적인 고정(körperliche Festlegung)물을 만드는 것이라고 한다.[211] 저작물에 대한 복제권은 저작권자의 광범위한 배타적 가치활용권(Vewertungsrecht)[212] 중의 한 부분이고 이에 따라서 자신의 저작물의 복제물을 만들 것인가, 만든다면 몇 개의 복제물을 만들 것인가, 그리고 그렇게 제작된 복제물을 배포할 것인가는 저작권자의 배타적인 통제 하에 놓이게 된다.[213]

저작물의 유체적 고정이라는 것은, 예컨대 라디오나 TV에서와 같이 정보가 단순히 소통(Durchlauf)되는 경우에는 발생하지 않는다는 것이 명백하다고 한다.[214] 그러나 복제를 긍정하기 위해서 저작물이 영구적으로 저장될 것을 요하는 것은 아니고,[215] 처음부터 생성된 후 곧 소멸될 것을 예정하고 만들어진 유체적인 고정도 복제에 해당한다고 한다.[216] 또한 쉽게 소멸하거나 부패하는 재료(vergängliches Material)에 저작물을 기록하는 경우에도 저작물의 유체적 고정이 발생한다고 한다.[217] 그리고 컴퓨터 프로그램을 저장하는 행위의 목적

---

211) Dreier/Schulze/Schulze, § 16 Rn. 6; Möhring/Nicolini/Kroitzsch, § 16 Rn. 3; Schricker/Loewenheim, § 16 Rn. 5; Wandtke/Bullinger/Heerma, § 16 Rn. 2; Ernestus, CR 1989, 785; Haberstumpf, CR 1987, 410; Hoeren, GRUR 1988, 345; Marly, a.a.O., S. 78 Rn. 158; BGH Urt. v. 18. 05. 1955 - Ⅰ ZR 8/54, BGHZ 17, 266(270); BGH Urt. v. 03. 07. 1981 - Ⅰ ZR 106/79, GRUR 1982, 102(103); BGH Urt. v. 04. 10. 1990 - Ⅰ ZR 139/89, GRUR 1991, 449(453).

212) 가치활용권은 독일어 Verwertungsrecht를 번역한 것이다. 저작물의 사용권과 구별하기 위해서 가치활용권이라는 용어를 선택하였는데, 이는 저작재산권으로서 저작자가 저작물을 배타적으로 복제·개작·번역·배포·발행 및 전송함으로서 저작물의 가치를 활용할 수 있는 권리를 말한다.

213) Ernestus, CR 1989, 785.

214) Dreier/Schulze/Schulze, § 16 Rn. 6; Möhring/Nicolini/Kroitzsch, § 16 Rn. 3; Wandtke/Bullinger/Heerma, § 16 Rn. 16; BGH Beschl. v. 27. 02. 1962 - Ⅰ ZR 118/60, BGHZ 37, 1(6).

215) Möhring/Nicolini/Kroitzsch, § 16 Rn. 3; Schricker/Loewenheim, § 16 Rn. 6; Wandtke/Bullinger/Heerma, § 16 Rn. 3.

216) Ernestus, CR 1989, 785; Schricker/Loewenheim, § 16 Rn. 6. 이에 따르면 저작물을 눈이나 얼음 혹은 모래 위에 기록하는 것 역시 복제에 해당한다고 한다.

217) Ernestus, CR 1989, 785; Haberstumpf, CR 1987, 411; Rupp, Verstößt die unbefugte Benutzung eines urheberrechtlich geschützten Computerprogramms gegen §§ 97 ff., 106 UrhG?, GRUR 1986, 148; Marly, a.a.O., S. 83 Rn. 165.

은 그 저장행위가 복제에 해당하는지를 판단하는 기준이 될 수 없다고 한다.[218] 컴퓨터 프로그램에 관하여 보면 한 정보저장매체에 일정한 형태로 저장되어 있는 컴퓨터 프로그램 저작물(Computerprogrammwerk)을 다른 정보저장매체에 그 컴퓨터 프로그램을 작성하는 데 사용된 컴퓨터프로그래밍언어(Programmiersprache)에 능통한 자가 직접적으로 혹은 간접적으로 기계장치를 통하여 그 프로그램 저작물의 개별명령들을 인식할 수 있도록 기록하는 경우에 컴퓨터 프로그램의 유체적 고정이 존재하게 되고 따라서 저작권법 제69c조 제1호의 복제가 이루어지게 된다고 한다.[219] 이 경우에 기록의 지속성(Dauerhaftigkeit)은 아무런 의미가 없다고 한다.[220]

독일 저작권법 제69c조 제1호는 컴퓨터 프로그램의 저작권자에게 저작물에 대한 모든 유형을 복제를 할 수 있는 배타적인 권리를 부여하고 제3자가 어떠한 유형이든지 복제를 하기 위해서는 저작권자의 동의를 얻어야 하는 것으로 규정하고 있다. 하지만 구체적으로 어느 경우에 컴퓨터 프로그램의 복제가 일어나는지에 대해서는 아무런 규정도 두고 있지 않다.[221] 다만 동조 동호 후단에서 컴퓨터 프로그램의 읽어들임(Laden), 출력(Anzeige), 실행(Ablaufen), 전송(Übertragen) 혹은 저장(Speichern)을 위하여 복제(Vervielfältigung)가 필요한 경우에는 이러한 행위를 하기 위해서는 저작권자의 동의(Zustimmung)를 요한다고 규정하고 있다. 이러한 법문으로 볼 때 입법자는 의도적으로 위의 행위들이 복제에 해당하는지에 대한 판단을 열어둔 것이라고 한다.[222] 따라서 이러한 행위들이 실제로 컴퓨터 프로그램의 복제를 야기하는 경우에만 저작권자의 동의를 요한다고 한다.[223]

---

218) Ernestus, CR 1989, 787; Haberstumpf, CR 1987, 412; Kindermann, GRUR 1983, 157; Marly, a.a.O., S. 79 Rn. 158; Rupp, GRUR 1986, 148; Schricker/Loewenheim, § 16 Rn. 13.

219) Ernestus, CR 1989, 785; Marly, a.a.O., S. 78 Rn. 158.

220) Ernestus, CR 1989, 785.

221) Dreier/Schulze/Dreier, § 69c Rn. 8; Möhring/Nicolini/Hoeren, § 69c Rn. 5.

222) Dreier/Schulze/Dreier, § 69c Rn. 8; Möhring/Nicolini/Hoeren, § 69c Rn. 5; a.A. Schricker/Loewenheim, § 69c Rn. 8는 이러한 행위들을 일시적인 복제의 예시로 보고 있다.

223) Lenhard, a.a.O., S. 43.

컴퓨터 프로그램을 사용자 컴퓨터의 하드디스크에의 설치(Installation)하는 경우와 안전복제물(Sicherungskopie)을 제작하는 경우에는, 저장된 컴퓨터 프로그램을 인간이 인식가능하게 만들어 주기에 적합한 유체적인 고정물(Festlegungs - exemplar)이 생성되므로, 항상 복제가 행해진다는 점에 의문의 여지가 없다.[224] 그리고 컴퓨터 프로그램이 실행되어 모니터에 나타나는 경우에는 유체적 고정이 발생하지 않으므로 복제에 해당하지 않는다는 점에 대하여도 이론이 없다.[225] 이에 반하여 컴퓨터 프로그램의 실행, 램으로의 읽어들임을 각각 독일 저작권법 제69c조 제1호에서 말하는 복제로 볼 수 있는지에 관해서는 아직까지 의견의 일치가 이루어지지 않고 있다.[226] 이하에서 이에 관하여 각각 자세히 살펴보기로 한다.

가. 컴퓨터 프로그램의 램으로의 읽어들임

컴퓨터 프로그램 전부 혹은 그 일부를 RAM에 읽어들이는 것이 독일 저작권법 제69c조 제1호의 복제에 해당하는지에 대하여는 이를 긍정하는 견해와 부정하는 견해가 있다.

1) 긍정설

긍정설에 의하면 컴퓨터 프로그램의 RAM에의 일시적인(kurzfristig) 불러옴(Aufruf) 역시 복제에 해당한다고 한다.[227] 그들이 주장하는 논

---

224) Baus, MMR 2002, 15; Haberstumpf, CR 1987, 411; Hoeren/Schuhmacher, Verwendungsbeschränkungen im Softwarevertrag, CR 2000, 142; Junker, NJW 2003, 2794; Marly, a.a.O., S. 79 Rn. 158; BGH Urt. v. 20. 01. 1994 - I ZR 267/91, CR 1994, 275 = NJW 1994, 1216. 그 외에도 컴퓨터 프로그램코드를 인쇄하는 것도 복제에 해당한다고 한다. 이 경우에 컴퓨터 프로그램이 자기적 저장형태에서 종이위에 고정됨으로써 발생하는 코드의 형식의 변화는 복제여부를 판단하는데 있어서 의미가 없다고 한다. Marly, a.a.O., S. 79 Rn. 158; Schricher/Loewenheim, § 69c Rn. 8.

225) Hoeren/Schuhmacher, CR 2000, 143; Schricker/Loewenheim, § 16 Rn. 10; Marly, a.a.O., S. 79 Rn. 159; Pres, a.a.O., S. 112.

226) Marly, a.a.O., S. 79 Rn. 159.

227) Alpert, kommerzielle Online-Nutzung von Computerprogrammen, CR 2000, 346; Drerier/Schulze/Dreier, § 69c Rn. 8; Haberstumpf, CR 1987, 412; Huppertz,

거는 다음과 같다.

a. 컴퓨터 프로그램이 램에 물리적으로 고정됨

컴퓨터 프로그램을 램에 읽어들이는 과정에서 컴퓨터를 통해 인간이 인식가능한 또 하나의 물리적인 고정(Festlegung)이 생겨나게 된다고 한다.[228] 이렇게 생성된 물리적인 고정이 순간적인(flüchtig) 성격의 것이라고 해서 램에 불러들임이 복제에 해당하는 것을 부인할 수는 없다고 한다.[229] 독일 저작권법 제69c조 제1호 제1문은 명시적으로 일시적인 복제도 복제에 해당한다고 규정하고 있을 뿐만 아니라 얼음이나 눈과 같이 쉽게 소멸해버리는 것을 재료로 한 경우에도 유체적 고정이 인정될 수 있다는 점을 그 근거로 들고 있다.[230]

긍정설의 이러한 논거에 대하여 긍정설과 같이 복제의 개념을 이해하는 경우에는 복제개념의 부당한 확장으로 이르게 되는 문제가 있다는 비판이 가해진다.[231] 이러한 비판에 의하면 컴퓨터 프로그램의 램에의 불러들임은 어떠한 경우에도 저작물의 유체적 고정이라고 볼 수 없다고 한다. 이 과정에서는 컴퓨터 프로그램은 단지 끊임없이 새로이 공급되는 전기의 흐름을 통해서 램에 머무르고 있을 뿐이지, 다른 모든 진정한 복제유형들에서처럼 인간의 적극적인 어떠한 행위없이도(ohne aktives Zutun) 정보가 램에 존속되는 것이 아니라고 한다.[232] 따라서 컴퓨터 프로그램이 램에 읽혀지는 경우에는 유체적 고

Handel mit Second Hand-Software, CR 2006, 146; Kindermann, GRUR 1983, 158; Koch, Kaufrechtliche Vorgaben für Verträge zur Software-Erstellung, GRUR 1997, 423; Kolle, Der Rechtsschutz der Computersoftware in der Bundesrepublik Deutschland, GRUR 1982, 455; Lehmann, NJW 1991, 2114; Lenhard, a,a,O., S. 52; Schricker/Loewenheim, § 69c Rn. 8; Marly, a.a.O., S. 81 Rn. 163; Pres, CR 1994, 521; Schwarz, GRUR 1996, 839; Wandtke/Bullinger/Grützmacher, § 69c Rn. 5; Zahrnt, CR 1994, 458. BGH Urt. v. 15. 11. 2006 - XII ZR 120/04, CR 2007, 75(76)도 같은 견해인 것으로 보인다.

228) Haberstumpf, CR 1987, 412.

229) Marly, a.a.O., S. 82 Rn. 164.

230) Haberstumpf, CR 1987, 412; Marly, a.a.O., S. 83 Rn. 165; Pres, a.a.O., S. 110

231) Hoeren/Schuhmacher, CR 2000, 143.

232) Hoeren/Schuhmacher, CR 2000, 143. 그에 의하면 저작물이 눈이나 얼음 등과 같이 쉽게 소멸해 버리는 물질 위에 기록되는 경우에도 인간의 유지행위 없

정(körperliche Fixierung)의 영속성(Dauerhaftigkeit)이 결여되는 것이 아니라 저작물의 존속(Bestand)이 결여되는 것이고, 이로써 저작물의 유체적 고정이 결여되어 있으므로 복제에 해당하지 않는다고 한다.[233] 이에 반하여 얼음이나 눈과 같이 쉽게 소멸해 버리는 물질은 일정 시간의 존속(eine gewisse Zeit Bestand)을 갖는 것으로서, 다만 그 영속성(Dauerhaftigkeit)이 결여되어 있으므로 여기에 저작물을 기록하는 경우 이를 당연히 복제의 개념에 포함할 수 있다고 한다.[234]

b. 폭넓은 복제 개념의 필요성

긍정설은 계속해서 컴퓨터 프로그램과 같이 침해에 취약한 법익을 충분히 보호하기 위해서는 위와 같이 폭넓은 복제개념의 설정이 필요하다고 한다.[235] 독일 저작권법 제69c조의 규범목적은 컴퓨터 프로그램처럼 침해받기 쉬운 저작물의 저작권자를 자신의 저작물의 가치활용이익(Verwertungsinteresse) 및 그에의 참여이익(Partizipationsinteresse)에 관하여 폭넓게 보호하려는 것이라고 이해한다.[236] 컴퓨터 프로그램은 복제가 있는 경우에야 그것의 광범위한 사용이 가능하게 되므로, 가치활용이익 및 참여이익의 보호에 있어서 저작권자의 복제권이 핵심적 역할을 하게 된다고 한다. 즉 컴퓨터 프로그램의 저작권자는 컴퓨터 프로그램의 배포의 필연적인 전제조건인 램에의 읽어들임을 복제로 보아 이것을 저작권자의 배타적인 지배하에 두는 경우에야 충분하게 보호될 수 있다고 한다.[237]

이러한 정책적 논거에 대하여는 다음과 같은 비판이 가해진다. 컴퓨터 프로그램을 램에 읽어 들이는 경우에는 제3자에게 공급하거나

이도 그것이 일정시간 존속하게 되므로 유체적 고정이 발생하지만 램카피의 경우에는 이와 다르다고 한다.

233) Hoeren/Schuhmacher, CR 2000, 143.

234) Hoeren/Schuhmacher, CR 2000, 143.

235) Haberstumpf, CR 1987, 412; Lenhard, a.a.O., S. 50; Dreier/Schulze/Dreier, § 69c Rn. 6; Schricker/Loewenheim, § 69c Rn. 6.

236) Haberstumpf, in; Lehmann, Rechtsschutz und Verwertung von Computerprogrammen S. 134. Rn. 120; Lenhard, a.a.O., S. 50; Schricker/Loewenheim, § 69c Rn. 6.

237) Ernestus, CR 1989, 789; Lehmann, CR 1991, 151; Lenhard, a.a.O., S. 50.

배포할 수 있는 복제물이 생성되는 것이 아니라 끊임없는 전기공급에 의존하는 전송불가능한(nicht transportfähig) 저장(Speicherung)만이 이루어지는 것일 뿐이라고 한다.[238] 따라서 램에의 읽어들임은 저작권자의 가치활용이익이나 참여이익과는 관련이 없고 단지 컴퓨터 프로그램의 사용행위일 뿐, 그 외의 다른 어떤 것도 아니라고 한다.[239] 저작권법에 의해 보호되는 저작물의 최종소비자(Endverbraucher)에 의한 단순한 사용(die bloße Benutzung)이나 인식(Wahrnehmung)은 일반적으로 저작권법적으로 의미있는 행위로 다루어지지 않는다고 한다.[240] 램저장 이후에 복제물이 생산되는 경우에야 저작권자의 가치활용이익이나 참여이익을 침해하게 되는 것이다.[241] 따라서 복제행위의 전단계인 램저장을 복제행위로 보아 이를 금지함을 통해서 컴퓨터 프로그램 저작권자를 보호하는 것은 타당하지 못하다고 한다.[242]

c. 내용의 인식가능성은 복제의 요건이 아님

Ernestus는 컴퓨터 프로그램이 램에 저장될 때는 그 전체의 정보내용이 보여지거나 재생산되어질 수 없는 방법으로 기록되는 것이 일반적인 경우라고 지적한다.[243] 따라서 복제가 성립하기 위한 요건인 인간에 의해 직접 혹은 간접적으로 인식가능할 것이라는 요건이 결여된다고 설명한다.[244] 그러나 그는 이어서 다른 저작물들과는 달리 컴퓨터 프로그램 저작물의 특징은 그것의 사용을 통한 가치활용(Verwertung)이 사용자에 의해서가 아니라 컴퓨터에 의해서 완성된다는 점에 있다고

---

238) Hoeren/Schuhmacher, CR 2000, 144.

239) Hoeren/Schuhmacher, CR 2000, 144.

240) Hoeren/Schuhmacher, CR 2000, 144; BGH Urt. v. 04. 10. 1990 - Ⅰ ZR 139/89, BGHZ 112, 264(278); BGH Urt. v. 20. 01. 1994 - Ⅰ ZR 267/91, NJW 1994, 1216(1217).

241) Ernestus, CR 1989, 788.에 의하면 컴퓨터 프로그램의 남용의 위험이 크다는 것만으로는 컴퓨터 프로그램의 램에의 저장을 복제로 보는 것을 정당화 할 수 없고, 저작권자의 보호는 저작물에 대한 모든 또는 사용유형을 포괄할 수는 없는 것이라고 한다.

242) Hoeren/Schuhmacher, CR 2000, 144.

243) Ernestus, CR 1989, 787, 789.

244) Ernsetus, CR 1989, 789.

한다. 따라서 복제를 판단함에 있어서 인간의 감각에 의하여 인식가능할 것이라는 요건은 다른 저작물들의 경우와 같은 의미를 가질 수 없고, 따라서 컴퓨터 프로그램의 복제를 판단함에 있어서는 내용의 인식가능성은 요건이 될 수 없다고 한다. 이에 따르면 컴퓨터 프로그램의 램에의 저장은 내용의 인식가능 여부를 묻지 않고 모두 저작권법상의 복제에 해당한다고 한다.[245]

d. 램저장을 복제로 보지 않는 경우에는 서버용 컴퓨터의 경우에 규율의 공백 발생함

컴퓨터 프로그램의 램에의 불러옴을 복제로 보는 학자들은 컴퓨터 프로그램 사용자는 컴퓨터 프로그램의 사용 후에도 램에 불러온 프로그램을 삭제해야만 하는 것은 아니며, 자신의 컴퓨터 시스템을 장시간 동안 그 컴퓨터 프로그램의 사용이 가능하도록 전원을 차단하지 않고 유지할 수도 있다는 점과 램저장을 복제로 보지 않을 경우 그를 통해 드러나게 되는 저작권법상의 저작권자에 대한 보호의 흠결을 강조한다.[246] 저작권자의 동의 없이 불법으로 복제된 컴퓨터 프로그램 복제물로부터 혹은 타인에게 사용이 허락된 컴퓨터 프로그램으로부터 자신의 컴퓨터에 그 컴퓨터 프로그램을 읽어들인 무권한자에 대하여, 만일 램저장을 복제로 보지 않는다면, 저작권자는 그 불법복제물의 반환 또는 파기를 요구할 수 있을 뿐이고, 그 무권한자가 램에 불러들인 프로그램을 삭제하지 않고 계속해서 사용하는 경우에도 램에 저장된 프로그램의 삭제를 요구할 수는 없게 될 것이라고 한다.[247] 이것은 독일 저작권법 제97조 및 제98조 제1항이 저작물의 복제물의 존재를 요건으로 하고 있기 때문이라고 한다.[248] 그리고 이러한 문제점

245) Ernestus, CR 1989, 789.
246) Haberstumpf, CR 1987, 412; Lenhard, a.a.O.,S. 50; Marly, a.a.O., S. 82 Rn. 164.
247) Haberstumpf, CR 1987, 412; ders, CR 1991, 133; Lenhard, a.a.O., S. 50; Marly, a.a.O., S. 88 Rn. 180; Moritz, Vervielfältigungsstück eines Programms und seine berechtigte Verwendung, MMR 2001, 94.
248) 독일 저작권법 제97조는 저작권자의 저작권침해행위에 대한 제거와 중단 및 손해배상청구권을 규정하고 있고, 제98조는 위법하게 복제되었거나 배포된 복제물에 대한 저작권자의 파기 또는 반환청구권을 규정하고 있다.

은 개별컴퓨터(Einzelplatzrechner)와는 달리 24시간 가동이 되고, 점검을 위한 목적이 아니면 전원을 차단하는 일이 없는 네트워크서버(Netzwerkserver)에서 더욱 심각하게 드러난다고 한다. 서버에서는 램에 읽어 들인 컴퓨터 프로그램이 영구적으로 램에 머무를 수 있게 되므로 개별컴퓨터의 하드디스크에 저장되어 있는 컴퓨터 프로그램과 사실상 그 기능면에서 다를 것이 없다고 한다.[249] 또한 네트워크서버에 동시에 다수의 로컬컴퓨터가 접속하여 서버에 설치되어 있는 컴퓨터 프로그램을 로컬컴퓨터의 램에 읽어 들여 실행하는 경우, 만일 램에의 저장을 복제로 보지 않는다면 한 컴퓨터 프로그램의 동시의 다중적 사용을 막을 수 없게 되는 문제도 발생하게 된다고 한다.[250] 이렇게 되면 컴퓨터 프로그램 저작권자의 컴퓨터 프로그램에 대한 지배권은 그것이 사용자의 컴퓨터에 들어가는 순간 종료하게 되는 결과로 될 것인데, 이러한 결과는 용납될 수 없는 것이라고 한다.[251]

Hoeren/Schuhmacher는 이러한 긍정설의 논거를 타당하지 못하다고 비판한다.[252] 그들에 의하면 컴퓨터네트워크(Computernetzwerk)를 통한 컴퓨터 프로그램의 다중적인 이용가능성은 기술적으로 볼 때 서버의 하드디스크에 존재하는 복제물을 로컬컴퓨터에서 동시에 접속할 수 있도록 해주는 기술적인 조치들에 의해 가능해 지는 것이지, 로컬컴퓨터의 램에 컴퓨터 프로그램이 "복제"되고 그 "복제"된 컴퓨터 프로그램을 로컬컴퓨터가 사용하는 것이 아니므로 램저장을 복제로 보는 것은 컴퓨터 프로그램의 다중적 이용가능성의 규율을 위한 적절한 이론적 출발점이 아니라고 한다.[253] 저작물의 다중적 이용가능성은 컴퓨터 프로그램이 아닌 다른 저작물의 경우에도 일반적이며 이 경우에는 저작물의 복제가 문제되는 것이 아니라 그것의 공개적인 시연(die öffentliche Wiedergabe)이 문제될 뿐이라고 한다.[254]

---

249) Wandtke/Bullinger/Grützmacher, § 69c Rn. 6; 이러한 경우에 램저장의 복제성을 부인하는 Hoeren/Schuhmacher, CR 2000, 144도 유체적 고정이 일어나지는 않지만 가치적으로 평가해 볼 때 복제가 인정될 수도 있을 것이라고 한다.

250) Bartsch, CR 1999, 362; Schricker/Loewenheim, § 69c Rn. 9; Pres, a.a.O., S. 111.

251) Haberstumpf, in; Lehmann, a.a.O., S. 134 Rn. 120; Lenhard, a.a.O., S. 51.

252) Hoeren/Schuhmacher, CR 2000, 144.

253) Hoeren/Schuhmacher, CR 2000, 144.

2) 부정설

많은 학자들은 컴퓨터 프로그램의 램에의 읽어들임은 저작권법 제69c조 제1호에서 말하는 복제에 해당하지 않는다고 한다.[255] 그 주요한 논거는 다음과 같다.

a. 컴퓨터 프로그램의 램에의 고정이 일어나지 않음

독일 저작권법에서 말하는 복제(Vervielfältigung)란 저작물의 유체적 고정(körperliche Festlegung)을 의미하는데, 여기서 고정이라는 개념은 일정한 정도의 안정적인 물질화(ein gewisses Ausmaß an stabiler Materialisierung)를 그 개념요소로 한다고 한다.[256] 그런데 램에 읽어들여진 컴퓨터 프로그램은 계속적인 전기의 공급에 의해서 그 존속이 좌우되므로,[257] 그 스스로 존속을 유지할 수 없고 따라서 고정이 이루어지지 않는다고 한다.[258] 즉 컴퓨터 프로그램의 램에의 불러들임은 언제나 단지 일시적이고 순간적인 저장만을 야기할 뿐이며, 그 과정에서 램은 단지 순간적인 정보의 중간저장창고의 역할만을 할 뿐이라고 한다.[259] 그리고 만일 램에서처럼 계속적인 전기의 공급이 있어야 정보가 사라지지 않고 유지될 수 있는 경우에도 유체적인 고정이 있는 것이라고 한다면 그림을 영사막(Leinwand)에 영사하는 경우처럼[260] 계속적인 빛의 공급에 의하여 정보가 유지될 수 있는 경우에도

254) Hoeren/Schuhmacher, CR 2000, 144.

255) Bartsch, CR 1992, 395; Bauer, CR 1985, 8 ff; Brandi-Dohrn, GRUR 1985, 185; Hoeren, a.a.O., S. 46 Rn. 112 ff; ders, GRUR 1988, 354 ff; Hoeren/Schuhmacher, CR 2000, 144; Malzer, Der Softwarevertrag, Köln 1991, S. 103.

256) Hoeren, GRUR 1988, 354.

257) Hoeren/Schuhmacher, CR 2000, 143은 이러한 설명은 현재 가장 일반적으로 사용되고 있는 램의 종류인 D-RAM과 같이 휘발성메모리에만 타당한 것임을 명확히 밝히고 있다.

258) Hoeren, GRUR 1988, 354; Hoeren/Schuhmacher, CR 2000, 143.

259) Hoeren, GRUR 1988, 354.

260) 이러한 경우에는 저작물에 대한 무체적인 가치활용(unkörperliche Verwertung) 중 하나인 시연(Wiedergabe)에 해당한다고 보는데 견해가 일치한다. Fromm/nordemann/Vinck, § 16 Rn. 1; Hoeren/Schuhmacher, CR 2000, 143; Schricker/Loewenheim, § 16 Rn. 6, 20; Kotthoff, GRUR 1997, 599; Ulmer, GRUR 1971, 301.

복제가 이루어진다고 보아야 하는데 이는 부당하다고 한다.[261]

이러한 논거에 대하여 저작물의 유체적 고정을 판단함에 있어서 시간적인 요소는 문제되지 않으며, 단지 그 유체적 고정이 인간의 감각에 의해서 인식가능한 것인가를 판단할 때에야 문제되는데 이마저도 다양한 기술적인 가능성들을 통해 극복될 수 있으므로 컴퓨터 프로그램이 램에 기록됨에 있어서 단지 순간적인 저장만이 이루어진다는 것은 이것을 복제로 보는 것을 방해할 수 없다는 비판이 가해진다.[262] 또한 램저장장치(RAM-Speicher)의 전기 의존성(Stromabhängigkeit) 역시 저장장치에 관한 기술의 발전에 비추어 볼 때 램저장의 복제성을 부인하는 논거로 타당하지 않다고 한다.[263] 이에 의하면 제1세대 컴퓨터에서는 비휘발성인 자성저장장치(Magnetkernspeicher)가 램으로 사용되었으며, 현재에는 휘발성인 S-RAM(statische RAM) 또는 D-RAM(dynamische RAM)의 사용이 일반적이지만, 저장되어 있는 정보의 유지에는 전기를 필요로 하지 않고 정보를 변경하는 경우에만 전기를 필요로 하는 MRAM(Magnetic Random Access Memory)이 이미 개발되어 실용화를 앞두고 있는 점 등을 고려할 때 어떠한 종류의 램이 사용되었는가에 따라서 램에의 저장이 복제인가의 판단이 달라지는 것은 타당하지 못하다고 한다.[264]

b. 램저장은 컴퓨터 프로그램의 단순한 사용일 뿐 복제가 아님

저작물을 사용하는 것(Benutzen)과 저작물의 가치를 활용(Verwertung)하는 것은 명확히 구분되어야 하는 것으로 전자는 누구나 자유로이 할 수 있는 것이고 후자는 저작권법에 의하여 제한을 받게 된다고 한다.[265] 컴퓨터 프로그램이라는 저작물의 특징은 그것이 제대로 사용되기 위해서는 기술적으로 램에의 저장이라는 단계를 거쳐야만 가능하다는 점에 있다고 한다.[266] 컴퓨터 프로그램의 램에의 저장은 컴퓨

261) Hoeren/Schuhmacher, CR 2000, 143.
262) Marly, a.a.O., S. 83 Rn. 166.
263) Marly, a.a.O., S. 84 Rn. 170.
264) Marly, a.a.O., S. 84 Rn. 170 f.
265) Bartsch, CR 1992, 395.
266) Bartsch, CR 1992, 395.

터의 구조로 인하여 불가피한 컴퓨터 프로그램 사용의 과정이며 따라서 이것은 그 저작권자의 저작물에 대한 이해관계를 침해하는 것이 아니라고 한다.[267] 다시 말하면 컴퓨터 프로그램의 램에의 저장에서는 저작권자의 어떠한 보호 필요성도 발견되지 않는다고 한다.[268] 그러므로 저작물의 순수한 사용을 저작권법에 의하여 규제되는 가치활용의 과정으로 보는 것은 누구든지 저작권법 제31조에 따라 사용권을 설정받지 않고도 저작물을 자유로이 사용할 수 있어야 한다는 저작권법의 체계[269]와 모순된다고 한다.[270] 이에 대하여는 저작권법을 그와 같이 해석하는 것은 컴퓨터 프로그램 저작권자에게 합리적인 보호수단을 만들어 주고자 하는 입법자의 명시적인 의사를 무시하는 것으로서 타당하지 못하다고 비판하는 견해가 있다.[271]

c. 램에 저장된 컴퓨터 프로그램은 인식 및 배포가 불가능함

그 외에도 단편적으로 램저장의 복제성을 부인하는 논거로 저작물

---

267) Hoeren/Schuhmacher, CR 2000, 144. 그에 의하면 컴퓨터 프로그램은 이론적으로는 그것이 저장되어 있는 하드디스크로부터 직접 프로세서에 읽혀져서 사용될 수도 있지만, 데이터의 신속한 처리를 위해서 하드디스크보다 정보처리 속도가 빠른 램에 읽혀지도록 되어 있는 것일 뿐이고 따라서 결국 램저장은 컴퓨터 프로그램의 사용일 뿐이라고 한다.

268) Hoeren/Schuhmacher, CR 2000, 144; a.A. Schricker/Loewenheim, § 69c Rn. 6. 그는 컴퓨터 프로그램의 램에의 저장은 그 컴퓨터 프로그램의 추가적인 사용(zusätzliche Nutzung)을 가능하게 하므로 저작권자의 참여이익(Partizipationsinteresse)과 관계된다고 한다.

269) Bartsch, CR 1992, 394.에 의하면 컴퓨터 프로그램의 사용권이라는 것은 존재하지 않으며 심지어 책의 절도범 역시 그 절취한 책을 읽는 것이 저작권법상 금지될 수 없다고 한다; Schricker/Ungern-Sternberg, § 15 Rn. 8; BGH Urt. v. 20. 01. 1994 - I ZR 267/91, NJW 1994, 1216.

270) Vgl. BGH Urt. v. 20. 01. 1994 - I ZR 267/91, NJW 1994, 1216; BGH Urt. v. 13. 12. 1990 - I ZR 21/89, NJW 1991, 1234. 저작권법상 저작물의 순수한 사용은 규제되지 않으며 저작권법에 규정된 가치활용행위 만이 규제된다는 취지의 판례들이다; König, Das Computerprogramm im Recht, Köln 1991, Rn. 561; Hoeren/Schuhmacher, CR 2000, 144; a.A. Marly, a.a.O., S. 89 Rn. 182. 그는 컴퓨터 프로그램에 있어서 저작물의 단순한 사용이 저작권법에 의하여 규율되는 복제에 해당한다는 것이 저작권법에 있어서 낯선 것이긴 하지만 이것은 결코 극복 불가능한 모순은 아니라고 주장한다.

271) Marly, a.a.O., S. 89 Rn. 182.

의 복제권은 저작물의 배포권과의 밀접한 관련하에서 이해되어야 하는 것이며, 따라서 그 저작물의 복제물로서 원본과 동일한 기능을 할 수 있는 것이 만들어지는 경우에만 복제에 해당한다고 주장하는 견해도 있다.[272] 복제라는 개념은 저작물의 향유(Genuss)를 가능하게 해주는 유체적 고정을 말하는 것이지 저장물의 내용을 실행해 보이는 것을 포함하지는 않는다고 한다.[273] 램에 저장되는 컴퓨터 프로그램 명령들은 직접적으로든 간접적으로든 인식가능한 것이 아니고, 또한 그것으로부터는 컴퓨터 프로그램의 복제물이 제작될 수 없는 것이므로 복제물로서 기능할 수 있는 것이 아니고 따라서 램에의 저장은 복제에 해당하지 않는다고 한다.[274]

이에 대하여는 램에 존재하는 데이터도 다른 저장장치에 불러들이거나 배포 혹은 공개적으로 시연되는 등 기타의 방법으로 활용될 수 있다는 비판이 있다.[275] 그럼에 있어서 필요한 수단이나 비용은 램에의 저장이 복제인가를 판단하는 데 있어서 기준이 될 수 없는데, 왜냐하면 문제되는 램에 저장된 정보가 인식가능한 것인가 만이 기준이 될 뿐, 구체적인 사용자가 그것을 사용할 수 있는 능력이나 수단을 가지고 있는가는 중요하지 않기 때문이라고 한다.[276]

3) 각 학설의 검토

컴퓨터 프로그램의 램 저장을 독일 저작권법 제69c조 제1호의 복제로 파악하는 것은 복제의 개념상 문제점을 노출한다. 복제는 유체물에의 고정을 요건으로 하는데, 이것은 다시 정보와 매체의 결합이 이루어질 것을 요구한다. 그런데 전기의 공급이 중단되면 저장되었던 정보를 모두 잃어버리는 램의 성질은 정보와 매체의 결합이 발생하지

---

272) Bartsch, CR 1987, 10; Brandi-Dohrn, GRUR 1985, 185.

273) Bartsch, CR 1987, 10; Brandi-Dohrn, GRUR 1985, 185.

274) Ernestus, CR 1989, 786. 그러나 그는 컴퓨터 프로그램에 있어서 인식가능성은 복제를 판단하는 요건으로서 중요하지 않다고 하며 결론적으로는 램에의 저장을 복제로 인정한다.

275) Marly, a.a.O., S. 85 Rn. 172 f,

276) Schneider, Vervielfältigungsvorgänge beim Einsatz von Computerprogrammen, CR 1990, 504.

않는다는 점을 잘 보여준다. 램에의 저장을 복제로 파악하는 견해는 이러한 램의 성질을 정보와 매체의 결합이 영구적이지 않은 것으로 파악하는 데, 이는 타당하지 않다고 생각된다.

또한 복제의 개념의 확장을 통해서 램에의 저장을 복제로 파악하여 저작권자의 이익을 보호해야 한다는 정책적 주장도 그 근거에 설득력이 없어 보인다. 컴퓨터 프로그램을 램에 읽어들이는 것은 컴퓨터 프로그램을 사용하기 위한 전단계일 뿐이다. 그런데 저작물의 사용 그 자체는 저작권법이 저작권자에게 배타적으로 인정하고 있는 저작권의 내용이 아니다. 그렇다면 저작권법이 저작자의 권리의 내용으로 인정하지 않는 행위의 전단계를 저작권법에서 저작권자에게 배타적으로 인정하고 있는 권리의 침해로 파악할 이유는 없다고 할 것이다. 따라서 컴퓨터 프로그램을 램에 읽어 들이는 것은 독일 저작권법상 복제로 파악하지 않는 것이 타당하다고 생각한다.

나. 컴퓨터 프로그램의 실행(Das Ablaufenlassen des Computerprogramms)

컴퓨터 프로그램은 다음과 같은 방법으로 실행된다. 컴퓨터 프로그램의 개별적인 명령들이 컴퓨터 프로그램에 의해서 사전에 지정된 순서에 따라서 데이터버스(Datenbus)를 통해서 프로세서에 전달된다. 그러면 그것들은 우선은 레지스터에 잠시 머물게 되고, 그 후 연산유닛에 명령어를 읽어 들여 해석하고(decode), 해석된 명령어(decoded Instruction)를 수행유닛으로 보낸다. 그러면 수행유닛에서는 해석된 명령어에 따라서 동작을 수행하게 된다.[277]

과거에는 컴퓨터 프로그램의 실행도 저작권법상의 복제에 해당한다는 견해가 존재하였다.[278] 그러나 지금은 컴퓨터 프로그램의 단순한

---

277) Marly, a.a.O., S. 92 Rn. 189; Wandtke/Bullinger/Grützmacher, § 69c Rn. 7.에 의하면 단순한 컴퓨터 프로그램의 실행도 프로세서가 자체의 캐쉬메모리(Cache-Speicher)를 가지고 있는 경우에는 복제에 해당할 수 있다고 한다.

278) Kindermann, GRUR 1983, 160; Moritz/Tybusseck, Computersoftware 2. Aufl., München 1992 Rn. 233 ff; Rupp, GRUR 1986, 147; Becker/Horn, DB 1985, 1278; AG Freising Strafbefehl, v. 10. 08. 1989 - Js 36 797/88, CR 1990, 55; AG Amberg Urt. v. 12. 04. 1990 - Ds 9 Js 4314/89, CR 1990, 658; OLG Hamburg Urt. v. 22. 02. 2001 - 3 U 247/00, MMR 2001, 533(534). 이들은 컴

실행은 복제로 볼 수 없다는 견해가 압도적인 지지를 얻고 있다.[279]

다. 컴퓨터 프로그램의 하드디스크에의 설치

사용자에게 공급되는 컴퓨터 프로그램은 일반적으로 그 자체로는 실행이 불가능한 압축된 형태를 취하고 있기 때문에 그것은 사용되기 전에 사용자의 컴퓨터에 설치되어야 한다.[280] 프로그램의 압축을 풀기 위해서는 먼저 그것을 사용자의 컴퓨터의 램에 읽어 들여야 한다. 그 후에 그것은 프로세서에서의 정보처리를 거쳐 이제는 압축이 풀린 상태로 사용자의 컴퓨터의 하드디스크에 저장된다. 이러한 저장 후에는 그 프로그램은 램에서 삭제되고 그로써 프로그램의 설치가 완료된다. 이러한 프로그램의 설치과정은 매우 작은 용량의 프로그램과 소위 "일체화된 컴퓨터 프로그램(Software im Gehäuse)"을 제외하고는 대부분의 컴퓨터 프로그램의 사용을 위해서 필수적이다.[281]

컴퓨터 프로그램을 하드디스크에 설치하는 것이 저작권법 제69c조 제1호의 복제에 해당한다는 점에 있어서는 견해가 일치한다. 저작물을 변형된 형태로 복사하여 유체적으로 고정하는 경우에도 복제에 해당하게 되므로 컴퓨터 프로그램의 설치시에 발생하는 형태의 변형은 복제를 인정함에 있어서 문제가 되지 않는다고 한다.[282] 저작권법상

퓨터 프로그램의 전체적인 실행과정을 그 전체적인 운영시간의 관점에서 본다면 컴퓨터 프로그램이 완전히 복제되었다고 볼 수 있다고 한다.

279) Bartsch, CR 1999, 361; Dreier, CR 1991, 580; Dreier/Schulze/Dreier, § 69c Rn. 8; Hoeren/Schuhmacher, CR 2000, 141 ff; Lehmann, NJW 1991, 2114; Lenhard, a.a.O., S. 53; Pres, a.a.O., S. 112; Marly, a.a.O., S. 92 Rn. 190; Schricker/Loewenheim, § 69c Rn. 9. 그는 컴퓨터 프로그램의 실행은 기술적으로는 복제에 해당하지만 저작권법적으로는 복제가 아니라고 한다; LG Mannheim Urt. v. 11. 09. 1998 - 7 O 142/98, CR 1999, 360(361) = NJW-Cor 1999, 54. 이들의 견해에 의하면 컴퓨터의 프로세서에는 어떤 순간에도 완전한 프로그램 혹은 자체적으로 보호될 가치가 있는 컴퓨터 프로그램의 일부분이 전송되지 않는다고 한다. 모든 개별적인 명령들은 그것이 연산된 후에는 즉시 프로세서에서 삭제되므로 어떠한 유체적인 고정도 이루어지지 않는다고 한다.

280) Zecher, a.a.O., S. 23 ff.

281) Lenhard, a.a.O., S. 44.

282) Hoeren/Schuhmacher, CR 2000, 139; Marly, a.a.O., S. 79 Rn. 158; Lenhard, a.a.O., S. 46; Schricker/Loewenheim, § 16 Rn. 8.

복제인 컴퓨터 프로그램의 설치가 저작권자의 동의없이도 실행될 수 있는 것인지는 이제 저작권자의 동의를 얻어야 하는 행위들의 예외를 규정하고 있는 저작권법 제69d조 제1항의 요건이 충족되는가에 의하여 좌우된다.[283] 이에 관하여 이하에서 자세히 논하기로 한다.

3. 독일 저작권법 제69d조 제1항의 의미 및 요건

컴퓨터 프로그램은 컴퓨터 프로그램 저작물을 담고 있고, 컴퓨터 프로그램의 사용은 기술적인 이유로 인하여 그에 포함된 컴퓨터 프로그램 저작물의 복제를 필연적으로 수반하게 된다.[284] 한편 독일 저작권법은 컴퓨터 프로그램의 저작권자에게 컴퓨터 프로그램 저작물의 특정한 사용형태를 가치활용권으로서 배타적으로 귀속시키고 있고, 그러한 것들 중에 컴퓨터 프로그램 저작물의 복제가 속한다. 제3자가 복제를 하려면 저작권법 제69c조 제1호에 따라서 저작권자의 동의를 얻어야 한다. 이러한 저작권자의 동의는 저작권법 제31조에 따른 저작물에 대한 사용권(Nutzungsrecht)[285]의 설정을 위한 계약[286]의 형태나 또는 저작권자의 일방적 의사표시(einseitige Willenserklärung)에 의하여 주어질 수 있다고 한다.[287]

그러나 저작권법 제69d조 제1항에 의하면 컴퓨터 프로그램의 복제

283) Hoeren/Schuhmacher, CR 2000, 139 ff.

284) Lenhard, a.a.O., S. 55; Marly, a.a.O., S. 89 Rn. 182. 램에의 읽어들임을 복제로 이해하는 경우에는 램에의 읽어들임을, 복제로 보지 않는 경우에는 인스톨과정에서 복제행위가 이루어지게 된다고 이해한다.

285) 저작물의 사용권과 복제권은 엄격히 구분되어야 하는 것이지만 컴퓨터 프로그램의 사용을 위해서는 기술적으로 반드시 복제가 필요하므로 컴퓨터 프로그램에 있어서는 사용권과 복제권을 엄격히 구별할 필요가 없고 사용권은 그 핵심적인 내용으로 복제권을 포함하게 된다고 한다. Marly, a.a.O., S. 433 Rn. 1003 f.

286) 이러한 계약을 통해서 설정되는 사용권은 물권적인(gegenständliches Recht) 성질의 것이라고 한다. Lenhard, a.a.O., S. 85.

287) Lenhard, a.a.O., S. 91. 독일 저작권법 제29조는 제1항에서 저작권은 양도할 수 없다고 규정하고 있고, 제2항에서는 저작권에 관해서 허용되는 법률행위(Rechtsgeschäfte über das Urheberrecht)로서 저작권법 제31조에 따른 사용권의 설정, 저작재산권에 관한 채권법상의 동의(Einwilligung)와 계약을 규정하고 있다.

물을 사용할 권한이 있는 자는 계약상 다른 약정이 존재하지 않으면 그 컴퓨터 프로그램의 복제행위가 그 프로그램을 약정에 따라 사용함에 있어서 필수적인 경우에는 저작권자의 동의없이 복제행위를 할 수 있다고 규정하고 있다. 이러한 저작권법 제69d조 제1항의 법적 성격이 무엇이며 그에 따라 그러한 예외가 인정되기 위하여 어떠한 요건들이 충족되어야 하는가에 관하여는 학설이 대립하고 있다.[288)]

가. 저작권법 제69d조 제1항의 의미

많은 학자들은[289)] 저작권법 제69d조 제1항을 당자간의 계약내용을 보충하는 계약의 해석규범으로 이해하고 있는 반면에, 다른 학자들은[290)] 이를 컴퓨터 프로그램의 법정사용권을 규정하고 있는 것 내지는 저작권에 대한 법정의 제한에 관한 규정으로 이해한다.

1) 저작권법 제69d조 제1항을 계약해석규정으로 이해하는 견해

저작권법 제69d조 제1항은 계약을 통하여 컴퓨터 프로그램의 사용권이 주어질 것을 전제요건으로 하는 저작권계약법상의 규범(urhebervertragsrechtliche Norm)으로 이해하는 견해이다.[291)] 이에 따르

---

288) Möhring/Nicolini/Hoeren, § 69d Rn. 4 und 16은 이러한 견해대립은 독일 저작권법 제69d조가 입법화한 EU-Computerprogrammrichtlinie Art 5에 자체적인 모순이 존재하는데 이것을 따라 그대로 입법한데서 기인한다고 한다.

289) Haberstumpf, GRUR 1992, 719; Lenhard, a.a.O., S. 87; Marly, a.a.O., S. 431 Rn. 1001 ff; Moritz, MMR 2001, 95; Pres, a.a.O., S. 120 ff; Sickinger, a.a.O., S. 40; Wandtke/Bullinger/Grützmacher, § 69d Rn. 3.

290) Baus, MMR 2002, 15; Deike, Open Source Software: IPR-Fragen und Einordnung ins deutsche Rechtssystem, CR 2003, 16; Dreier, CR 1991, 579; Dreier/Schulze/Dreier, § 69d Rn. 2은 저작권법 제69d조 제1항을 법정라이선스(gesetzliche Lizenz)와 계약의 해석규정(vertragliche Auslegungsvorschrift)이 혼합되어 있는 것으로 이해한다; Hilty, MMR 2003, 9; Möhring/Nicolini/Hoeren, § 69d Rn. 4은 저작권법 제69d조 제1항은 그 핵심영역에 있어서는 법정의 제한이지만 임의적 영역에서는 해석규정이라고 한다; Lehmann, CR 1992, 324; Schricker/Loewenheim, § 69d Rn. 1; Spindler, GRUR 2002, 107; Ulmer, ITRB 2001, 218.

291) Haberstumpf, GRUR 1992, 719; Lenhard, a.a.O., S. 87; Marly, a.a.O., S. 431 Rn. 1001 ff; Moritz, MMR 2001, 95; Pres, a.a.O., S. 120 ff; Sickinger, a.a.O., S. 40;

면 컴퓨터 프로그램 거래를 통하여 사용권이 설정되면 저작권법 제69d조 제1항은 그 컴퓨터 프로그램 거래의 내용을 보충하는 것이라고 한다.[292] 따라서 컴퓨터 프로그램 거래에서 컴퓨터 프로그램의 사용범위에 관한 약정이 존재하지 않는 경우에도 그 약정에 따른 사용을 위하여 필요한 복제는 언제나 그 범위에 포함되게 된다고 한다.[293] 그러나 다른 임의규정(dispositive Rechte)들과는 달리 약정에 따른 사용(bestimmungsgemäße Benutzung)을 위해 필요한 복제는 강행적인 핵심영역(zwingender Kern)을 이루고 이것은 계약당사자들의 명시적인 의사에 의해서도 배제될 수 없다고 한다.[294] 그리고 이러한 한도에 있어서 제69d조 제1항의 "특별한 계약상의 약정이 없는 한(soweit keine besonderen vertraglichen Bestimmungen vorliegen)"이라는 부분은 적용이 없다고 한다.[295]

Wandtke/Bullinger/Grützmacher, § 69d Rn. 3.

292) Lenhard, a.a.O., S. 87; Wandtke/Bullinger/Grützmacher, § 69d Rn. 4 und 6.

293) Lenhard, a.a.O., S. 88; Marly, a.a.O., S. 433 Rn. 1005. 그에 의하면 이러한 계약의 해석규정을 통하여 컴퓨터 프로그램의 약정에 따른 사용을 위해 필요한 복제는 컴퓨터 프로그램의 사용권 설정계약의 내용이 되므로 이 경우에 저작권법 제69d조 제1항이 저작권자의 동의를 요하지 않는다고 규정한 부분은 불필요한 것이라고 한다.

294) Haberstumpf, GRUR 1992, 719; Lehmann, CR 1992, 324; ders, NJW 1993, 1822; Lenhard, a.a.O., S. 88; Marly, a.a.O., S, 434 Rn. 1005; Wandtke/Bullinger/Grützmacher, § 69d Rn. 33; BGH Urt. v. 24. 02. 2000 - I ZR 141/97, CR 2000, 656(658); BT-Drucks. 12/4022, S. 12.에 의하면 저작권법 제69d조 제1항의 입법이유를 설명함에 있어서 동조항은 강행적인 핵심영역을 포함하고 있는데 그 범위와 의미를 확정하는 것은 판례에 맡겨질 수 있을 것이라고 한다. Lenhard, a.a.O., S. 87 f는 계약의 해석규범(Auslegungsvorschrift)은 계약상의 합의의 내용을 밝혀내기 위한 법률규정으로 계약상의 합의의 내용이 의심스러운 경우에만(nur im Zweifel) 적용된다고 한다. 이와는 달리 내용규범(Inhaltsnorm) 혹은 보충적 법률규정들(ergänzende gesetzliche Normen)은 당사자가 의도적으로 혹은 어떠한 문제점을 인식하지 못했기 때문에 규율하지 않은 계약상의 문제들을 해결하는 데 기여한다고 한다. 이러한 전제하에서 그는 저작권법 제69d조 제1항은 해석규범이 아닌 내용규범이라고 하는 것이 타당하다고 한다.

295) Lenhard, a.a.O., S. 88; Marly, a.a.O., S. 434 Rn. 1005; FG Köln v.29. 09. 2000 - 7 K 1119/99, CR 2001, 300.

2) 저작권법 제69d조 제1항을 법정사용권에 관한 규정으로 이해하는 견해

이 견해의 지지자들은 컴퓨터 프로그램의 사용권의 설정을 위한 계약이라는 추가적인 요건은 필요없다고 한다.[296] 컴퓨터 프로그램의 사용권은 법률행위를 통해서 취득되는 것이 아니라 저작권법 제69d조 제1항의 규정에 의하여 존재하게 되는 것이라고 한다.[297] 따라서 제69d조 제1항의 출발점은 계약상의 사용권이 아니라 법정사용권을 발생하게 하는 컴퓨터 프로그램 그 자체라고 한다.[298] 그러나 컴퓨터 프로그램의 정당한 사용을 위해 필요한 법정사용권은 강행적인 성격을 가진 것이고 따라서 당사자의 명시적인 의사에 의해서도 배제될 수 없다고 하는 점에 있어서는 이 규정을 계약해석규정으로 보는 견해와 의견을 같이 한다.[299]

3) 각 학설의 검토

독일 저작권법 제69d조 제1항을 계약해석규정으로 이해하는 견해에는 찬성할 수 없다. 컴퓨터 프로그램 거래를 통하여 컴퓨터 프로그램을 취득한 자가 그것을 사용하기 위해서는 컴퓨터 프로그램 거래 외에 컴퓨터 프로그램의 사용을 위해 사용권설정을 위한 계약을 체결하여야 한다는 것은 납득하기 어렵다. 또한 컴퓨터 프로그램 취득자가 저작권자와의 직접적인 계약관계를 통하여서가 아니라 중간상인을

296) Baus, MMR 2002, 15; Hoeren/Schuhmacher, CR 2000, 139.

297) Baus, MMR 2002, 15; Deike, CR 2003, 16; Dreier, CR 1991, 579; Dreier/Schulze/Dreier, § 69d Rn. 2; Hilty, MMR 2003, 9; Möhring/ Nicolini/Hoeren, § 69d Rn. 4; Lehmann, CR 1992, 324; Schricker/Loewenheim, § 69d Rn. 1; Spindler, Europäisches Urheberrecht in der Informatiosgesellschaft, GRUR 2002, 107; Ulmer, ITRB 2001, 218.

298) Baus, MMR 2002, 16.

299) Baus, MMR 2002, 15. 그는 제69d조 제1항은 이러한 의미에서 일견 모순적인 조항이지만 그 입법이유(위 각주294 참조)와 함께 이해한다면 강행적인 핵심영역은 당사자들의 명시적 의사에 의해서도 배제할 수 없는 것으로 이해해야 한다고 설명한다. 그리고 저작권법 제69g조 제2항은 동법 제69d조 제2항과 제3항 그리고 제69e조의 규정과 다른 계약상의 약정은 무효라고 규정하고 있지만 제69d조 제1항에 관하여는 아무런 규정도 두고 있지 않은 것도 이러한 입법이유 때문이라고 한다.

거쳐서 컴퓨터 프로그램을 취득하는 경우에는, 독일 저작권법 제69d조를 계약해석규정으로 이해한다면, 컴퓨터 프로그램 거래가 두 개의 계약관계로 분리될 것이고 이는 이론적으로 해결하기 힘든 문제를 발생시키게 될 것이다. 결국 독일 저작권법 제69d조 제1항은 법정사용권을 인정하고 있는 규정으로 이해하여야 할 것이다.

나. 저작권법 제69d조 제1항의 요건들

1) 특별한 계약상의 약정이 없을 것

독일 저작권법 제69d조 제1항의 법문에 따르면 컴퓨터 프로그램의 복제행위는 특별한 계약상의 약정이 없는 경우에만 저작권자의 동의 없이 행해질 수 있다. 이러한 법문을 문자 그대로 이해하는 경우 컴퓨터 프로그램의 복제는 계약당사자의 처분에 완전히 맡겨져 있는 것처럼 보인다.[300] 그러나 이 조항의 성질에 관하여 어떤 견해를 취하든 저작권법 제69d조 제1항은 그 핵심영역에 있어서 강행적인 성질을 가지며 이러한 핵심영역은 저작권법 제69g조 제2항과 같이 특정한 계약내용을 무효로 하는 명문의 규정이 없음에도 불구하고 당사자의 처분에 맡겨질 수 없다는 데 대하여 견해가 일치하고 있다.[301] 이러한 점을 바탕으로 생각하여 보면 컴퓨터 프로그램의 복제행위는 그것이 저작권법 제69d조 제1항에서 발생하는 사용권의 강행적인 핵심영역에 속하지 않는 경우에만 당사자의 의사에 의해서 저작권자에게 유보될 수 있다.[302] 어떠한 복제행위가 핵심영역에 속하는가에 대하여는 컴퓨터 프로그램의 하드디스크에의 설치, 램에의 읽어들임[303] 그리고

---

300) Baus, MMR 2002, 15.

301) Baus,MMR 2002, 15; Damm, a.a.O., S. 49; Dreier/Schulze/Dreier § 69d Rn. 2; Lenhard, a.a.O., S. 87; Moritz, MMR 2001, 96; Schricker/Loewenheim, § 69d Rn. 12; Wandtke/Bullinger/Grützmacher, § 69d Rn. 33; BGH Urt. v. 24. 02. 2000 - I ZR 141/97, NJW 2000, 3212 = CR 2000, 656 ff; BT-Drucksache 12/4022, S. 12.

302) Baus, MMR 2002, 16.

303) 물론 램에의 불러들임이 도대체 복제에 해당한다고 하는 경우에만 이것이 제69d조 제1항의 핵심영역에 속하는 것인지 논할 필요가 있음은 당연하다고 할 것이다.

실행[304]은 어떠한 컴퓨터 프로그램이 어떠한 유형으로 공급되었는가에 상관없이 항상 핵심영역에 속하고 따라서 저작권자에 의해서 금지될 수 없다고 한다.[305]

2) 약정에 따른 사용을 위해 필요할 것

컴퓨터 프로그램의 복제는 그것이 컴퓨터 프로그램의 약정에 따른 사용을 위하여 필요한 것인 경우에만 저작권자의 동의가 없어도 허용된다. 이때 컴퓨터 프로그램의 약정에 따른 사용이 의미하는 바가 무엇인지에 관하여 학설이 대립하고 있다.

저작권법 제69d조 제1항을 계약해석규정 혹은 내용규정으로 이해하게 되면 동 조항은 컴퓨터 프로그램의 사용권 설정계약을 그 전제조건으로 하고 있다고 보게 된다. 따라서 사용권의 범위는 당사자간의 사용권 설정계약상의 약정에 의하여 결정된다.[306] 이 과정에서 저작권법 제69d조 제1항은 강행적인 핵심내용을 가진 계약해석의 준거(Interpretationsmaßstab)로서 기능하게 된다고 한다.[307] 이러한 견해에 대하여 Ullrich는 저작권자가 계약에 의해서 허용한 것만이 저작권법에 의해서 허용되게 되고, 다시 저작권법에 의해서 허용된 것은 저작권자가 금지하지 못하게 된다는 순환논리(Zirkelschluss)에 빠지게 되는 문제점이 있다고 비판한다.[308]

이에 반하여 저작권법 제69d조 제1항을 법정사용권규정이나 저작권에 대한 법정의 제한으로 이해하는 견해를 따르는 학자들은 컴퓨터 프로그램 거래의 목적으로부터[309] 혹은 컴퓨터 프로그램의 본질적 기

---

304) 이 경우에도 컴퓨터 프로그램의 실행을 복제에 해당한다고 할 경우에만 이러한 논의의 실익이 있음은 물론이다.

305) Baus, MMR 2002, 15; Damm, a.a.O., S. 49; Dreier/Schulze/Dreier, § 69d Rn. 8; Lenhard, a.a.O., S. 88; Schricker/Loewenheim, § 69d Rn. 8a; Wandtke/Bullinger/Grützmacher, § 69d Rn. 6.

306) Wandtke/Bullinger/Grützmacher, § 69d Rn. 6.

307) Lenhard, a.a.O., S. 87.

308) Ullrich, in: Ullrich/Körner, Der Internationale Softwarevertrag, Heidelberg 1995, S. 73.

309) Baus, MMR 2002, 15; Günther, CR 1994, 327; Lehmann, NJW 1993, 1825; Möhring/Niclolini/Hoeren § 69d Rn. 6 f은 일차적으로는 당사자들의 의사에 초점을 맞추지만 당사자들의 그러한 의사가 결여되는 경우에는 전문가에 의해

능(Grundfungibilität von Computerprogrammen)으로부터[310] 컴퓨터 프로그램의 약정에 따른 사용이 무엇인지를 밝히려고 한다. 컴퓨터 프로그램 거래에 있어서 사용자는 그 컴퓨터 프로그램을 아무런 제한없이 경제적으로 의미있는 방법으로 사용할 수 있어야 하며 이렇게 보는 것이 저작권법 제69d조 제1항의 규정목적과도 일치한다고 한다.[311] 컴퓨터 프로그램을 하드디스크에 설치하고 램에 읽어들이지 않고 컴퓨터 프로그램을 사용하는 것을 생각할 수 없으므로 이 양자는 항상 컴퓨터 프로그램의 경제적으로 의미있는 사용(wirtschaftlich sinnvoller Softwareeinsatz)에 속하게 된다고 한다.[312] Damm은 저작권법 제69d조 제1항은 사용자에게 컴퓨터 프로그램의 본질적 기능을 확보해 주려는 것을 그 목적으로 하고 있으며, 컴퓨터 프로그램을 설치하고 램에 불러들이는 것은 어떤 경우에도 이러한 본질적 기능에 속하게 되므로 당사자들의 약정에 의해서도 배제될 수 없는 강행적 핵심영역에 속하게 된다고 한다.[313]

3) 컴퓨터 프로그램을 사용할 권한이 있는 자일 것

저작권법 제69d조 제1항에 의하면 컴퓨터 프로그램의 복제물을 사용할 권한이 있는 자(durch jeden zur Verwendung eines Vervielfätigungsstücks des Programms Berechtigten)가 제69c조 제1호에 규정된 복제행위를 할 수 있다. 컴퓨터 프로그램의 복제물을 사용할 권한이 있는 자가 누구인가에 관해서도 학설이 대립하고 있다.

Moritz에 의하면 유체화된 컴퓨터 프로그램의 소유권이 그것을 사용할 수 있는 권리를 주는 것은 아니고 오히려 컴퓨터 프로그램의 소유자는 그것의 사용을 위해서 추가적으로 사용권의 설정을 위한 계약을 필요로 한다고 한다.[314] 따라서 예컨대 컴퓨터 프로그램의 공급

서 유형화된 해당 컴퓨터 프로그램의 기능을 기준으로 삼으려고 한다.

310) Damm, a.a.O., S. 49.

311) Baus, MMR 2002, 15; Schulte, Der Referentenentwurf eines zweiten Gesetzes Änderung des Urheberrechtsgesetzes, CR 1992, 651.

312) Baus, MMR 2002, 15.

313) Damm, a.a.O., S. 49.

314) Moritz. MMR 2001, 95; Dreier/Schulze/Dreier, § 69d Rn. 6; Schricker/

자가 단지 복제물의 배포권(Weiterverbreitungs- recht)만을 가지고 있고 사용권이 없다면, 그가 배포한 복제물의 소유자들은 그 복제물의 사용에 관하여는 무권리자가 된다고 한다.[315] 그리고 저작권법은 선의취득을 알지 못하므로 사용권의 선의취득 또한 인정될 수 없다고 한다.[316] 이러한 Moritz의 견해에 대하여 저작권법 제69c조 제3호에 규정된 최초판매원칙(Erschöpfungsgrundsatz)을[317] 컴퓨터 프로그램의 사용권을 통하여 회피하기 위한 이론구성이라며 비판하는 견해가 있다.[318] 컴퓨터 프로그램의 복제물이 저작권자의 동의를 얻어 양도의 형태로 거래되면 저작권법 제69c조 제3호에 따라 그 복제물에 대한 저작권자의 배타적인 배포권은 소멸하게 된다. 따라서 그 복제물에 대한 이후의 거래에 대해서는 저작권자의 동의가 필요없게 된다. 그런데 저작권자가 복제물을 공급하면서 양수인에게 배포권만 주고 사용권을 주지 않은 경우에는 저작권자의 배포권만이 소멸하게 되고 사용권은 여전히 저작권자에게 남아있게 되므로 제2의 양수인은 사용권을 취득하지 못하게 된다.[319] 즉 복제물에 대한 소유권은 취득하지만 사용하지 못하게 된다는 것이다. 이러한 이론구성을 따를 경우에는 결국 사용권을 통하여 최초판매의 원칙을 제한하게 되어 부당하다는 것이다.[320]

Loewenheim, § 69d Rn. 4; Wandtke/Bullinger/Grützmacher, § 69d Rn. 25.들도 같은 견해이다. Wandtke/Bullinger/Grützmacher, § 69d Rn. 25.에 의하면 중간상인이 개입되어 있는 컴퓨터 프로그램의 간접적 거래에서는 대리를 통해서 혹은 제작자와의 직접계약을 통해서 사용권의 설정이 이루어지게 된다고 하다.

315) Moritz, MMR 2001, 94; a.A. Wandtke/Bullinger/Grützmacher, § 69d, Rn. 24.

316) Moritz, MMR 2001, 94.

317) 이에 관하여 자세한 것은 후술하는 제2장 제5절 Ⅲ. 개발자계약의 유효성 참조. 독일 저작권법 제69c조 제3호 제2문은 다음과 같다: Wird ein Vervielfältigungsstück eines Computerprogramms mit Zustimmung des Rechtsinhabers im Gebiet der Europäischen Union oder eines anderen Vertragsstaates des Abkommens über den Europäischen Wirtschaftsraum im Wege der Veräußerung in Verkehr gebracht, so erschöpft sich das Verbreitungsrecht in bezug auf dieses Vervielfältigungsstück mit Ausnahme des Vermietrechts.

318) Baus, MMR 2002, 15.

319) Moritz, MMR 2001, 94

320) Baus, MMR 2002, 15; BGH Urt. v. 06. 07. 2000, Ⅰ ZR 244/97, MMR 2000, 749.

Baus에 의하면 저작권법 제69d조 제1항은 사용자에게 컴퓨터 프로그램의 기능을 보장해주는 것을 목적으로 한다고 한다.[321] 따라서 사용권이 결여되어서 사용되어서는 안 되는 컴퓨터 프로그램의 복제물이 유통되어서는 안 되고, 컴퓨터 프로그램의 취득자는 저작권을 침해함이 없이 그것을 사용할 수도 있어야 한다고 한다.[322] 이러한 목적은 저작권법 제69d조 제1항을 그것이 어떠한 추가적인 사용권의 설정을 요하지 않고 프로그램의 소유자를 그것을 사용할 권한이 있는 자로 보고 있다고 이해하는 때에만 달성될 수 있다고 한다.[323] 따라서 추가적인 사용권 설정계약이 없이도 유효한 컴퓨터 프로그램 거래를 통하여 컴퓨터 프로그램을 취득한 자는 컴퓨터 프로그램을 사용할 권한이 있는 자에 해당한다고 한다.[324] 그러나 한편 그는 매매계약인 컴퓨터 프로그램 거래에 부수하여서 저작권자가 명시적으로 사용권 설정계약을 체결하는 것이 불가능한 것은 아니라고 한다.[325]

4. 소결

컴퓨터 프로그램을 사용하기 위해서는 그것을 컴퓨터의 하드디스크에 설치하여야 하고, 그 후에 하드디스크에 설치된 컴퓨터 프로그램이 램에 읽혀지게 된다. 컴퓨터 프로그램을 램에 읽어들이는 것이 독일 저작권법 제69c조 제1호의 복제에 해당하는 지에 관하여는 학설의 대립이 있으나 유체물에의 고정이 발생하지 않으므로 복제에 해당하지 않는다고 보는 것이 타당하다. 이와는 달리 컴퓨터 프로그램의 설치는 복제에 해당한다는 데 의문의 여지가 없다. 그러나 컴퓨터 프로그램의 소유자는 저작권법 제69d조 제1항에 따라 자신이 취득한 컴

---

321) Baus, MMR 2002, 15.

322) Baus, MMR 2002, 16.

323) Baus, MMR 2002, 16. 이러한 해석은 저작권법 제69d조 제1항이 근거하고 있는 EU-Computerprogrammrichtlinie 제5조 제1항이 "적법한 취득자(rechtmäßiger Erwerber)에 의한 사용"이라고 규정하고 있는 점에서도 그 근거를 찾을 수 있다고 한다.

324) Baus, MMR 2002, 15; Damm, a.a.O., S. 50.

325) Baus, MMR 2002, 16.

퓨터 프로그램의 사용을 위하여 필수적인 복제행위는 저작권자의 동의없이도 할 수 있으므로, 컴퓨터 프로그램의 사용을 위하여 필수적인 설치행위를 할 수 있을 것이고 이를 위하여 저작권자로부터 동의나 사용권을 취득할 필요가 없다.

Ⅳ. 계약유형론(Vertragstypologie)

1. 계약유형론의 의의

계약유형론이란 계약의 유형에 관한 이론, 즉 개별 계약들의 본질을 확정하기 위한 체계적인 설명의 방법이라고 할 것이다.[326] 유형(Typus)이란 특정한 사실관계들(bestimmte Sachverhalte)을 특정한 관점에서 분류(Einordnung)하는데 필요한 하나의 구조적인 모형(ein Strukturmuster)을 말한다고 한다.[327] 이러한 구조적인 모형은 하나의 사실관계를 다른 사실관계와 법적으로 구별되도록 하는 권리와 의무들로 이루어져 있다고 한다.[328] 각 사실관계에서 발생하는 권리와 의무들은 그 의미적·기능적 상호관계(in ihrem Sinn-und Funktionszusammenhängen) 속에서 가치평가되고 그에 따라서 각각 다른 사실관계에서 발생하는 권리와 의무들과 분류된다. 이러한 분류를 통해서 하나의 사실관계의 법적 유형이 결정된다.[329]

독일 민법의 입법자들은 민법전 제2편(Buch 2) 제8장(Abschnitt 8)

---

326) Bartsch, CR 2000, 5; Lenhard, a.a.O., S. 8; Martinek, Moderne Vertragstypen Band Ⅰ; Leasing und Factoring, München 1992, S. 12; Schmid, Probleme der Rechtsnaturbestimmung moderner Vertragstypen, CR 1994, 515.

327) Bartsch, CR 2000, 4. 유형은 그 경계가 엄격하지 않고 변형의 여지가 있는 점에서 개념과 구별된다고 한다. 개념요소들 중 어느 하나만 결여되어 있어도, 그 결여된 개념요소가 개념의 핵심영역에 속하는 지와는 관계없이, 가치평가의 여지없이 그 개념에 해당되지 않게 된다고 한다. 유형은 개념과는 달리 하나의 추상적인 전형이 개별사례에서 다양한 모습으로 변형되거나 혼합될 수 있다고 한다. Larenz, Methodenlehre der Rechtswissenschaft, 6. Aufl., Berlin, 1991, S. 303.

328) Leenen, Typus und Rechtsfindung, Berlin 1971, S. 42 ff.

329) Leenen, a.a.O., S. 43; Martinek, a.a.O., S. 19.

에 매매계약(Kaufvertrag), 임대차계약(Mietvertrag), 도급계약(Werkvertrag)과 같은 다양한 계약유형들을 규정하고, 그 각각의 계약유형들에 적용될 법규정들을 마련하여 두었다. 이렇게 민법전에 규율되어 있는 계약들을 전형계약(typische Verträge)이라 하고 민법전에 규율되어 있지 않은 계약을 비전형계약(atypische Verträge)이라 한다.[330] 전형계약에 관한 법률규정들은 일반적으로 그 계약당사자들 간의 합리적이고 최적화된 이해관계의 조화점이라고 여겨지는 것을 그 내용으로 하고 있다고 한다.[331] 계약당사자들 간의 합의로부터 발생하는 권리와 의무들의 내용과 구조적 연관의 관찰을 통하여 그 계약의 유형이 확정되면 그 계약유형에 관한 합리적인 이해관계의 조정으로 볼 수 있는 법률상의 규정들은 당사자들이 체결한 계약을 보충하여 그것을 더욱 완전하게 한다고 한다.[332] 이러한 전형계약과는 달리 비전형계약은 채권법상의 일반원칙들의 적용을 받는다.[333] 이러한 점은 비전형계약에 전형계약의 규정들이 직접 혹은 유추적용될 수 있는 경우에도 달라지지 않는다고 한다.[334]

민법전에 여러 유형의 계약들을 전형계약으로 규정하고 있는 것은 여러 점에 있어서 법적인 중요성을 갖는다고 한다. 첫째로, 계약당사자 사이에서 이루어진 계약의 명칭에 관한 합의는 그 계약의 법적 성질을 결정함에 있어서 단지 시사점을 줄 뿐 결정적 역할을 할 수 없게 된다고 한다.[335] 이러한 점이 독일 헌법상 개인들에게 보장된 계약의 자유(Vertragsfreiheit)에 반하는 것은 아니라고 한다. 계약의 자유는 도대체 계약을 체결할 것인가에 대한 자유인 계약체결의 자유와 자신이 체결한 계약의 내용을 형성함에 있어서의 자유를 포함한다.[336]

---

330) Fikentscher, Schuldrecht, 10. Aufl., Berlin 2006, S. 387; Martinek, a.a.O., S. 3; Münch-Komm/Thode, § 305 Rn. 57; Soergel/Wolf, § 137 Rn. 24.

331) Diedrich, CR 2002, 474; Martinek, a.a.O., S. 17 f; Schmid, CR 1994, 514; Staudinger/Mayer-Maly, Einl. zu § 433 Rn. 5 ff.

332) Diedrich, CR 2002, 474; Schmid, CR 1994, 514.

333) Münch-Komm/Thode, § 305 Rn. 57; Soergel/Wolf, § 137 Rn. 26.

334) Münch-Komm/Thode, § 305 Rn. 57; Soergel/Wolf, § 137 Rn. 26.

335) Damm, a.a.O., S. 38; Hoeren, a.a.O., S, 27 Rn. 66 f; Lenhard, a.a.O., S. 209 f; Marly, a.a.O., S. 95 Rn. 197; Schneider, CR 2003, 318; Schwarz, a.a.O., S. 33; BGH Urt. v. 05. 05. 1977- Ⅶ ZR 36/76, BGHZ 68, 374.

이에 따라 각 계약의 당사자들은 자신들이 원하는 바에 따라서 자신들이 체결한 계약의 유형을 결정함에 있어서 핵심적 역할을 하게 될 계약의 요소들을 자유로이 결정할 수 있다. 즉 당사자들이 결정한 계약의 내용에 따라서 그 계약이 민법전에 규정된 전형계약으로 분류될 수도 있고, 민법전에 규정되지 않은 비전형계약으로 분류될 수도 있다. 그러나 자신들이 체결한 계약의 유형적인 분류 그 자체는 계약당사자들의 임무가 아니다.[337] 전형계약규정들의 또 하나의 중요성은 비전형계약의 성립은 판단의 대상이 되는 계약이 전형계약으로 분류될 수 없는 경우에만 인정될 수 있다는 점에 있다고 한다.[338] 전형계약의 의미는 마지막으로 계약이 약관(Allgemeine Geschäftsbedingungen, AGB)을 통하여 성립하는 경우[339]에 찾아볼 수 있다. 이 경우 약관의 규정들은 법률에 의한 내용통제(Inhaltskontrolle)를 받게 된다.[340] 독일 민법은 제305조에서 제310조에 걸쳐 약관의 규제에 관한 규정을 두고

336) Erman/Armbrüster, vor § 145 Rn. 26; Martinek, a.a.O., S. 17 ff; Münch-Komm/Kramer, vor § 145 Rn. 8 ff.

337) Damm, a.a.O., S. 38; Hoeren, a.a.O., S. 27 Rn. 66 f; Marly, a.a.O., S. 95 Rn. 197; Lenhard, a.a.O., S. 209; BGH Urt. v. 05. 05. 1977- Ⅶ ZR 36/76, BGHZ 68, 374.

338) Damm, a.a.O,, S. 38; Hoeren, a.a.O., S. 19 Rn. 47 f.

339) 독일 민법 제305조에 의하면 약관이 계약의 내용이 되기 위해서는 세 가지의 요건이 갖추어져야 한다. 먼저 약관의 사용자는 계약체결시에 상대방에게 약관을 통해 계약이 체결된다는 점을 명시적으로 고지하여야 한다(deutlicher Hinweis). 그리고 이를 통해 상대방에게 그 약관의 내용을 인식할 수 있는 가능성이 있어야 한다(Möglichkeit zur Kenntnisnahme vom Inhalt). 마지막으로 그 상대방이 약관의 계약내용에의 편입을 동의하는 경우 약관은 계약내용이 된다(Einverständnis). 또한 제305c조(Überraschende Klauseln)에 의하면 약관의 내용이 당사자가 체결하려는 계약의 외관 등 주변사정에 비추어 상대방이 그러한 것을 예견할 수 없을 정도로 이질적인(ungewöhnlich) 경우에는 그것은 계약의 내용이 될 수 없다고 규정하고 있다.

340) 독일에서의 약관규제는 1976년 제정된 약관의 규제에 관한 법률(Das Gesetz zur Regelung des Rechts der AGB, AGBG)을 통하여 이루어져 왔다. 그 후 2002년 1월 1일 효력을 발휘한 개정민법에 의하여 AGBG는 폐지되고 그 내용들이 많은 부분에 있어서 변함없이 민법 제305조 에서 제310조에 걸쳐 수용되었다. 약관의 규제에 관한 법률의 민법에의 수용을 통하여 입법자들은 특별법의 수를 줄이고 이를 통하여 채권법의 개관을 용이하게 한다는 목적을 추구하였다고 한다. Bamberger/Roth/J.Becker, § 305 Rn. 3.

있다. 그 내용통제에 관한 규율형태를 살펴보면 제308조와 제309조에 허용될 수 없는 개별적인 약관규정들을 열거하고 있고,[341] 제307조에서는 약관의 규정이 무효가 되는 일반적인 경우를 규정하고 있다.[342] 그런데, 제307조의 규정은 일반규정이고 이것이 제308조와 제309조에 의해서 구체화되고 있는 것이라고 한다. 따라서 개별약관규정의 유효성을 판단할 때는 먼저 제308조와 제309조에 따른 판단을 한 후에 제307조에 따른 판단을 하여야 한다고 한다.[343] 컴퓨터 프로그램 거래에 있어서는 제308조와 제309조의 내용통제가 문제되는 경우는 드물고 따라서 제307조의 일반규정에 따라서 약관의 유효여부가 판단되는 경우가 대부분이라고 한다.[344] 제307조는 제1항에서 약관의 조항은 그것이 신의성실의 원칙에 반하여 상대방을 부당하게 불리하게 하는 경우 무효라고 규정하고 있다. 동조 제2항에서는 상대방에게 부당하게 불리한 경우에 대하여 규정하고 있는데, 제1호에서는 약관규정이 법률규정의 핵심적인 기본사상(wesentlicher Grundgedanke der gesetzlichen Regelung)과 조화될 수 없는 경우, 그리고 제2호에서는 그 계약의 본질로부터 발생하는(aus der Natur des Vertrags) 본질적인 권리와 의무(wesentliche Recht oder Pflichten)를 그 계약의 목적달성이 위태로울 정도로 제한하는 경우에 상대방에게 부당하게 불리한 규정으로 인정된다고 규정하고 있다.[345] 그런데 307조 제2항이 기준으로 들고 있는 법률규정의 핵심적인 기본사상뿐만 아니라 계약의 본질로부터 발생하는 본질적인 권리와 의무 역시 판단의 대상이 되는 계약의 계약유형론에 따른 분류를 통하여 그 계약유형이 확정된 후에 그에 적용되는 법률

341) 제309조(Klauselverbote ohne Wertungsmöglichkeit)에 열거된 약관규정들은 그 내용에 대한 가치판단을 할 필요없이 당연무효이고 제308조(Klauselverbote mit Wertungsmöglichkeit)에 열거된 약관규정들은 그 내용에 대한 가치판단을 하여 그것이 상대방에 대하여 부당하게 불이익한 경우(unangemessene Benachteiligung)에 무효가 된다.

342) Bamberger/Roth/Schmidt, § 307 Rn. 2.

343) Bamberger/Roth/Schmidt, § 307 Rn. 2.

344) Baus, a.a.O., S. 213 ff; Lenhard, a.a.O., S. 196; Schwarz, a.a.O., S. 33.

345) 제307조 제1항과 제2항의 관계에 관하여 제1항이 일반규정이고 제2항이 특별규정이므로 제2항을 우선적으로 적용해야 한다고 한다. Bamberger/Roth/Schmidt, § 307 Rn. 2.

의 규정을 확정한 후에야 결정될 수 있는 것이다.[346)]

이와 같이 한 계약을 전형계약으로 혹은 비전형계약으로 분류하는 것은 그 계약관계의 규율에 있어서 매우 중요한 의미가 있다. 결국 어떠한 기준에 따라서 어떤 방법으로 계약의 유형을 결정할 것인가가 문제된다. 이에 관하여는 이하에서 살펴보기로 한다.

2. 계약에 전형적인 급부의무를 통한 계약유형의 확정

당사자들이 체결한 구체적인 계약을 전형계약 중 어느 하나로 또는 비전형계약으로 분류할 것인지는 계약당사자들이 추구하는 계약의 목적에 의하여 결정된다고 한다.[347)] 당사자들이 추구하는 계약의 목적은 일차적으로 당사자들이 합의한 주된 급부의무(Hauptleistungspflichten)에 의해서 표현된다고 한다.[348)] 따라서 당사자들이 체결한 계약을 전형계약들 중의 하나 혹은 비전형계약으로 분류함에 있어서 핵심적인 것은 양 당사자들에게 주어진 권리와 의무들이다.[349)] 주된 급부의무는 채권계약관계의 핵심요소로서 그 계약관계의 성질, 특성 및 본질을 결정하고 이로써 그 계약관계의 유형을 결정하게 된다.[350)] 그러나 모든 주된 급부의무에 계약유형을 결정하는 힘이 있는 것은 아니고, 단지 그것이 결여되는 경우 그 계약을 다른 유형으로 만들게 될 그러한 주된 급부의무만이 계약유형을 확정하는 힘을 갖는다고 한다.[351)] 매매계약을 예로 들어보면 독일 민법 제433조 제2항에서 규정하고 있는 매수인의 매매대금지급의무는 매매계약에 전형적인 것으로 유형확정적 힘을 갖게 된다고 한다. 왜냐하면 매매대금 지급의무가 없다면 매매계약이 아니라 증여가 성립했을 것이기 때문이라고 한다. 이러한

346) Baus, a.a.O., S. 214; Lenhard, a.a.O., S. 197.

347) Lenhard, a.a.O., S. 203. 계약의 목적이란 계약의 당사자들이 그 계약에 의하여 발생시키려고 하는 법률효과를 말하는 것이다.

348) Lenhard, a.a.O., S. 204; Medicus, Bürgerliches Recht, 20. Aufl. München 2004, S. 147.

349) Chroziel, Verwendungsbeschränkungen in Softwareüberlassungsverträgen, Teile Ⅰ und Ⅱ, CR 1989, 678; Schwarz, a.a.O., S. 33.

350) Medicus, a.a.O., S. 147; Oechsler, Schuldrecht Besonderer Teil, S. 13; Oetker/Maultzsch, Vertragliche Schuldverhältnisse, S. 6; Schmid, CR 1994, 515.

351) Lenhard, a.a.O., S. 205; Oetker/Maultzsch, a.a.O., S. 6; Schwarz, a.a.O., S. 34.

매매대금지급의무와는 달리 매도인의 주된 급부의무인 매수인에게 물적 하자나 권리의 하자가 없는 매매목적물을 인도해줄 의무는 매매계약에 전형적인 것이 아니고 따라서 유형확정적 힘을 갖지 못한다고 한다. 이러한 매도인의 의무가 당사자의 약정을 통해서 배제되는 경우에도 매매계약은 여전히 매매계약으로 머물기 때문이라고 한다.[352)]

이상과 같은 논의를 통해 다음과 같은 점이 분명해진다. 즉 당사자들이 체결한 계약에서 발생하는, 계약유형을 확정하는 힘이 있는 주된 급부의무와 그러한 의무들의 상호관계를 법전에 규정되어 있는 각 계약유형들의 그것과 비교함으로써 문제가 되는 계약의 유형이 결정되게 된다.[353)] 이러한 비교에 있어서 양자가 어느 범위에서 그리고 어떤 강도로 서로 일치하고 있는가에 대한, 가치판단이 필요한 전체적인 고찰(wertende Gesamtbetrachtung)이 필요하다고 한다.[354)]

주된 급부의무는 채권관계에서 발생하고, 채권관계는 다시 청약과 승낙을 통하여 성립하는 계약을 필요로 한다. 결국 계약의 유형을 확정하는 힘이 있는 주된 급부의무를 확정하기 위해서는 양 계약당사자의 의사를 확정해야 한다.[355)] 그러나 계약당사자들이 합의한 모든 계약규정들이 그 계약의 유형을 확정하는 데 동원될 수는 없다고 한다.[356)] 계약당사자들이 명시적으로 자신들의 계약유형을 표시하는 경우에도 이것은 단지 시사적 효력(Indizwirkung)만을 가질 뿐이라고 한다.[357)] 당사자들이 명시적으로 정한 계약의 호칭이 당사자들이 진정으로 원한 계약유형을 표시하는데 적합하지 않은 경우에는 그러한 호칭 뒤에 숨겨진 실제로 성립된 계약유형이 존재하게 된다고 한다.[358)] 그리고 이 경우 실제 존재하는 계약유형과 다른 당사자들의 계약호칭은 오표시(falsa demonstratio)에 해당하고 따라서 민법 제133조와 제157조에 따른 의사표시의 해석에 있어서 고려되지 않게 된다고 한

352) Medicus, a.a.O., S. 147; Lenhard, a.a.O., S., 205.
353) Lenhard, a.a.O., S. 206.
354) Oechsler, a.a.O., S. 12; Schmid, CR 1994, 515.
355) Chrocziel, CR 1989, 678.
356) Lenhard, a.a.O., S. 209; Sickinger, a.a.O., S. 22 f.
357) Lenhard, a.a.O., S. 209; Sickinger, a,a,O., S. 24.
358) Lenhard, a.a.O., S. 209; Marly, a.a.O., S. 96 Rn. 197.

다.[359] 그밖에도 약관에 포함되어 있는 모든 계약조항들이 그 계약의 유형을 확정하는데 사용될 수는 없다고 한다.[360] 약관에 있는 계약조항들 중 독일 민법 제307조 이하의 내용통제 하에 놓이게 되는 조항들[361]은 그 유효성이 그 계약의 유형적 분류 후에야 결정되게 되므로[362] 논리적으로 이러한 조항들은 그 계약의 유형을 판단함에 있어서는 고려되어서는 안 된다고 한다.[363]

第3節 컴퓨터 프로그램 거래의 당사자들의 권리와 의무

컴퓨터 프로그램 거래의 법적 성질의 확정은 두 단계를 걸쳐 이루어진다. 첫 번째 단계에서는 계약당사자의 의사로부터 발생하는 주된 급부의무가 무엇인지를 확정하여야 한다.[364] 그리고 두 번째 단계에서는 첫 번째 단계에서 확정된 주된 급부의무를 법전에 규정되어 있는 전형계약들의 그것들과의 비교를 통해서 컴퓨터 프로그램 거래의 계약유형적 분류가 이루어지게 된다.[365] 컴퓨터 프로그램 거래에 있어서의 주된 급부의무는 거래되는 컴퓨터 프로그램의 종류와 그 공급의 유형에 따라서 다음과 같이 분석될 수 있을 것이라고 한다.[366]

---

359) Lenhard, a.a.O., S. 210.

360) Baus, a.a.O., S. 33; Malzer, a.a.O., S. 74; Marly, a.a.O., S. 96 Rn. 197; BGH Urt. v. 04. 03. 1997 - X ZR 141/95, CR 1997. 470.

361) 독일 민법 제307조 제3항은 어떠한 약관규정들이 제307조 제1항 및 제2항 그리고 제308조와 제309조의 내용통제를 받아야 하는지 규정하고 있다. 이에 따르면 성립하게 될 계약에 관한 법률규정과 다르거나 혹은 이를 보충하는 약관규정이 이에 해당한다고 규정하고 있다.

362) 이에 관하여 자세한 것은 전술한 제2장 제5절 Ⅳ. 1. 계약유형론의 의의 참조.

363) Baus, a.a.O., S. 214; Lenhard, a.a.O., S. 212.

364) Chrocziel, CR 1989, 678.

365) Lenhard, a.a.O., S. 193 ff; Sickinger, a.a.O., S. 22 f.

366) 거래되는 컴퓨터 프로그램의 종류에 따라서 표준 컴퓨터 프로그램(Standardsoftware)과 주문형 컴퓨터 프로그램(Individualsoftware)으로 나누어서 살펴볼 수 있을 것이지만, 이 책의 논의의 범위는 표준 컴퓨터 프로그램의 거래에 한정되므로 주문형 컴퓨터 프로그램의 거래에 관하여서는 설명하지 않기로 한다.

Ⅰ. 영구적 컴퓨터 프로그램 공급에 있어서 당사자들의 의무

1. 컴퓨터 프로그램이 정보저장매체에 저장되어서 영구적으로 공급되는 경우

정보저장매체(Datenträger)에 저장된 컴퓨터 프로그램의 영구적인 (auf Dauer) 거래는 일반적으로 다음과 같이 이루어진다. 컴퓨터 프로그램 공급자(Softwarelieferant)는 컴퓨터 프로그램 사용자에게 하나의 정보저장매체에 화체되어 있는(verkörpert) 특정한 컴퓨터 프로그램을 공급하고 컴퓨터 프로그램 사용자는 그에 대한 반대급부(Gegenleistung)로서 대가를 지급한다. 따라서 컴퓨터 프로그램 공급자의 주된 급부의무는 합의된 급부목적물의 인도와 소유권이전에 있으며 컴퓨터 프로그램 사용자의 주된 급부의무는 대금지급에 있다고 말할 수 있을 것이라고 한다.[367]

가. 컴퓨터 프로그램 공급자의 의무

1) 인도의무(Übergabepflicht)

영구적 컴퓨터 프로그램 거래의 목적은 컴퓨터 프로그램 사용자로 하여금 자유로이 그것을 사용할 수 있도록 컴퓨터 프로그램을 공급하는 것에 있고,[368] 위에서 살펴본 바와 같이 컴퓨터 프로그램은 독일 민법 제90조에서 말하는 물건으로 보는 것이 타당하다.[369] 이러한 점들로부터 컴퓨터 프로그램 공급자는 컴퓨터 프로그램 거래로부터 발생하는 채권관계에 의해서 컴퓨터 프로그램 사용자에게 합의한 컴퓨터 프로그램의 점유를 이전할 의무를 부담하게 된다. 즉 컴퓨터 프로그램 공급자는 컴퓨터 프로그램 사용자에게 독일 민법 제854조 제1항에 따라서 합의한 물건에 대한 사실상의 지배를 넘겨주어야 한다.[370]

---

367) Marly, a.a.O., S. 16 Rn. 37; Ohlen, a.a.O., S. 24.
368) Marly, a.a.O., S. 18 Rn. 40.
369) 이에 관하여 자세한 것은 이 책 제2장 제2절 Ⅰ.컴퓨터 프로그램의 개념 및 법적 성질 참조.
370) Mehrings, GRUR 1985, 192; Ohlen, a.a.O., S. 24.

2) 소유권이전의무(Übereignungspflicht)

컴퓨터 프로그램을 공급받는 사용자는 영구적인 컴퓨터 프로그램 거래의 목적을 달성할 수 있기 위해서는 그 컴퓨터 프로그램을 자유롭게 사용, 수익, 처분하고 타인이 컴퓨터 프로그램의 사용을 방해하는 것을 배제할 수 있어야 할 것이다.[371] 그런데 앞에서 살펴본 바와 같이 컴퓨터 프로그램은 물건이고 그것을 자유롭게 사용, 수익, 처분할 수 있는 법적 지위는 소유권이다. 따라서 컴퓨터 프로그램 공급자는 컴퓨터 프로그램에 대한 소유권을 독일 민법 제929조에 따라서 사용자에게 넘겨주어야 할 의무를 부담한다고 할 것이다.[372]

컴퓨터 프로그램 공급자의 소유권 이전의무의 인정에 대하여 다음과 같은 점들로부터 의문이 제기될 수 있을 것이다. 컴퓨터 프로그램 사용자의 법적 지위를 소유자로 본다면 컴퓨터 프로그램에 대해서 자유롭게 처분할 수 있어야 한다. 그러나 컴퓨터 프로그램에 대해서는 저작권법에 의해서 그리고 컴퓨터 프로그램 거래에 의해서 자유로운 처분에 대해서 많은 제한이 부과되고 있는 것이 일반적이다. 또한 컴퓨터 프로그램의 제작자가 자신이 제작한 컴퓨터 프로그램에 대한 저작권 및 소유권을 보유하며, 이는 사용자에게 이전되지 아니한다고 규정하고 있는 소유권유보조항(Eigentumsvorbehaltklausel)[373] 역시 컴퓨터 프로그램 거래에서 일반적으로 사용되고 있다. 이러한 제한들로 인하여 컴퓨터 프로그램 사용자의 지위를 소유자라고 말할 수 없게 될 것이라고 한다.[374]

---

371) Hoeren, a.a.O., S. 57 Rn. 143.

372) Hoeren, a.a.O., S. 57 Rn. 143; Cichon, a.a.O., S. 259; Marly, a.a.O., S. 16 Rn. 37; Sickinger, a.a.O., S. 29. 그는 소유권이전의무는 정보저장매체에 대하여만 성립하고 컴퓨터 프로그램 그 자체(Software als solche)에는 성립하지 않는다고 한다. 그러나 컴퓨터 프로그램과 정보저장매체는 분리해서 생각할 수 없는 일체를 이룬다고 해야 할 것이고 따라서 컴퓨터 프로그램 그 자체는 거래의 목적물이 아니라고 할 것이므로 이러한 구별은 옳지 못하다고 생각된다.

373) Hoeren, a.a.O., S. 53 Rn. 132 ff는 컴퓨터 프로그램 거래에서 빈번히 등장하는 소유권유보조항을 세 가지의 유형으로 분류하고 각각의 유형의 소유권유보조항의 문제점에 대해서 논증한 후에 소유권유보조항이 다른 의미로 해석될 수 있는 가능성을 제시하고 있다.

374) Wächter, Was bedeutet Ablieferung von Standardsoftware: Ablieferung von

그러나 컴퓨터 프로그램 공급자는 할부금의 형태로 지급되어야 하는 매매대금을 확보하려는 경우가 아니라면 컴퓨터 프로그램의 소유권을 자신에게 유보하는 것에 이해관계가 없는 것이 일반적이며,[375] 또한 소유권유보조항은 컴퓨터 프로그램에 대해서 자유롭게 처분하려고 하는 사용자의 이해관계와 조화될 수 없으며 따라서 소유권유보조항은 수령자의 시각에서 볼 때(aus dem Empfänger- horizont) 독일 민법 제133조와 157조에 따라서 문자 그대로 해석될 수 없다고 한다.[376] 다음으로 컴퓨터 프로그램의 사용에 대한 제한에 관하여 살펴보면 저작권법상의 혹은 채권법상의 사용제한은 컴퓨터 프로그램 취득자에게 소유자로서의 지위와 조화될 수 없는 것은 아니라고 한다.[377] 채권법상의 사용제한은 독일 민법 제137조에 따라서 상대방의 물권법상의 지위에 아무런 영향도 미치지 아니하며,[378] 독일 민법 제903조는 이미 법조문에서 소유자는 법률이나 제3자의 권리에 반하지 않는 범위 내에서 소유물을 임의로(nach Belieben) 처분할 수 있다고 규정하고 있어 소유권자로서의 지위와 이에 대한 제한이 양립할 수 있음을 보여주고 있다고 한다.[379] 결론적으로 보면 저작권법상의 혹은 계약에 의한 사용의 제한이나 컴퓨터 프로그램 거래에서 흔히 등장하는 소유권유보조항은 컴퓨터 프로그램 취득자에게 소유권자의 지위를 인정하는 것을 방해하지 않는다고 한다.[380]

Software, Einräumung eines Nutzungsrechts oder Softwareeinführung beim Kunden, Jur-PC Web-Dok. 242/2000, Abs. 34 ff; Moritz, CR 1989, 1054; Müller-Hengstenberg, NJW 1994, 3133; Nordemann, CR 1996, 6 ff; Wiebe, Know-how-Schutz von Computersoftware, München 1993, S. 254 ff.

375) Hoeren, a.a.O., S. 55 Rn. 137; ders, GRUR 1988, 348.

376) Hoeren, a.a.O., S. 55 Rn. 137은 소유권유보조항을 컴퓨터 프로그램 공급자가 컴퓨터 프로그램 사용자에게 그의 소유권한에 대한 저작권법상의 한계에 대해서 주의를 환기시키는 의미가 있을 뿐이라고 한다.

377) Baus, a.a.O., S. 34는 컴퓨터 프로그램 거래에 있어서 사용제한은 중요한 역할을 수행하기는 하나 계약의 유형을 확정하는 힘은 갖지 못한다고 한다; Hoeren, a.a.O., S. 51 Rn. 124, 125.

378) Münch-Komm/Armbrüster, § 137 Rn. 1 ff.

379) Hoeren, a.a.O., S. 51 Rn. 125.

380) Hoeren, a.a.O., S. 57 Rn. 143.

3) 사용권설정의무(Nutzungsrechtseinräumungspflicht)

영구적 컴퓨터 프로그램 거래의 목적은 사용자로 하여금 그 컴퓨터 프로그램을 자유롭게 사용할 수 있도록 해주는 데 있는데, 컴퓨터 프로그램의 사용을 위해서는 그것의 복제가 필수적이고 따라서 복제행위를 하기 위한 컴퓨터 프로그램 사용권이 필요하다고 한다. 이렇게 본다면 컴퓨터 프로그램 공급자가 부담하는 주된 급부의무는 컴퓨터 프로그램 취득자에게 컴퓨터 프로그램에 대한 사용권을 설정해줄 의무를 포함하게 된다고 한다.[381)]

1993년 저작권법의 개정으로 인하여 이제는 대부분의 컴퓨터 프로그램이 원칙적으로 저작권법상의 보호를 받는다는 것을 전제할 수 있으므로,[382)] 컴퓨터 프로그램의 사용을 위한 권한이 필요한 것인지의 여부는 이제는 저작권법의 규정에 따라 판단하여야 할 것이다.[383)] 저작권법은 제69c조에서 컴퓨터 프로그램의 저작권자에게 특정한 가치활용행위들(Verwertungshandlungen)을 스스로 행하거나 타인에게 허락해 줄 수 있는 배타적인 권리를 부여하고 있다. 컴퓨터 프로그램의 취득자가 컴퓨터 프로그램 거래를 통해서 취득한 컴퓨터 프로그램을 사용하기 위해서는 저작권법 제69c조에서 저작권자에게 배타적으로 부여된 행위들 중 복제행위를 해야만 한다.[384)] 그러나 이러한 복제행위는 컴퓨터 프로그램의 사용을 위해 필수적인 것이고 컴퓨터 프로그램의 취득자는 컴퓨터 프로그램 거래를 통하여 컴퓨터 프로그램의 복제물의 소유권을 취득하게 되므로 저작권법 제69d조 제1항에 따라서

381) Bartsch, CR 1992, 395는 컴퓨터 프로그램의 사용을 위해서 필수적인 램에의 복제행위를 컴퓨터 프로그램 거래의 목적달성을 위한 필요악(ein notwendiges Übel)이라고 표현한다; Lenhard, a.a.O., S. 129. a.A. Dörner/Jersch, IuR 1988, 140는 컴퓨터 프로그램 공급자의 복제권설정의무는 부수적의무(Nebenpflicht)로서 계약유형을 결정할 수 있는 힘이 없다고 한다; Marly, a.a.O., S. 57 Rn. 120 ff.

382) 이에 관하여 자세한 것은 Marly, a.a.O., S. 62 Rn. 127 ff.참조할 것.

383) Sickinger, a.a.O., S. 35.

384) 컴퓨터 프로그램 사용자의 컴퓨터 프로그램 사용을 위한 복제행위는 컴퓨터 프로그램의 램에의 읽어들임을 복제행위로 보는 경우에는 그것에서, 이를 복제행위로 보지 않는 경우에는 컴퓨터 프로그램의 사용을 위해 보편적으로 요구되는 하드디스크에의 설치행위에서 찾아볼 수 있다.

저작권자의 동의없이도, 즉 사용권의 설정없이도 행해질 수 있다.[385)] 책의 소유권을 취득한 자는 그 책을 읽기 위해서 소유권 외에 '독서권'이 필요하지 않고, 음반의 소유자도 '청취권'을 특별히 필요로 하지 않는데, 컴퓨터 프로그램의 소유권자에게만 '사용권'을 별도로 취득하도록 하는 것은 타당하지 않고, 만일 그렇게 된다면 컴퓨터 프로그램의 소유권은 공허한 것이 될 것이라고 한다.[386)] 따라서 컴퓨터 프로그램의 사용자는 컴퓨터 프로그램의 사용을 위해서 어떠한 사용권도 필요없게 되고 컴퓨터 프로그램 공급자는 사용자에게 사용권을 설정할 의무를 부담하지 않는다.[387)]

나. 컴퓨터 프로그램 사용자의 의무

영구적 컴퓨터 프로그램 거래에 있어서 컴퓨터 프로그램 사용자의 주된 급부의무는 계약성립시에 이미 그 총액이 확정되어 존재하는 대금의 지급에 있다.[388)] 이 대금은 총액이 일시에 지불되지 아니하고 분할되어 지급될 수도 있다. 그러나 이러한 분할지급은 단지 사용자의 대금지급의 부담을 경감시켜주기 위한 것일 뿐이지 대금분할지급의 약정이 당사자 간의 채권관계를 계속적 채권관계(Dauerschuldverhältnis)로[389)] 변경시키는 것은 아니다.[390)]

2. 컴퓨터 프로그램이 정보저장매체 없이 영구적으로 공급되는 경우

정보저장매체 없이 이루어지는 컴퓨터 프로그램 공급은 일반적으로 다음과 같은 방법으로 이루어진다. 컴퓨터 프로그램 공급자의 정

---

385) 이에 관하여 자세한 것은 이 책 제2장 제2절 Ⅲ. 참조.

386) Baus, MMR 2002, 16.

387) Baus, MMR 2002, 16; Damm, a.a.O., S. 49.

388) Marly, a.a.O., S. 16 Rn. 37; Ohlen, a.a.O., S. 143; Schwarz, a.a.O., S. 32; Sickinger, a.a.O., S. 46.

389) 컴퓨터 프로그램 거래의 당사자간에 존재하는 채권관계가 계속적 채권관계인가의 여부는 컴퓨터 프로그램 거래를 라이선스계약으로 볼 수 있는가를 판단하는데 중요한 기준이 된다.

390) Sickinger, a.a.O., S. 46.

보저장매체에 저장되어 있는 컴퓨터 프로그램이 정보통신망을 통하여 컴퓨터 프로그램 사용자의 정보저장매체에 복제된다.[391] 이 과정에서 컴퓨터 프로그램 공급자의 정보저장매체에 저장되어 있는 컴퓨터 프로그램 그 자체가 이전되는 것이 아니라, 그 컴퓨터 프로그램으로부터 컴퓨터 프로그램 공급자의 컴퓨터에 의해서 자동적으로 생성된 데이터패킷들[392]이 정보통신망을 통하여 컴퓨터 프로그램 사용자의 컴퓨터로 전송된다. 그리고 이것들은 다시 컴퓨터 프로그램 사용자의 컴퓨터에 의하여 자동적으로 새로운 컴퓨터 프로그램 복제물로 조합되게 된다.[393] 이러한 복제과정 후에는 컴퓨터 프로그램 공급자의 정보저장매체에 존재하는 원본(Original)과는 공간적으로 구분되는 새로운 물건(eine neue Sache)이 생성되게 된다고 한다.[394]

가. 컴퓨터 프로그램 공급자의 의무

1) 인도의무

컴퓨터 프로그램 공급자는 컴퓨터 프로그램 사용자에게 컴퓨터 프로그램으로부터 생성된 데이터패킷들에 대한 사실상의 지배를 이전해 주고 이로써 컴퓨터 프로그램 사용자의 컴퓨터에 새로이 생성되는 프로그램 복제물에 대한 사실상의 지배(tatsächliche Herrschaft)를 창설해 주게 된다고 한다. 따라서 여기에 물건의 점유이전에 관한 민법 제854조의 규정이 직접 혹은 최소한 유추적용될 수 있을 것이라고 한다.[395]

2) 소유권이전의무

컴퓨터 프로그램이 정보저장매체 없이 영구적으로 공급되는 경우에 컴퓨터 프로그램 사용자가 계약의 목적을 달성하기 위해서는 그에

---

391) Cichon, a.a.O., S. 237 Rn. 896; Sodtalbers, a.a.O., S. 116 Rn. 165 f.

392) 이렇게 생성된 데이터패킷들은 독일 민법 제90조상의 물건이 아니라고 한다. Sodtalbers, a.a.O., S. 115 Rn. 164.

393) Damm, a.a.O., S, 16; Krauß, a.a.O., S. 23; Malzer, a.a.O., S. 91; Sodtalbers, a.a.O., S. 116 Rn. 166.

394) Damm, a.a.O., S. 16. 물론 이러한 결론은 컴퓨터 프로그램의 물건성을 긍정하는 경우에만 인정될 수 있다.

395) Damm, a.a.O., S. 16.

게 공급된 데이터패킷들과 그것으로부터 자동적으로 생성되는 컴퓨터 프로그램 복제물을 자유롭게 처분할 수 있어야 하고 제3자에 의한 개입을 차단할 수 있어야 할 것이다.[396] 따라서 컴퓨터 프로그램 사용자에게는 소유자로서의 지위가 인정될 수 있다고 한다.[397] 이렇게 본다면 컴퓨터 프로그램 공급자의 소유권이전의무는 이 경우에도 문제없이 인정될 수 있다고 한다.[398]

3) 사용권설정의무

사용권설정의무에 관하여는 위의 컴퓨터 프로그램이 정보저장매체와 함께 공급되는 경우의 설명과 동일한 것을 말할 수 있을 것이다. 결론적으로 컴퓨터 프로그램 공급자는 어떠한 사용권설정의무도 부담하지 않는다.

나. 컴퓨터 프로그램 사용자의 의무

컴퓨터 프로그램 사용자는 반대급부로서 대금지급의무를 부담한다. 이에 관하여는 위에서 살펴본 정보저장매체에 저장되어 공급되는 컴퓨터 프로그램의 경우의 설명이 그대로 타당할 것이다.

II. 일시적 컴퓨터 프로그램 거래에 있어서의 당사자들의 의무

컴퓨터 프로그램이 일시적으로 공급되는 경우에는 사용자는 단지 계약에서 합의된 기간 동안만 그 컴퓨터 프로그램을 사용할 수 있다. 이 기간이 경과하면 사용자는 그 컴퓨터 프로그램을 반환하거나 경우에 따라서는 파괴하거나 삭제해야만 한다. 컴퓨터 프로그램의 사용기간의 종기가 불확정인 경우에는 그 컴퓨터 프로그램의 사용이 시간적

---

396) Hoeren, a.a.O., S. 50 Rn. 122 ff.

397) Cichon, a.a.O., S. 259 Rn. 968는 정보저장매체와 함께 이루어지는 컴퓨터 프로그램의 공급에 있어서만 소유권이전의무를 인정한다. 그러나 컴퓨터 프로그램이 온라인으로 전송되는 경우에도 취득자는 최소한 소유권 유사의 지위(eine eigentümerähnliche Position)를 취득하게 된다고 한다; Damm, a.a.O., S. 16.

398) Damm, a.a.O., S. 16.

제한하에서 허용되었다는 것은 확실하지만 다만 그 계약관계의 정확한 종료시점이 언제인가 하는 것만이 불확실한 것이다. 따라서 이 경우에도 일시적인 컴퓨터 프로그램 거래가 문제된다.399)

1. 컴퓨터 프로그램이 정보저장매체와 함께 일시적 사용을 위해 공급되는 경우

가. 컴퓨터 프로그램 공급자의 의무

1) 사용제공의 의무(Gebrauchsgewährungspflicht)

컴퓨터 프로그램 공급자는 사용자로 하여금 약정한 컴퓨터 프로그램을 사용할 수 있도록 해 주어야 한다. 컴퓨터 프로그램의 사용을 위해서는 컴퓨터 프로그램에 대한 직접점유를 취득하는 것이 필수적이므로 컴퓨터 프로그램 공급자는 컴퓨터 프로그램 사용자에게 민법 제854조에 따라서 컴퓨터 프로그램에 대한 점유를 이전해 주어야 한다.

2) 컴퓨터 프로그램의 상태유지의무(Einhaltungspflicht)

그 밖에도 컴퓨터 프로그램 공급자는 약정된 사용기간 동안 사용할 수 있도록 해주어야 한다. 따라서 그는 컴퓨터 프로그램을 약정된 사용기간 전체에 걸쳐서 계약에 따른 사용에 적합한 상태를 유지해야 할 의무를 부담한다.

나. 컴퓨터 프로그램 사용자의 의무

1) 대금지급의무

컴퓨터 프로그램 사용자는 컴퓨터 프로그램 공급자에게 약정한 대금을 지급할 의무를 부담한다. 일반적으로 대금은 주기적으로 반복되는 형태로 지급된다. 이 경우에 대금의 총액은 컴퓨터 프로그램 사용기간이 얼마인가에 의하여 좌우되며 따라서 계약의 종료 후에야 확정되는 것이 일반적이다.400) 그러나 대금은 일회의 급부를 통해서도 지급될 수 있다.401) 따라서 주기적으로 반복되는 대금지급의무로부터

399) Lenhard, a.a.O., S. 188; Marly, a.a.O., S. 20 Rn. 44.
400) Sickinger, a.a.O., S. 47.

일시적인 컴퓨터 프로그램 거래를 도출해 내거나 일회적인 대금지급으로부터 영구적인 컴퓨터 프로그램 거래를 도출해 내는 것은 필연적인 것은 아니다.[402)]

2) 컴퓨터 프로그램의 반환의무

시간적으로 제한된 컴퓨터 프로그램 거래가 약정한 기간의 만료로 인하여 종료하면 사용자의 계약에 의한 사용권한 역시 소멸하게 된다. 따라서 그는 즉시 컴퓨터 프로그램의 사용을 중단하고 그에게 공급된 컴퓨터 프로그램을 공급자에게 반환해야 한다.[403)] 즉 컴퓨터 프로그램 사용자는 컴퓨터 프로그램에 대한 직접점유를 공급자에게 이전해야 하며, 자신의 컴퓨터에 설치되어 있는 컴퓨터 프로그램 복제물을 삭제해야 할 의무를 부담한다.[404)] 컴퓨터 프로그램 사용자의 위와 같은 의무는 컴퓨터 프로그램 공급자 측에서 사전에 설치하는 소위 프로그램차단장치(Programmsperre)에 의해서 그 이행이 보장될 수 있다고 한다.[405)]

2. 컴퓨터 프로그램이 정보저장매체 없이 일시적 사용을 위해 공급되는 경우

가. 컴퓨터 프로그램 공급자의 의무

1) 사용제공의 의무(Gebrauchsgewährungspflicht)

컴퓨터 프로그램 공급자는 컴퓨터 프로그램 사용자로 하여금 약정한 컴퓨터 프로그램을 사용할 수 있도록 해주어야 할 의무를 부담한

401) Erman/Jendrek, § 535 Rn. 58.
402) Sickinger, a.a.O., S. 47.
403) Eramn/Jendrek, § 546 Rn. 4.
404) 컴퓨터 프로그램의 반환의무는 컴퓨터 프로그램 거래로부터 발생하는 것이 분명하다. 그러나 사용자의 컴퓨터에 설치되어 있는 컴퓨터 프로그램 복제물을 삭제할 의무 역시 컴퓨터 프로그램 거래로부터 발생하는 것으로 볼 것인지는 의문의 여지가 있다고 한다. 그러나 이러한 의무 역시 컴퓨터 프로그램 거래로부터 도출해 내는 것이 타당하며 이러한 점은 이에 관하여 당사자간에 명시적인 약정이 존재하지 않는 경우에도 마찬가지라고 한다. Merveldt, Zulässigkeit langfristiger Laufzeiten für Softwareüberlassungsverträge, CR 2006, 722.
405) Lenhard, a.a.O., S. 188; Marly, a.a.O., S. 99 Rn. 202.

다. 그는 사용자에게 자신의 컴퓨터에 존재하고 있는 약정된 컴퓨터 프로그램으로부터 그의 컴퓨터에 의해서 자동적으로 생성된 데이터패킷들에 대한 사실상의 지배를 넘겨주고, 이러한 데이터패킷들로부터 사용자의 컴퓨터에 의해서 자동적으로 생성되는 컴퓨터 프로그램 복제물에 대한 사실상의 지배를 창출해 줌으로써 자신의 사용제공의무를 이행하게 된다.

2) 컴퓨터 프로그램의 상태유지의무(Einhaltungspflicht)

컴퓨터 프로그램의 상태유지의무에 관하여는 정보저장매체와 함께 공급하는 경우와 동일한 것이 적용된다.

나. 컴퓨터 프로그램 사용자의 의무

1) 대금지급의무

컴퓨터 프로그램 사용자는 공급자에게 대금지급의무를 부담한다. 이에 관하여는 정보저장매체와 함께 공급되는 경우에 관한 설명이 그대로 적용된다.

2) 복제물 삭제의무(Vernichtungspflicht)

정보저장매체 없이 컴퓨터 프로그램을 일시적 사용을 위하여 공급하는 경우에 컴퓨터 프로그램 공급자의 이해관계는 일반적으로 사용을 위하여 공급한 컴퓨터 프로그램을 반환받는데 존재하지 않는다. 따라서 이러한 계약의 당사자들은 사용자가 공급자로부터 취득한 컴퓨터 프로그램을 약정기간이 경과한 경우에 스스로 삭제해야 할 의무를 부담한다는 내용의 약정을 하는 것이 일반적이다.[406)]

---

406) 이에 관하여 자세한 것은 후술하는 제2장 제4절 Ⅰ.2. 일시적 컴퓨터 프로그램 거래 부분 참조.

第4節 컴퓨터 프로그램 거래의 법적 성질

Ⅰ. 컴퓨터 프로그램 거래의 법적 성질에 관한 학설들

독일에서는 오래전부터 컴퓨터 프로그램 거래의 법적 성질을 밝히려는 시도가 학자들에 의하여 계속되었다. 이러한 시도들은 대체적으로 네 개의 그룹으로 분류해 볼 수 있다. 매매계약(Kaufvertrag), 도급계약(Werkvertrag), 라이선스계약(Lizenzvertrag) 그리고 신종계약(Vertrag sui generis)이 그것들이다. 각각의 그룹들에 있어서도 세부적인 점에 있어서는 여러 학자들의 다양한 견해들이 제시되고 있다. 따라서 Hoeren이 1988년 당시의 학설대립의 상황을 "미로(Labyrinth)"라고 표현한 것은 지금까지도 유효하다고 할 수 있다.[407] 이하에서는 각각의 견해들의 중요한 내용과 이에 대한 논거를 개관해 보고 각각의 견해들의 세부적인 점들에 대해서는 해당되는 문헌들을 제시하기로 한다. 그 후에 각각의 견해에 따를 경우 컴퓨터 프로그램의 하자에 대한 담보책임, 컴퓨터 프로그램의 재판매 가능성 및 컴퓨터 프로그램의 멸실의 위험부담에 있어서 어떠한 결과에 이르게 되는지 살펴보기로 한다.

1. 영구적 컴퓨터 프로그램 거래(Softwareüberlassung auf Dauer)

가. 매매계약으로 보는 견해

다수의 학자들은 정보저장매체에 저장되어 영구적인 사용을 위하여 컴퓨터 프로그램이 공급되는 경우에 매매계약이 성립된다고 본다. 영구적 컴퓨터 프로그램 거래를 매매로 보게 되면 컴퓨터 프로그램 취득자는 컴퓨터 프로그램의 소유권을 취득하게 되므로 독일 민법 제903조에 따라서 법률이나 제3자의 권리를 침해하지 않는 범위 내에서 컴퓨터 프로그램을 자유롭게 사용, 수익, 처분할 수 있다고 이해하게 된다. 이러한 태도는 다시 매매계약의 목적물이 무엇인가에 관하여 여러 가지 학설로 나뉘게 된다. 그런데 이러한 매매의 목적물에 대한

---

407) Hoeren, a.a.O., S. 8 Rn. 21.

견해의 대립은 2002년에 시행된 새로운 민법 하에서는 큰 의미가 없게 된다고 하는 견해가 있다.[408] 이에 따르면 독일 개정 민법에 의하면 물건의 매매와 권리의 매매 그리고 기타의 목적물의 매매에 대한 하자담보책임에 있어서의 차이가 폐지되었으므로 매매목적물이 물건인지, 권리인지, 그 밖의 목적물인지 구별하여 논할 실익이 없어졌다고 한다.[409] 그러나 독일의 개정 민법은 물건의 하자와 권리의 하자에 있어서의 법률효과를 통일적으로 규정하고 있을 뿐, 하자의 개념에 관하여는 물건의 하자에 있어서는 원칙적으로 주관적 하자개념을 따르고 있고, 권리의 하자에 있어서는 객관적 하자개념에 따르고 있으므로 매매목적물이 물건인지 권리인지 그 밖의 목적물인지 구분하는 것은 하자담보책임과 관련하여서도 여전히 의미있는 구별이라고 할 것이다.[410]

컴퓨터 프로그램은 정보저장매체에 저장되어서 이와 함께 공급될 수도 있지만 인터넷과 같은 정보통신망을 통하여 정보저장매체 없이 공급될 수도 있다. 영구적 컴퓨터 프로그램 거래를 매매로 보는 학자들은 정보저장매체 없이 이루어지는 컴퓨터 프로그램의 공급 역시 매매로 보는 것이 일반적이다. 그러나 그 논거는 다양하다.

1) 물건의 매매로 보는 견해

컴퓨터 프로그램의 물건성을 긍정하는 학자들은 그것의 영구적인 공급을 물건의 매매로 본다.[411] 이들의 견해에 의하면 표준 컴퓨터 프로그램의 공급은 “상품과 화폐의 교환(der Tausch Ware gegen Geld)”이며 컴퓨터 프로그램 취득자는 매매목적물인 “프로그램이 저장된 저장매체(Datenträger mit Programm)”에 대한 소유권을 취득함으로써 그것을 임의로 처분할 수 있게 된다고 한다.[412] 따라서 표준 컴퓨터 프로그램

---

408) Diedrich, CR 2002, 273 f; Krauß, a.a.O., S. 13.

409) Diedrich, CR 2002, 273 f; Krauß, a.a.O., S. 13.

410) 이에 관하여 자세한 것은 Brox/Walker, Besonderes Schuldrecht, 30. Aufl., München, 2005, S. 31 ff. Huber/Faust, Schuldrechtsmodernisierung, München, 2002, S. 311 Rn. 67 ff. 참조.

411) Chrocziel, CR 1985 678; Dörner/Jersch, IuR 1988, 141; Hoeren, a.a.O., S. 30 Rn. 70 ff; König, NJW 1993, 3121; Krauß, a.a.O., S. 16; Marly, a.a.O., S. 94 Rn. 193

의 영구적 공급의 경우에는 물건의 매매계약이 성립한다고 한다.

인터넷 등과 같은 정보통신망을 통하여 컴퓨터 프로그램이 공급되는 경우에도 정보저장매체에 저장되어 공급되는 경우와 마찬가지로 컴퓨터 프로그램의 인도와 소유권이전이 계약의 목적이라고 한다.[413] 이 경우 컴퓨터 프로그램 공급자는 자신의 계약상의 의무를 컴퓨터 프로그램 사용자의 하드디스크에 약정된 컴퓨터 프로그램의 복제물이 생성되도록 함으로써 이행하게 된다고 한다. 그러나 이러한 주장에 대하여는 정보통신망을 통하여 컴퓨터 프로그램이 이전되는 경우에는 어떠한 유체물도 인도되거나 그에 대한 소유권이 이전되는 것이 아니고, 컴퓨터 프로그램 사용자의 하드디스크는 계약의 이행이전부터 변함없이 그의 점유와 소유하에 놓여 있는 것이므로, 물건에 대한 점유의 이전이나 소유권의 이전은 발생할 여지가 없다는 비판이 제기되고 있다.

이러한 비판에 대하여 컴퓨터 프로그램 거래를 물건의 매매로 보는 학자들은 컴퓨터 프로그램이 정보저장매체 없이 비물질적으로 (unkörperlich) 전송될 수 있다는 사실이 컴퓨터 프로그램의 영구적 공급을 물건의 매매로 보는 것과 양립할 수 없는 것은 아니라고 한다.[414] Krauß에 따르면 정보통신망을 통한 컴퓨터 프로그램의 전송은 단지 특수한 거래의 방법(eine besondere Vertriebsart)에 지나지 않는다고 한다.[415] 매도인의 인도의무는 컴퓨터 프로그램이 저장되어 있는 정보저장매체를 그 연결점으로 하는 것이 아니라 정보통신망을 통한 전송이 완료된 후에 매수인의 하드디스크에 생성될 컴퓨터 프로그램의 복제물과 연결되어 있다고 한다.[416] 또한 정보저장매체 없이 이루

412) Chrocziel, CR 1985 678; König, NJW 1993, 3121; Marly, a.a.O.,S. 94 Rn. 194 ff.

413) König, NJW 1990, 1585.

414) Cichon, a.a.O., S. 259 Rn. 965 ff; Damm, a.a.O., S. 152; Krauß, a.a.O., S. 23; Hoeren, S. 131 Rn. 358 ff. 그는 정보저장매체 없이 전송되는 컴퓨터 프로그램을 "Telesoftware"라고 부르며 이를 비물질적인 재화(immaterielles Wirtschaftsgut)로 본다. 그리고 Telesoftware의 전송은 비물질적인 재화의 매매계약적 공급이라고 한다.

415) Krauß, a.a.O., S. 23.

416) Krauß, a.a.O., S. 23.

어지는 컴퓨터 프로그램 공급을 정보저장매체와 함께 이루어지는 경우와 달리 취급해서는 안 된다고 한다. 왜냐하면 계약의 법적 성질은 계약의 목적에 따라 결정되는데, 양자의 경우에는 컴퓨터 프로그램 복제물을 영구적인 사용을 위해서 취득한다는 점에서 계약의 목적이 동일하기 때문이라고 한다. 따라서 정보저장매체 없이 이루어지는 컴퓨터 프로그램의 영구적 공급 역시 독일 민법 제433조에 따른 물건의 매매로 보아야 한다고 한다.[417)]

Busse는 컴퓨터 프로그램이 독일 민법 제90조에서 말하는 물건에 해당하는가에 관계없이 정보저장매체 없이 이루어지는 컴퓨터 프로그램의 공급 역시 독일 민법 제433조의 물건의 매매로 볼 수 있다고 한다.[418)] 그는 매매규정은 유체의 목적물뿐만 아니라 그 밖에 모든 거래될 수 있는 재화(alle verkehrsfähige Güter)들을 포괄하는 것으로 이해한다.[419)] 그러면서 한편 그는 매매계약의 특유한 상황인 재산의 이전(Vermögensverschiebung)이 이 경우에는 발생하지 않게 되어 문제가 될 수 있을 것이라고 인정한다.[420)] 즉 컴퓨터 프로그램은 끊임없이 재생산이 가능하므로 컴퓨터 프로그램 공급자는 어떠한 재산상의 손실도 입지 않게 된다는 것이다.[421)] 이에 대하여 그는 다음과 같은 해결책을 제시한다. 매도인측에 사실상 재산상의 손실(Vermögensverlust)이 발생하였는가 하는 점은 매매에 있어서 포기될 수 없는 핵심적인 요소가 아니고, 오히려 매수인에게 재산의 증가(Vermögensmehrung)가 발생하였는가 하는 점이 핵심요소이며 매매에 관한 법률규정도 이를 잘 보여주고 있다고 한다.[422)] 컴퓨터 프로그램 취득자는 그 컴퓨터 프로그램을 영구적으로 사용할 수 있는 권한을 얻게 되므로 이러한 핵심요소가 충족된다고 한다.[423)] 이에 대하여 Krauß는 매도인은 매수인의 컴퓨터에 생성되는 컴퓨터 프로그램의 복제물만큼 재산상의 손

417) Krauß, a.a.O., S. 23.
418) Busse, CR 1996, 390.
419) Busse, CR 1996, 390.
420) Busse, CR 1996, 390.
421) Busse, CR 1996, 390.
422) Busse, CR 1996, 390.
423) Busse, CR 1996, 390.

실을 입게 되고 매도인은 그만큼 재산의 증가를 얻게 되므로 이 경우에도 재산의 이전(Vermögensverschiebung)은 아무런 문제없이 인정될 수 있다고 한다.[424]

König는 기본적으로 정보저장매체 없이 이루어진 컴퓨터 프로그램 공급을 물건의 매매로 보지만, 정보저장매체 없이 이루어지는 컴퓨터 프로그램의 공급에 있어서 취득자의 하드디스크에서 발생하는 컴퓨터 프로그램의 복제물의 생성은 물건의 인도로 보지 않는 것이 타당하고 법률의 규정과 보다 잘 조화될 수 있다고 한다.[425] 그는 계속하여서 컴퓨터 프로그램의 취득자가 이러한 복제물의 생성에 동의한 경우에는 이것을 급부의무의 이행행위로 볼 수 있다고 한다. 그리고 최소한 취득자가 복제물의 생성을 사후에 승인한 경우에는 이러한 복제물의 생성행위는 계약에 따른 이행행위로서 매매목적물의 인도를 대체하게 된다고 한다.[426] 이것을 법적으로 평가한다면 독일 민법 제364조 제1항에 따른 대물변제(Leistung an Erfüllungs statt)의 합의에 해당한다고 한다.[427] 이러한 König의 견해에 대하여는 다음과 같은 문제가 있다고 한다. 이 경우 매매계약의 유형결정적 힘이 있는 주된 급부의무인 물건의 인도의무가 도급계약에 특유한 프로그램 복제물의 생성의무로 대체된다고 한다면, 그러한 대체가 일어나고 난 후에도 왜 여전히 매매계약이 존재한다고 보아야 하는지를 설명할 수 없다고 한다.[428] 이러한 비판에 대하여 König는 다음과 같이 재차 반론한다. 정보저장매체에 담겨있는 독립한 프로그램의 이전을 매수인의 하드디스크에 직접 복제물을 생산하는 것으로 대체하는 것이 당사자들의 의사에 부합하고 이를 통하여 매수인이 프로그램에 대한 점유와 소유권을 취득한다면, 물건의 인도를 전제하고 있는 법률의 규정들을 유추적용하는 것은 당연한 것이라고 한다.[429]

Marly에 의하면 정보저장매체 없이 이루어지는 컴퓨터 프로그램

---

424) Krauß, a.a.O., S. 23.
425) König, NJW 1990, 1585.
426) König, NJW 1990, 1585.
427) König, NJW 1990, 1585.
428) Marly, BB 1991, 435.
429) König, NJW 1990, 1585.

거래의 목적물은 컴퓨터 프로그램 사용자의 하드디스크도 컴퓨터 프로그램 공급자의 컴퓨터에 이미 존재하고 있는 컴퓨터 프로그램도 아니고, 오히려 컴퓨터 프로그램 사용자의 하드디스크에 생성될 프로그램의 복제물이라고 한다. 따라서 매도인의 물건의 인도의무에 관하여서는 컴퓨터 프로그램 사용자의 하드디스크에 초점을 맞추어서는 안되고, 복제되어 생성될 컴퓨터 프로그램 복제물을 중심으로 판단하여야 한다고 주장한다.[430)]

2) 권리의 매매로 보는 견해

Lenhard는 컴퓨터 프로그램의 유상의 영구적인 공급을 목적으로 하는 계약은 매매계약이라고 한다.[431)] 이러한 매매계약은 그의 견해를 따르면 두 개의 매매목적물에 대한 것인데, 하나는 독일 민법 제453조 제1항에서 말하는 기타의 목적물이고 다른 하나는 권리라고 한다.[432)] 매매계약은 일회적인 재화와 금전의 교환관계이며, 이때의 교환은 영구적이고 교환목적물에 대한 권리를 매도인에게로 귀속시킴으로서 그가 목적물을 자유롭게 사용, 수익, 처분할 수 있게 하는 것이어야 한다고 한다.[433)] 이러한 전제하에서 보면 컴퓨터 프로그램이라는 비물질적인 재화에 대한 영구적 공급은 컴퓨터 프로그램에 대한 영구적인 귀속변경을 통하여 그에 대하여 자유롭게 처분할 수 있도록 해 주므로 독일 민법 제453조 제1항에 따라 기타의 목적물에 대한 매매계약에 해당하게 된다고 한다.[434)] 한편 그에 의하면 컴퓨터 프로그램의 매수인이 그것을 자유롭게 사용하기 위해서는 컴퓨터 프로그램의 저작권자에 의한 저작권법 제31조, 제69a조 제4항, 제69d조 제1항에 따른 사용권의 설정이 필요하다고 한다.[435)] 이러한 사용권의 설정

---

430) Marly, BB 1991, 435; Krauß, a.a.O., S. 23도 동일한 견해이다.

431) Lenhard, a.a.O., S. 218 ff.

432) Lenhard, a.a.O., 218. 그는 컴퓨터 프로그램의 물건성을 부정하므로 컴퓨터 프로그램의 이전을 기타의 목적물의 이전으로 파악한다.

433) Lenhard, a.a.O., S. 218.

434) Lenhard, a.a.O., S. 218.

435) Lenhard, a.a.O., S. 87 ff. 그는 컴퓨터 프로그램의 램에의 불러들임을 저작권법상의 복제로 파악하고 있으며 프로그램 사용자가 예외적으로 저작권자의

역시 일회적이고 영구적인 권리의 귀속의 변경(Zuständigkeitsänderung)을 통하여 이루어지므로 권리의 매매로 파악되어야 하고, 따라서 매도인의 의무는 계속적인 행위나 주기적으로 반복되는 급부에 있는 것이 아니므로 계속적 채권관계(Dauerschuldverhältnis)의 성립은 배제된다고 한다.[436]

이러한 Lenhard의 주장에 대하여 컴퓨터 프로그램의 사용권은 매도인에게 이전적으로 승계되는 것이 아니라 설정되는 것이므로 이를 권리의 매매로 볼 수 없으며, 만일 이를 권리의 매매로 본다면 예컨대 출판계약(Verlagsvertrag)도 권리의 매매로 보아야 할 것인데 이는 매매규정과는 조화될 수 없는 것이라는 비판이 가해진다.[437] 이에 대하여 Lenhard는 권리의 설정 역시 권리의 매매로 파악될 수 있다고 반론한다.[438] 그 근거로서 그는 매매는 매매목적물이 사전에 이미 존재하고 있을 것을 그 요건으로 하지 않으므로 사용권이 설정에 의하여 발생하게 된다는 사실은 중요한 것이 아니며, 사용권의 설정 후에는 그것은 모권리(Mutterrecht)로부터 분리되어 매수인 자신의 독립한 권리가 되므로 매매계약을 인정함에 있어서 필수적인 권리의 영구적 귀속변경이 발생하게 된다고 주장한다.[439]

Köhler에 의하면 컴퓨터 프로그램 사용자에게 컴퓨터 프로그램의 사용권이 설정되는 것이 일반적인 경우이고, 유상으로 이루어지는 영구적인 사용권의 설정은 매매 혹은 적어도 매매와 유사한 계약으로 평가할 수 있을 것이라고 한다.[440] 이 경우에 컴퓨터 프로그램의 취득자는 비물질적인 재화에 대한 사용권의 형태를 취하고 있는 재산상의 가치를 취득하게 되고 매매계약을 규율하는 법률규정들은 매도인측의 재산상의 손실에 초점을 맞추고 있는 것이 아니라 오히려 매수

동의없이도 복제행위를 할 수 있음을 규정하고 있는 저작권법 제69d조 제1항을 계약해석규정으로 이해하고 있으므로 이러한 결론은 논리적으로 당연한 것이다.

436) Lenhard, a.a.O., S. 219.

437) Cichon, a.a.O., S. 244 Rn. 928.

438) Lenhard, a.a.O., S. 219.

439) Lenhard, a.a.O., S. 219.

440) Köhler, CR 1987, 830.

인측의 재산상의 이익의 취득에 초점을 맞추고 있기 때문에 매매계약의 인정에 문제가 없다고 한다.[441)]

Lenhard나 Köhler와는 달리 유효한 컴퓨터 프로그램 거래를 통하여 컴퓨터 프로그램의 소유권을 취득한 자는 그것의 사용에 필수적인 복제행위를 함에는 저작권자의 동의를 요하지 않는다고 저작권법 제69d조 제1항을 해석하는 견해[442)]에 의하면 사용권의 설정은 컴퓨터 프로그램 거래의 필수요소가 아니므로 컴퓨터 프로그램 거래를 권리의 매매로 볼 여지는 없게 된다.[443)]

3) 민법 제453조 제1항의 기타의 목적물의 매매로 보는 견해

몇몇의 학자들은 컴퓨터 프로그램의 영구적인 공급을 민법 제453조 제1항이 규정하고 있는 기타의 목적물의 매매로 볼 수 있다고 한다.[444)] 이들은 컴퓨터 프로그램은 민법 제90조상의 물건이 아니고 정보저장매체만이 유체물로서 물건이라고 한다. 그러나 컴퓨터 프로그램 거래의 핵심적인 목적물이 물건인 정보저장매체가 아니라 비물질적 목적물이라는 것이 이를 매매계약으로 보는 것을 방해하는 것은 아니라고 한다.[445)] 2002년의 민법개정 전에도 기업(Unternehmen), 노하우, 광고아이디어(Werbeidee)와 같은 무체적 목적물들도 매매계약의 대상이 될 수 있다는 것이 인정되어 왔는데,[446)] 민법 개정절차에서 신설된 민법 제453조 제1항은 이러한 사정을 명확히 한 것이며, 물건,

441) Köhler, CR 1987, 830.

442) Baus, MMR 2002, 15; Hoeren/Schuhmacher, CR 2000, 139.

443) Hoeren, a.a.O., S. 47 Rn. 112; Dörner/Jersch, IuR 1988, 140은 사용권설정의 필요성은 긍정을 하지만 사용권설정의무는 부수적 급부의무에 불과하므로 이것은 컴퓨터 프로그램 거래의 법적 성질을 결정할 수 있는 힘이 없다고 한다; Marly, a.a.O., S. 97 Rn. 199도 같은 견해이다.

444) Diedrich, CR 2002, 479; Köhler, CR 1987, 830; Lenhard, a.a.O., S. 218; Mehrings, NJW 1986, 1905; Müller-Hengstenberg, CR 2004, 165.

445) Köhler, CR 1987, 830; Mehrings, NJW 1986, 1905. 이 양자는 2002년 시행된 독일 개정민법 이전에 쓰여진 논문들이어서 직접적으로 제453조 제1항의 기타의 목적물의 매매라고 언급하지는 않고 있지만 그들의 이러한 주장을 신민법의 관점에서 살펴보면 컴퓨터 프로그램 거래를 기타의 목적물의 매매로 보고 있다고 파악하는 것이 타당할 것이다.

446) Bamberger/Roth/Faust, § 453 Rn. 23; Palandt/Putzo, § 453 Rn. 9.

권리 그리고 기타의 목적물의 매매를 같은 법률규정에 따라 규율하려고 하는 것이라고 한다.[447)]

Diedrich는 표준 컴퓨터 프로그램의 거래에는 매매계약에 관한 규정을 적용하는 것이 타당하다고 한다.[448)] 그리고 이러한 점은 컴퓨터 프로그램의 공급이 정보저장매체와 함께 일어나는가 아니면 정보저장매체 없이 정보통신망 등을 통하여 이루어지는가와 관계없이 그러하다고 한다. 왜냐하면 컴퓨터 프로그램 거래의 핵심에는 사전에 불특정 다수의 컴퓨터 프로그램 사용자들의 필요에 맞추어 제작된 컴퓨터 프로그램의 복제물의 취득이 존재하기 때문이라고 설명한다.[449)] 즉 컴퓨터 프로그램의 복제물이 컴퓨터 프로그램 공급자에 의해서 생성되는가 혹은 컴퓨터 프로그램 사용자에 의해서 생성되는가 하는 것은 중요하지 않으며 두 경우 모두에 대하여 민법 제453조 제1항의 기타의 목적물에 대한 매매의 규정이 적용될 수 있다고 한다.[450)]

4) 물건의 매매와 유사한 계약이 성립한다는 견해

컴퓨터 프로그램 거래에 있어서는 유체물인 정보저장매체의 자유로운 처분을 위한 공급이 아니라 정신적인 내용(geistiger Inhalt)의 사용이 그 핵심을 구성하게 되므로 이를 물건의 매매계약으로 볼 수는 없지만, 물건의 매매와 유사한 계약이 성립하게 된다고 하는 견해이다.[451)] 정신적인 내용의 사용은 유체물인 정보저장매체에 대한 유효한 처분권한의 설정을 통하여 가능하게 된다는 점을 그 근거로 내세운다.[452)]

나. 도급계약으로 보는 견해

Mincke는 컴퓨터 프로그램 거래의 최종목적을 컴퓨터 프로그램 취득자가 그것을 자신의 컴퓨터에서 사용하는 것이라고 한다.[453)] 그리

---

447) Münch-Komm/Westermann, § 453 Rn. 2; Palandt/Putzo, § 453 Rn. 9.

448) Diedrich, CR 2002, 479.

449) Diedrich, CR 2002, 479.

450) Diedrich, CR 2002, 479.

451) Brandi-Dohrn, CR 1986, 68; Zahrnt, CR 1994, 456.

452) Brandi-Dohrn, CR 1986, 68; Chrocziel, CR 1985, 678; Zahrnt, CR 1994, 456.

453) Mincke, Die Rechtliche Einordnung des Softwareerwerbs – Bedenken gegen die

고 컴퓨터 프로그램이 특정한 방법으로 사용될 수 있도록 하는 것은 도급계약에 있어서 수급인이 완성해야 할 일(ein geschuldeter Erfolg)로 파악해야 한다고 한다.[454] 그에게 있어 정보저장매체의 인도는 수급인이 부담하는 일의 완성을 가능하게 하는 생각가능한 여러 가지 가능성들 중의 하나에 불과할 뿐이라고 한다.[455]

Braun에 의하면 컴퓨터 프로그램 거래에 있어서 컴퓨터 프로그램 공급자가 컴퓨터 프로그램의 공급의무 외에도 그 컴퓨터 프로그램을 사용자의 컴퓨터에 설치하거나 사용자의 컴퓨터를 특정한 조건에 맞도록 조정하여서 그것이 조정되기 전에는 수행할 수 없었던 특정한 기능을 수행하여 사용자가 행하려고 하는 작업을 처리할 수 있도록 해줄 의무 역시 부담하는 것이 일반적인 경우라고 한다.[456] 이러한 경우에 컴퓨터 프로그램 공급자는 일차적으로 컴퓨터 프로그램의 공급의무를 부담한다고 할 것이 아니라, 오히려 사용자의 하드웨어를 계약의 목적을 달성하기 위해서 필요한 범위에서 조정(Konditionierung) 할 의무를 부담하는 것으로 이해해야 한다고 한다.[457] 이러한 조정을 통하여 사용자의 컴퓨터는 그 물리적인 구조 및 그 성질이 변경된다고 한다. 이러한 사용자의 컴퓨터의 변경이 바로 컴퓨터 프로그램 공급자와 컴퓨터 프로그램 사용자가 최종적인 목표로 한 일의 완성(Erfolg)을 의미한다고 한다.[458] 이로써 민법 제631조 이하에서 규정하고 있는 도급계약의 성립을 인정할 수 있는 핵심적인 기준이 충족된다고 한다. 수급인이 완성해야 하는 물건의 변경은 민법 제631조 제2항에서 전형적인 도급계약의 급부로 규정되어 있다는 점을 그 근거로 내세운다.[459]

Sachkauf-Theorie, Jur-pc 1991, 938.

454) Mincke, Jur-pc 1991, 938.

455) Mincke, Jur-pc 1991, 938.

456) Braun, BB 1992, 157.

457) Braun, BB 1992, 157.

458) Braun, BB 1992, 157.

459) Braun, BB 1992, 157. 독일 민법 제631조 제2항은 도급계약의 목적은 물건의 생산(Herstellung) 또는 변경(Veränderung)뿐만 아니라 노동(Arbeit oder Dienstleistung)을 통하여 달성되어야 할 다른 일의 완성일 수도 있다고 규정한다.

몇몇 학자들은 정보통신망을 통한 컴퓨터 프로그램의 전송에 있어서 컴퓨터 프로그램 제공자가 사용자가 이를 다운로드하여 사용할 수 있도록 자신의 데이터뱅크(Datenbank)에 컴퓨터 프로그램을 준비하여 두는 것(Bereitstellung)을 도급계약상의 완성해야 할 일로 본다.[460] 즉 컴퓨터 프로그램 공급자는 자신의 데이터뱅크를 다운로드를 위하여 준비하여 두고 이를 업데이트(Aktualisierung)할 의무를 부담한다고 한다.[461] 그러나 이들은 정보통신망을 통한 정보저장매체 없는 컴퓨터 프로그램 제공에 있어서 컴퓨터 프로그램을 다운로드를 위하여 준비하여 두는 것은 일의 완성이 될 수 없고, 계약체결 이전부터 다운로드 할 수 있는 컴퓨터 프로그램이 존재하고 있다는 점을 간과한 것이라는 비판을 받는다.[462] 온라인 컴퓨터 프로그램 공급자는 특정한 컴퓨터 프로그램 혹은 데이터뱅크를 다운로드를 위하여 준비해 둘 의무를 부담하지 않으며, 이것은 일반적인 상점(Laden)의 운영자(Betreiber)가 자신이 운영하는 상점을 항상 열어두어야 할 의무를 부담하지 않는 것과 마찬가지라고 한다.[463] 결국 컴퓨터 프로그램 사용자는 새로운 일의 완성을 원하는 것이 아니라 계약체결 이전부터 이미 개발되어 존재하고 있는 컴퓨터 프로그램의 공급을 원하는 것이므로, 이를 도급계약으로 파악하는 것은 타당하지 않다고 한다.[464]

그밖에도 컴퓨터 프로그램을 사용가능하게 해 주는 것(die Ermöglichung der Benutzung eines Computerprogramms)이 도급계약의 목적이 될 수 있는가 하는 점도 또한 의문이다. 컴퓨터 프로그램 공급자의 의무는 컴퓨터 프로그램에 대한 점유를 이전하고 소유권을 공급함으로써 완전히 이행되는 것이고, 컴퓨터 프로그램의 사용을 직접적으로 가능하게 해 주는 컴퓨터 프로그램의 설치와 이를 위한 하드웨어의 조정 등은 일반적으로 컴퓨터 프로그램 사용자의 사무로서 이를 행할 것인가의 여부는 그의

460) Goebel, Vertragsrechtliche Probleme im Bereich von Information und Dokumentation, DVR 1982, 160 f; Köhler/Fritsch, in: Lehmann, Rechtsschutz und Verwertung von Computerprogrammen, S. 533 ff.
461) Goebel, DVR 1982, 160 f; Köhler/Fritsch, in: Lehmann, a.a.O., S. 533 ff.
462) Busse, CR 1996, 389; Cichon, a.a.O., S. 255 Rn. 956.
463) Cichon, a.a.O., S. 255 Rn. 955.
464) Busse, CR 1996, 389.

자유영역에 속하는 것이다. 이러한 컴퓨터 프로그램의 설치 또는 하드웨어의 조정 등이 도급계약상의 일로 평가될 수 있는 것은 물론이다.[465] 그러나 컴퓨터 프로그램 공급자는 단지 컴퓨터 프로그램을 공급하려고 할 뿐이고, 그 외의 일을 완성하려고 하지 않는 것이 일반적이라는 점을 간과해서는 안 된다고 한다.[466] 즉 컴퓨터 프로그램 공급자는 자신의 의사에 의하여 일의 완성이 아닌 합의한 컴퓨터 프로그램의 공급의무만을 부담하게 된다고 한다. 그리고 정보통신망 등을 통한 컴퓨터 프로그램의 전송의 경우에도 정보저장매체를 통한 컴퓨터 프로그램의 공급의 경우와 마찬가지로 계약의 목적은 컴퓨터 프로그램 사용자에게 합의한 컴퓨터 프로그램의 복제물을 취득하도록 하는 데 있고, 이 경우 정보저장매체의 이전이 필요없다는 것은 단지 정보통신기술의 발전에서 기인한 것이므로 컴퓨터 프로그램의 온라인 전송을 정보저장매체의 공급을 통한 이전과 법적으로 달리 취급하여서는 안 된다고 한다.[467]

컴퓨터 프로그램 공급자들은 약정한 컴퓨터 프로그램의 공급 외에도 그것을 사용자의 컴퓨터에 설치해 줄 의무 역시 부담하는 경우가 드물지 않다. 이러한 설치의무의 근거는 도급계약일 것이다. 컴퓨터 프로그램 공급자는 컴퓨터 프로그램의 설치라는 민법 제631조가 규정하고 있는 특정한 일의 완성이라는 의무를 부담하고 있기 때문이다.[468] 이러한 경우에 도급계약상의 의무인 컴퓨터 프로그램의 설치의무가 컴퓨터 프로그램 거래와 어떠한 관계에 있으며 또한 어떠한 영향을 미치는가 하는 점이 문제된다.

이에 대하여 목적물의 공급 이외에 특정한 결과와 관계되어 있는(erfolgsbezogen) 또 다른 급부-예컨대, 하드웨어의 조정(Anpassung)이나 컴퓨터 프로그램의 설치(Installation)와 같은-가 이행되어야 하는 경우에는 매매는 이를 규율할 수 있는 적절한 계약의 유형이 되지 못하

465) Marly, BB 1991, 435.

466) König, NJW 1989, 2605.

467) König, NJW 1989, 2605; Marly, BB 1991, 435.

468) Eickmeier/Eickmeier, Der Verkauf von Standardsoftware mit Installationsverpflichtung, CR 1993, 73.

고, 도급계약에 관한 규정을 적용하는 것이 급부의 성질 및 당사자들의 이해관계에 보다 부합하게 된다고 하는 견해가 있다.[469] Müller-Hengstenberg에 의하면 컴퓨터 프로그램이 실제로 투입되어 사용될 수 있는가 하는 것은 언제나 컴퓨터 프로그램 사용자가 보유한 컴퓨터 시스템의 전체적인 조건들에 의하여 좌우되는 것이라고 한다.[470] 그리고 컴퓨터 프로그램의 진정한 가치(der eigentliche Wert)는 그것이 사용되어서 사용자가 수행해야할 과제를 해결하는 것에서 나오는 것이고, 따라서 모든 컴퓨터 프로그램의 설치는 가치창출(Wertschöpfung)이라고 볼 수 있다고 한다. 그리고 이렇게 본다면 컴퓨터 프로그램의 공급과 설치를 목적으로 하는 계약이 체결되는 경우에는, 도급계약에 관한 규정을 적용하는 것이 적절하고, 당사자들의 이해관계에 부합한 해결책이라고 한다.[471]

이러한 견해에 대하여 위에서 제기한 문제를 해결하기 위해서는 소위 혼합계약(ein gemischter Vertrag)이 성립하는 것인지 아니면 동시계약(ein zusammengesetzter Vertrag)이[472] 성립하는 것인지를 우선적으로 확정해야 한다고 하는 반론이 제기된다.[473] 혼합계약이란 그로부터 발생하는 주된 급부의무들이 법률에 규정된 전형계약 들 중 다수의 계약유형들의 그것들과 일치하는 계약을 의미한다.[474] 실질적으로는 다수의 독립한 계약들이 동시에 체결되는 것인 동시계약과는 달리 혼합계약에 있어서는 각각 다른 유형의 계약에서 발생하게 되는 개별적인 급부의무들이 상호 결합되어 있어서 그러한 결합 속에서만(nur in ihrer Verbindung) 혹은 그렇게 결합된 상태로만 부담지워지게 된다고 한다.[475] 혼합계약은 다시 유형조합계약(Typenkombinationsvertrag)과 다

---

469) Müller-Hengstenberg, CR 1997, 613; ders, NJW 2000, 3546; ders, NJW 3133; Saenger, Zum Beginn der Verjährungsfrist bei kaufrechtlichen Gewährleistungsansprüchen, NJW 1997, 1945.

470) Müller-Hengstenberg, NJW 1994, 3133.

471) Müller-Hengstenberg, CR 1997, 613.

472) 동시계약이란 zusammengesetzter Vertrag을 우리말로 옮긴 것이다. 이는 한 번의 기회에 성립된 복수의 계약을 의미하는 것이다.

473) Eickmeier/Eickmeier, CR 1993, 75.

474) Larenz/Canaris, Schuldrecht Ⅱ/2, § 63 Ⅰ, S. 42; Münch-Komm/Thode, § 305 Rn. 62 ff.

른 유형의 부수의무와 결합된 계약(ein typischer Vertrag mit andersartiger Nebenleistung)으로 나눌 수 있다고 한다.[476]

유형조합계약은 전형적인 혼합계약으로서, 그러한 계약에 있어서는 다수의 급부의무들이 일체적으로(als zusammengehörend) 부담지워지며 그 중 어떠한 급부의무도 그 계약의 전체적인 의미에 따라서 판단할 때(nach dem Gesamtsinn des Vertrages) 완전히 부수적인 의미(eine völlig untergeordnete Bedeutung)를 갖지 않게 된다고 한다.[477] 독일 연방대법원(BGH)은 유형혼합계약을 소위 조합이론(Kombinationsprinzip)에 따라서 판단한다.[478] 이에 따르면 조합계약에 있어서 각각의 급부의무에는 원칙적으로 그 급부의무가 포섭되어야 할 계약유형에 적용되어야 할 법률규정이 적용된다고 한다.[479]

다른 유형의 부수의무와 결합된 계약에 있어서 당사자들이 이행해야 하는 주된 급부의무들은 법률에 규정된 전형계약유형들 중의 하나의 유형에 해당하고 이에 추가하여서 다른 종류의 부수적 급부의무를 부담하게 되는데, 이러한 부수적 급부의무는 다른 유형의 계약에 속하는 것이고, 당사자 간의 전체적인 채권관계에 있어서 단지 부수적인 의미만을 갖게 된다고 한다.[480] 이렇게 완전히 부수적인 의미만을 갖는 다른 유형의 부수적 급부의무는 주된 급부의무에 의하여 결정되는 그 계약의 유형을 변경하지 못하고, 따라서 다른 유형의 부수의무와 결합된 계약에는 그 계약의 주된 급부의무를 통하여 결정되는 계약유형에 관한 법률규정만이 적용된다.[481]

컴퓨터 프로그램 거래에 있어서 컴퓨터 프로그램 공급자가 설치의무(Installationspflicht), 조정의무(Anpassungspflicht) 혹은 교육의무(Schulungspflicht)를 부담하는 경우에 이를 어떻게 평가할 것인가에 관해서 독일 연방대법원은

---

475) Larenz/Canaris, Schuldrecht Ⅱ/2, § 63 Ⅰ, S. 42; Münch-Komm/Thode, § 305 Rn. 62 ff.

476) Münch-Komm/Thode, § 305 Rn. 64 ff.

477) Larenz/Canaris, Schuldrecht Ⅱ/2, § 63 Ⅰ, S. 42.

478) BGH Urt. v. 30. 06. 1983 - Ⅶ ZR 293/82, NJW 1983, 2439(2440).

479) 이에 관하여 자세한 것은 Soergel/Wolf, § 305 Rn. 28 ff. 참조할 것.

480) Larenz/Canaris, a.a.O., § 63 Ⅰ, S. 43.

481) Eickmeier/Eickmeier, CR 1993, 76; Larenz/Canaris, a.a.O., § 63 Ⅰ, S. 43.

Marly에 의해서 제시된 기준들을[482] 명시적으로 원용하고 있다.[483] 이에 의하면 설치나 조정이 컴퓨터 프로그램의 공급 이외의 새로운 혹은 독립한 급부로서 평가되기 위해서는 일정한 수준의 최소급부(Minimalleistung)를 넘어서거나 그 작업이 일정한 수준의 난이도의 정도(Schwierigkeitsgrad)를 넘어서는 것이어야 한다고 한다.[484] König에 의하면 표준 컴퓨터 프로그램의 공급은 공급자가 상당한 정도로 사용자의 요구에 맞추어서 컴퓨터 프로그램을 조정하여야 하거나 사용자에 대하여 특정한 과제의 완전한 해결의 의무를 부담하는 경우에만 도급계약에 관한 규정에 따라 규율될 수 있을 것이라고 한다.[485] Marly와 König에 의하여 제시된 이러한 기준에 따라서 설치의무, 조정의무 혹은 교육의무 등이 부수적 의무로 평가된다면 주된 급부의무에 의해서 결정되는 컴퓨터 프로그램 거래의 유형은 아무런 영향도 받지 않게 된다. 그러나 이와는 반대로 설치의무, 조정의무 혹은 교육의무 등이 주된 급부의무로 평가된다면 동시계약이나 유형조합계약이 성립하게 될 것이다. 동시계약이 성립되는 경우에는 그 계약은 마치 두 개의 서로 상이한 계약이 성립된 것과 마찬가지로 다루어질 수 있을 것이고,[486] 유형조합계약이 성립하는 경우에는 판례가 따르고 있는 조합이론에 따라서 규율될 수 있을 것이다.[487]

다. 라이선스계약(Lizenzvertrag)으로 이해하는 견해

컴퓨터 프로그램 거래는 라이선스계약으로 이해되어야 한다는 견해가 오래전부터 제시되었으며,[488] 일부 학자들은 라이선스계약의 특

---

482) 이에 관하여 자세한 것은 Marly, a.a.O., S. 22 Rn. 48 ff. 참조할 것.
483) BGH Urt. v. 14. 07. 1993 - Ⅷ ZR 147/92, NJW 1993, 2436(2437).
484) Marly, a.a.O., S. 23 Rn. 49; König, NJW 1993, 3123도 같은 견해이다.
485) König, NJW 1993, 3124.
486) Bartl, Rechtliche Problematik der Softwareverträge, BB 1988, 2124.
487) BGH Urt. v. 30. 06. 1983 - Ⅶ ZR 293/82, NJW 1983, 2439(2440); Soergel/Wolf, § 305 Rn. 28 ff.
488) Heussen, GRUR 1987, 779 ff; Hilty, MMR 2003, 3 ff; Kindermann, GRUR 1983, 150 ff; Lehmann, NJW 1993, 1822 ff; Pres, a.a.O., S. 54 ff; Ulmer, CR 2000, 493 ff; ders, ITRB 2004, 213 ff.

별한 유형으로서 노하우 라이선스계약으로 보기도 한다.[489]

1) 노하우 라이선스 계약으로 이해하는 견해

Moritz는 컴퓨터 프로그램은 그것이 저작권법에 의해서 보호를 받을 수 있는 것인지 아닌지를 묻지 않고 노하우에 해당한다고 한다.[490] 이러한 그의 견해를 따를 경우 컴퓨터 프로그램의 사용은 노하우의 사용에 해당하고 이것은 라이선스계약을 통하여 컴퓨터 프로그램 사용자에게 허용되는 것이라고 한다.[491] 그리고 이러한 노하우 라이선스 계약에는 민법상의 용익임대차(Pacht)에 관한 규정이 적용될 수 있을 것이라고 한다.[492] Moritz의 견해에 대하여는 컴퓨터 프로그램을 노하우로 보는 견해에 대한 비판내용이 그대로 제기될 수 있을 것이다.[493]

2) 저작권법상의 라이선스 계약으로 이해하는 견해

다수의 학자들은 각종 유형의 컴퓨터 프로그램 공급에 대하여 라이선스계약을 가장 적절하고 본질에 부합한 것으로 본다.[494] 그들에 의하면 표준 컴퓨터 프로그램과 주문형 컴퓨터 프로그램의 구별 및 영구적 공급과 일시적 공급의 구별은 컴퓨터 프로그램 거래의 법적

---

489) Moritz, CR 1989, 1049 ff; ders, CR 1994, 257 ff; Moritz/Tybussek, Computersoftware, 2. Aufl., München 1992, Rn. 750 ff.

490) Moritz, CR 1989, 1053.

491) Moritz, CR 1989, 1054.

492) Habel, Nutzungsrechte, CR 1991, 260; Moritz, CR 1989, 1053. a.A. Killian, Vertragsgestaltung und Mängelhaftung bei Computersoftware, CR 1986, 193은 컴퓨터 프로그램 거래를 노하우라이선스계약이라고 보지만 컴퓨터 프로그램의 영구적 공급의 경우에는 컴퓨터 프로그램 사용자가 영구적 사용가능성이라는 재산의 증가를 얻게 되므로 이에 물건의 매매 혹은 권리의 매매에 관한 규정이 적용될 수 있을 것이라고 한다.

493) 이에 관하여는 이 책 38면 이하 참조.

494) Bartsch, CR 1987, 8; ders, CR 1992, 396; Heussen, a.a.O., GRUR 1987, 787; Haberstumpf, GRUR Int. 1992, 717 ff; Hilty, MMR 2003, 9 ff; Kindermann, GRUR 1983, 156 ff; Lehmann, NJW 1993, 1825; 그러나 그는 컴퓨터 프로그램 거래는 매매계약일 수도 있고 라이선스계약일 수도 있다고 하여 모호한 태도를 보이고 있다; Moritz, MMR 2001, 95; ders, CR 1994, 257 ff; Pres, a.a.O., S. 37; Sucker, Lizenzierung von Computersoftware, CR 1989, 353 ff; Ulmer, ITRB 2004, 213 ff; Volle, CR 1996, 140 ff.

성질을 결정함에 있어서 아무런 역할도 하지 못한다고 한다.[495] 독일의 저작권법에는 라이선스 및 라이선스계약에 관한 규정이 존재하지 않고, 다만 특허법 제15조 제2항만이 특허권이 라이선스의 목적물이 될 수 있음을 규정하고 있을 뿐이다. 그러나 특허법에서도 라이선스계약의 내용이나 효력 등에 관하여는 아무런 규정도 두고 있지 않아 라이선스의 내용을 구체화하는 것은 학설과 판례에 맡겨져 있는 것으로 이해되고 있다.[496] 이 때 라이선스란 일반적으로 비물질적 재화 그 자체에 대한 권리는 넘겨주지 않으면서 비물질적 재화(immaterielles Gut)에 대한 적극적인 사용권(ein positives Nutzungsrecht)을 설정해 주는 것을 의미한다고 한다.[497]

컴퓨터 프로그램 거래를 라이선스계약으로 파악하는 근거로서 먼저 컴퓨터 프로그램의 사용은 필연적으로 저작권법상의 저작물의 복제를 수반하므로 저작물에 대한 사용권이 필요하다는 점을 든다.[498] 또한 컴퓨터 프로그램 거래에서 자주 등장하는 컴퓨터 프로그램에 대한 사용제한들은 결국 컴퓨터 프로그램에 대한 권리보유자[499]가 자신의 지위를 양도하지 않겠다는 의사를 표시하는 것이며, 따라서 컴퓨터 프로그램 거래의 당사자들 간의 이해관계는 매매계약을 통하여서는 적절하게 규율될 수 없고 비물질적 재산에 대한 사용권설정이라는 라이선스계약을 통하여만 양당사자들의 이해관계에 부합하는 규율이 가능하다고 한다.[500] 컴퓨터 프로그램은 라이선스계약을 통하여 거래되는 것이 현재의 거래의 관행이라는 점을 근거로 내세우는 견해도 있다.[501]

앞에서 살펴본 바와 같이 라이선스계약에 관하여는 특허법에 그

495) Heussen, GRUR 1987, 787; Hilty, MMR 2003, 9 ff; Moritz, MMR 2001, 95; ders, CR 1994, 257 ff.

496) Stumpf/Groß, Der Lizenzvertrag, 7. Aufl., Heidelberg 1998, Rn.13.

497) Hilty, MMR 2003, 8.

498) Kindermann, GRUR 1983, 161; Sucker, CR 1989, 354.

499) 이 때 권리는 저작권을 말하는 것이 아니라 비물질적 재산에 대한 소유권과 유사한 지배권을 말하는 것이다.

500) Kindermann, GRUR 1983, 156; Lehmann, NJW 1993, 1825; Moritz, CR 1994, 262; Pres, a.a.O., S. 53.

501) Ulmer, CR 2000, 495.

허용여부에 관한 간단한 조문만 있을 뿐 그 내용이나 효력에 관한 규정이 존재하지 않는다.[502] 이러한 라이선스계약을 어떻게 규율할 것인가에 관해서는 용익임대차(Pacht)의 규정이 적용될 수 있을 것이라는 견해[503]와 구체적인 라이선스계약의 형태에 따라 각각의 전형계약들의 요소들을 포함할 수 있을 것이고, 그 각각의 요소들에 대해서는 각각의 개별 전형계약에 관한 규정들이 적용될 수 있을 것이라고 하는 견해가 제시되고 있다.[504]

Ulmer는 컴퓨터 프로그램이 민법 제90조의 물건인가의 여부와 관계없이 컴퓨터 프로그램 거래는 라이선스계약일 수밖에 없다고 한다.[505] 만일 컴퓨터 프로그램을 물건이 아닌 비물질적 재화라고 한다면 이에 대한 사용을 허락하는 것은 라이선스일 수밖에 없으며, 반대로 컴퓨터 프로그램을 물건으로 보는 경우에도 라이선스계약은 최소한 컴퓨터 프로그램 취득자의 컴퓨터 프로그램에 대한 사용권한의 범위를 명확하게 하기 위해 필요하며, 이러한 이론구성을 통해서 컴퓨터 프로그램의 성질에 대한 이해와는 상관없이 법적안정성(Rechtssicherheit)을 얻을 수 있게 된다고 한다.[506] 그는 이어서 라이선스계약은 매매계약 혹은 용익임대차계약의 구조를 가지게 된다고 한다. 컴퓨터 프로그램의 복제물에 대한 사용권을 유상으로 처분하는 계약은 권리에 대한 매매계약이고, 이에 대한 일시적인 유상의 공급은 용익임대차가 된다고 한다.[507]

컴퓨터 프로그램 거래를 라이선스계약으로 보는 견해에 대해서는 다음과 같은 비판이 제기되고 있다.[508] 컴퓨터 프로그램은 민법 제90

502) Pres, a.a.O., S. 54는 라이선스계약은 법률로 규정된 유형의 계약이 아니어서 그 내용형성에 있어서 신축성(Flexbilität)을 갖게 되므로 오히려 환영할 만한 것이라고 한다.

503) Heussen, GRUR 1987, 789; Pres, a.a.O.,S. 176; Stumpf/Groß, Der Lizenzvertrag, 8. Aufl., Frankfurt a.M., Verl. Recht und Wirtschaft, 2005, Rn. 23; Volle, Rechtliche Einordnung der EDV-Systemverträge, CR 1996, 141.

504) Bartsch, CR 1992, 394; Haberstumpf, GRUR Int. 1992, 718; Schricker/Schricker, § 31 Rn. 13.

505) Ulmer, ITRB 2004, 213 ff.

506) Ulmer, ITRB 2004, 213.

507) Ulmer, ITRB 2004, 214.

조의 물건이고 따라서 그것의 거래는 비물질적 재화에 대한 이용을 가능하게 해 주는 것을 내용으로 하는 것이 아니고, 거래의 목적물인 컴퓨터 프로그램이라는 물건에 대한 점유를 이전하고 그에 대한 소유권을 취득하도록 하는데 있다고 한다.[509] 또한 컴퓨터 프로그램을 거래할 때 컴퓨터 프로그램에 대한 사용권설정은 필요하지 않으므로 라이선스계약의 목적물이라고 할 수 있는 것이 존재하지 않게 된다고 한다.[510] Baus에 의하면 서점에서 소설책을 구입하는 경우 매수인은 그 책에 대한 소유권을 취득하고 그로써 그 책을 읽을 수 있는 권리도 얻게 된다고 한다.[511] 그 외에 별도로 "독서권(Leserecht)"이 설정될 필요는 없고, 다만 책의 매수인이 그 책을 복제하고자 하는 경우에만 저작권자로부터 복제권을 취득해야 한다고 한다. 이러한 사정은 컴퓨터 프로그램에 있어서도 마찬가지이며, 다만 컴퓨터 프로그램은 그것의 단순한 사용을 위하여도 복제를 필요로 한다는 사정 때문에[512] 저작권법 제69d조 제1항은 컴퓨터 프로그램의 약정에 따른 사용을 위하여 필수적인 복제행위에 대해서는 저작권자의 동의를 얻지 않아도 된다는 예외를 인정하고 있는 것이라고 한다. 따라서 컴퓨터 프로그램 거래는 컴퓨터 프로그램에 대한 사용권의 설정을 그 필연적 내용으로 하지 않는다고 한다.[513] 컴퓨터 프로그램 거래의 당사자들은 물론 컴퓨터 프로그램 취득자의 컴퓨터 프로그램 사용권한의 범위에 관하여 이를 제한하는 약정을 할 수 있다. 하지만 이것은 저작권법 제69d조

---

508) 이에 관하여 자세한 것은 Baus, a.a.O., S. 37 ff; Busse, a.a.O., S. 95 ff; Dörner/Jersch, IuR 1988, 139 ff; Hoeren, a.a.O., S. 16 Rn. 42 ff; Marly, a.a.O., S. 38 Rn. 78 ff.참조할 것.

509) Hoeren, a.a.O., S. 30 Rn. 70.

510) Baus, a.a.O., S. 38.

511) Baus, a.a.O., S. 38.

512) Baus는 컴퓨터 프로그램의 램에의 읽어들임을 저작권법상의 복제(Vervielfältigung)로 이해한다. Baus, a.a.O., S. 72.

513) Baus, a.a.O., S. 39. a.A. Dörner/Jersch, IuR 1988, 140는 컴퓨터 프로그램의 사용을 위해서는 사용권의 설정이 필요하지만 이것은 단지 부수적 급부의무에 불과하여 계약의 유형을 결정하는 힘이 없다고 한다. 그러나 컴퓨터 프로그램의 사용을 위하여 사용권의 설정이 반드시 필요한 것이라면 이를 과연 부수적 급부의무로 볼 수 있는지는 의문이다.

제1항의 핵심내용을 침해할 수 없을 뿐만 아니라 단순한 부수적 약정에 불과하므로 계약의 유형을 결정하는 힘을 가질 수 없다고 한다.[514] 그 외에도 라이선스라는 개념이 명확하지 못하고 법률에 그에 관한 규정이 없어 컴퓨터 프로그램 거래를 라이선스라고 하는 것은 컴퓨터 프로그램 거래에서 발생하는 분쟁을 해결하는 데 아무런 도움도 주지 못한다고 비판하는 견해도 있다.[515]

라. 혼합계약으로 이해하는 견해

일부 학자들은 컴퓨터 프로그램 거래를 매매계약과 저작권법상의 내용을 갖는 합의로 구성된 혼합계약(ein gemischter Vertrag)으로 이해한다.[516] 컴퓨터 프로그램의 사용은 저작권법 제69c조 제1호에서 말하는 복제를 전제로 하며, 따라서 컴퓨터 프로그램의 사용자에게는 사용권이 설정되어야 하는데, 이러한 사용권은 컴퓨터 프로그램의 공급을 위한 계약 외에 추가적으로 저작권법상의 계약(durch einen zusätzlichen urhebervertragsrechtlichen Vertrag)에 의해서 설정된다고 한다.[517] Fischl에 의하면 사용권의 설정을 위한 계약에 있어서 사용권을 설정해 줄 의무를 부담하는 것을 내용으로 하는 원인행위(Kausalgeschäft)와 직접 사용권의 설정을 내용으로 하는 처분행위(dingliches Geschäft)는 구별되어야 하지만 저작계약법(Urhebervertragsrecht)에서는 무인성이론(Abstraktionsprinzip)의 적용이 없다는 점을 유의하여야 한다고 한다.[518] 그는 계속하여서 사용자에게 설정된 사용권은 마치 계속적 채권관계(Dauerschuldverhältnis)에서처럼 해지(Kündigung)에 의해서 소멸하게 된다고 한다. 이 경우 채권관계 소멸의 효과는 장래에 향하며(ex nunc), 따

514) Baus, a.a.O., S. 39; 그는 라이선스계약의 구체적인 형성은 결국 약관(AGB)에 의할 수밖에 없을 것인데, 약관의 규정들은 민법 제307조 이하의 내용통제를 받아야 하는 것으로 계약유형의 확정후에야 그 내용통제의 구체적 기준이 정해질 수 있으므로 약관의 규정들은 계약의 유형을 확정하는데 사용될 수 없다고 지적한다. Marly, a.a.O., S. 59 Rn. 123.

515) Baus, a.a.O., S. 38; Busse, a.a.O., S. 95.

516) Fischl, Softwarekauf mit Kündigungsklausel?, ITRB 2004, 286; Mäger, Der urheberrechtliche Erschöpfungsgrundsatz bei der Veräußerung von Software, CR 1996, 523; Nordemann, CPU-Klauseln in Software-Überlassungsverträgen, CR 1996, 7.

517) Fischl, ITRB 2004, 286; Mäger, CR 1996, 523.

518) Fischl, ITRB 2004, 286.

라서 사용자의 대금지급의무도 장래에 향하여서만 소멸하게 된다고 한다. 그리고 의무부담행위(Verpflichtungsgeschäft)가 소멸하는 경우 사용자의 사용권은 자동적으로 권리설정자에게 복귀(ein automatischer Rechtsheimfall)하게 된다고 한다.[519] 따라서 이 경우 사용자가 자신에게 설정된 사용권을 설정자에게 다시 이전해야 할 필요가 없다고 한다. 그러나 이러한 견해에 대하여는 컴퓨터 프로그램의 취득자는 이미 그 컴퓨터 프로그램의 소유권을 취득하여 이를 자유롭게 사용, 수익, 처분할 수 있는 권능이 있으며, 컴퓨터 프로그램의 사용을 위하여 특별히 사용권을 설정받을 필요가 없다는 점을 간과했다는 비판이 있다.[520]

마. 신종의 계약(Vertrag sui generis)으로 이해하는 견해[521]

Lauer는 컴퓨터 프로그램 거래는 전혀 새로운 것이어서 그것을 법전에 규율된 어떠한 전형계약에 편입하는 것도 불가능하다고 한다.[522] 따라서 컴퓨터 프로그램 거래에 있어서 문제가 발생하는 경우에는 일반적인 채무불이행 및 담보책임에 관한 규정들이 적용되어야 한다고 한다.[523]

이러한 Lauer의 견해에 대하여는 신종의 계약이라는 것은 판단의 대상이 되는 계약이 전형계약들 중의 어떠한 계약유형으로도 편입될 수 없는 경우에야 비로소 인정될 수 있는 것인데,[524] 컴퓨터 프로그램 거래는 그 구체적인 내용에 따라서 각종의 전형계약으로의 편입이 인정될 수 있으므로 이러한 논의를 거치지 않고 신종의 계약의 성립을 인정하는 것은 방법론상의 문제가 있다는 비판이 가해진다.[525]

---

519) Fischl, ITRB 2004, 286.

520) 물론 저작권법 제69d조 제1항의 성격을 어떻게 파악하는 가에 따라서 사용권의 설정을 필수적인 것으로 볼 수도 있음은 물론이다.

521) 라이선스계약으로 이해하는 견해도 신종의 계약으로 이해하는 견해라고 말할 수 있을 것이다. 그러나 라이선스계약은 특허법에 의해서 그 성립이 인정되고 있는 것으로 그것에 대한 규율이 전혀 존재하지 않는 신종계약으로 설명하는 것 보다는 독립적인 항목으로 설명하는 것이 일반적인 경향이다. Busse, a.a.O., S. 96도 같은 견해이다.

522) Lauer, Verträge über Software-Leistungen in der Praxis, BB 1982, 1763.

523) Lauer, BB 1982, 1763.

524) Bartl, BB 1988, 2123; Damm, a.a.O., S. 38; Hoeren, a.a.O., S. 19 Rn. 48.

바. 각 학설에 따른 결과

영구적 컴퓨터 프로그램 거래의 법적 성질에 관한 각 학설에 따르면 하자담보책임, 재판매 가능성, 멸실위험의 부담에 있어서 각각 다음과 같은 결과에 이르게 된다. 영구적 컴퓨터 프로그램 거래를 매매계약으로 이해하는 경우에는 독일 민법 제434조 이하의 매매계약상의 하자담보책임규정이 적용된다.[526] 그리고 컴퓨터 프로그램의 매수인은 컴퓨터 프로그램의 소유권을 취득하게 되므로 저작권법 제17조 제2항에 따라서 그 컴퓨터 프로그램을 제3자에게 자유롭게 재판매할 수 있게 되고, 그것이 멸실되는 경우에는 그 위험은 매수인이 부담하게 된다.

도급계약으로 보는 견해에 따르면 컴퓨터 프로그램에 하자가 있는 경우에는 독일 민법 제633조 이하의 하자담보책임규정이 적용된다.[527] 도급계약의 목적은 컴퓨터 프로그램의 소유권 이전이 아니라 그것을 사용가능하도록 하는 일의 완성에 있다고 보게 되므로 컴퓨터 프로그램이 양도를 통하여 거래에 제공되는 것이 아니다.[528] 따라서 컴퓨터 프로그램의 취득자는 그것을 저작권법 제17조 제2항에 따라서 재판매할 수 없게 된다. 그리고 도급계약에서는 일이 완성되고 도급인이 완성된 일을 수령(Abnahme)하면 수급인이 일을 완성할 채무는 소멸하게 되므로 완성된 일이 멸실되는 경우 그 위험은 도급인이 부담하게 될 것이다.

컴퓨터 프로그램의 거래를 라이선스계약으로 보는 경우에는 컴퓨터 프로그램에 하자가 있는 때에 어떻게 규율할 것인가에 관하여 용익임대차(Pacht)의 하자담보책임규정이 적용될 수 있을 것이라는 견해[529]와 구체적인 라이선스계약의 형태에 따라 각각의 전형계약들의

---

525) Dörner/Jersch, IuR 1988, 146.

526) 이에 관하여 자세한 것은 Busse, a.a.O., S. 199 ff; Marly, a.a.O., S. 357 Rn. 793 ff. 참조.

527) Mincke, Jur-pc 1991, 939.

528) 이에 관하여 자세한 것은 Mincke, Jur-pc 1991, 938 f. 참조.

529) Heussen, GRUR 1987, 789; Pres, a.a.O., S. 176; Stumpf/Groß, Der Lizenzvertrag, 8. Aufl., Frankfurt a.M., Verl. Recht und Wirtschaft, 2005, Rn. 23; Volle, Rechtliche Einordnung der EDV-Systemverträge, CR 1996, 141.

요소들을 포함할 수 있을 것이고, 그 각각의 요소들에 대해서 는 각각의 개별 전형계약에 관한 규정들이 적용될 수 있을 것이라고 하는 견해가 제시되고 있다.[530] 그리고 라이선스 취득자는 컴퓨터 프로그램의 소유권을 취득하는 것이 아니라 그것의 사용권만을 취득하는 것이므로 저작권법 제17조 제2항의 요건이 갖추어지지 않아 자신이 취득한 컴퓨터 프로그램을 재판매할 수 없게 된다. 또한 컴퓨터 프로그램이 멸실된 경우에도 이미 취득한 사용권을 잃지 않고 컴퓨터 프로그램 멸실의 위험도 부담하지 않게 된다.

혼합계약으로 이해하는 견해는 컴퓨터 프로그램의 공급은 매매계약으로 이해하므로 하자담보책임, 재판매 가능성 그리고 멸실위험의 부담에 관하여는 컴퓨터 프로그램 거래의 법적 성질을 매매계약으로 이해하는 견해와 그 결과가 동일하다.

컴퓨터 프로그램의 거래를 신종계약으로 이해하는 견해는 컴퓨터 프로그램의 거래는 기존의 유형계약의 규정으로는 규율할 수 없는 전혀 새로운 유형의 계약으로 이해하므로 하자담보책임, 재판매 가능성 그리고 멸실위험의 부담에 관하여서도 전형계약의 규정들이 적용될 수 없고, 채무불이행에 대한 일반적인 원칙이 적용되어야 한다고 한다.[531]

2. 일시적 컴퓨터 프로그램 거래(Softwareüberlassung auf Zeit)

컴퓨터 프로그램은 사용기간에 따라 결정되는 대가를 받고 일시적 사용을 위하여 공급될 수 있다. 이러한 경우 컴퓨터 프로그램의 영구적 공급을 매매로 보는 학자들은 임대차계약(Mietvertrag)이나 용익임대차계약(Pachtvertrag)의 성립을 인정한다. 반면에 컴퓨터 프로그램의 영구적 공급을 라이선스로 보는 학자들은 일시적 컴퓨터 프로그램의 공급 역시 라이선스로 파악한다. 그 외에도 다수의 개별적인 견해들이 제기되고 있다.

---

530) Bartsch, CR 1992, 394; Haberstumpf, GRUR Int. 1992, 718; Schricker/Schricker, § 31 Rn. 13.

531) Lauer, BB 1982, 1763.

가. 임대차계약으로 보는 견해

컴퓨터 프로그램이 단지 일시적인 사용만을 위하여 공급되는 경우 임대차계약의 성립을 생각해 볼 수 있다고 한다.[532] 이 경우 용익임대차의 성립을 인정할 수는 없다고 한다.[533] 임대차와 용익임대차는 독일 민법에 상호 대체가능한(disjunktiv) 것으로 규정된 것이 아니라, 두 가지 기준에 의해서 서로 구별되어서 규정되어 있다는 점을 지적한다.[534] 즉 임대차계약은 단지 민법 제90조에서 말하는 물건만을 그 목적물로 할 수 있으며 제535조에 따라 임대물(Mietsache)의 사용가능성만을 주는 반면에, 용익임대차는 권리와 기타의 목적물도 포함하며 제581조에 따라서 과실수취권(das Recht zur Fruchtziehung)도 주게 된다고 한다. 만일 일시적인 컴퓨터 프로그램 공급을 용익임대차로 본다면 용익임대차에 있어서의 과실수취권으로 인하여 컴퓨터 프로그램의 취득자는 저작권법 제69c조에서 규정하고 있는 저작권자의 가치활용권(Verwertungsrecht)까지도 취득하게 되는 결과가 될 것인데, 이것은 바로 컴퓨터 프로그램의 저작권자가 전형적으로 회피하려고 하는 것이라는 점에서 문제라고 비판한다.[535]

컴퓨터 프로그램이 정보저장매체 없이 정보통신망 등을 통하여 일시적인 사용을 위하여 전송되는 경우에도 이를 임대차계약으로 보는 점에는 달라질 것이 없다고 한다.[536] 컴퓨터 프로그램이 전송된다고

---

532) Bartl, BB 1988, 2123; Bartsch, CR 1992, 397; Baus, a.a.O., S. 43; Chrocziel, CR 1989, 678; Dörner/Jersch, IuR 1988, 146; Fischl, ITRB 2004, 286은 당사자들이 해지권(Kündigungsrecht)을 갖기로 약정한 경우에 일시적 거래가 성립하게 된다고 한다. 이러한 경우에 당사자들은 컴퓨터 프로그램을 영구적으로 공급하려 하는 의사를 가지고 있지 않으며 임대차계약을 전제로 하고 있다고 한다; Köhler, CR 1987, 830 ff은 컴퓨터 프로그램을 비물질적 재화로 보지만 그것은 일시적인 공급은 임대차계약 내지는 임대차와 유사한 계약으로 본다; Marly, a.a.O., S. 98 Rn. 201 f; Merveldt, CR 2006, 721은 임대차 유사의 계약이 성립한다고 한다.

533) Bartl, BB 1988, 2123; Bartsch, CR 1992, 397; Marly, a.a.O., S. 98 Rn. 201.

534) Bartsch, CR 1992, 397.

535) Bartsch, CR 1992, 397.

536) Baus, a.a.O., S. 28; Marly, a.a.O., S. 98 Rn. 201, Fn. 656; a.A. Dörner/Jersch, IuR 1988, 146은 컴퓨터 프로그램이 정보정매체에 저장되어 일시적인 사용을 위하여 공급되는 경우에만 임대차계약의 성립을 인정한다.

하여서 비물질적 재화가 되는 것이 아니고 여전히 물건이며 따라서 용익임대차의 규정을 차용해 올 필요가 없다고 한다.[537]

컴퓨터 프로그램 임대차에서는 다른 물건의 임대차와는 다른 특수성이 임차인의 임대목적물의 반환의무(Rückgabepflicht)에서 나타난다는 점에 있어 약간의 문제가 있다.[538] 민법 제546조 제1항에 따르면 임차인은 임대차계약관계가 종료한 경우 그 임대목적물을 임대인에게 반환해야 할 의무를 부담한다. 그러나 컴퓨터 프로그램의 임대인은 임차인이 임대한 컴퓨터 프로그램을 계약의 종료 후에도 계속해서 사용하지 않는다는 것이 확보되어 있는 경우에는 임대해 준 컴퓨터 프로그램의 반환에는 아무런 이익도 없는 것이 일반적이다.[539] 따라서 컴퓨터 프로그램 임차인의 반환의무는 임대인에 의해 공급된 컴퓨터 프로그램의 반환 외에 임차인의 컴퓨터에 여전히 존재하고 있는 복제물을 더 이상 사용하지 않을 의무와 이를 삭제할 의무를 포함하는 것이라고 해야 한다고 한다.[540]

나. 용익임대차계약(Pachtvertrag)으로 보는 견해

컴퓨터 프로그램이 일시적인 사용을 위하여 공급되는 경우에 용익임대차계약이 성립된다고 보는 견해이다.[541] Brandi-Dohrn에 의하면 컴퓨터 프로그램 거래에 있어서 정신적인 내용(geistiger Inhalt)의 사용이 중심에 서 있는 것이고 따라서 일시적인 사용을 위한 컴퓨터 프로그램 공급의 경우에는 권리에 대한 용익임대차(Rechtspacht)가 성립한다고 한다.[542] Dörner/Jersch에 의하면 임대차계약은 물건만을 그 목적

---

537) Baus, a.a.O., S. 28; Marly, a.a.O., S. 98 Rn. 201.

538) Dörner/Jersch, IuR 1988, 146 f; Marly, a.a.O., S. 99 Rn. 202.

539) Dörner/Jersch, IuR 1988, 146; Marly, a.a.O., S. 99 Rn. 202.

540) Bartl, BB 1988, 2123은 반환의무와 더 이상 사용하지 않을 의무를 동일시하고 있다; Dörner/Jersch, IuR 1988, 146; Erman/Jendrek, § 546 Rn. 4; Marly, a.a.O., S. 99 Rn. 202.

541) Dörner/Jersch, IuR 1988, 146는 컴퓨터 프로그램이 정보저장매체 없이 일시적 사용을 위하여 전송되는 경우에만 용익임대차계약의 성립을 인정하고 있다; Brandi-Dohrn, CR 1986, 67 ff; Lenhard, a.a.O., S. 220 ff.

542) Brandi-Dohrn, CR 1986, 68.

물로 하고 있으므로 컴퓨터 프로그램이 정보 저장매체없이 전송되는 경우에는 컴퓨터 프로그램에 대한 용익임대차계약(Software-Pacht)이 성립하게 된다고 한다.[543] Lenhard는 컴퓨터 프로그램에 대한 용익임대차계약은 두 개의 목적물을 포함하고 있는 것이라고 한다.[544] 용익임대인(Verpächter)은 용익임차인(Pächter)에게 비물질적 재화인 컴퓨터 프로그램을 사용할 수 있도록 인도해야 하며, 또한 컴퓨터 프로그램의 사용을 위하여 필수적인 사용권을 설정해 주어야 한다고 한다.[545]

다. 라이선스계약의 성립을 인정하는 견해

컴퓨터 프로그램 거래를 라이선스계약으로 이해하는 학자들은 표준 컴퓨터 프로그램의 공급인가 주문형 컴퓨터 프로그램의 공급인가의 구별 및 영구적 공급인가 일시적 공급인가의 구별은 컴퓨터 프로그램 거래의 법적 성질을 결정함에 있어서 아무런 의미도 없다고 한다. 따라서 그들은 일시적 사용을 위한 컴퓨터 프로그램의 거래도 라이선스계약으로 본다.[546]

라. 도급계약으로 보는 견해

Braun은 컴퓨터 프로그램 거래를 도급계약으로 이해한다. 그는 컴퓨터 프로그램 공급이 일회의 대금지급과 함께 영구적으로 이루어지는가 아니면 반복적인 대금지급과 함께 일시적으로 이루어지는가 하는 것은 컴퓨터 프로그램 거래를 도급계약으로 보는 데 아무런 영향도 미치지 않는다고 한다.[547]

마. 각 학설에 따른 결과

컴퓨터 프로그램이 일시적 사용을 위하여 거래되는 경우에는 재판

543) Dörner/Jersch, IuR 1988, 146.
544) Lenhard, a.a.O., S. 220.
545) Lenhard, a.a.O., S. 220 f.
546) Heussen, GRUR 1987, 787; Hilty, MMR 2003, 9 ff; Moritz, MMR 2001, 95; ders, CR 1994, 257 ff.
547) Braun, BB 1992, 158; Mincke, jur-pc 1991, 938도 같은 견해이다.

매 가능성이나 멸실위험의 부담문제는 발생하지 않고 하자담보책임 문제만이 제기될 것이다. 일시적 컴퓨터 프로그램 거래를 임대차계약으로 보는 견해에 따르면 독일 민법 제536조 이하의 하자담보책임규정이 적용된다. 그리고 용익임대차계약이 성립하는 것으로 보는 경우에는 독일 민법 제581조 제2항에 따라서 용익임대차계약에는 다른 규정이 없는 한 임대차에 관한 규정이 적용되므로 하자담보책임에 관하여는 임대차계약의 하자담보책임규정이 적용된다. 라이선스계약으로 보는 경우에는 영구적 컴퓨터 프로그램 거래와 마찬가지로 용익임대차(Pacht)의 하자담보책임규정이 적용될 수 있을 것이라는 견해와 구체적인 라이선스계약의 형태에 따라 각각의 개별 전형계약에 관한 규정들이 적용될 수 있을 것이라고 하는 견해가 제시되고 있다. 마지막으로 도급계약으로 이해하는 견해에 따르면 독일 민법 제633조 이하의 도급계약상의 하자담보책임규정이 적용될 것이다.

Ⅱ. 판례의 태도

독일 연방대법원은 1987년에 처음으로 컴퓨터 프로그램 거래에 매매계약에 관한 규정들을 적용하였다.[548] 이 판결이 있기 전에는 연방대법원은 용익임대차에 관한 규정의 적용이 타당한 것으로 보았었다.[549] 1987년의 판결에서 연방대법원은 다음과 같이 판시하였다: 사전에 제작되어 있는 표준 컴퓨터 프로그램을 일회의 반대급부를 지급하고 자유로운 처분을 위하여(zu freier Verfügung) 취득하는 경우 매매계약의 성립을 긍정할 수 있을 것이며, 그 컴퓨터 프로그램에 하자가 있는 경우에는 민법 제459조 이하의 규정들[550]이 최소한 준용될 수 있을 것(zumindest entsprechend anwendbar)이다.[551] 이 판결은 그 후에

548) BGH Urt. v. 04. 11. 1987 - Ⅷ ZR 314/86, BGHZ 102, 135 = CR 1988, 124.이 판결의 사실관계 및 판결요지는 이 책 31면 이하 참조.

549) BGH Urt. v. 03. 06. 1981 - Ⅷ ZR 153/80, NJW 1981, 2684; BGH Urt. v. 25. 03. 1987 - Ⅷ ZR 43/86, CR 1987, 358.

550) 독일 구민법 제459조 이하는 매매계약에 있어서 물건의 하자에 대한 매도인의 책임을 규정하고 있었다.

많은 판결들에 의하여 확인되었고 이제는 확고한 판례의 태도가 되었다고 할 것이다.[552)]

1989년 연방대법원은 컴퓨터 프로그램이 정보저장매체 없이 전송된 경우에도 매매계약에 관한 규정의 적용을 긍정하였다.[553)] 이 판결에서 연방대법원은 컴퓨터 프로그램의 매매계약의 최종목적은 정보저장매체의 인도(die Übergabe des Datenträgers)에 있는 것이 아니고 컴퓨터 프로그램을 사용가능하게 해 주는 것(die Nutzbarmachung des Computerprogramms)에 있다고 보았다.[554)] 이러한 목적은 컴퓨터 프로그램 취득자의 하드디스크에 약정한 컴퓨터 프로그램을 직접 기록하는 것을 통하여도 달성될 수 있는데, 이러한 기술적 발전으로부터 발생하는 컴퓨터 프로그램의 매수인의 컴퓨터에의 직접 설치의 가능성은 정보저장매체 없이 이루어지는 컴퓨터 프로그램의 공급에 매매계약에 관한 규정이 적용될 수 있다는 사실에 있어서 어떠한 점도 변화시키지 않는다고 판시하였다.[555)]

第5節 컴퓨터 프로그램 거래와 소위 개발자계약의 관계

컴퓨터 프로그램 개발자는 컴퓨터 프로그램 사용자와 직접적인 계약관계를 맺기 위하여 노력하는 것이 일반적이다. 여기서 컴퓨터 프로그램 개발자와 컴퓨터 프로그램 사용자간에 성립하게 되는 계약을

---

551) BGH Urt. v. 04. 11. 1987 - Ⅷ ZR 314/86, BGHZ 102, 135 = CR 1988, 124.

552) BGH Urt. v. 04. 11. 1992 - Ⅷ ZR 165/91, CR 1993, 203 ff; BGH Urt. v. 14. 07. 1993 - Ⅷ ZR 147/92, CR 1993, 681 ff; BGH Urt. v. 04. 03. 1997 - Ⅹ ZR 141/95, CR 1997, 470 ff; BGH Urt. v. 22. 12. 1999 - Ⅷ ZR 299/98, CR 2000, 207 ff; Baus, a.a.O., S. 35은 대법원은 이러한 태도를 포기하려는 경향을 아직까지 보이지 않고 있으며, 하급심법원들은 이제 특별한 근거를 제시하지 않고도 매매계약에 관한 규정의 적용을 전제로 하고 있다고 한다.

553) BGH Urt. v. 18. 10. 1989 - Ⅷ ZR 325/88, NJW 1990, 320 ff. 이 판결의 사실관계 및 판결요지에 관하여는 이 책 46면 참조.

554) BGH Urt. v. 18. 10. 1989 - Ⅷ ZR 325/88, NJW 1990, 320(321).

555) BGH Urt. v. 18. 10. 1989 - Ⅷ ZR 325/88, NJW 1990, 320(321.)

소위 개발자계약(Herstellervertrag)이라고 한다.[556] 컴퓨터 프로그램 개발자는 다양한 방법으로 이러한 개발자계약의 체결을 위하여 노력하고 있다.[557] 그러나 개발자계약의 법적 성질이 무엇이며 이것이 컴퓨터 프로그램 거래와는 어떤 관계에 있는지, 도대체 개발자계약의 체결이 필요한 것인지, 개발자계약을 체결하려는 개발자들의 다양한 시도들은 법적으로 어떤 문제들이 있는지, 즉 개발자들이 사용하는 방법을 통하여 도대체가 계약의 성립이 가능한 것인지 그리고 마지막으로 만일 개발자계약이 체결된다면 그 계약은 유효한 것인지에 대하여 다양한 논의들이 진행되었다. 이하에서는 이에 관하여 중요한 학설들을 개관해 보기로 한다.

Ⅰ. 개발자계약의 체결 유형

1. 직접유통의 경우

컴퓨터 프로그램 개발자가 자신이 개발한 컴퓨터 프로그램을 직접 사용자에게 공급하는 경우에는 컴퓨터 프로그램 거래를 위한 계약을 체결하면서 동시에 컴퓨터 프로그램의 사용제한 및 컴퓨터 프로그램 개발자의 담보책임에 대한 제한 또는 면제 등에 관한 약정을 할 수 있다.[558] 또한 컴퓨터 프로그램 거래를 위한 계약의 체결 후에 별도로 위와 동일한 내용의 약정을 할 수도 있을 것이다.[559] 이러한 약정이 약관의 형태를 취하고 있는 경우에는 아래에서 자세히 살펴보게 될 슈링크랩약정(Schutzhüllenvertrag), Enter-약정(Enter-Vertrag) 또는 등

556) Hoeren, a.a.O., S. 140 Rn. 383; Lenhard, a.a.O., S. 95; Schuhmacher, Wirksamkeit von typischen Klauseln in Softwareüberlassungsverträgen, CR 2000, 641.

557) 이에 관하여 자세한 것은 Baus, a.a.O., S. 46 f; Hoeren, a.a.O., S. 141 Rn. 385 ff; Lenhard, a.a.O., S. 91 ff.참조할 것.

558) Baus, a.a.O., S. 44. 그는 컴퓨터 프로그램의 직접유통은 인터넷접속의 빠른 보급으로 인하여 점점 그 중요성을 더해 갈 것이라고 전망하고 있다; Lenhard, a.a.O., S. 91.

559) Baus, a.a.O., S. 46; Hoeren, a.a.O., S. 140 Rn. 383; Marly, a.a.O., S. 219 Rn. 467; Lenhard, a.a.O., S. 95; Schuhmacher, CR 2000, 641.

록카드약정(Registrierkartenvertrag) 등의 형태를 취할 수 있을 것이다.

2. 간접유통의 경우

컴퓨터 프로그램 개발자와 사용자 사이에 중간상인이 개입하여서 컴퓨터 프로그램이 간접적으로 유통되는 경우에는 컴퓨터 프로그램 개발자는 중간상인을 개발자계약의 체결을 위한 대리인으로 사용하여 개발자계약을 체결할 수도 있지만, 이는 실제 거래에 있어서 매우 드물고,[560] 또한 대리행위에 있어서 현명의 원칙(Offenkundigkeitsprinzip)과 관련하여서 문제가 발생할 수 있다고 한다.[561]

따라서 일반적으로 컴퓨터 프로그램 개발자가 직접 컴퓨터 프로그램 사용자와 계약을 체결하는 다양한 방식들이 사용된다고 한다. 이러한 방법들 중 대표적인 것이 바로 슈링크랩약정(Schutzhüllenvertrag), Enter-약정(Enter-Vertrag) 또는 등록카드약정(Registrierkartenvertrag)이다.

가. 슈링크랩약정(Schutzhüllenvertrag)[562]

슈링크랩약정에 있어서는 일반적으로 정보저장매체를 감싸고 있는 포장재에 사용자가 그 포장재를 뜯는 순간 그 포장재에 기록되어 있는 약관을 내용으로 하는 개발자계약이 체결된다는 문구가 인쇄되어 있다.[563] 슈링크랩 약정에 있어서 포장을 찢는 단순한 사실행위를 통하여 개발자계약이 성립할 수 있는 것인지에 관하여 논란이 있다.[564]

---

560) Lenhard, a.a.O., S. 95; Marly, a.a.O., S. 219 Rn. 465는 중간상인이 컴퓨터 프로그램 개발자의 약관을 사용하여 개발자계약을 대리하여 체결하는 경우 그 약관조항은 민법 제305c조 제1항에 따라 예상치 못한(überraschend)것이 되어 계약의 내용이 될 수 없을 것이라고 한다.

561) 이에 관하여 자세한 것은 Baus, a.a.O., S. 46참조할 것.

562) 이러한 용어는 영어의 shrinkwrap-licence를 독일어로 옮긴 것인데, 이외에도 Verpackungslizenz, Tear-Open-Verträge, Shrinkwrap-Vertrag 등의 용어가 사용되나 Schutzhüllenvertrag이란 용어가 가장 일반적으로 사용되고 있다.

563) 이에 관하여 자세한 것은 Baus, a.a.O., S. 47; Lenhard, a.a.O., S. 98; Hoeren, a.a.O., S. 140 Rn. 386 ff. 참조할 것.

564) 이에 관하여는 후술하는 Ⅲ. 개발자계약의 유효성 참조.

나. Enter-약정(Enter-Vertrag)

컴퓨터 프로그램의 취득자가 중간상인으로부터 컴퓨터 프로그램을 취득한 후에 이를 자신의 컴퓨터에 설치할 때 그의 모니터에 개발자계약의 내용이 보여지고 사용자가 마우스를 통하여 화면의 OK버튼이나 확인버튼을 클릭하거나 자판의 ENTER버튼을 누름으로써 성립하게 될 개발자계약을 소위 Enter-약정(Enter-vertrag)이라고 한다.[565] Enter-약정의 경우에도 슈링크랩약정에서와 마찬가지로 계약의 성립이 문제된다고 한다.[566]

다. 등록카드약정(Registrierkartenvertrag)

컴퓨터 프로그램 사용자가 컴퓨터 프로그램을 담고 있는 정보저장매체에 동봉되어 있는 제품등록카드를 기록하여 컴퓨터 프로그램 개발자에게 송부함으로써 성립하는 개발자계약을 등록카드약정이라고 부른다.[567] 이러한 등록카드약정은 최근에는 우편을 통하여 이루어지기보다는 인터넷을 통하여 이루어지는 것이 일반적으로 되었다고 한다.[568]

Ⅱ. 개발자계약의 법적 성질

개발자계약은 일반적으로 컴퓨터 프로그램 개발자가 사용자에게 컴퓨터 프로그램의 사용에 필요한 사용권을 설정해 주는 것을 그 내용으로 한다.[569] 사용권설정과 함께 컴퓨터 프로그램의 사용의 조건 및 제한도 동시에 부과되는 것이 일반적이다. 컴퓨터 프로그램의 사용권에 관한 것 외에도 컴퓨터 프로그램의 개발자가 사용자에 대하여 담보책임(Garantie)을 부담하기로 하는 약정이나 컴퓨터 프로그램 개발

---

565) Baus, a.a.O., S. 51; Hoeren, a.a.O., S. 142 Rn. 390; Lenhard, a.a.O., S. 102.
566) Baus, a.a.O., S. 51; Lenhard, a.a.O., S. 102.
567) Baus, a.a.O., S. 52; Lenhard, a.a.O., S. 102.
568) Baus, a.a.O., S. 52는 따라서 등록카드약정이라는 표현은 이러한 유형의 개발자계약을 표현하는데 적절한 것은 아니라고 한다; Lenhard, a.a.O., S. 103
569) Hoeren, a.a.O., S. 143 Rn. 393 ff; Marly, a.a.O., S. 225 Rn. 480; Lenhard, a.a.O., S. 96 ff.

자의 책임을 면제하는 약정 등도 그 내용으로 하는 경우가 일반적이라고 한다.[570] 이와 같이 다양한 내용을 포함하고 있는 개발자계약의 성질을 어떻게 이해할 것인지 그리고 컴퓨터 프로그램 거래와의 관계는 어떠한지에 관하여 학설이 대립하고 있다. 학설의 대립상황은 크게 컴퓨터 프로그램의 사용을 위하여 개발자계약이 필수적이라고 보는 견해와 그렇지 않은 것으로 보는 견해로 나누어 살펴볼 수 있다.

1. 개발자계약을 필수적인 것으로 이해하는 견해

컴퓨터 프로그램의 사용을 위해서는 그것을 인스톨하고 램에 불러들이는 등 저작권법상의 복제행위가 필수적이고, 저작권법 제69d조 제1항은 법정사용권을 규정하는 것이 아니고 사용권 설정계약의 내용을 해석하는 규정이므로, 사용자는 저작권자로부터 컴퓨터 프로그램의 사용권을 설정받아야 한다고 이해하는 견해이다. 이에 의하면 개발자계약의 핵심내용은 컴퓨터 프로그램에 대한 사용권설정이고 따라서 개발자계약은 필수적인 것이라고 한다.[571] 개발자계약을 이렇게 이해하는 경우 컴퓨터 프로그램의 소유권을 중간상인으로부터 취득하였으나 개발자계약이 여러 가지 이유로 성립되지 못하는 경우에 컴퓨터 프로그램 취득자의 지위가 어떻게 될 것인가 하는 문제가 발생하게 된다.

이에 대하여 Lenhard는 이 경우 컴퓨터 프로그램 취득자는 중간상인과의 계약을 통하여 컴퓨터 프로그램에 대한 사용권을 취득하게 된다고 한다. 이 때 중간상인은 자신이 가지고 있는 사용권을 공급하거나 자신의 사용권으로부터 파생된 사용권을 설정해 줄 수는 없고,[572] 결국 컴퓨터 프로그램 개발자의 저작재산권에 대한 처분행위를 할 수

570) Hoeren, a.a.O., S. 144 Rn. 395 ff.

571) Lenhard, a.a.O., S. 91 ff; Marly, a.a.O., S. 225 Rn. 480; Wandtke/Bullinger/Grützmacher, § 69d Rn. 25.

572) 중간상인이 가진 사용권은 컴퓨터 프로그램을 배포할 수 있는 권한이므로 이것은 사용자가 필요로 하는 사용권과는 달라서 중간상인이 가진 권리를 공급하거나 이로부터 새로운 사용권을 설정해 줄 수 없다고 한다. Lenhard, a.a.O., S. 105 f.

밖에 없다고 한다.[573] 이러한 처분행위의 유효여부는 민법 제182조 및 제185조에 따라서 처분권 있는 자의 동의(Zustimmung) 여부에 의하여 좌우된다. 만일 처분권자인 컴퓨터 프로그램 개발자의 사전동의(Einwilligung)가 있는 경우에는 문제가 될 것이 없지만, 사전동의가 없는 경우에는 사후의 동의(Genehmigung)을 얻어야 한다. 컴퓨터 프로그램 개발자의 사후동의를 요하는 경우에 Lenhard는 특이한 이론구성을 한다. 저작권법 제69d조 제1항의 핵심적 영역에 속하는 컴퓨터 프로그램의 사용에 관하여서는 컴퓨터 프로그램 개발자가 중간상인에 의한 사용권설정행위에 동의하지 않는 것은 그가 중간상인에게 자신이 생산한 컴퓨터 프로그램에 대한 배포권을 부여한 것과 모순되는 행위(protestatio facto contraria)로서 허용될 수 없다고 한다.[574] Marly는 이 경우 중간상인에 의한 표현대리(Anscheinsvollmacht)의 성립을 긍정한다.[575] 개발자계약을 필수적인 것으로 이해하면 컴퓨터 프로그램의 소유권은 중간상인으로부터 취득하고 그에 대한 사용권은 개발자계약을 통하여 개발자로부터 직접 취득하는 경우에는 계약관계가 분열되는 모습이 발생하게 된다.[576]

2. 개발자계약을 필수적인 것으로 이해하지 않는 견해

컴퓨터 프로그램을 사용하기 위해 램에 불러들이는 것을 저작권법상의 복제로 이해하지 않거나,[577] 이를 복제로 이해하지만 저작권법

---

573) Lenhard, a.a.O., S. 106 ff.

574) Lenhard, a.a.O., S. 106.

575) Marly, a.a.O., S. 226 Rn. 481.

576) Lenhard, a.a.O., S. 95는 이를 인정하고 있다. 그는 컴퓨터 프로그램 거래는 무체재산인 컴퓨터 프로그램에 대한 매매계약과 컴퓨터 프로그램에 대한 사용권에 대한 매매계약으로 이해하는 데, 컴퓨터 프로그램 거래와 사용권 설정계약이 분할되는 경우에는 이를 어떻게 이론구성할 것인지에 관하여 아무런 답도 제시하고 있지 않아 문제이다; Marly, a.a.O., S. 228 Rn. 484는 사용권설정은 계약의 유형을 결정하는 힘이 없는 부수의무에 불과한 것이므로 개발자계약은 컴퓨터 프로그램 거래와는 별개의 계약으로서 문제가 없고 컴퓨터 프로그램 거래는 매매계약으로 여전히 존재하게 된다고 한다.

577) Hoeren, a.a.O., S. 46 Rn. 109; Schuhmacher, CR 2000, 641 ff.

제69d조 제1항에 의해서 컴퓨터 프로그램의 취득자에게 법정사용권이 주어지는 것으로 이해하는 경우에는[578] 사용권설정을 위한 개발자계약은 컴퓨터 프로그램의 사용을 위하여 필수적인 것으로 이해되지 않는다. 이들은 개발자계약을 컴퓨터 프로그램 취득자의 사용권한을 제한하는 것(Verwendungsbeschränkungen)을 주요내용으로 하는 컴퓨터 프로그램 거래와는 별개의 신종계약(Vertrag sui generis)으로 이해한다.[579]

Ⅲ. 개발자계약의 유효성

개발자계약의 유효성은 우선 개발자계약의 성립을 전제로 한다. 따라서 개발자계약의 유효성판단에 선행하여 각종의 방법으로 체결하려고 하는 개발자계약이 그러한 방법으로 성립될 수 있는 것인지에 대한 판단을 하여야 한다. 이러한 판단에서 개발자계약의 성립을 인정할 수 있는 경우에야 그 계약의 유효성을 판단할 수 있다.[580]

1. 개발자계약의 성립 가능성

가. 슈링크랩 약정의 성립가능성

슈링크랩 약정에 있어서 일반적으로 컴퓨터 프로그램의 포장에 컴퓨터 프로그램의 사용자가 그 포장을 개봉함으로써 컴퓨터 프로그램의 개발자와의 계약에 동의하게 된다는 내용이 적혀있다. 여기서 컴퓨터 프로그램 개발자의 개발자계약에 대한 청약은 포장지에 적혀있는 불특정한 다수의 상대방에 대한 의사표시에서 찾아볼 수 있다는데 의문의 여지가 없다.[581] 그러나 이러한 청약에 대한 컴퓨터 프로그램 사용자의 승낙이 존재하는지, 즉 승낙을 통하여 계약이 성립하는지는 매우 의심스럽다고 한다.[582]

---

578) Baus, a.a.O. S. 76 ff.

579) Baus, a.a.O., S. 43; Hoeren, a.a.O., S. 147 Rn. 403; Schuhmacher, CR 2000, 641 ff.

580) Baus, a.a.O., S. 44; Lenhard, a.a.O., S. 98; Schuhmacher, CR 2000, 642.

581) Hoeren, a.a.O., S. 148 Rn. 406; Lenhard, a.a.O., S. 96; Marly, a.a.O., S. 220 Rn. 468.

582) Baus, a.a.O., S. 46 ff; Hoeren, a.a.O., S. 147 Rn. 404 ff; Lenhard, a.a.O., S. 98

독일 민법 제145조 이하에 따르면 계약은 청약과 승낙이라는 두 개의 의사표시의 합치에 의하여 성립한다. 이 때 청약과 승낙의 의사표시는 상대방 있는 의사표시로서 민법 제130조에 따라서 상대방에게 도달한 때에 그 효력이 발생한다. 따라서 청약에 대한 승낙이 청약자에게 도달한 때에 계약이 성립하게 된다. 민법 제151조는 이에 대한 예외를 규정하고 있는데, 청약자가 승낙의 도달을 포기하였거나 거래의 관습상 승낙의 도달을 요하지 않는 경우에는 승낙이 청약자에게 도달하지 않은 경우에도 계약이 성립함을 인정하고 있다.583) 슈링크랩약정의 경우에는 청약자인 컴퓨터 프로그램 개발자가 승낙자인 컴퓨터 프로그램 사용자의 승낙이 도달할 것을 포기한 경우에 해당하므로 민법 제151조에 의하여 계약이 성립할 수 있는지 검토해야 한다고 한다.584)

민법 제151조는 승낙의 의사표시의 도달만을 면제하는 것이다. 그를 통해서 승낙의 의사표시는 상대방에게의 도달이 필요없는 의사표시가 되는 것이며 표시만으로 유효하게 된다고 한다. 즉 여전히 의사표시가 요구되는 것이며 단순한 침묵만으로는 계약이 성립할 수 없다고 한다.585) 이러한 승낙의 의사(Annahmewille)는 명시적으로 표시될 수도 있지만 추단적 행위(durch eine konkludente Handlung)를 통하여 묵시적으로 표시되는 것이 일반적이라고 한다.586) 이렇게 추단적 행위를 통하여 의사가 묵시적으로 표시되는 경우에 판례는 의사표시(Willenserklärung)라는 용어대신에 의사실현(Willensbetätigung)이라는 용어를 사용하기도 한다.587) 하지만 이것은 민법 제151조에 의한 계약

---

ff; Marly, a.a.O., S. 221 Rn. 469 ff; Schuhmacher, CR 2000, 641 ff.

583) Bamberger/Roth/H.W.Eckert, § 151 Rn. 3; jurisPK-BGB/Backmann, § 151 Rn. 8.

584) Baus, a.a.O., S. 50; Hoeren, a.a.O., S. 150 Rn. 415 ff; Lenhard, a.a.O., S. 99; Marly, a.a.O., S. 220 Rn. 468; Schuhmacher, CR 2000, 642.

585) Bamberger/Roth/H.W.Eckert, § 151 Rn. 3, 10; Erman/Armbrüster, § 151 Rn. 5; jurisPK-BGB/Backmann, § 151 Rn. 8; Lenhard, a.a.O., S. 99; Soergel/Wolf, § 151 Rn. 23.

586) jurisPK-BGB/Backmann, § 151 Rn. 8; Lenhard, a.a.O., S. 99; Marly, a.a.O., S. 221 Rn. 469; Soergel/Wolf, § 151 Rn. 26.

587) BGH Urt. v. 18. 12. 1985 - Ⅷ ZR 297/84, LM Nr. 12 zu § 151 BGB; BGH Urt. v. 28. 03. 1990 - Ⅷ ZR 258/89, BGHZ 111, 97 ff; BGH Urt. v. 06. 05.

의 성립에 있어서 의사표시가 필요없다는 것을 의미하는 것이 아니라 단지 용어사용의 문제일 뿐이라고 한다.[588] 따라서 민법 제151조에 의한 계약의 성립을 인정하기 위해서는 여전히 의사표시의 주관적, 객관적 요건들이 모두 갖추어져야 한다.[589]

컴퓨터 프로그램의 취득자는 중간상인으로부터 그 컴퓨터 프로그램을 대가를 주고 취득하였고 단지 그것을 사용하기 위해서 그것의 포장을 뜯게 된다. 포장을 뜯지 않고는 그는 대가를 주고 취득한 컴퓨터 프로그램을 사용할 수 없게 된다. 따라서 컴퓨터 프로그램의 취득자가 그것의 포장을 뜯을 때 법적으로 의미있는 어떠한 표시행위를 한다는 인식, 즉 표시의사(Erklärungswille, Erklärungs- bewusstsein)가 존재한다고 할 수 없다고 한다.[590]

그런데 현대의 의사표시이론에 의하면 표의자가 그의 행위를 통하여 상대방에게 특정한 법률효과를 원하고 있는 것과 같은 외관을 불러일으킨 경우, 즉 행위자가 상대방에게 과실로 인하여 특정한 의사표시의 내용에 대한 신뢰(Vertrauen)를 불러일으킨 경우에는, 그에게 표시의사가 결여되었다 하더라도, 그 행위를 유효한 의사표시로서 귀속시킬 수 있다는 것이 일반적인 견해이다.[591] 그러나 이러한 견해를 따르는 경우에도 슈링크랩약정은 성립할 수 없다고 한다. 의사표시이론에 의하면 표의자의 행위를 통하여 상대방에게 특정한 법률효과에 대한 의사를 가지고 있다는 인식을 야기해야만 한다. 즉 컴퓨터 프로

1997 - Ⅸ ZR 136/96, LM BGB § 151 Nr. 19(10/1997); BGH Urt. v. 14. 04. 1999 - Ⅷ ZR 370/97, LM BGB § 151 Nr. 21(2/2000).

588) Erman/Armbrüster, § 151 Rn. 8; jurisPK-BGB/Backmann, § 151 Rn. 8; Palandt/ Heinrichs, § 151 Rn. 2; Soergel/Wolf, § 151 Rn. 7.

589) Baus, a.a.O., S. 47; Lenhard, a.a.O., S. 99; Münch-Komm/Kramer, Vor § 116 Rn. 23; Larenz/Canaris, Allgemeiner Teil des BGB, § 24 Rn. 17.

590) Baus, a.a.O., S. 49; Marly, a.a.O., S. 221 Rn. 469; Schuhmacher, CR 2000, 643; a.A. Hoeren, a.a.O., S. 150 Rn. 415 ff는 컴퓨터 프로그램 사용자는 컴퓨터 프로그램 개발자에 의한 포장에의 표시를 통하여 자신의 행위의 의미에 대해 인식할 수 있게 되므로 그에게 표시의사가 결여되는 것이 아니라 효과의사(Geschäftswille, Rechtsfolgewille)가 결여되는 것이라고 한다.

591) Münch-Komm/Kramer, § 119 Rn. 96; Larenz/Canaris, Allgemeiner Teil des BGB, § 24 Rn. 8.

그램의 포장을 뜯는 행위에 개발자계약에 대한 승낙이라는 객관적인 의미가 부여될 수 있어야 한다. 어떠한 행위에 승낙이라는 객관적 의미가 부여될 수 있기 위해서는 그러한 거래관행(Verkehrssitte)이 존재해야 한다고 한다.[592] 여기서 거래관행이란 그러한 거래에 참여하는 자들 사이에서 지배적인 거래 현실(Übung)로서 거래 참여자들로부터 동의를 얻고 있어야 하며, 상당한 기간 동안 존속한 것이어야 한다고 한다.[593] 컴퓨터 프로그램의 거래에 있어서 슈링크랩약정이 널리 행해지고 있는 것은 사실이지만 이것은 거래참여자들로부터 동의를 얻지 못하고 있고,[594] 컴퓨터 프로그램 취득자가 컴퓨터 프로그램 거래 외에 추가적인 계약을 체결해야 한다는 것은 전혀 예견할 수 없는 것이라고 한다.[595] 또한 이러한 관행은 자신의 이익을 보호하기 위한 목적을 가진 소수의 대기업들에 의해서 일방적으로 만들어진 것으로서 거래관행이 될 수 없다고 비판하는 것이 일반적인 견해이다.[596]

설사 이러한 거래관행이 인정될 수 있다 하더라도 슈링크랩약정을 통해서 개발자계약이 성립할 수는 없다고 하는 견해가 있다. 이에 의하면 컴퓨터 프로그램의 개발자는 민법 제151조에 따라서 승낙의 의사표시의 도달을 포기하였으므로 슈링크랩약정의 경우에는 보호할 필요가 있는 의사표시의 수령자가 존재하지 않을 뿐만 아니라,[597] 개발자는 자신의 보호가치 있는 신뢰(ein schutzwürdiges Vertrauen)를 주장할 수 없다고 한다.[598] 왜냐하면 그는 일방적으로 자신이 신뢰하고자 하는 상황을 결정하였으므로, 신뢰의 기초는 컴퓨터 프로그램의 사용자에게서 발생하는 것이 아니라 개발자에게서 기초하게 되어 그의 신

592) Baus, a.a.O., S. 49; Mraly, a.a.O., S. 221 Rn. 470.

593) Baus, a.a.O., S. 49; BGH Urt. v. 30. 03. 1990 - Ⅴ ZR 113/89, NJW 1990, 1723; BGH Urt. v. 27. 10. 1951 - Ⅱ ZR 102/50, NJW 1952, 257; Marly, a.a.O., S. 211 Rn. 471; Palandt/Heinrichs, § 133 Rn. 21; Soergel/Wolf, § 157 Rn. 63.

594) Baus, a.a.O., S. 49; Marly, a.a.O., S. 211 Rn. 471.

595) Schuhmacher, CR 2000, 643.

596) Baus, a.a.O., S. 50; Brehm in: FS für Baumann, S. 599; Marly, a.a.O., S. 222 Rn. 471

597) Schuhmacher, CR 2000, 643.

598) Lenhard, a.a.O., S. 100; Schuhmacher, CR 2000, 643.

되는 보호할 가치가 없는 것이 되기 때문이라고 한다.599)

나. Enter-약정의 성립가능성

Enter-약정에서는 컴퓨터 프로그램의 사용자는 자신이 취득한 컴퓨터 프로그램의 최초의 실행 또는 설치시에 자신의 모니터에 나타나는 “자판의 Enter버튼을 누르거나 마우스를 이용하여 특정한 버튼을 클릭하는 것은 개발자가 제시한 조건으로 개발자계약의 체결에 동의하는 것을 의미하게 된다”는 내용의 지시를 보게 된다.600) 이러한 Enter-약정을 통한 개발자계약의 성립가능성에 대하여는 컴퓨터 프로그램 사용자가 자신이 대가를 이미 지급하고 취득한 컴퓨터 프로그램의 사용을 위하여 필요한 특정한 행위와 개발자계약의 체결에 대한 승낙의 의사표시가 결부되어 있다는 점에서 슈링크랩약정과 마찬가지이므로 슈링크랩약정에 관한 설명이 그대로 적용될 수 있다고 한다.601)

다. 등록카드약정의 성립가능성

컴퓨터 프로그램의 사용자가 컴퓨터 프로그램의 개발자에게 등록카드를 송부함으로써 혹은 인터넷 등을 통하여 온라인으로 개발자에게 자신이 취득한 컴퓨터 프로그램을 등록함으로써 개발자계약이 체결될 수 있을 것이다. 이러한 등록카드약정에 있어서는 슈링크랩약정이나 Enter-약정에서와는 달리 사용자의 개발자계약에 대한 승낙의 의사표시가 컴퓨터 프로그램의 사용을 위해서 필요한 특정한 행위와 결

599) Lenhard, a.a.O., S. 100; Schuhmacher, CR 2000, 643.

600) Hoeren, a.a.O., S. 142 Rn. 390; Lenhard, a.a.O., S. 102; Marly, a.a.O., S. 215 Rn. 457; Schuhmacher, CR 2000, 641.

601) Baus, a.a.O., S. 51; Lenhard, a.a.O., S. 102; Marly, a.a.O., S. 221 Rn. 469 ff; Schuhmacher, CR 2000, 643; a.A. Hoeren, a.a.O., S. 149 Rn. 410 ff는 이 경우에도 컴퓨터 프로그램 사용자에게 표시의사가 아니라 효과의사가 결여된다고 본다. 효과의사가 결여되는 경우 표시행위가 객관적으로 특정한 법률효과를 지향하는 것으로 이해될 수 있는 경우에는 그에 따른 법률효과가 발생하게 되는데, Enter-약정에 있어서는 사용자가 Enter키를 누르는 행위가 개발자계약의 체결에 대한 승낙의 의미로 이해될 수 없으므로 Enter-약정을 통해서 개발자계약이 체결될 수 없다고 한다.

합되어 있지 않다. 즉 컴퓨터 프로그램의 등록은 취득자가 그 프로그램을 사용하기 위해 반드시 해야만 하는 것이 아니므로 사용자가 개발자계약에 대한 승낙을 강제당한다고 말할 수 없다.[602] 컴퓨터 프로그램의 사용자는 추가적인 개발자계약을 체결할 것인지를 자유롭게 결정할 수 있다. 사용자가 등록카드를 작성하여 개발자에게 송부하거나 온라인으로 등록을 하는 경우에는 사용자의 승낙의 의사표시가 아무런 문제없이 인정될 수 있고, 따라서 개발자계약이 성립하게 된다.[603] 그러나 등록카드나 온라인 등록을 위한 화면에 존재하는 개발자계약의 조건들은 약관에 해당하므로 이제는 이러한 약관의 규정들이 개발자계약의 내용으로 편입될 수 있는지, 만일 편입될 수 있다면 약관의 내용들이 민법 제307조 이하의 약관의 내용통제규정들에 의하여 무효가 되지는 않는지 판단해야 할 것이다.[604]

2. 개발자계약의 개별조항들의 유효성

이하에서는 수많은 개발자계약의 조항들 중에서 가장 빈번하게 이용되는 CPU-조항(CPU-Klausel)과 배포금지조항(Weitergabeverbot)의 유효성에 관하여 살펴보기로 한다.[605]

가. CPU-조항의 유효성

1) CPU-조항의 전형적인 모습들

많은 개발자계약은 해당 컴퓨터 프로그램을 특정한 컴퓨터에서만

602) Baus, a.a.O., S. 52; Lenhard, a.a.O., S. 103; Schuhmacher, CR 2000, 643.
603) Baus, a.a.O., S. 52; Hoeren, a.a.O., S. 148 Rn. 408; Lenhard, a.a.O., S. 103; Marly, a.a.O., S. 225 Rn. 479; Schuhmacher, CR 2000, 644.
604) 약관조항이 계약의 내용으로 편입될 수 있는지는 민법 제305조 이하에 의하여 결정된다. 이에 관한 논의는 이 책의 연구범위를 넘어서므로 이하에서는 논하지 않기로 하고, 약관조항의 유효성에 관하여만 살펴보기로 한다.
605) 이하의 논의는 이러한 조항들이 약관을 통하여 계약의 내용이 되는 경우에 그 약관조항의 유효성에 관한 논의일 뿐이며 동일한 내용의 계약이 약관이 아닌 개별적인 교섭을 통하여 성립하는 경우에는 그 유효성에 관한 판단은 달라지게 된다는 점을 주의하여야 한다.

사용하는 것을 허용하거나 컴퓨터 프로그램의 사용대가를 그것이 사용되어지는 컴퓨터의 작업능력(Leistungsfähigkeit)과 결부시키는 것을 내용으로 하는 조항을 포함하고 있다. 이러한 계약조항을 학자들[606)]과 판례[607)]는 CPU-조항(CPU-Klausel)이라고 부르고 있다. 두 번째 계약내용을 특히 구별하여서 Upgrade-조항(Upgrade-Klausel)이라고 부르기도 한다.[608)] 이하에서는 이러한 구별에 따라서 CPU-조항의 유효성에 대하여 논하기로 한다.[609)]

2) CPU-조항의 채권법상의 유효성: 약관의 내용통제

독일 민법은 제307조 이하에서 약관의 내용통제(Inhaltskontrolle)에 관하여 규정하고 있는데, 제308조와 제309조는 구체적인 개별약관조항에 관한 금지를 규정하고 있고 제307조는 약관의 내용통제에 관한 일반조항으로서 제1항은 약관의 조항은 그것이 신의성실의 원칙에 반하여 계약상대방에게 부당하게 불리한 경우에는 무효라고 규정하고 있다. 그리고 동조 제2항은 제1호에서 법률규정의 핵심적인 기본사상과 조화될 수 없는 약관조항이, 그리고 제2호에서는 계약의 본질에서 발생하는 핵심적인 권리 또는 의무를 그 계약의 목적달성이 위태할 정도로 제한하는 약관조항이 계약상대방에게 부당하게 불리한 약관조항이 된다고 규정하고 있다. CPU-조항에 관하여서는 개별약관조항에 관한 금지를 담고 있는 제308조와 제309조의 규정들 중 어느 것도 해당될 만한 것이 없어 결국 제307조의 일반규정에 따라서 그 유효여부를 판단하여야 한다고 한다.[610)] 이 때 제307조 제2항에서 말하는 약

---

606) Baus, a.a.O., S. 11; Hoeren, a.a.O., S. 83 Rn. 212; Polley, Verwendungsbeschränkungen in Softwareüberlassungsverträgen, CR 1999, 345; Schuhmacher, CR 2000, 646.

607) BGH Urt. v. 24. 10. 2002 - I ZR 3/00, CR 2003, 323; OLG Frankfurt/M Urt. v. 14. 12. 1999 - 11 U 7/99, CR 2000, 146.

608) Baus, a.a.O. S. 152 ff; Scholz/Haines, Hardwarebezogene Verwendungsbeschränkungen in Standardverträgen zur Überlassung von Software, CR 2003, 393.

609) 주의할 것은 컴퓨터 프로그램 거래의 성질을 매매계약 내지는 임대차계약으로 보고 있는 학자들만이 CPU-조항의 유효성을 논하고 있다는 점이다. 따라서 CPU-조항이 매매계약이나 임대차계약에 관한 규정과 조화될 수 있는 것인가 하는 점이 이의 유효성을 논하는 중심에 놓이게 된다.

610) Baus, a.a.O., S. 212.

관의 유효성에 대한 일반적인 판단기준인 법률규정의 핵심적인 기본사상 및 계약의 본질에서 발생하는 핵심적인 권리 또는 의무는 결국 컴퓨터 프로그램 거래를 어떤 계약유형으로 편입시킬 수 있는가에 따라 달라질 수밖에 없게 된다. 이하에서는 각 유형의 컴퓨터 프로그램 거래에 있어서 CPU-조항의 유효성에 관하여 논하기로 한다.

a. 컴퓨터 프로그램 매매계약에서의 CPU-조항

컴퓨터 프로그램 매수인의 지위를 제한하는 CPU-조항은 무효라는 것이 지배적 견해이다.[611] 컴퓨터 프로그램 매도인은 민법 제433조 제1항 제1문에 따라서 매도인으로 하여금 컴퓨터 프로그램의 소유권을 취득하게 해야 할 의무를 부담한다. 이러한 매도인의 의무는 단지 형식적인 소유자의 지위를 창설해 주는 것에서 그치지 않고 매수인이 민법 제903조에 따라서 자신의 소유물을 경제적으로 의미있게 사용하는 것을 가능하게 해 주는 것을 포함한다고 한다.[612] 따라서 컴퓨터 프로그램 매수인에게 컴퓨터 프로그램에 대한 소유권을 이전하면서 동시에 특정한 하드웨어에서만 사용하는 것을 허용하는 CPU-조항은 컴퓨터 프로그램의 소유자의 권한에 대한 과도한 제한에 해당하고, 따라서 이러한 경우 매도인의 소유권이전의무(Pflicht zur Eigentumsverschaffung)에 대한 과도한 제한으로서 해당 약관조항은 민법 제307조 제2항 제2호 및 제307조 제1항에 의하여 무효가 된다고 한다.[613]

---

611) Baus, a.a.O., S., 237 ff; Dreier/Schulze/Dreier, §. 69c Rn. 33; Hoeren, a.a.O., S. 86 Rn. 220 ff; Marly, a.a.O., S. 483 Rn. 1118; Polley, CR 1999, 353; Schuhmacher, CR 2000, 647.

612) Baus, a.a.O., S. 237; Hoeren, a.a.O., S. 85 Rn. 220; Schuhmacher, CR 2000, 647.

613) Baus, a.a.O., S., 237 ff; Dreier/Schulze/Dreier, §. 69c Rn. 33; Hoeren, a.a.O., S. 86 Rn. 220 ff; Marly, a.a.O., S. 483 Rn. 1118; Polley, CR 1999, 353; Schuhmacher, CR 2000, 647. 그러나 이러한 설명은 컴퓨터 프로그램이 컴퓨터 프로그램 개발자로부터 직접 취득된 경우에만 타당할 것으로 생각된다. 컴퓨터 프로그램이 중간상인을 통하여 유통된 경우에는 매도인은 중간상인이 되고 개발자계약의 당사자는 컴퓨터 프로그램의 개발자인데, 이때 개발자와 컴퓨터 프로그램 취득자 사이에는 매매계약이 체결되는 것이 아니므로 매매계약이 약관의 유효성을 판단하는 기준이 될 수는 없다고 할 것이다.

b. 컴퓨터 프로그램 매매계약에서의 Upgrade-조항

하드웨어를 교체하는 것이 금지되지는 않았지만 약정한 것보다 성능이 우수한 하드웨어에 컴퓨터 프로그램을 설치하여 사용하는 경우에는 추가적인 대가를 지급하기로 하는 약관조항 역시 민법 제307조 이하의 내용통제를 통과하지 못한다는 것이 지배적인 견해이다.[614] 이러한 upgrade-조항은 CPU-조항과 마찬가지로 컴퓨터 프로그램의 소유자의 지위를 과도하게 제한하게 되므로 민법 제307조 제2항 제2호 및 동조 제1항에 따라서 무효가 된다고 한다.[615] 그리고 약정한 것보다 성능이 우수한 하드웨어에 컴퓨터 프로그램을 설치하여 사용할 경우에 발생하게 될 사용이익의 증가는 컴퓨터 프로그램 개발자의 급부에 기인한 것이 아니라 컴퓨터 프로그램 사용자의 비용지출에 의한 것이다.[616] 이와 같이 컴퓨터 프로그램 개발자의 추가적인 급부가 없음에도 불구하고 컴퓨터 프로그램 사용자에게 추가적인 대가를 지급하도록 하는 것은 계약상대방을 부당하게 불이익하게 하는 것으로서 민법 제307조 제1항에 의하여 무효가 된다고 한다.[617]

c. 컴퓨터 프로그램 임대차계약에서의 CPU-조항

컴퓨터 프로그램 임대차계약에 있어서 CPU-조항을 어떻게 판단할 것인가에 관하여는 견해가 대립하고 있다. 일부는 이 경우 CPU-조항은 무효라고 한다.[618] 컴퓨터 프로그램의 임대인은 민법 제535조 제1항 제1문에 따라서 임대인에게 약정한 임대차기간동안 컴퓨터 프로그램을 사용할 수 있게 해 주어야 할 의무를 부담한다. 이 때 임차인은 마치 임차물에 대한 소유자와 마찬가지로 그 컴퓨터 프로그램에 대한 경제적으로 의미있는 사용이 가능하도록 하드웨어를 교체하는 것이 허용되어야만 한다고 한다.[619] 따라서 CPU-조항은 민법 제307조 제2

614) Baus, a.a.O., S. 239; Dreier/Schulze/Dreier, § 69c Rn. 33; Schuhmacher, CR 2000, 647; Wandtke/Bullinger/Grützmacher, § 69d Rn. 37; a. A. Scholz/Haines, CR 2003, 397.

615) Baus, a.a.O., S. 239.

616) Schuhmacher, CR 2000, 646; Wandtke/Bullinger/Grützmacher, § 69d Rn. 38.

617) Schuhmacher, CR 2000, 647.

618) Marly, a.a.O., S. 486 Rn. 1126; Schuhmacher, CR 2000, 648.

항 제2호에 반하는 것으로서 동조 제1항에 의하여 무효라고 한다.

이에 반하여 컴퓨터 프로그램 임대차계약에 있어서 CPU-약정은 유효라는 견해[620]는 임대차계약에 있어서 임대차 목적물을 사용가능하게 해 줄 의무는 소유권을 이전해 줄 의무와 동일시 될 수 없고, 따라서 임차인의 사용권능은 소유자의 그것 보다 작은 범위의 것일 수 있다고 한다.[621] 따라서 임차인은 임대인으로 하여금 그가 임차물을 마치 소유자처럼 자유롭게 사용할 수 있도록 해 줄 의무를 부담하는 것은 아니라고 한다.[622]

d. 컴퓨터 프로그램 임대차계약에서의 Upgrade-조항

컴퓨터 프로그램 임대차계약에서의 Upgrade-조항의 유효성에 관하여는 견해의 대립이 있다. 일부는 컴퓨터 프로그램 매매계약에서의 Upgrade-조항에서와 마찬가지의 근거로 이를 무효로 본다.[623] 다른 학자들은 이를 컴퓨터 프로그램 임대차계약에서의 CPU-조항에서와 마찬가지의 이유를 들어 유효로 보고 있다.[624] 독일 연방대법원 역시 이러한 조항의 유효성을 인정하고 있다.[625]

나. 배포금지조항(Weitergabeverbot)의 유효성

1) 배포금지조항의 전형적인 내용들

배포금지조항(Weitergabeverbor-Klausel)이란 컴퓨터 프로그램의 매수인이 자신이 매수한 컴퓨터 프로그램을 제3자에게 매도하거나 임대하는 것을 금지하거나 이를 특정한 조건하에서만 허용하는 것을 내용

619) Marly, a.a.O., S. 486 Rn. 1126; Schuhmacher, CR 2000, 648.

620) Baus, a.a.O., S. 240; Nordemann, CR 1996, 8; Pres, a.a.O., S. 240; Scholz/Haines, CR 2003, 397; Wandtke/Bullinger/Grützmacher, § 69d Rn. 38.

621) Wandtke/Bullinger/Grützmacher, § 69d Rn. 38.

622) Baus, a.a.O., S. 240; Wandtke/Bullinger/Grützmacher, § 69d Rn. 38.

623) Marly, a.a.O., S. 486 Rn. 1126; Schuhmacher, CR 2000, 648.

624) Dreier/Schulze/Dreier, § 69c Rn. 33; Metzger, Die Zulässigkeit von CPU-Klauseln in Softwarelizenzverträgen, NJW 2003, 1994 f; Scholz/Haines, CR 2003, 396; Wandtke/Bullinger/Grützmacher, § 69d Rn. 38.

625) BGH Urt. v. 24. 10. 2002 - Ⅰ ZR 3/00, CR 2003, 323 = NJW 2003, 2014.

으로 하는 약관조항을 말한다.[626] 이하에서는 이를 처분금지조항(Weiterveräußerungsverbot)과 임대금지조항(Weitervermietungsverbot)으로 나누어 그 유효성에 관하여 논하기로 한다. 배포금지조항의 유효성에 관하여는 저작권법상의 유효성 및 채권법상의 유효성으로 나누어 살펴보아야 한다.

2) 배포금지조항의 저작권법상의 의미

a. 처분금지조항(Weiterveräußerungsverbot)의 유효성

처분금지조항은 컴퓨터 프로그램의 매매계약에서만 그 의미를 가질 수 있을 것이다. 컴퓨터 프로그램의 임차인은 컴퓨터 프로그램에 대한 소유권을 취득하지 못하므로 이를 처분할 수 없으므로 컴퓨터 프로그램 임대차계약에 있어서 처분금지의 약정을 하는 것은 의미가 없을 것이다.[627]

독일 저작권법 제69c조 제3호 제2문에 의하면 특정한 컴퓨터 프로그램의 복제물에 대한 저작권자의 배타적인 배포권(Verbreitungsrecht)은 그것이 저작권자의 동의를 얻어 처분을 통하여(im Wege der Veräußerung) 유통되는 경우(in Verkehr gebracht werden) 소멸하게 된다.[628] 이 때 처분이라 함은 매매계약의 이행을 위하여 이루어지는 복제물의 공급(Überlassung)뿐만 아니라 배포권자가 그 특정한 복제물에 대한 자신의 처분가능성(Verfügungsmöglichkeit)을 완전히 포기하게 되는 모든 권리이전(Übertragung)을 포함한다고 한다.[629] 따라서 컴퓨터 프로그램을 정보저장매체와 함께 매각하는 경우에는 저작권법 제69c조 제3호 제2문상의 처분이 존재하는 것에 대하여 의문의 여지가 없으며 따라서 저작권자의 배타적인 배포권은 그 특정한 컴퓨터 프로그램 복제물에 대하여는 소멸하게 되고 컴퓨터 프로그램 매수인은 이를 자유롭게 처분할 수 있게 된다. 이를 금지하는 처분금지조항은 저

626) 이에 관하여 자세한 것은 Baus, a.a.O., S. 133 ff; Schuhmacher, CR 2000, 648 ff. 참조할 것.

627) Baus, a.a.O., S. 133.

628) 이를 Erschöpfungsgrundsatz라고 한다.

629) Schricker/Loewenheim, § 69c Rn. 34.

작권법 제69c조 제3호 제2문에 반하게 되어 무효라고 한다.[630)]

컴퓨터 프로그램이 정보저장매체와 함께 공급되지 않고 정보통신망을 통하여 전송되는 경우에도 저작권자의 배포권이 소멸하는가에 관하여는 학설이 대립하고 있다. 일부 학자들은 컴퓨터 프로그램이 온라인으로 전송되는 경우에는 저작권자의 배포권이 소멸하지 않는다고 한다.[631)] 이들의 견해에 의하면 컴퓨터 프로그램의 온라인 전송은 불특정한 대중을 상대로 한 것이므로 배포행위가 아니라 컴퓨터 프로그램 저작권자에게 인정되는 새로운 권리인 공개적 시연행위(die öffentliche Widergabe)라고 한다.[632)] 유럽연합의 "Multimedia- Richtlinie"[633)]를 독일 국내법화하는 과정에서 정보화사회에서의 저작권의 규율을 위한 법률[634)]을 통하여 2003년 9월 10일 컴퓨터 프로그램의 저작권자에게 컴퓨터 프로그램에의 공개적인 접속허용권(das Recht der öffentlichen Zugänglichmachung)을 포함하는 공개적 시연권(das Recht der öffentlichen Widergabe)을 부여하는 저작권법 제69c조 제4호가 새로이 규정되었다.[635)] 컴퓨터 프로그램을 다운로드 할 수 있도록 준비해 두는 것은 컴퓨터 프로그램의 특정한 복제물에 대한 처분행위가 아니라 컴퓨터 프로그램의 복제물을 생성하는 것을 허용하는 것일 뿐이므로[636)] 저작권법 제69c조 제3호 제2문의 적용을 위하여 필수적인 처분행위가 존재하지 않게 되어 저작권자의 다운로드를 통하여 새로이 생성된 복제물에 대한 배타적인 처분권은 소멸하지 않는다고 한

---

630) Schricker/Loewenheim, § 69c Rn. 32; Wandtke/Bullinger/Grützmacher, § 69c Rn. 38.

631) Berger, Urheberrechtliche Erschöpfungslehre und digitale Informationstechnologie, GRUR 2002, 201; Lehmann, CR 2000, 741; Schricker/Loewenheim, § 69c Rn. 33; Schuppert/Greissinger, Gebrauchthandel mit Softwarelizenzen, CR 2005, 82; Witte, Online-Vertrieb von Software, ITRB 2005, 86.

632) Schricker/Loewenheim, § 69c Rn. 33.

633) Richtlinie zur Harmonisierung bestimmter Aspekte des Urheberrechts und der verwandten Schutzrechte in der Informationsgesellschaft 2001/29/EG v. 25. 1. 2001.의 약칭이다.

634) das Gesetz zur Regelung des Urheberrechts in der Informationsgesellschaft

635) 이에 관하여 자세한 것은 Dreier/Schulze/Dreier, § 69c Rn. 27 ff; Schuppert/Greissinger, CR 2005, 82 ff; Wandtke/Bullinger/Grützmacher, § 69c Rn. 1 ff.참조할 것.

636) Becker, ZUM 1995, 244; Schwarz, GRUR 1996, 839.

다.[637] 또한 저작권자의 배타적인 처분권이 소멸하는 것은 유체물인 컴퓨터 프로그램의 복제물에 대하여 저작권자가 처분행위를 통하여 유통시킨 경우에만 해당하는 것으로서 컴퓨터 프로그램의 온라인전송의 경우에는 유체물이 결여되어 있어 처분권이 소멸하지 않게 된다고 설명하기도 한다.[638]

이러한 견해에 대하여는 저작권법 제69c조 제4호에서 규정하고 있는 공개적인 접속허용권을 포함하는 공개적 시연권은 컴퓨터 프로그램의 다운로드를 위한 준비행위만을 포함하는 것으로 매수인의 요청에 의하여 컴퓨터 프로그램을 이전하는 행위는 규율하지 않으므로 이를 컴퓨터 프로그램의 온라인 전송의 경우에 적용하는 것은 문제가 있다는 비판이 있다.[639] 이에 의하면 컴퓨터 프로그램의 온라인 제공자는 자신의 컴퓨터 프로그램을 사용자가 그로부터 생성되는 복제물에 대한 점유와 소유권을 취득하도록 준비해두고 복제행위를 허락하게 되는 것이고,[640] 온라인 전송을 통하여 사용자의 컴퓨터에 새로이 생성되는 컴퓨터 프로그램의 복제물이 바로 컴퓨터 프로그램 거래의 목적물로서[641] 이 복제물에 대하여는 저작권자의 배타적 배포권이 저작권법 제69c조 제3호 제2문에 따라 소멸하게 된다고 한다.[642]

또한 처분금지조항은 처분가능한 권리에 대한 처분권은 법률행위를 통하여 배제되거나 제한될 수 없다고 규정하고 있는 민법 제137조 제1문에 따라서도 저작권법상 아무런 의미도 가질 수 없다고 한다.[643]

---

637) Schricker/Loewenheim, § 69c Rn. 40.

638) Schricker/Loewenheim, § 69c Rn. 33; Zahrnt, CR 1994, 457; LG München Urt. v. 19. 01. 2006 - 7 O 23237/05, CR 2006, 159(160).

639) Lenhard, a.a.O., S. 70; Hoeren, CR 1996, 519. 이 규정의 입법동기가 된 유럽연합의 "Multimedia- Richtlinie"의 이유(23)에 의하면 저작물의 공개적 시연권은 라디오방송과 같이 저작물을 일반 공중에게 전송(Übertragung)하는 것을 말하며 그를 넘어선 행위에 관하여는 적용되지 않는다고 밝히고 있다.

640) Hoeren, CR 1996, 519.

641) Baus, a.a.O., S. 136; Lenhard, a.a.O., S. 66.

642) Bartsch, CR 1987, 11; Baus, a.a.O., S. 137; Hoeren, CR 1995, 713; ders, CR 1996, 520; ders, CR 2006, 574; Lenhard, a.a.O., S. 71; Mäger, CR 1996, 526; Dreier/Schulze/Dreier, § 69c Rn. 24는 컴퓨터 프로그램을 오프라인에서 거래하는 경우와 온라인으로 거래하는 경우에 이해관계가 동일하므로 Erschöpfungsgrundsatz가 동일하게 적용되어야 한다고 강조한다.

b. 임대금지조항(Weitervermietungsverbot)의 유효성

독일 저작권법 제69c조 제3호 제2문에 의하면 저작권자가 컴퓨터 프로그램의 복제물을 처분을 통하여 유통시킨 경우에도 그의 배타적인 임대권은 소멸하지 않는다고 규정하고 있다. 따라서 임대금지조항은 저작권법의 규정에 반하지 않게 된다.[644] 그리고 컴퓨터 프로그램을 임대하는 경우에는 처분행위가 존재하지 않으므로 저작권자의 배포권이 소멸하지 않게 되고 따라서 이 경우에도 임대금지조항은 허용된다.[645]

3) 배포금지조항의 채권법상의 유효성

a. 처분금지조항의 유효성

처분금지조항은 민법 제307조 제2항 제1호에 반하여 동조 제1항에 의하여 무효라고 한다.[646] 이에 의하면 처분금지조항은 컴퓨터 프로그램 매수인에게 귀속되어야 할 소유권자로서의 지위를 부당하게 제한하게 되므로 민법 제433조 제1항과 제903조의 핵심적인 기본사상과 조화될 수 없다고 한다.[647] 즉 컴퓨터 프로그램의 매수인은 컴퓨터 프로그램의 소유자로서 자신이 그 컴퓨터 프로그램을 더 이상 필요로 하지 않는 경우에는 이를 처분하여 자신의 재산을 유동화(liquidieren) 시킬 수 있어야 하는 것은 소유권제도의 핵심적인 기본사상인데 처분금지조항은 이와는 조화될 수 없는 것이라고 한다.[648] 처분금지조항은 컴퓨터 프로그램 매도인의 소유권이전의무를 컴퓨터 프로그램 매매계약의 목적이 달성될 수 없을 정도로 제한하는 것으로서 민법 제307조 제2항 제2호에도 위반하게 된다고 한다.[649] 그리고 저작권자의

643) Baus, a.a.O., S. 141; Marly, a.a.O., S. 448 Rn. 1036; Polley, CR 1999, 347.

644) Baus, a.a.O., S. 142.

645) Baus, a.a.O., S. 143; Schuhmacher, CR 2000, 648.

646) Hoeren, a.a.O., S. 61 Rn. 152 ff; ders, CR 2006, 578; Huppertz, CR 2006 150; Marly, a.a.O., S. 455 Rn. 1051; Polley, CR 1999, 354; Schuhmacher, CR 2000, 648; Schricker/Loewenheim, § 69c Rn. 32.

647) Hoeren, a.a.O., S. 61 Rn. 152 ff; ders, CR 2006, 578.

648) Schuhmacher, CR 2000, 648.

649) Baus, a.a.O., S. 228; Hoeren, a.a.O., S. 64 Rn. 162 f; Marly, S. 457 Rn. 1057

동의가 있는 경우에만 컴퓨터 프로그램을 처분할 수 있도록 하는 조항도 소유권제도의 기본사상과 조화될 수 없을 뿐만 아니라 컴퓨터 프로그램 매도인의 의무를 부당하게 제한하는 것으로서 달리 평가될 수 없을 것이라고 한다.[650]

b. 임대금지조항의 유효성

① 컴퓨터 프로그램 매매계약에 있어서의 임대금지조항

저작권법 제69c조 제3호 제2문에 의하면 저작권자의 배타적 임대권은 컴퓨터 프로그램의 복제물을 처분을 통하여 유통시킨 경우에도 소멸하지 않고 여전히 저작권자에게 머물게 된다. 그러나 저작권법상의 임대차개념과 민법상의 임대차개념이 다르다는 점을 주의해야만 한다. 저작권법 제17조 제3항 제1문은 저작권법에 있어서 임대차라 함은 직접 혹은 간접적으로 이윤획득의 목적(Erwerbszweck)에 기여하는 일시적인 사용을 위한 공급이라고 개념정의하고 있다. 이에 의하면 컴퓨터 프로그램의 매수인은 이윤획득의 목적을 추구하지 않는 한도내에서 자신이 구매한 컴퓨터 프로그램을 유상으로 임대할 수 있다. 컴퓨터 프로그램의 매도인에게 민법상의 임대차를 금지하는 약관조항의 유효성에 관하여는 학설이 대립하고 있다. 일부는 이 조항은 소유자의 처분권한을 과도하게 제한하고 컴퓨터 프로그램 매도인의 소유권이전의무를 제한하는 것으로서 민법 제307조 제2항 제1호 및 제2호에 반하는 것으로서 동조 제1항에 의해서 무효라고 한다.[651] 이에 대하여 그러한 해석은 지나친 것이라고 하며 그러한 제한이 소유권자의 지위를 과도하게 제한하는 것이라고 볼 수는 없으며, 컴퓨터 프로그램의 매도인의 입장에서는 컴퓨터 프로그램의 매수인이 어떠한 목적으로 컴퓨터 프로그램을 임대하는지 알 수 없으므로 임대금지조항을 무효로 볼 것은 아니라고 하는 견해가 있다.[652] 이에 반하여 컴

---

ff; Schuhmacher, CR 2000, 648.

650) Baus, a.a.O., S. 230; Huppertz, CR 2006, 150; Marly, a.a.O., S. 461 Rn. 1069; Schuhmacher, CR 2000, 649; a.A. Bartsch, CR 1994, 672.

651) Schuhmacher, CR 2000, 649.

652) Baus, a.a.O., S. 232.

퓨터 프로그램 매수인에게 저작권법상의 임대차를 금지하는 조항은 유효하다.

그러나 약관에 일반적인 임대금지조항만이 존재하는 경우에는 이것이 저작권법상의 임대차를 가리키는 것인지 민법상의 임대차를 가리키는 것인지 불분명하게 되는 문제가 발생한다. 약관의 해석에 관한 민법 제305c조 제2항에 따르면 약관의 해석에 있어서 의문은 사용자의 부담으로 된다고 규정하고 있다. 이러한 약관의 해석의 원칙을 따를 경우 임대금지조항은 민법상의 임대차를 포함하는 것으로 이해되어야 한다고 한다.[653)] 왜냐하면 이렇게 해석하는 것이 약관의 사용자에게 가장 불리하기 때문이라고 한다. 즉 임대금지조항이 민법상의 임대차까지 포함한다면 이는 민법 제307조 제2항 제1호 및 제2호에 반하여 동조 제1항에 의하여 무효로 될 것인데, 약관조항의 내용의 일부가 무효인 경우에는 일관된 판례의 태도[654)]에 따르면 그 효력을 유지하기 위한 축소해석(geltungserhaltende Reduktion)을 해서는 안 되며 약관의 내용은 전체적으로 무효가 되기 때문이라고 한다.[655)]

② 컴퓨터 프로그램 임대차계약에 있어서의 임대금지조항

민법 제540조에 따르면 임차인은 임차물을 전대할 권한이 없다. 그리고 임대인은 임차인의 전대행위에 동의할 의무를 부담하지 않고 이를 거절 할 수 있다. 이렇게 본다면 컴퓨터 프로그램 임대차계약에 있어서의 임대금지조항은 사전에 이루어진 전대에 대한 임대인의 거절로 이해될 수 있을 것이고 따라서 유효하다.[656)]

---

653) Schuhmacher, CR 2000, 648.

654) BGH Urt. v. 17. 05. 1982 - Ⅶ ZR 316/81, NJW 1982, 2309(2310); BGH Urt. v. 20. 01. 1983 . Ⅶ ZR 105/81, NJW 1983, 1322(1325); BGH Urt. v. 04. 11. 1992 - Ⅷ ZR 235/91, NJW 1993, 326(330); BGH Urt. v. 12. 10. 1995 - Ⅰ ZR 172/93, NJW 1996, 1407; BGH Urt. v. 25. 03. 1998 - Ⅷ ZR 244/97, NJW 1998, 2284(2285); BGH Urt. v. 03. 11. 1999 - Ⅷ ZR 269/98, NJW 2000, 1110(1113).

655) Marly, a.a.O., S. 471 Rn. 1092; Schuhmacher, CR 2000, 649.

656) Baus, a.a.O., S. 233; Marly, a.a.O., S. 471 Rn. 1095; Polley, CR 1999, 354; Schuhmacher, CR 2000, 648.

第 3 章

미국에서의 논의

第3章 미국에서의 논의

第1節 개관

미국에서도 컴퓨터 프로그램을 하드웨어와 일체로 하여 가격을 추가하지 않고 판매하던 거래방식에서 벗어나 독립한 거래의 객체로 판매하는 소위 언번들링(unbundling) 전략[657]이 성공하고 컴퓨터 프로그램 시장이 점점 커지게 되었다. 그러자 컴퓨터 프로그램 거래의 법적 성질에 관한 논의가 본격적으로 전개되었다.[658]

컴퓨터 프로그램이 독자적인 거래의 대상물로 인식되면서 저작권의 보호대상으로 인정되었으나 많은 컴퓨터 프로그램 개발자들은 저작권법에 의한 보호에 만족하지 못하고 컴퓨터 프로그램 거래를 라이선스 계약으로 이름붙이고 컴퓨터 프로그램 사용자들에게 계약상의 의무를 부과함으로서 컴퓨터 프로그램에 대한 추가적인 보호를 추구하였다.[659] 그러자 컴퓨터 프로그램 거래의 성질이 전통적으로 매매계약인 것으로 이해되고 있는 저작권법에 의하여 보호되는 저작물을 바탕으로 제작되어 거래되는 책, 음반, 그림, 비디오테이프 등의 거래와는 다른 유형의 거래인 것인지 여부에 대한 소위 'Sale v. License' 논쟁이 학설과 판례에서 격렬하게 전개되었다. 이러한 논쟁은 현재까지도 어느 한 쪽으로 결론을 내릴 수 없을 정도로 팽팽한 균형을 이루고 있다.

---

657) 1969년 IBM사는 컴퓨터 하드웨어와 컴퓨터 프로그램의 가격을 분리하는 소위 언번들링 계획을 발표하였고, 이 계획의 성공으로 컴퓨터 프로그램은 하드웨어와 독립된 거래의 객체로 인식되었다.

658) Ruhama Dankner Goldman, FROM GAIUS TO GATES: CAN CIVILIAN CONCEPTS SURVIVE THE AGE OF TECHNOLOGY?, Loy. L. Rev. 147(1996), at 150.

659) 이에 관하여 자세한 것은 후술하는 제3장 제2절 Ⅱ. 1 .컴퓨터 프로그램 라이선스 계약의 등장 배경 참조.

이하에서는 먼저 이러한 논쟁의 출발점으로 볼 수 있는 컴퓨터 프로그램이 미국 통일상법전(Uniform Commercial Code, UCC) 제2편의 동산인지 여부에 관한 논쟁과 컴퓨터 프로그램 거래의 법적 성질에 관한 논의에 대한 판례와 학설의 태도를 살펴보기로 한다. 그 후에는 슈링크랩 방식과 클릭랩 방식으로 체결되는 개발자계약이 컴퓨터 프로그램 거래의 법적 성질 결정에 어떠한 영향을 미치는지에 대하여 논하기로 한다.

第2節 컴퓨터 프로그램 거래의 법적 성질에 관한 논의: Sale v. License

Ⅰ. 컴퓨터 프로그램의 법적 성질

1. 논의의 의의

독일에서와 마찬가지로 미국에서도 컴퓨터 프로그램의 법적 성질에 관한 논의가 있다.[660] 이러한 논의의 핵심에는 컴퓨터 프로그램이 동산인지 여부가 놓여 있다. 컴퓨터 프로그램의 법적 성질에 관한 논의는 다음에 살펴볼 컴퓨터 프로그램 거래의 법적 성질에 관한 논의에 대한 선결문제로서의 의의를 갖는다는 점은 독일에서와 마찬가지이다. 미국 통일상법전 제2편은 동산(good)의 매매계약을 규율하고 있는데, 컴퓨터 프로그램이 동산이라는 것이 전제되어야지만 그것의 거래에 미국 통일상법전 제2편의 적용가능성이 인정될 수 있기 때문이다.[661] 컴퓨터 프로그램을 동산으로 보고 그것의 거래를 매매로 본다

660) 컴퓨터 프로그램의 법적 성질에 관한 논의는 그 밖에도 컴퓨터 프로그램이 저작권법의 보호대상에 포함될 수 있는지 여부 및 특허권의 보호대상인지에 관한 논의들을 들 수 있을 것이다. 이러한 논의들은 이 책의 연구의 범위를 벗어나므로 논하지 않기로 한다.

661) 물론 미국에서 매매의 목적물이 될 수 있는 것은 동산에 한하는 것은 아니다. 그러나 미국에서도 동산의 매매를 기본으로 하고 그에 적용될 담보책임(warranty)규정들이 통일상법전에 담겨 있어 컴퓨터 프로그램을 동산으로 볼 수 있는지 여부는 매우 중요한 문제이다.

면 컴퓨터 프로그램 거래에는 미국 통일상법전 제2편의 규정이 적용될 것이지만, 컴퓨터 프로그램을 무체재산으로 보고 그것의 거래를 라이선스계약이라고 본다면 통일상법전이 적용될 수 없을 것이다. 그리고 컴퓨터 프로그램의 거래를 매매로 보는가 라이선스로 보는가는 미국 저작권법 § 109(a)에 규정된 최초판매원칙의 적용여부에 있어서도 중요한 의미를 갖게 된다. 그 밖에도 컴퓨터 프로그램의 거래에 부과되는 세금의 종류에 대한 선결문제로서의 의의도 갖게 된다고 한다.662)

2. 컴퓨터 프로그램이 미국 통일상법전 제2편의 동산인지 여부

컴퓨터 프로그램 거래가 미국 통일상법전 제2편의 적용대상인지는 미국 통일상법전 §2-102와 §2-105(1)에 의해 결정된다. §2-102는 통일상법전 제2편은 동산의 거래에 적용된다고 규정하고 있고,663) §2-105(1)는 동산(goods)이란 매매계약에 따른 특정(identification)시에 이전 가능한(movable) 모든 객체(thing)를 말한다고 규정하고 있다.664)

---

662) District of Columbia v. Universal Computer Assoc., Inc.,465 F.2d 615(D.C. Cir. 1972); Commerce Union Bank v. Tidwell, 538 S.W.2d 405 (Tenn. 1976); University Computing Co. v. Olsen, 677 S.W.2d 445 (Tenn. 1984); Greyhound Computer Corp. v. State Deat of Assessments & Taxation, 271 Md. 674, 320 A.2d 52 (1974); Bonna Lynn Horovitz, COMPUTER SOFTWARE AS A GOOD UNDER THE UNIFORM COMMERCIAL CODE: TAKING A BYTE OUT OF THE INTANGIBILITY MYTH, 65 B.U.L. Rev. 129(1985), at 147. 거래의 대상이 동산인가 아닌가에 따라서 세금의 종류가 달라지므로 컴퓨터 프로그램을 동산으로 파악할 것인지 여부가 세법에 있어서도 중요한 문제이다. 이러한 논의도 결국은 컴퓨터 프로그램이 동산인지 여부로 귀결될 수 있을 것이므로 이에 관한 자세한 설명은 생략하기로 한다.

663) U.C.C. §2-102는 "Unless the context otherwise requires, this Article applies to transactions in goods; it does not apply to any transaction which although in the form of an unconditional contract to sell or present sale is intended to operate only as a security transaction nor does this Article impair or repeal any statute regulating sales to consumers, farmers or other specified classes of buyers."라고 규정하고 있다.

664) U.C.C. §2-105(1)는 ""Goods" means all things (including specially manufactured goods) which are movable at the time of identification to the contract for sale other than the money in which the price is to be paid, investment

이러한 규정에 따르면 컴퓨터 프로그램이 동산에 해당하여야지만 그것의 거래에 통일상법전 제2편이 적용될 수 있게 된다. 이에 대하여 판례는 아직까지 통일된 입장을 보이지 못하고 있고, 학설도 긍정설과 부정설이 대립하고 있다.

가. 판례의 태도

1) 컴퓨터 프로그램을 동산으로 본 판결들

여러 사례에서 법원은 컴퓨터 프로그램이 동산인지에 대한 자세한 논의는 생략한 채 이를 당연한 전제로 삼고 컴퓨터 프로그램 거래에 미국 통일상법전 제2편이 적용된다고 판시하거나 컴퓨터 프로그램을 동산으로 판시하였다.[665] 이러한 판결들이 제시한 주요한 논거는 다음과 같다. 첫째로, 컴퓨터 프로그램은 하드웨어와 분리되어서는 고유의 기능을 하면서 존재할 수 없으므로 정보저장매체와 일체로 파악하여야 한다고 한다.[666] 둘째로, 컴퓨터 프로그램이 동산인지를 판단할 때에는 책, 음반, 비디오테이프가 동산인지를 판단하는 것과 동일한

---

securities(Article 8) and things in action. "Goods" also includes the unborn young of animals and growing crops and other identified things attached to realty as described in the section on goods to be severed from realty (Section 2-107).”라고 규정하고 있다.

665) RRX Industries v. Lab-Con, Inc., 772 F.2d 543 (9th Cir. 1985); Compu-Med Systems Inc. v. Cincom Systems Inc. No. 83 Civ. 8729 (S.D.N.Y. Aug. 30, 1984); W. R. Weaver Co. v. Burroughs Corp., 580 S.W.2d 76 (Tex. Civ. App., 1979); Hi Neighbor Enterprises v. Burroughs Corp., 492 F. Supp. 823 (N.D. Fla. 1980); In re C Tek Software, Inc. 117 Bankr. 762 (D.N.H. 1990); Pennsylvania & W. Virginia Supply Corp. v. Rose, 368 S.E.2d 101 (W.Va. 1988); Disclosure Information v. Comptroller, 72 Md.App, 381, 530 A.sd 8 (1987); Measurex Sys., Inc. v. State Tax Assessor, 490 A.2d 1192 (Me.1985); Hasbro Indus., Inc. v. Norberg, 487 A.2d 124 (R.I.1985); Citizens & SouthernSys., Inc. v. South Carolina Tax Comm'n, 280 S.C. 138, 311 S.E.2d 717 (1984); Comptroller of the Treas. v. Equitable Trust Co., 296 Md 459, 464 A.2d 248 (1983); Chittenden Trust Co. v. King, 143 Vt. 271, 465 A.2d 1100 (1983); Advent Systems Ltd. v. Unisis Corp. 925 F.2d 670, (3d Cir. 1991).

666) In re C Tek Software, Inc. 117 Bankr. 762 (D.N.H. 1990); In re Bedford Computer Corp., 62 Bankr. 555, 567 (D.N.H.1986).

기준이 적용되어야 한다고 한다. 컴퓨터 프로그램은 지적인 산물을 기초로 하여서 생산된 거래의 객체라는 점에서 책, 음반, 비디오테이프 등과 다르지 않으며, 책, 음반, 비디오테이프의 가치는 유형의 정보저장매체가 아니라 지적인 산물에 담겨있다고 해서 이를 동산이 아니라고 판단할 수 없는 것과 마찬가지로 컴퓨터 프로그램의 가치가 컴퓨터 프로그램 저작물에 있다고 해서 이를 동산이 아닌 것으로 판단할 수는 없다고 한다.[667)]

2) 컴퓨터 프로그램을 동산으로 보지 않은 판결들

앞의 판례들과는 달리 컴퓨터 프로그램이 동산인지에 관하여 의문을 제기하거나[668)] 컴퓨터 프로그램을 동산으로 보지 않는 판결들도 다수 존재한다.[669)] 주요 논거는 정보인 컴퓨터 프로그램 저작물과 정보저장매체는 분리하여야 한다는 것이다. 컴퓨터 프로그램 취득자가 취득하려는 것은 정보인 컴퓨터 프로그램이고 따라서 컴퓨터 프로그램의 가치는 컴퓨터 프로그램 저작물에 있는 것이지 정보저장매체에 있는 것이 아니라고 한다. 그러므로 컴퓨터 프로그램을 정보저장매체에 저장하였다고 하여서 그것을 일체로 파악하여서 동산으로 볼 것은 아니라고 한다.[670)]

---

667) Comptroller of the Treas. v. Equitable Trust Co., 296 Md 459, 464 A.2d 248 (1983).

668) Samuel Black Co. v. Burroughs Corp., 33 U.C.C. Reat 954 (D. Mass. 1981). 이 사례에서는 컴퓨터 프로그램이 동산인지는 의문이지만 결국에는 미국 통일상법전 제2편을 유추적용하였다; Hartford Mutual Insurance Co. v. Seibels, Bruce & Co., 579 F. Supp. 135 (D. Md. 1984).

669) Nothern Datacom v. City of Wallimgford, 212 Conn. 639, 563 A.2d 688 (1989); Touche Ross & Co. v. State Bd. of Equalization, 203 Cal.App.3d 1057, 250 Cal.Rptr. 408 (1988); Appeal of AT & T Technologies, Inc., 242 Kan. 554, 749 App.2d 1033 (1988); Compuserve, Inc. v. Lindley, 41 Ohio App.3d 260, 535 N.E.2d 360 (1987); in re Protest of Strayer, 239 Kan. 136, 716 App.2d 588 (1986); First Nat'l Bank of Springfield v. Department of Revenue, 85 Ill.2d 84, 421 N.E.2d 175 (1981); First Nat'l Bank of Fort Worth v. Bullock, 584 S.W.2d 548 (Tex. Ct. App., 1979).

670) Nothern Datacom v. City of Wallimgford, 212 Conn. 639, 563 A.2d 688 (1989).

나. 학설의 태도

1) 긍정설

컴퓨터 프로그램은 미국 통일상법전 제2편의 동산에 해당한다는 견해이다.[671] 이 견해는 그 근거로서 저작물인 컴퓨터 프로그램 저작물과 복제물인 컴퓨터 프로그램은 구별해야 한다는 점, 판례가 동산의 개념을 부동산, 채권(chose in action) 그리고 투자증권(investment securities)을 제외한 모든 종류의 목적물로 이해하고 있다는 점 등을 든다.[672] 이에 따르면 일반적으로 통일상법전 제2편의 동산에 해당하는 것으로 생각되는 다른 대상들-예컨대 책이나 음반-과의 비교는 컴퓨터 프로그램이 동산이라는 점을 더욱 분명하게 해준다고 한다.[673] 그리고 컴퓨터 프로그램이 동산인지에 관하여 견해가 일치하지 않는 것의 원인을 컴퓨터 프로그램과 관련한 용어의 사용이 통일되어 있지 않은 것과,[674] 컴퓨터 프로그램의 지적재산적 측면과 컴퓨터 프로그램을 담고 있는 유체인 저장매체를 혼동하는 것으로부터 찾고 있다.[675] 그밖에도 컴퓨터 프로그램을 거래하는 경우 컴퓨터 프로그램 공급자가 특정한 서비스를 함께 제공하기로 하는 혼합계약(mixed contract)을 체결하는 경우가 많은데 이러한 거래의 모습도 혼동의 원인이 되었다고 지적한다.[676] 이하에서는 긍정설의 논거 및 부정설에 대한 비판을 자세하게 살펴보도록 하겠다.

a. 논거

첫째, 긍정설에 따르면 비물질적 재산인 컴퓨터 프로그램 저작물

---

671) Andrew Rodau, COMPUTER SOFTWARE: DOSE ARTICLE 2 OF THE UNIFORM COMMERCIAL CODE APPLY?, 35 Emory L.J. 853(1986), at 862.

672) Lobianco v. Property Protection, Inc., 292 Pa. Super. 346, 437 A.2d 417(1981); Andrew Rodau, supra note 671, at 862.

673) Andrew Rodau, supra note 671, at 862.

674) Ibid., at 872은 컴퓨터 프로그램의 법적 성질을 정확하게 확정하기 위해서는 사용된 용어에 얽매일 것이 아니라 그 이면을 살펴보아야 하고 컴퓨터 프로그램이 개발단계 중 어디에 있으며 그것이 어떤 매체에 담겨있는지 살펴보아야 한다고 한다.

675) Andrew Rodau, supra note 671, at 863.

676) Ibid.

과 이것이 디스켓, 마그네틱테이프, CD 등 물질인 정보저장매체에 저장되어 있는 형태인 컴퓨터 프로그램을 구분하여야 한다고 한다.[677] 컴퓨터 프로그램 개발과정은 컴퓨터가 특정한 기능을 하도록 하는 아이디어로부터 출발하는데, 이 아이디어는 아직까지는 비물질적인 것이라고 한다. 이러한 아이디어는 컴퓨터 프로그램언어를 통하여 구체화되고 물질적인 매체에 저장되어야만 컴퓨터가 이해할 수 있는 컴퓨터 프로그램이 된다고 한다. 그리고 이 때 컴퓨터 프로그램을 담고 있는 매체는 유체물이므로 컴퓨터 프로그램은 동산에 해당한다고 한다.[678]

또한 컴퓨터 프로그램 거래에 있어서 거래의 대상물, 즉 우리가 동산에 해당하는지 검토하는 대상이 되는 것은 컴퓨터 프로그램 저작물이 아니라 그것의 복제물(software copy)이고 이 컴퓨터 프로그램 복제물은 상대방에게 이전될 수 있는(movable) 객체(thing)로서 미국 통일상법전 §2-105(1)에 규정된 동산의 요건을 갖추고 있으므로 동산으로 볼 수 있다고 한다.[679]

미국 저작권법은 §106(1)에서 저작권자의 배타적 권리를 규정하면서 저작물(copyrighted work)을 복제물(copy)의 형태로 생산할 수 있는 권리를 인정하고 있다. 그리고 저작권법 §101는 복제물(copies)을 저작물이 고정된 유체물을 말한다고 개념정의하고 있다. 또한 §202는 저작권과 저작권자에게 주어진 배타적인 권리는 저작물을 담고 있는 유

---

677) Andrew Rodau, supra note 671, at 876; Lothar Determann, Aaron Xavier Fellmeth, DON'T JUDGE A SALE BY ITS LICENSE: SOFTWARE TRANSFER UNDER THE FIRST SALE DOCTRINE IN THE UNITED STATES AND THE EUROPEAN COMMUNITY, 36 U.S.F. L. Rev. 1, at 29; David A. Rice, LICENSING THE USE OF COMPUTER PROGRAM COPIES AND THE COPYRIGHT ACT FIRST SALE DOCTRINE, 30 Jurimetrics J. 157(2001), at 166-167.

678) Andrew Rodau, supra note 671, at 875; Jean Braucher, CONTRACTING OUT OF ARTICLE 2 USING A "LICENSE" LABEL: A STRATEGY THAT SHOULD NOT WORK FOR SOFTWARE PRODUCTS, Loy. L.A. L. Rev. 261(2006), at 268.

679) Lothar Determann, Aaron Xavier Fellmeth, supra note 677, at 29; John A. Rothchild, THE INCREDIBLE SHRINKING FIRST-SALE RULE: ARE SOFTWARE RESALE LIMITS LAWFUL?, 57 Rutgers L. Rev. 1(2004), at 16.

체물(material object)에 대한 소유권과 구별되고, 저작물을 담고 있는 유체물에 대한 소유권의 이전은 저작물에 대한 권리의 이전을 초래하지 않으며, 반대로 저작권의 이전은 저작물을 담고 있는 유체물에 대한 소유권의 이전을 포함하지 않는다고 규정하고 있다. 이러한 미국 저작권법의 규정을 살펴보면 무형의 저작물과 유체물인 복제물은 구분되어야 하며 컴퓨터 프로그램 저작물의 복제물인 컴퓨터 프로그램은 유체물로서 미국 통일상법전 §2-105(1)에서 말하는 동산에 해당한다고 한다.[680)]

둘째, 저작권의 보호객체인 저작물로서의 컴퓨터 프로그램은 정보를 저장하는 유형의 매체와 결합되지 않은 채 존재할 수 없고, 정보저장매체가 컴퓨터 프로그램으로서 기능할 수 있는 생명을 부여하게 된다고 한다.[681)] 정보저장매체에 저장되는 컴퓨터 프로그램 저작물은 무형인 것이 사실이지만 정보저장매체에 저장되지 않은 컴퓨터 프로그램 저작물은 기능을 할 수 없고, 따라서 컴퓨터 프로그램의 거래는 정보를 저장하고 있는 정보저장매체의 거래로 판단하여야 하고 컴퓨터 프로그램을 저장하고 있는 정보저장매체는 동산임이 분명하다고 한다.[682)] 다시 말하면 컴퓨터가 특정한 기능을 수행하도록 하는 명령어는 허공에 떠서 존재할 수는 없다고 한다.[683)] 즉 저작권의 보호의 대상인 컴퓨터 프로그램과 정보저장매체는 일체로서 존재하는 것이고 이는 개념적으로는 구분할 수 있지만 컴퓨터 프로그램이 동산인지 여부를 판단함에 있어서는 이러한 개념적 구분은 타당하지 않다고 한다.[684)]

셋째, 미국 통일상법전 §2-105(1)는 동산(goods)은 매매계약에 따른 특정(identification)시에 이전 가능한(movable) 모든 객체(thing)를 말한다고 규정하고 있어 동산의 판단기준은 더 이상 인식가능성(tangibility)이

---

680) David A. Rice, supra note 677, at 166-167.

681) In re C Tek Software, Inc., 117 Bankr. 762., 768 (D.N.H.1990); Comshare, Inc. v. United States, 27 F.3d 1142 (6th Cir. 1994); Ruhama Dankner Goldman, supra note 658, at 159.

682) Ruhama Dankner Goldman, supra note 658, at 159-160.

683) Comtroller of the Treas. v. Equitable Trust Co., 296 Md. 459, 464 A.2d 248(1983).

684) Ibid.

아니라 이전가능성(movability)이라는 점을 근거로 든다.[685] 이에 의하면 미국 통일상법전 하에서는 어떤 객체가 동산인지의 여부는 그것의 이전가능성에 의하여 결정된다고 한다. 따라서 어떠한 객체가 동산이 되기 위해서는 그것이 특정가능하여야 하고 또한 이전가능하여야 한다고 한다. 특정가능성을 위해서는 객체가 존재할 것이 요구되지만 그것이 인간의 감각에 의해서 인식될 수 있을 것을 요하지는 않는다고 한다.[686] 이에 따르면 컴퓨터 프로그램은 그것이 매각되는 시점에 특정될 수 있고 이전될 수 있으므로, 컴퓨터 프로그램이 인간이 인식할 수 없는 컴퓨터에 대한 지시들로 구성되어 있다는 사실이 컴퓨터 프로그램이 미국 통일상법전 하의 동산의 범위에서 벗어나게 하지 않는다고 한다.[687] 또한 부동산, 채권(chose in action) 그리고 투자증권(investment securities)을 제외한 모든 종류의 목적물을 동산으로 이해하는 것이 판례의 태도이므로 컴퓨터 프로그램도 동산으로 이해하여야 한다고 주장한다.[688]

넷째, 컴퓨터 프로그램과 마찬가지로 인간의 지적인 산물을 담고 있는 다른 대상들-예를 들어, 책, 카세트테이프, 음악CD, 비디오테이프 등-은 모두 동산으로 취급되고 있는데 컴퓨터 프로그램만 이러한 것들과 달리 취급할 이유가 없다고 한다.[689] Andrew Rodau는 마그네틱 테이프에 음악을 저장한 경우에는 동산이 된다고 하고 컴퓨터 프로그램이 저장된 경우에는 동산이 아니라고 하는 것은 이상한 결과가 된다고 지적한다.[690]

그리고 마지막으로 컴퓨터 프로그램 거래에 사용제한규정이 포함되어 있더라도 그것이 컴퓨터 프로그램의 소유권 인정을 방해할 수 없다고 한다. 사용제한은 저작물인 컴퓨터 프로그램 저작물에 대한

---

685) Bonna Lynn Horovitz, supra note 662, at 138.

686) Fickeisen v. Wheeling Elec. Co., 67 W. Va. 335, 67 S.E. 788(W.Va. 1910)은 전기의 거래를 동산의 매매로 볼 수 있다고 한다; Bonna Lynn Horovitz, supra note 662, at 138.

687) Bonna Lynn Horovitz, supra note 662, at 151; Jean Braucher, supra note 678, at 268.

688) Andrew Rodau, supra note 671, at 862.

689) Andrew Rodau, supra note 671, at 878.

690) Ibid., at 880.

것이지 컴퓨터 프로그램에 대한 것은 아니라고 한다. 컴퓨터 프로그램 저작물과 컴퓨터 프로그램 복제물은 구별되어야 하는 것이고 우리가 거래하는 것은 컴퓨터 프로그램 복제물이고 그 복제물은 컴퓨터 프로그램 저작물을 포함하고 있으므로 이에 대한 사용제한을 하는 것일 뿐 당사자 간의 계약을 통해서 컴퓨터 프로그램 복제물이 동산인지 여부를 결정할 수는 없다고 한다.[691)]

b. 부정설에 대한 비판

부정설은 컴퓨터 프로그램의 사용자는 유형의 정보저장매체를 위하여 대가를 지불하는 것이 아니라 무형의 지적재산인 컴퓨터 프로그램 저작물을 위하여 대가를 지급하는 것이라고 주장한다. 즉 컴퓨터 프로그램의 경제적 가치는 무형의 지적재산이 가지고 있는 것이고 유형의 정보저장매체는 그 경제적 가치면에서 무시하여도 좋을 만큼의 가치만 가지고 있을 뿐이라고 한다. 이에 대하여 긍정설은 책이나 잡지, 음악CD, 비디오테이프 등의 경우에도 경제적 가치는 무형의 지적재산에 있고 정보저장매체에 있지 않지만, 그것들은 동산임이 분명하다고 비판한다.[692)] 그리고 컴퓨터 프로그램이 일단 컴퓨터에 설치되면 정보저장매체는 더 이상 가치가 없게 된다는 점에서 책, 음반, 비디오테이프 등과는 달리 취급해야 한다는 부정설의 주장에 대해서는 어떠한 객체가 특정한 시점에 그 가치를 잃게 된다는 점은 그 객체가 동산인지 여부를 판단하는 기준이 될 수 없다고 비판한다.[693)]

또한 부정설의 가장 큰 문제점은 저작권법의 보호대상으로서의 컴퓨터 프로그램 저작물과 거래의 대상인 컴퓨터 프로그램 복제물을 구분하지 않는 점이라고 비판한다.[694)] 컴퓨터 프로그램의 개발자는 자신이 개발한 컴퓨터 프로그램 저작물에 대한 저작권자로서 저작물을 타인이 사용할 수 있도록 라이선스하거나 저작물을 기초로 하여 제작된 복제물을 유통시킬 수 있는데, 컴퓨터 프로그램의 거래는 유형의

691) John A. Rothchild, supra note 679, at 19.

692) Andrew Rodau, supra note 671, at 879; Ruhama Dankner Goldman, supra note 658, at 155.

693) Ruhama Dankner Goldman, supra note 658, at 155.

694) John A. Rothchild, supra note 679, at 17-19.

정보저장매체에 저장된 컴퓨터 프로그램 복제물의 거래이지 컴퓨터 프로그램 저작물의 거래가 아니라고 한다.[695)]

마지막으로 컴퓨터 프로그램의 거래는 서비스의 거래라고 보아야 한다는 부정설의 주장에 대하여는 컴퓨터 프로그램을 거래할 때 컴퓨터 프로그램 외에 교육, 프로그램의 설치, 유지 및 보수 등의 서비스가 동일한 계약을 통하여 제공되는 것이 일반적인 현상이지만 이러한 현상은 컴퓨터 프로그램 거래에 특유한 것이 아니고 다른 목적물의 거래에 있어서도 흔히 발생하는 것으로서 혼합계약(mixed contract)의 처리에 관한 이론에 따라 해결할 문제이지 컴퓨터 프로그램 거래는 동산의 거래가 아니라 서비스의 거래라고 볼 것은 아니라고 비판한다.[696)]

2) 부정설

컴퓨터 프로그램은 정신적 노력의 산물로서 동산이 아니라는 견해이다. 이 견해의 논거와 긍정설에 대한 비판은 다음과 같다.

a. 논거

첫째, 컴퓨터 프로그램은 오로지 지적인 노력의 산물로서 저작권법에 의하여 보호되는 것이라고 한다. 즉 컴퓨터 프로그램의 본질은 컴퓨터로 하여금 특정한 기능을 수행하도록 하는 일련의 명령어로서 이를 저장하고 있는 유형의 매체와는 개념적으로 구분하여야 한다고 한다.[697)] 컴퓨터 프로그램 거래의 주된 목적은 정보저장매체를 취득하려는 것이 아니고 정보와 그 정보를 사용하기 위한 권리를 취득하는 데 있는 것이므로 컴퓨터 프로그램이 동산인지를 판단함에 있어서는 유형의 정보저장매체를 기준으로 할 것이 아니라 무형의 정보인

---

695) Andrew Rodau, supra note 671, at 862; John A. Rothchild, supra note 679, at 17-19.

696) Jean Braucher, supra note 678, at 268.

697) James A. Mogey, SOFTWARE AS UCC GOODS: A CRITICAL LOOK, 34 How. L.J. 299(1991), at 307; Alia Susann Zohur, ACKNOWLEDGING INFORMATION TECHNOLOGY UNDER THE CIVIL CODE: WHY SOFTWARE TRANSACTIONS SHOULD NOT BE TREATED AS SALES, Loy L. Rev. 461(2001), at 473.

컴퓨터 프로그램 그 자체를 대상으로 하여야 한다고 한다.[698)]

또한 정보저장매체에 저장되어서 거래되는 컴퓨터 프로그램도 일단 사용자의 컴퓨터에 설치되면, 정보저장매체에 저장되어 있는 컴퓨터 프로그램은 그 가치를 잃게 되는데 이는 컴퓨터 프로그램의 본질은 무형의 명령어에 있는 것이지 정보저장매체에 있는 것이 아니라는 점을 잘 보여주는 것이라고 한다. 따라서 정보저장매체의 유형성을 근거로 컴퓨터 프로그램의 유형성을 판단해서는 안 된다고 한다.[699)]

둘째, 컴퓨터 프로그램은 마그테틱 테이프, 천공카드, CD, DVD 등의 유형의 정보저장매체에 저장되지 않고도 다른 사람에게 전화선이나 인터넷을 통하여 또는 사람이 직접 컴퓨터에 입력하는 방식으로 이전될 수 있는 것으로 유형의 매체를 필수요소로 하는 것은 아니라고 한다.[700)] 따라서 컴퓨터 프로그램의 개념에는 유형의 정보저장매체가 포함되지 않아 이를 통일상법전 제2편의 동산으로 파악할 수 없다고 한다.[701)]

셋째, 컴퓨터 프로그램은 유형의 정보저장매체와는 구분되는 것이고, 정보저장매체는 컴퓨터 프로그램이 아닐 뿐만 아니라 컴퓨터 프로그램의 가치는 정보저장매체에 있지 않고 정보 그 자체에 있다고 한다.[702)] 컴퓨터 프로그램 구매자는 그 컴퓨터 프로그램이 수행하는 기능을 위해서 대가를 지급하는 것이지 정보저장매체를 취득하기 위해 대가를 지급하는 것은 아니라고 한다. 컴퓨터 프로그램이 수행하는 기능은 개발자의 기술과 지식, 노동력으로부터 발생하는 것이지 정보저장매체로부터 발생하는 것은 아니라고 한다.[703)] 정보를 정보저

---

698) Alia Susann Zohur, supra note 697, at 467.

699) James A. Mogey, supra note 697, at 302-303; Morris E. Fischer, WHY "SHRINK WRAP" LICENSING AGREEMENTS SHOULD BE ENFORCEABLE AGAINST SOFTWARE USERS KNOWLEDGEABLE OF THEIR EXISTENCE, 12 J. Suffolk Acad. L. 63(1998), at 76.

700) Compuserve, Inc. v. Lindley, 41 Ohio App.3d 260, 262-263, 535 N.E.2d 360, 363 (1987).: James A. Mogey, supra note 697, at 307.

701) James A. Mogey, supra note 697, at 307.

702) Morris E. Fischer, supra note 699, at 75은 컴퓨터 프로그램의 본질은 컴퓨터 프로그램 자체에 있는 것이고 정보저장매체는 단순한 전달수단일 뿐이라고 한다.

장매체에 담는다고 해서 이러한 사정에 변경이 생기는 것은 아니고 컴퓨터 프로그램은 여전히 무체재산으로 남게 된다고 한다.[704)]

넷째, 컴퓨터 프로그램은 책, 음반, 비디오테이프 등과는 다른 특징을 갖는 것으로서 이것들과 마찬가지로 미국 상법전 제2편의 동산으로 파악하는 것은 타당하지 않다고 한다. 컴퓨터 프로그램은 책, 음반, 비디오테이프 등과는 달리 그 품질이 저하됨 없이 거의 무시할 수 있는 비용과 노력만으로 복제하는 것이 가능하고, 일단 컴퓨터 프로그램이 컴퓨터에 설치되면 유형의 정보저장매체에 저장된 컴퓨터 프로그램은 소장의 목적을 제외한 사용가치는 거의 갖지 못하게 된다는 점에서 책, 음반, 비디오테이프 등과 동일하게 취급할 수는 없다고 한다.[705)] 컴퓨터가 특정한 기능을 수행하도록 조정하는 역할을 하는 것은 유형의 저장매체가 아니라 컴퓨터 프로그램 저작물 그 자체이며 정보저장매체는 일단 컴퓨터 프로그램이 컴퓨터에 설치되면 그 가치를 다하게 되나 컴퓨터에 설치된 프로그램의 가치는 계속 유지된다고 한다.[706)] 이와는 반대로 책, 음반, 비디오테이프 등은 유형의 정보저장매체에 무형의 정보가 저장되어 있는 그 형태 그대로 밖에 사용할 수 없으므로 그 형태를 유지하여야만 그 가치를 유지할 수 있어 컴퓨터 프로그램과는 구별되므로 이를 달리 취급해야 한다고 한다.[707)]

b. 긍정설에 대한 비판

긍정설은 저작물로서의 컴퓨터 프로그램 저작물과 거래의 대상인 컴퓨터 프로그램 복제물을 구분하여야 하고 컴퓨터 프로그램 거래의 대상은 정보저장매체에 저장된 컴퓨터 프로그램 복제물이라고 주장한다. 이에 대하여 부정설은 컴퓨터 프로그램 거래의 목적은 정보저장매체를 취득하는 데 있는 것이 아니고, 정보와 그 정보를 사용하는 데 필요한 권리를 취득하는 데 있는 것이므로 저작물인 컴퓨터 프로

703) Ibid.

704) Alia Susann Zohur, supra note 697, at 474.

705) James A. Mogey, supra note 697, at 303; Alia Susann Zohur, supra note 697, at 474; Morris E. Fischer, supra note 699, at 76.

706) Alia Susann Zohur, supra note 697, at 474.

707) Ibid.

그램 저작물 자체가 동산이 될 수 있는지 검토해야 하는 것이라고 비판한다.708) 또한 긍정설이 컴퓨터 프로그램을 다른 지적인 산물인 책이나 음반 비디오테이프 등과 비교하여 동산으로 취급되는 점에서 다를 바 없다고 하는 것은 서로 다른 대상을 피상적으로만 비교한 것으로 양자 간의 근본적인 차이를 간과하고 있는 것이라고 비판한다.709)

Ⅱ. 컴퓨터 프로그램 거래의 법적 성질

1. 논의의 배경: 컴퓨터 프로그램 라이선스 계약의 등장 배경

가. 특허권에 의한 보호의 한계

컴퓨터 프로그램 라이선스 계약이 왜 등장하게 되었는지를 살펴보기 위해서는 컴퓨터 프로그램에 대한 특허권법에 의한 보호의 문제점을 간략하게나마 이해하는 것이 필요하다. 먼저 컴퓨터 프로그램이 특허권에 의하여 보호를 받을 수 있는 대상인지 자체가 불분명하다.710) 또한 특허권에 의해서 보호를 받을 수 있다고 하여도, 컴퓨터 기술은 빠른 속도로 발전함에도 불구하고 특허권을 취득하는 데는 수년의 시간이 소요되는 것이 보통이라고 한다.711) 따라서 컴퓨터 프로그램에 대해서 특허권을 취득하였다고 하여도 이미 그 컴퓨터 프로그램의 경제적 가치는 대부분 상실되게 되는 실질적인 문제점이 있다.712) 또한 특허권자가 특허를 받은 아이디어를 활용해 생산한 제품

---

708) Ibid., at 467-470.

709) Bonna Lynn Horovitz, supra note 662, at 151; James A. Mogey, supra note 697, at 307; Morris E. Fischer, supra note 699, at 71.

710) Andrew Rodau, supra note 671, at 903; Thomas Lee Hazen, CONTRACT PRINCIPLES AS A GUIDE FOR PROTECTING INTELLECTUAL PROPERTY RIGHTS IN COMPUTER SOFTWARE: THE LIMITS OF COPYRIGHT PROTECTION, THE EVOLVING CONCEPT OF DERIVATIVE WORKS, AND THE PROPER LIMITS OF LICENSING ARRANGEMENTS, 20 U.C. Davis L. Rev. 105(1986), at 107.

711) Andrew Rodau, supra note 671, at 903; Thomas Lee Hazen, supra note 710, at 107.

712) Andrew Rodau, supra note 671, at 903; Elizabeth I. Winston, WHY SELL WHAT YOU CAN LICENSE? CONTRACTING AROUND STATUTORY

을 매각하면 그 제품에 대한 그 이후의 처분행위에는 개입할 수 없는 최초판매의 원칙이 특허법에도 적용되므로 컴퓨터 프로그램이 특허권의 대상이 된다고 하여도 특허권에 의한 보호만으로는 부족하게 된다고 한다.[713)]

나. 영업비밀(trade secret)에 의한 보호의 한계

컴퓨터 프로그램 개발자를 보호하기 위하여 가장 널리 사용되던 방법은 영업비밀에 의해서 보호하는 것이었다고 한다.[714)] 그러나 이러한 방법은 매우 전문화된 컴퓨터 프로그램 개발에 대하여만 적용이 가능하고, 컴퓨터 프로그램의 개발방법이 비밀로서 유지되고 있으며, 개발자의 통제하에 놓여 있을 것을 요건으로 하는 문제점이 있다고 한다. 따라서 다수의 사용자를 위하여 개발되는 표준 컴퓨터 프로그램이 일반화된 현재에 있어서는 영업비밀을 통하여 컴퓨터 프로그램 개발자를 보호하는 것은 매우 한정된 경우에만 가능하게 된다고 한다.[715)]

다. 저작권법에 의한 보호의 한계

컴퓨터 프로그램 개발자에 대한 특허권과 영업비밀에 의한 보호의 방법이 위와 같이 많은 문제점을 드러내게 되자 점점 더 저작권에 의한 컴퓨터 프로그램의 보호가 컴퓨터 프로그램 개발자에 대한 보호의 핵심적인 방법이 되었지만[716)] 컴퓨터 프로그램 개발자들은 저작권에 의한 보호에도 한계가 있다고 주장한다. 그 중 대표적인 것이 미국 저작권법 제109조의 소위 최초판매원칙(first sale doctrine), 제117조의 컴퓨터 프로그램에 대한 배타적 복제권의 제한 및 내용과 표현의 이

PROTECTION OF INTELLECTUAL PROPERTY, 14 Geo. Mason L. Rev. 93(2006), at 108.

713) Elizabeth I. Winston, supra note 712, at 108.

714) Andrew Rodau, supra note 671, at 903.

715) Ibid., at 904.

716) Christian H. Nadan, SOFTWARE LICENSING IN THE 21ST CENTURY: ARE SOFTWARE "LICENSES' REALLY SALES, AND HOW WILL THE SOFTWARE INDUSTRY RESPOND?, AIPLA Quarterly Journal Volume 32, Number4(2006), at267.

분론이라고 한다. 이와 같은 저작권법에 의한 컴퓨터 프로그램 보호의 한계로 인하여 개발자들은 저작권법에 의한 보호 외에도 자신들이 컴퓨터 프로그램 개발을 위하여 투자한 자본과 노력을 보호하기 위하여 계약법적 수단을 선택할 수밖에 없었다고 한다.[717)]

1) 저작권법 제109조

미국 저작권법 제106조는 저작권자에게 자신의 저작물로부터 복제물의 생산과 배포, 저작물의 사용 등에 관하여 배타적 권리를 부여하고 있다.[718)] 이에 의하면 저작권법에 의하여 보호를 받는 컴퓨터 프로그램 저작물은 저작권자의 동의없이 복제되거나 배포되어서는 안 된다.

한편 소위 최초판매원칙(first sale doctrine)이라고 불리는 저작권법 제109조(a)는 저작물의 복제물의 소유자(owner)는 저작권자의 동의 없이도 자신이 소유하고 있는 복제물을 판매하거나 다른 방법으로 처분할 수 있다고 규정하고 있다.[719)] 따라서 컴퓨터 프로그램이 유형의 매체에 저장되어 판매되면 사용자는 그 유형의 매체에 저장되어 있는 컴퓨터 프로그램을 자유롭게 판매하거나 다른 방법으로 처분할 수 있게 된다. 최초판매원칙은 컴퓨터 프로그램 복제물의 소유자만이 주장할 수 있는 것으로 저작권자로부터 소유권 이전이 없는 임대차, 리스,

---

717) Andrew Rodau, supra note 671, at 905; Elizabeth I. Winston, supra note 712, at 104; Christian H. Nadan, supra note 716, at 267-268; Thomas Lee Hazen, supra note 710, at 108; Robert J. Morrill, CONTRACT FORMATION AND THE SHRINK WRAP LICENSE: A CASE COMMENT ON PROCD, INC. V. ZEIDENBERG, 32 New Eng. L. Rev. 513(1998), at 519는 컴퓨터 프로그램 개발자들이 라이선스 계약을 사용한 것은 컴퓨터 프로그램이 저작권법에 의해서 보호받지 못하는 점을 보완하기 위한 방어적인 것이었는데, 컴퓨터 프로그램이 저작물로서 인정되는 현재에는 저작권법에 의해서 인정되는 컴퓨터 프로그램 취득자의 권리를 박탈하기 위한 공격적인 것으로 변화된 것이라고 설명한다.

718) 17 U.S.C. § 106.

719) 17 U.S.C. § 109(a). 최초판매원칙은 1908년 Bobbs-Merrill Co. v. Straus 사건에서 처음으로 인정된 후 1909년 저작권법에 명문으로 규정되었다고 한다. 이에 관하여 자세한 것은 Lothar Determann, Aaron Xavier Fellmeth, supra note 677, at 23-27참조.

사용대차 등을 통하여 컴퓨터 프로그램 복제물의 점유를 취득한 자는 이를 매각하거나 다른 방법으로 처분할 수 없다.[720]

따라서 컴퓨터 프로그램 공급자는 컴퓨터 프로그램 복제물에 대한 소유권을 자신이 계속 보유한 채 컴퓨터 프로그램 사용자에게 컴퓨터 프로그램 복제물에 대한 사용권만을 설정해 주는 라이선스계약을 체결함으로써 최초판매원칙의 적용을 회피하려고 한다.[721] 이러한 라이선스계약을 통하여 컴퓨터 프로그램을 공급하는 경우에는 최초판매의 원칙이 적용되지 않게 되어 컴퓨터 프로그램 공급자는 중고 컴퓨터 프로그램 시장이 형성되지 못하게 할 수 있을 뿐 아니라, 컴퓨터 프로그램이 사용자에게 가지는 가치에 따라서 가격을 차별할 수 있게 되어 자신의 이익을 극대화 할 수 있게 된다고 한다.[722]

2) 저작권법 제117조

컴퓨터 프로그램을 사용하기 위해서는 우선 컴퓨터 프로그램이 저장되어 있는 하드디스크로부터 그 컴퓨터 프로그램을 RAM에 읽어 들여야 하는데, 이러한 과정을 통하여 원복제물은 여전히 하드디스크에 남아 있는 채로, 인식가능하고 조작가능한 별개의 복제물이 램에 존재하게 되므로 복제가 일어나게 된다고 한다.[723] 따라서 컴퓨터 프로그램의 사용은 필연적으로 컴퓨터 프로그램의 복제행위를 포함하게 된다고 한다. 결국 사용자가 컴퓨터 프로그램의 복제물에 대한 소유

720) 17 U.S.C. § 109(d).

721) Andrew Rodau, supra note 671, at 906; Christian H. Nadan, supra note 716, at 275-284; Elizabeth I. Winston, supra note 712, at 104-107.

722) Christian H. Nadan, supra note 716, at 265, 275. 최초판매원칙이 적용되지 않으면 컴퓨터 프로그램 개발자는 자신이 개발한 컴퓨터 프로그램을 예컨대 교육용 컴퓨터 프로그램과 상업용 컴퓨터 프로그램 등으로 구분하여 서로 다른 가격에 공급할 수 있게 되고, 컴퓨터 프로그램 사용자는 컴퓨터 프로그램 복제물에 대한 소유권을 취득하지 못하므로 이를 제3자에게 판매할 수 없어 중고 컴퓨터 프로그램 시장이 형성될 수 없다고 한다.

723) 다수의 법원들도 컴퓨터 프로그램을 램에 저장하는 것을 저작권법상의 복제에 해당한다고 판시하였다. 가장 대표적인 것으로 MAI Sys. Corp. v. Peak Computer, Inc., 991 F.2d 511, 518 (9th Cir. 1993) 참조; Christian H. Nadan, supra note 716, at 270; Lothar Determann, Aaron Xavier Fellmeth, supra note 677, at 16.

권을 취득하였다 하더라도 이를 사용하기 위해서는 저작권자의 복제에 대한 동의를 필요로 하게 된다고 한다.[724] 이에 의회는 저작권법에 컴퓨터 프로그램의 소유자가 그것의 사용에 있어서 필수적 과정인 복제행위를 하는 것은 저작권침해가 되지 아니한다는 제117조를 추가하였다고 한다.[725] 제117조도 컴퓨터 프로그램 복제물의 소유권을 그 요건으로 하므로 매매계약이 아닌 라이선스 계약을 통하여 복제물을 유통시키게 되면 컴퓨터 프로그램 사용자들은 제117조의 적용을 주장하지 못하게 된다고 한다.[726]

저작권법 제109조는 컴퓨터 프로그램 복제물의 매수인이 자신이 소유권을 취득한 복제물을 자유롭게 처분하는 것을 가능하게 해 주었지만 저작권법 제117조가 존재하지 않는다면 컴퓨터 프로그램 취득자는 그 컴퓨터 프로그램을 사용하기 위해서는 여전히 저작권자의 동의를 얻어야 하므로 저작권법 제117조는 제109조를 완성시키는 기능을 하게 된다고 한다.[727] 따라서 저작권법 제109조와 제117조로 인하여 컴퓨터 프로그램 복제물의 매수인은 자신이 매수한 복제물을 다시 매도하는 것이 가능해지고 이를 통하여 중고 컴퓨터 프로그램의 거래를 위한 시장이 형성될 수 있게 되었다.[728] 그러나 중고 컴퓨터 프로그램시장이 형성되면 컴퓨터 프로그램 개발자들은 가격차별정책을 통하여 자신의 이익을 극대화할 수 없게 되므로 이를 피하기 위하여 컴퓨터 프로그램 개발자들은 매매가 아닌 라이선스계약을 통하여 저작권법 제109조와 제117조의 적용을 회피하는 거래방식을 선호하게 되었다고 한다.[729]

3) 내용과 표현의 이분론

저작권은 저작물의 내용을 보호대상으로 하는 것이 아니라 그 표

---

724) Christian H. Nadan, supra note 716, at 270; Lothar Determann, Aaron Xavier Fellmeth, supra note 677, at 16.
725) 17 U.S.C. § 117.
726) Lothar Determann, Aaron Xavier Fellmeth, supra note 677, at 18.
727) Ibid., at 17.
728) Christian H. Nadan, supra note 716, at 271.
729) Christian H. Nadan, supra note 716, at 274.

현방법을 보호하는 것을 그 목적으로 한다.[730] 따라서 컴퓨터 프로그램의 알고리즘이나 개발과정에서 사용되는 데이터베이스 등은 재산적 가치가 있는 정보임에도 불구하고 저작권법에 의해서 보호되지 못한다.[731] ProCD, Inc. v. Zeidenberg 사례는 이러한 점을 잘 보여준다.[732] 원고인 ProCD사는 9500만개 이상의 전화번호 데이터를 수집하여 이를 검색할 수 있는 컴퓨터 프로그램인 Select Phone™을 만들어 CD에 담아 판매하였다. 피고인 Matthew Zeidenberg는 Select Phone™ CD를 구매하여 여기에 담긴 전화번호 정보를 자신이 개발한 컴퓨터 프로그램을 통하여 인터넷으로 검색할 수 있는 서비스를 제공하였다. ProCD사가 수집한 전화번호 데이터베이스는 저작권법에 의하여 보호되는 독창적인 표현(original expression)이 아니라 순수한 정보이므로 Matthew Zeidenberg가 이를 이용하는 행위는 저작권법으로는 규율할 수 없다고 한다.[733] 따라서 ProCD사로서는 막대한 시간과 자본을 들여 수집한 재산적 가치가 있는 정보를 보호하기 위해서는 컴퓨터 프로그램 사용자에게 알고리즘이나 데이터베이스에 대한 사용금지의무 등을 부과하는 라이선스계약에 의존할 수밖에 없다고 한다.[734]

라. 컴퓨터 프로그램 공급자의 책임의 면제

컴퓨터 프로그램 공급자가 매매 대신에 라이선스의 방법을 통하여 컴퓨터 프로그램을 거래하려는 주된 이유 중 하나는 컴퓨터 프로그램 거래에서 공급자가 부담하게 될지도 모르는 책임을 제한하는 규정을

730) Apple Computer Inc., v. Franklin Computer Corp., 714 F.2d 1240, 1252-53(3d Cir. 1983); Feist Publications, Inc., v. Rural Telephone Servs. Co., 499 U.S. 340, 345(U.S. 1991); Andrew Rodau, supra note 671, at 905; Thomas Lee Hazen, supra note 710, at 108; 미국 저작권법 § 102(b)는 "In no case does copyright protection for an original work of authorship extend to any idea, procedure, process, system, method of operation, concept, principle, or discovery, regardless of the form in which it is described, explained, illustrated, or embodied in such work"라고 규정하여 표현만이 저작권법의 보호대상임을 명문으로 규정하고 있다.

731) Andrew Rodau, supra note 671, at 905; Thomas Lee Hazen, supra note 710, at 108.

732) ProCD, Inc. v. Zeidenberg, 86 F.3d 1447, 1450 (7th Cir. 1996).

733) Ibid.

734) Robert J. Morrill, supra note 717, at 520; Andrew Rodau, supra note 671, at 906.

두기 위한 것이라고 한다.[735)]

거대한 기업들도 그 운영을 위하여서 순전히 특정한 컴퓨터 프로그램에 의존하게 되면서, 컴퓨터 프로그램에 하자가 있는 경우 개발자는 막대한 액수의 손해배상책임을 부담하게 될 것인데, 이러한 책임을 제한하는 조항을 추가하기 위해서 라이선스 계약을 선호하게 된다고 한다.[736)] 미국 통일상법전 제2편 동산의 매매계약에 대하여는 당사자 사이에 명시적 약정이 존재하지 않아도 묵시적 담보에 관한 통일상법전의 규정들이 적용된다. 이러한 묵시적 담보에 관한 규정들은 강행규정은 아니지만 그 적용을 배제하기 위해서는 그러한 배제가 합리적이어야 하고, 명시적으로 합의되어야 한다.[737)] 컴퓨터 프로그램을 매매가 아닌 라이선스의 방법으로 거래하는 경우에는 미국 통일상법전 제2편이 적용되지 않으므로 이러한 제한없이 프로그램 개발자의 담보책임을 제한할 수 있다고 한다.[738)] 그리고 컴퓨터 프로그램 개발자의 책임을 제한하는 조항 그 자체는 라이선스계약은 아니지만 라이선스계약과 함께 컴퓨터 프로그램의 복제물에 수반되는 대세적 효력을 갖게 된다고 한다.[739)]

마. 기타의 사용제한의 가능성

컴퓨터 프로그램의 복제물에 대한 소유권을 이전하게 되면 사용자는 자유롭게 자신이 취득한 복제물을 사용할 수 있게 된다. 예컨대 사용자는 컴퓨터 프로그램을 네트워크의 서버에 설치하고 그 네트워크에 연결된 제3자들로 하여금 서버에 존재하는 컴퓨터 프로그램이 복제되지 않고도 그것을 사용할 수 있게 하는 것이 가능하다. 따라서 컴퓨터 프로그램 개발자들은 라이선스 계약을 통하여 컴퓨터 프로그

---

735) Christian H. Nadan, supra note 716, at 266, 280; Elizabeth I. Winston, supra note 712, at 116. 그에 따르면 컴퓨터 프로그램이 판매되는 것이 아니라 라이선스 되면 미국 통일상법전 매매편의 규정이 적용되지 않고 따라서 매매에 적용되는 묵시적 담보책임(implied warranty)규정의 적용도 없게 된다고 한다.

736) Elizabeth I. Winston, supra note 712, at 116.

737) U.C.C. § 2-316.

738) Elizabeth I. Winston, supra note 712, at 116.

739) Christian H. Nadan, supra note 716, at 296.

램을 상업적인 목적으로는 사용하지 않을 의무, 서버용 컴퓨터에는 설치하지 않을 의무 또는 컴퓨터 프로그램을 타인에게 사용하도록 하지 않을 의무 등을 부과하여 컴퓨터 프로그램의 사용에 제한을 가하려는 노력을 하고 있다.[740)]

바. 라이선스의 대세적 효력

컴퓨터 프로그램의 개발자는 이상에서 살펴본 라이선스계약 내용들을 컴퓨터 프로그램의 복제물에 대한 매매계약을 체결하면서 그 계약의 조건으로 할 수도 있다. 그러나 이와 같은 방법으로 컴퓨터 프로그램 사용자의 권리를 제한하는 것은 실제로 큰 효과가 없다고 한다. 매매계약을 체결하면서 처분금지의 약정을 하거나 일정한 목적으로만 사용하기로 하는 약정을 하는 경우 그 약정은 매매계약의 당사자 간에만 구속력이 생기며, 만일 매수인이 처분금지의 약정을 위반하여 자신이 매수한 컴퓨터 프로그램을 제3자에게 매도하면 컴퓨터 프로그램의 개발자는 단지 그의 매매계약의 상대방인 최초의 매수인에 대하여서만 계약위반의 책임을 물을 수 있을 뿐이고, 제3자는 컴퓨터 프로그램 개발자와 아무런 계약관계도 없을 뿐만 아니라 최초판매의 원칙에 따라서 그 컴퓨터 프로그램 복제물에 대하여 적법하게 소유권을 취득하게 되므로, 컴퓨터 프로그램의 개발자는 그 제3자에게 계약위반 책임이나 저작권침해 책임을 물을 수 없게 된다고 한다.[741)]

이에 반해 컴퓨터 프로그램을 라이선스를 통하여 유통시키는 경우 라이선스 취득자는 자신이 가진 권리 이상을 제3자에게 양도할 수 없으므로, 만일 교육용으로만 라이선스를 취득한 자가 상인에게 라이선스를 양도하고 그 상인이 이를 상업용으로 사용하는 경우에는 컴퓨터 프로그램 개발자는 그 상인에 대하여 저작권 침해의 책임을 물을 수 있다고 한다.[742)] 그리고 미국 저작권법은 선의의 침해자에 대한 면책 규정을 알지 못하므로 제3의 라이선스 취득자가 선의인 경우에도 달라질 것이 없다고 한다.[743)] 이처럼 라이선스에 따른 제한은 채권적인

---

740) Andrew Rodau, supra note 671, at 905; Elizabeth I. Winston, supra note 712, at 118.
741) Christian H. Nadan, supra note 716, at 286-287.
742) Ibid., at 287.

것이 아니고 컴퓨터 프로그램 복제물에 수반되는 물권적인 것이라고 한다.[744] 이러한 이유로 컴퓨터 프로그램의 개발자들은 매매계약이 아닌 라이선스 계약을 선호하게 된다고 한다.

2. 판례의 태도

가. 라이선스계약의 성립을 인정한 판례

1) MAI Systems Corp. v. Peak Computer Inc.사례

MAI Systems Corp. v. Peak Computer Inc.사례[745]에서 MAI Systems는 컴퓨터와 함께 프로그램을 거래하면서 그 거래를 라이선스라고 불렀으며 그에 따르면 제3자는 컴퓨터 프로그램을 사용하거나 복제할 수 없었다. 피고인 Peak Computer는 MAI Systems로부터 컴퓨터와 컴퓨터 프로그램을 취득한 자와 컴퓨터 시스템을 유지·보수하기로 하는 계약을 체결하였다. 이 계약을 이행하기 위하여 피고는 MAI Systems가 공급한 컴퓨터 시스템을 작동시키게 되었고, 이에 대하여 MAI Systems는 피고를 상대로 저작권 침해를 이유로 소송을 제기하였다. 법원은 컴퓨터 프로그램을 RAM에 읽어들이는 것도 복제에 해당하며, 따라서 이러한 피고의 행위는 저작권자의 동의를 요한다고 판단하였

743) Microsoft Corp. v. Harmony Computers & Elecs., Inc., 846 F. Supp 208, 211, 31 U.S.P.Q.2d(BNA) 1135, 1137(E.D.N.Y. 1994). 이 사례에서 마이크로소프트사는 컴퓨터 하드웨어 제조업체에게 마이크로소프트사의 프로그램을 하드웨어와 설치하여서만 판매할 수 있는 라이선스를 주었는데, 하드웨어 제조업체는 이에 반하여 마이크로소프트사의 프로그램만을 판매하였다. 선의로 이러한 컴퓨터 프로그램을 취득한 피고에 대하여 마이크로소프트사는 저작권 침해를 이유로 소송을 제기하였고 법원은 마이크로소프트사에게 승소판결을 하였다. 이와 비슷한 독일의 사례에서 독일 연방대법원은 마이크로소프트사가 하드웨어 제조업체에 컴퓨터 프로그램을 판매하는 순간 최초판매의 원칙이 적용되고 그 후에는 그 컴퓨터 프로그램 복제물은 자유롭게 처분될 수 있다고 하여 마이크로소프트사의 청구를 기각하였다. BGH Urt. v. 06. 07. 2000 - I ZR 244/97, MMR 2000, 749 ff.

744) Christian H. Nadan, supra note 716, at 288.

745) MAI Sys. Corp., v. Peak Computer, Inc., 991 F.2d 511, 517-20, 26 U.S.P.Q.2d (BNA) 1458, 1463-64 (9th Cir. 1993).

다.[746] 그러나 특별한 이유를 설명하지 않은 채 단순히 MAI Systems가 사용한 라이선스계약에서 MAI Systems의 컴퓨터 프로그램은 라이선스 취득자에 의해서만 사용될 수 있으며 MAI Systems의 서면에 의한 동의가 없으면 제3자에게 접근할 수 있도록 하여서는 안 된다는 약정을 원용하며 피고는 적법한 라이선스 취득자가 아니므로 MAI Systems의 컴퓨터 프로그램을 복제할 수 없고 따라서 원고의 저작권을 침해하였다고 하여 원고승소 판결을 하였다.[747] 이 판례는 다른 요소들은 고려하지 않은 채 컴퓨터 프로그램의 공급자가 그것의 거래를 명명한 바에 따라서 그 거래의 성질을 라이선스계약으로 판단하였다는 점에 의미가 있다고 한다.[748]

2) Microsoft Corp. v. Harmony Computers & Electronics, Inc. 사례

Microsoft Corp. v. Harmony Computers & Electronics, Inc.사례에서 법원은 MAI Systems Corp.사례에서 한 걸음 더 나아가 Microsoft사는 단지 컴퓨터 프로그램을 라이선스하였고, 최초판매원칙을 주장하는 자가 문제가 된 컴퓨터 프로그램의 복제물이 저작권자에 의해서 판매되었다는 사실을 입증해야 한다고 판시하였다.[749] Harmony Computers & Electronics사는 Microsoft사로부터 MS-DOS와 Windows를 하드웨어에 설치하여서만 배포할 수 있는 라이선스를 취득한 중간상인으로부터 Windows를 하드웨어에 설치되지 않은 상태로 취득하여 이를 소비자들에게 판매하였다. 이에 대하여 Microsoft사는 Harmony Computers & Electronics사를 저작물에 대한 배포권 침해를 이유로 제소하였고, Harmony Computers & Electronics사는 저작권법상의 최초판매원칙이 적용되어 저작권침해가 성립하지 않는다고 항변하였다.[750] 법원은 Microsoft사는 Harmony Computers & Electronics사에게 저작물을 배포할 권리를 라이선스한 사실이 없으며, 최초판매원칙을 주장하는 자가

746) Ibid.

747) Ibid.

748) Christian H. Nadan, supra note 716, at 299.

749) Microsoft Corp. v. Harmony Computers & Electronics, Inc., 846 F. Supp. 208., at 212(E.D.N.Y.,1994).

750) Ibid.

자신이 취득한 저작물의 복제물의 유통경로를 추적하여 저작권자가 배포자에게 저작물의 복제물을 매매할 수 있는 권한을 주었다는 사실을 입증해야 할 입증책임을 부담한다고 하면서, Harmony Computers & Electronics사는 이러한 사실을 입증하지 못하였고 따라서 최초판매원칙의 적용을 주장할 수 없다고 하였다.[751)]

3) Adobe Systems Inc. v. One Stop Micro, Inc. 사례

Adobe Systems Inc. v. One Stop Micro, Inc. 사례에서 Adobe사는 자신의 컴퓨터 프로그램을 교육용과 일반용으로 나누어 교육용은 일반용보다 싼 가격에 일반용과 다른 유통망을 통하여 유통시켰다. 그런 과정에서 Adobe사는 교육용 컴퓨터 프로그램 판매업자들과 "0n Campus Reseller Agreement(OCRA)"를 체결하여 컴퓨터 프로그램을 교육용으로 사용할 최종사용자에게만 유통시키기로 합의하였다. 피고인 One Stop Micro사는 Adobe사와 위와 같은 계약을 체결한 유통업자가 아니었는데 Abode와 위와 같은 계약을 체결한 유통업자로부터 교육용 컴퓨터 프로그램을 취득하여 이를 보다 높은 가격으로 일반 사용자에게 유통시켰다.[752)] 그러자 Adobe사는 One Stop Micro사를 배포권 침해를 이유로 제소하였고 One Stop Micro사는 Adobe는 교육용 컴퓨터 프로그램 유통망을 통하여 컴퓨터 프로그램을 "판매"하였으므로 최초판매원칙이 적용되어 그 판매된 컴퓨터 프로그램의 이후의 처분에 대한 모든 제한들은 무효가 되었다고 주장하였다.[753)]

법원은 Adobe사와 유통업자 사이의 약정(OCRA)이 매매계약인지 아니면 라이선스 계약인지를 결정하기 위해서는 OCRA를 해석하여야 하는데, 이 때 해석의 기준이 되는 것은 계약당사자 상호의 의사(intention)라고 하면서, 당사자의 의사는 계약에 사용된 언어가 명백하고 의미가 분명한 경우에는 그 계약상의 언어로부터만 추출될 수 있고, 계약상의 언어가 명백하지 않거나 그 의미가 분명하지 않은 경우

751) Ibid.
752) Adobe Systems Inc. v. One Stop Micro, Inc., 84 F. Supp. 2d 1086, at 1086 (N.D.Cal.,2000).
753) Ibid.

에는 거래관행 같은 외부의 증거(extrinsic evidence)들을 사용할 수 있을 것이라고 한다.[754] OCRA를 살펴보면 "배포자는 Adobe의 컴퓨터 프로그램을 '판매할 권리(right to purchase)'를 갖는다"는 등의 조항이 포함되어 있어 이러한 조항은 OCRA가 매매계약이라고 말해준다고 한다.[755] 한편 배포자들의 처분에 대한 수많은 제한들이 포함되어 있어 이러한 규정들은 매매계약과는 조화될 수 없는 것이라고 한다. 따라서 계약의 언어는 그 의미가 분명하지 않으므로 외부의 증거에 의해서 OCRA를 해석해야 한다고 한다.[756] 이러한 외부증거로서 법원은 Adobe사의 부회장의 진술, Adobe사와 OCRA를 체결한 배포자의 진술 그리고 컴퓨터 프로그램 산업계의 전문가의 진술을 청취하였다. OCRA의 당사자들은 모두 라이선스 계약을 체결할 의도를 가지고 있었다고 진술하였고 컴퓨터 프로그램 산업계의 전문가는 컴퓨터 프로그램의 '판매', '매매', '매수' 등의 용어를 사용하지만 이는 이러한 용어 사용이 편리하고 익숙하기 때문일 뿐이며 컴퓨터 프로그램은 매매되는 것이 아니라 라이선스 되는 것이라는 사실은 컴퓨터 프로그램 산업계에서는 이미 모두가 알고 있는 사실이라고 진술하였다. 법원은 이러한 진술들과 OCRA의 내용 중 각종의 처분에 대한 제한들을 근거로 하여 매매계약이 아니라 라이선스계약이 체결되었다고 판시하였다.[757]

4) Adobe Systems Inc. v. Stargate Software, Inc. 사례

Adobe Systems Inc. v. Stargate Software, Inc. 사례[758]의 사실관계는 Adobe Systems Inc. v. One Stop Micro, Inc. 사례의 사실관계와 유사하다. Adobe사는 교육용 컴퓨터 프로그램 배포자들과 "0n Campus Reseller Agreement(OCRA)"를 체결하여 컴퓨터 프로그램을 교육용으로 사용할 최종사용자에게만 유통시키기로 합의하였고, Stargate Software사는 이러한 배포자들로부터 교육용 컴퓨터 프로그램을 취득하여 이를 일반 사

754) Ibid., at 1090.

755) Ibid.

756) Ibid., at 1091.

757) Ibid., at 1092.

758) Adobe Systems, Inc. v. Stargate Software Inc., 216 F. Supp .2d 1051 (N.D.Cal.,2002).

용자들에게 유통시켰다. 이에 대하여 Adobe사는 Stargate Software사를 저작권 침해를 이유로 제소하였다.[759] 이에 대하여 Stargate Software사는 OCRA는 OCRA의 '경제적 실체(economic reality)'는 개별 교육용 컴퓨터 프로그램 복제물에 대한 매매계약이고, OCRA의 어디에도 '개별 교육용 컴퓨터 프로그램 복제물'에 대한 소유권을 Adobe사에게 유보한다는 조항이 없으므로 자신들에게는 최초판매원칙이 적용되어 저작권 침해에 해당하지 않는다고 항변하였다.[760]

법원은 우선 컴퓨터 프로그램과 컴퓨터 프로그램 복제물의 개념을 구분하면서 무형의 컴퓨터 프로그램을 담고있는 CD는 그 자체로는 가치가 거의 없으며, 컴퓨터 프로그램 취득자는 CD가 아니라 CD에 담겨있는 컴퓨터 프로그램을 취득하기 위하여 그 대가를 지급하는 것이고 이것이 바로 컴퓨터 프로그램 거래의 '경제적 실체'라고 전제하였다.[761] 그러나 최초판매원칙의 적용여부는 컴퓨터 프로그램 복제물의 소유권이 이전되었는지에 의하여 결정된다고 보았다.[762] 결론에 있어서는 Adobe Systems Inc., v. One Stop Micro, Inc. 사례의 결론을 원용하며 OCRA의 수많은 처분권제한조항들과 계약당사자들의 라이선스계약을 체결할 의도였다는 진술을 근거로 OCRA는 라이선스계약이며 따라서 최초판매원칙은 적용되지 않는다고 하였다.[763]

나. 매매계약의 성립을 인정한 판례

1) Step-Saver Data Systems, Inc. v. Wyse Technology 사례

원고인 Step-Saver Data Systems사는 피고인 Wyse Technology사로부터는 하드웨어를, 역시 피고인 The Software Link(TSL)사로부터는 Multilink Advanced라는 컴퓨터 프로그램을 구매하여 서버용 컴퓨터를 만들어 판매하는 회사이다. 원고는 전화를 통하여 TSL사에 Multilink Advanced를 주문하고 TSL사는 이를 받아들이고 즉시 주문한 Multilink

759) Ibid., at 1052.
760) Ibid., at 1055.
761) Ibid.
762) Ibid.
763) Ibid., at 1056-1060.

Advanced를 발송하겠다고 답하였다. 전화를 통한 주문 후 원고는 TSL사에 주문한 Multilink Advanced의 수량, 가격, 발송 및 대금지급 조건들을 명시한 주문서를 보냈고, TSL사는 전화주문 후 즉시 Multilink Advanced의 수량, 가격, 발송 및 대금지급 조건들을 명시한 주문확인서를 동봉하여 주문한 Multilink Advanced를 발송하였다. 원고에게 도달한 Multilink Advanced의 포장에는 "Limited Use License Agreement"가 인쇄되어 있었고 그 라이선스 약정에는 TSL사의 컴퓨터 프로그램은 판매되는 것이 아니고 개인적으로 그것을 사용할 수 있도록 라이선스하는 것이라는 내용, TSL사는 디스켓 자체에 하자가 있는 경우를 제외하고는 모든 하자담보책임을 면한다는 내용, 그리고 컴퓨터 프로그램의 포장을 뜯으면 License계약의 조건에 동의하는 것으로 간주된다는 내용이 포함되어 있었다.[764)]

원고가 제작한 서버가 제대로 작동하지 않자 그 구매자들이 원고를 상대로 하자담보책임을 물어 소를 제기하였고, 원고는 피고들을 상대로 하자담보책임을 물어 소를 제기하였다.[765)] 이에 대하여 TSL사는 TSL사와 원고 사이의 계약은 원고가 전화로 Multilink Advanced를 주문하고 TSL사가 이를 받아들인 때 성립하는 것이 아니라, 원고가 주문한 컴퓨터 프로그램을 수령하고 라이선스의 내용을 살펴본 후 그 포장을 뜯는 순간 성립하게 된다고 하면서, 그 라이선스 계약에 따라서 자신은 모든 하자담보책임을 면하게 된다고 주장하였다.[766)]

법원은 컴퓨터 프로그램은 미국 통일상법전 § 2-102에 따른 동산이며, 원고와 TSL사 간의 전화주문을 통하여 주문하는 목적물, 그 수량 및 가격이 특정되었으므로 매매계약의 성립을 인정하기에 충분히 계약내용이 특정되었다고 판단하였다.[767)] 그리고 Multilink Advanced의 포장에 인쇄되어 있는 "Limited Use License Agreement"는 이미 체결된 계약의 내용을 변경하기 위한 새로운 청약이며 이에 대하여 원고의

---

764) Step-Saver Data Systems, Inc. v. Wyse Technology, 752 F.Supp. 181 at 93-96 (E.D.Pa.,1990).

765) Ibid., at 96.

766) Ibid., at 97.

767) Ibid., at 100.

명시적 승낙이 존재하지 않으므로 License의 내용은 계약내용이 될 수 없다고 판시하였다.[768] 그러면서 법원은 컴퓨터 프로그램 복제물의 사용에 대한 라이선스는 컴퓨터 프로그램이 저작권에 의하여 보호되는 대상인지가 불명확하던 시대, 그리고 저작권에 의한 컴퓨터 프로그램 저작물의 보호가 인정되었지만 그것의 복제물을 소유자가 임대하는 것이 금지되어 있지 않던 시대에 영업비밀을 보호하기 위해서 시작된 것이므로, 컴퓨터 프로그램 저작물이 저작권에 의하여 보호되는 저작물에 해당됨을 명문으로 규정하고 그것의 복제물의 취득자가 그것을 임대하지 못하도록 하는 저작권법의 개정 이후에는 컴퓨터 프로그램 거래의 본질을 라이선스계약으로 파악하는 것은 완전히 시대착오적인(largely anachronistic) 것이라고 비판하였다.[769]

2) Arizona Retail Systems, Inc. v. Software Link, Inc. 사례

Arizona Retail Systems, Inc. v. Software Link, Inc. 사례의 사실관계는 Step-Saver Data Systems, Inc. v. Wyse Technology 사례의 사실관계와 유사하다. 서버용 컴퓨터의 제작과 판매를 하는 Arizona Retail Systems(ARS)사는 The Software Link(TSL)사의 서버용 프로그램인 PC-MOS를 사용하여 서버를 제작하여 판매하고자 하였다. ARS사는 TSL사에게 PC-MOS의 시험판과 정식제품을 각각 보내줄 것을 요청하고 시험판을 사용해 본 후 마음에 들면 정식제품을 구매하기로 하였다. TSL사가 보내온 정식제품의 포장에는 “Limited Use License Agreement"가 인쇄되어 있었고 그 내용은 Step-Saver사례의 경우와 같다. ARS사는 시험판을 사용한 후 정식제품의 포장을 뜯어서 계속 사용하였다. 그 후 ARS사는 전화를 통하여 추가로 PC-MOS를 주문하였고 TSL사는 이를 승낙하였다. ARS사가 서버를 제작하여 판매한 직후 PC-MOS의 문제점이 드러났고 ARS사는 TSL사를 상대로 하자담보책임을 근거로 제소하였고, TSL사는 License의 내용 중 담보책임면책조항을 근거로 항변하였다.[770]

---

768) Ibid., at 105.

769) Ibid., at 96.

770) Arizona Retail Systems, Inc. v. Software Link, Inc., 831 F.Supp. 759 at

이에 대하여 법원은 ARS사의 처음의 구매와 그 이후의 구매를 구별하여 처음의 구매에서 계약이 체결된 시점은 ARS사가 PC-MOS의 포장을 뜯는 순간이며 따라서 License의 내용들이 계약내용이 된다고 판시하였다.[771] 그러나 그 이후의 구매에 관하여는 Step-Saver사례를 원용하며 같은 이유로 License의 내용은 매매계약의 내용이 될 수 없다고 판시하였다.[772]

3) DSC Communications Corp. v. Pulse Communications, Inc. 사례

원고인 DSC Communications사는 전자식 전화교환기에 사용되는 'Litespan'이라는 컴퓨터 프로그램을 개발하여 이를 'Plain Old Telephone Service(POTS) Card'에 담아서 전자교환기에 결합하여 사용할 수 있도록 하였다. 피고인 Pulse Communications사는 POTS Card를 대체할 수 있는 프로그램을 개발하기 위해서 원고로부터 배포권을 취득한 배포자로부터 POTS Card를 구입하여 여기에 담긴 Litespan을 컴퓨터에 옮겨 이를 역분석(reverse engineering)하였다. 그러자 원고는 피고를 저작권 침해를 이유로 제소하였고 피고는 자신의 행위는 미국 저작권법 제117조에 따라 그 컴퓨터 프로그램을 사용하기 위한 필수적 복제행위이므로 저작권자의 동의없이도 할 수 있다고 항변하였다.[773]

이에 대하여 법원은 저작권법 제117조가 적용되기 위해서는 복제행위를 한 자가 그 컴퓨터 프로그램의 복제물에 대한 소유자일 것을 그 요건으로 하는데, 이 요건이 인정되기 위해서는 DSC가 License라고 명명한 POTS Card의 거래가 매매이어야 한다고 전제하였다. 그 후 이 사례에서 POTS Card의 구매자는 일회의 반대급부를 지급하고 그것을 기간의 제한없이 점유하고 사용할 수 있으므로 그 거래는 매매계약이라고 판단하였다. 그러나 피고가 POTS Card의 Litespan을 컴퓨터에 옮겨 복제한 행위는 그 컴퓨터 프로그램을 사용하기 위한 필수

760-762(D.Ariz.,1993).

771) Ibid., at 763-764.

772) Ibid., at 764-766.

773) DSC Communications Corp. v. Pulse Communications, Inc., 976 F.Supp. 359, at 362(E.D.Va.,1997).

적 복제행위가 아니므로 저작권법 제117조에 의하여 정당화 될 수 없다고 판시하였다.[774]

DSC Communications Corp. v. Pulse Communications, Inc. 사례에서 법원은 컴퓨터 프로그램 거래에 사용된 계약의 명칭을 넘어서 계약의 구체적 내용의 분석을 통하여 컴퓨터 프로그램 거래가 매매계약인지 라이선스계약인지 판단하였다는 점에 그 의미가 있다고 한다.[775]

4) Novell, Inc., v. Network Trade Ctr., Inc. 사례

Novell, Inc., v. Network Trade Ctr., Inc. 사례에서 원고인 Novell사는 NetWare라는 컴퓨터 간의 정보교환을 가능하게 해주는 컴퓨터 프로그램을 일반용과 업그레이드용으로 나누어서 유통하였는데, 이 둘은 업그레이드용이 가격이 현저히 저렴하다는 점을 제외하고는 거의 동일하였다.[776] Novell사는 업그레이드용 NetWare는 이전 버전의 제품을 사용하는 등록된 사용자와 경쟁업체의 컴퓨터 프로그램 사용자들에게만 공급하였다. 피고인 Network Trade Center(NTC)는 NetWare의 이전 버전을 제3자로부터 대량으로 싼 값에(in bulk) 구매하여 이것을 가지고 NetWare 새 버전의 업그레이드용 컴퓨터 프로그램을 Novell사로부터 취득하였다. 그 후 피고는 새 버전의 업그레이드용 컴퓨터 프로그램을 다시 판매하였다. 이에 Novell사는 피고로부터 NetWare를 취득한 자들은 컴퓨터 프로그램의 배포권이 없는 자로부터 이를 취득한 것으로 정당한 소유자가 아니므로 그들이 NetWare를 컴퓨터에 설치하여 사용하는 과정에서 발생하는 복제행위는 저작권침해가 되고 이러한 침해행위에 대하여 피고는 방조자로서 책임을 져야하고, 피고가 NetWare를 유통시킨 것은 원고의 배포권을 침해한 것으로서 저작권침해에 해당한다고 주장하였다.[777] 이에 대하여 NTC사는 자신으로부터 NetWare를 구매한 자들은 NetWare의 정당한 소유자로서 미국 저작권

---

774) Ibid., at 363-366.

775) Christian H. Nadan, supra note 716, at 308.

776) Novell, Inc., v. Network Trade Ctr., Inc., 25 F. Supp. 2d 1218, 1222(D. Utah 1997).

777) Ibid., at 1222-1223.

법 제117조에 따라서 그 컴퓨터 프로그램의 사용을 위하여 필수적인 복제행위는 저작권자의 동의없이도 할 수 있으므로 이들의 복제행위는 저작권침해에 해당하지 않는다고 항변하였다. 이에 따라 법원은 이 사례의 쟁점을 NTC사로부터 NetWare를 구매한 자들이 NetWare의 소유자(owner)인가 아니면 라이선스취득자(licensee)인가 하는 점이라고 판단하였다.[778)]

위의 쟁점에 대하여 Novell사는 NetWare의 복제물에 포함되어 있는 shrinkwrap license는 유효한 계약이며 이 계약에 따라서 Novell사는 NetWare 취득자들에게 그것을 사용할 수 있는 라이선스만을 주었다고 주장하였고, NTC사는 자신들은 NetWare를 동산으로서 구매하였으므로 그것의 소유자가 되었고, 그 포장을 뜯지 않은 채 다시 매도하였으므로 자신들에게서 NetWare를 구매한 자들은 그것의 소유자가 된다고 주장하였다. 법원은 컴퓨터 프로그램은 동산이며 컴퓨터 프로그램의 사용자들은 그것을 소매상으로부터 구입하며 일회의 반대급부를 통하여 거래는 완결된다고 생각하는 것이 일반적이라고 보았다. 따라서 컴퓨터 프로그램의 거래는 매매계약이며 이 매매계약이 완결된 후에야 등장하는, 그 매매계약의 본질적 내용과 조화될 수 없는 사항들을 포함하고 있는 라이선스약관은 계약의 내용이 될 수 없으며 무효라고 판시하였다. 이에 따르면 NTC사는 NetWare의 정당한 소유자가 되었고 저작권법 제109조의 최초판매원칙에 따라서 NetWare를 자유롭게 유통할 수 있으므로 NTC사로부터 NetWare를 취득한 자들은 역시 NetWare의 정당한 소유자가 되어 저작권법 제117조에 따라서 그것의 사용에 필수적인 복제행위를 할 수 있게 된다고 한다.[779)]

5) SoftMan Products Co. v. Adobe Systems, Inc. 사례

SoftMan Products Co. v. Adobe Systems, Inc. 사례에서 Adobe사는 자신과 계약을 체결한 유통업자들을 통하여 자신의 컴퓨터 프로그램들의 묶음(Collection)을 각각의 컴퓨터 프로그램들의 소매가격을 합산한 것보다 저렴한 가격으로 묶음으로 유통시키면서 유통업자들과 묶

778) Ibid., at 1229.

779) Ibid., at 1229-1231.

음에 포함된 개별 컴퓨터 프로그램들을 묶음의 형태로만 유통시켜야 하며 개별 컴퓨터 프로그램을 분리하여서 유통하는 것을 금지하는 라이선스약정을 체결하였다. 피고인 SoftMan Products사는 Adobe사와 계약을 체결한 유통업자로부터 컴퓨터 프로그램 묶음을 취득하여 그 묶음에 들어있는 컴퓨터 프로그램들을 분리하여서 각각의 소매가격에 유통시켰다.[780] 그러자 Adobe사는 피고는 자신과 컴퓨터 프로그램의 배포에 관한 라이선스계약을 체결하지 않았음에도 불구하고 이를 배포하였는데, 이러한 배포행위는 피고가 주장하는 바와 같이 최초판매원칙에 의해서 정당화 될 수 없다고 주장하였다. 즉 Adobe사가 유통업자와 체결한 계약은 매매계약이 아니고 라이선스계약이며, 이를 매매계약으로 본다 하더라도 Adobe사의 컴퓨터 프로그램 포장에는 'End User License Agreement(EULA)'가 인쇄되어 있는데, 피고는 EULA를 통하여 Adobe사와 라이선스계약관계에 있게 된다고 주장하였다. 따라서 그 라이선스의 내용에 따라 단지 컴퓨터 프로그램의 사용권만을 취득하게 되므로 이를 유통시킨 것은 Adobe사의 배포권침해에 해당한다고 주장하였다.[781]

법원은 이 사례의 쟁점을 Adobe사와 배포업자들 사이에 체결된 계약이 라이선스계약인가 매매계약인가 하는 점과 Adobe사의 컴퓨터 프로그램 포장에 인쇄되어 있는 EULA가 SoftMan Products사를 구속할 수 있는지 여부로 파악하였다.

Adobe사와 배포업자들 사이에 체결된 계약이 라이선스계약인가 매매계약인가 하는 점에 관하여는 법원은 우선 이 사례에서 문제가 되는 것은 컴퓨터 프로그램 저작물에 대한 저작권이 아니라 동산인 개별 컴퓨터 프로그램 복제물의 소유권이라는 점을 분명히 하였다.[782] 그리고 컴퓨터 프로그램 복제물의 거래가 라이선스인지 매매인지 혹은 임대차인지를 판단하기 위해서는 그 거래의 경제적 실체(economic reality)를 살펴보아야 한다고 판단하였다. 그러면서 바로 이 점에서

780) Softman Products Co., LLC v. Adobe Systems, Inc., 171 F. Supp. 2d 1075, at 1079-1080(C.D.Cal.,2001).

781) Ibid., at 1080-1082.

782) Ibid., at 1085.

Adobe Systems Inc. v. One Stop Micro, Inc. 사례에서 법원은 원고인 Adobe사의 진술에 지나치게 의존하여 그 거래를 라이선스라고 판단하였다고 비판하였다.[783] 이러한 전제하에서 이 사건의 거래의 모습을 살펴보면 컴퓨터 프로그램 복제물이 일회적 반대급부에 의하여 기간의 제한없이 영구적인 사용을 위하여 공급되었으므로 매매의 성립이 강력하게 추정된다고 보았다. 또한 배포업자들은 자신들이 공급받은 컴퓨터 프로그램 복제물의 멸실의 위험(risk of loss)을 부담하게 되는데, 이것은 컴퓨터 프로그램 복제물의 소유권이 이전되었음을 의미하며, 반대급부를 지급하고 동산의 소유권을 이전받는 것은 매매계약의 모습이라고 한다.[784] 컴퓨터 프로그램 복제물의 거래를 라이선스라고 파악하는 견해에 대하여는 미국 저작권법은 컴퓨터 프로그램 복제물의 라이선스계약을 알지 못한다는 점, 라이선스계약은 무형의 저작물에 대한 이해관계를 조절하기 위한 것으로 동산인 컴퓨터 프로그램 복제물에 대한 물권적인 이해관계를 조절하기 위한 것이 아니라는 점, 그리고 라이선스계약은 컴퓨터 프로그램 복제물의 정당한 소유자에게 저작권법이 인정한 권리를 포기할 것을 강요하는 계약이라는 점에서 문제가 있다고 비판하였다.[785]

다음으로 Adobe사의 컴퓨터 프로그램 포장에 인쇄되어 있는 EULA가 SoftMan Products사를 구속할 수 있는지 여부에 관하여는 먼저 shrinkwrap형태로 되어 있는 EULA를 통하여 라이선스계약이 성립하기 위해서는 계약법의 일반원칙에 따라서 청약과 승낙이 필요하며, 이러한 계약법의 일반원칙은 컴퓨터 프로그램의 거래의 분야에서 손상되어서는 안 될 것이라고 전제하였다. 그런 후에 SoftMan Products사가 Adobe사의 컴퓨터 프로그램 복제물의 포장을 뜯은 사실이 없으므로 라이선스계약이 성립하지 않았다고 판단하였다. 그리고 EULA에 포함된 조항들이 유효한지 여부는 이 사례에서 판단의 대상은 아니라고 판시하였다.[786]

783) Ibid., at 1087.
784) Ibid., at 1085.
785) Ibid., at 1083, 1086.
786) Ibid., at 1087-1088.

3. 학설의 태도

가. 매매로 보는 견해

컴퓨터 프로그램의 개발은 지식, 시간 및 자본을 요하는 노동집약적 과정이라고 할 수 있지만, 컴퓨터 프로그램은 저작권법이나 특허법에 의해서 보호되는 저작물이나 발명을 기초로 하여 생산되는 다른 생산물들과 마찬가지로 소비자에 의해서 취득되고 사용되며, 그 취득은 매매에 의한다고 한다.[787] 이에 따르면 컴퓨터 프로그램의 취득은 매매계약에 의한 것이고, 라이선스는 단지 컴퓨터 프로그램 저작권자가 컴퓨터 프로그램 저작물에 대해서 자신에게 부여된 배타적인 권리를 처분할 것인지 처분한다면 어느 정도로 할 것인지를 결정하기 위한 것일 뿐이라고 한다.[788]

컴퓨터 프로그램 거래의 성질을 논할 때 표준 컴퓨터 프로그램과 주문형 컴퓨터 프로그램을 나누어서 설명하는 견해는 찾아보기 힘들다. 다만 Horovitz는 특정한 의뢰인을 위해서 컴퓨터 프로그램을 제작하여 공급하기로 하는 계약도 매매계약으로 볼 수 있다고 한다. 그에 따르면 미국 통일상법전 § 2-105는 특별히 제작된 객체도 동산에 포함되는 것으로 규정하고 있어 특정한 의뢰인을 위하여 기획되고 제작된 컴퓨터 프로그램도 동산에 해당하고 따라서 이를 공급하는 계약은 매매계약으로 보아야 한다고 한다.[789] 그 논거는 다음과 같다

첫째, 컴퓨터 프로그램은 지적재산인 컴퓨터 프로그램 저작물과는

---

787) Bonna Lynn Horovitz, supra note 662, at 153; Andrew Rodau, supra note 671, at 909; Jean Braucher, supra note 678, at 279; Thomas Lee Hazen, supra note 710, at 158; Elizabeth I. Winston, supra note 712, at 127; David A. Rice, supra note 677, at 176; John A Rothchild, supra note 665, at 43; Lothar Determann, Aaron Xavier Fellmeth, supra note 677, at 7.

788) Lothar Determann, Aaron Xavier Fellmeth, supra note 677, at 7.

789) Bonna Lynn Horovitz, supra note 662, at 154. 그에 따르면 컴퓨터 프로그램의 매수인을 위해서 표준 컴퓨터 프로그램의 일부를 변경하는 것은 이미 컴퓨터 프로그램 거래에서 있어서 일반화 되어 있어 통일 상법전의 적용여부를 컴퓨터 프로그램이 표준 컴퓨터 프로그램인지 아니면 주문제작된 것인지에 의해서 결정하게 된다면 동일한 매도인으로부터 사실상 동일한 컴퓨터 프로그램을 획득하게 되는 당사자들을 전혀 다르게 취급하는 것이 되어 부당하다고 한다.

구별되는 것으로서 컴퓨터 프로그램 저작물이 유체물에 고정된 복제물을 의미하는 것이고 이것은 동산이라고 한다. 그리고 컴퓨터 프로그램의 취득자는 동산인 컴퓨터 프로그램의 소유권을 취득하는 것이므로 그 거래는 매매라고 한다.[790] 동산에 대하여 소유권을 취득한다는 것은 그것을 원하는 대로 사용할 권리가 있고 그것을 반환할 의무를 부담하지 않는다고 이해하는 것이 일반적인데, 컴퓨터 프로그램 취득자의 지위가 이와 같으므로 컴퓨터 프로그램의 소유권을 취득하게 된다고 한다.[791] 그리고 이러한 점은 소설책, 음반, 비디오테이프 등이 동산이고 그것들의 거래가 동산의 매매인 것과 다를 바가 없다고 한다.[792]

컴퓨터 프로그램의 개발에 많은 노동력, 자본 및 기술이 투입된다고 하여 컴퓨터 프로그램의 취득을 위한 계약을 서비스를 목적으로 하는 계약이라고 할 수는 없다고 한다. 결국 컴퓨터 프로그램의 취득자가 취득하는 것은 상점에서 판매되는 제품으로서의 컴퓨터 프로그램이므로, 상점에서 판매되는 컴퓨터 프로그램의 취득을 위한 계약은 순수한 동산의 매매계약이고 따라서 미국 통일상법전 제2편이 직접 적용되어야 한다고 한다.[793]

컴퓨터 프로그램 거래를 라이선스계약으로 이해하는 견해에 의하면 컴퓨터 프로그램에 대하여 많은 사용제한이 존재한다는 점이 컴퓨터 프로그램에 대한 소유권을 부정하는 근거는 될 수 있다고 주장한다. 이러한 주장에 대하여는 미국에서도 부동산과 각종 동산들의 사용에 대한 제한을 규정하고 있는 법률들이 다수 존재하며,[794] 그러한 제한을 받는다고 해서 부동산과 동산의 소유권이 부정되지 않는 것과 마찬가지로 저작권법이 컴퓨터 프로그램 저작물이 고정되어 있는 컴

---

790) John A Rothchild, supra note 665, at 2-6.

791) Ibid., at 19.

792) Ibid., at 2-4.

793) Bonna Lynn Horovitz, supra note 662, at 163; Elizabeth I. Winston, supra note 712, at 120. 그는 컴퓨터 프로그램의 매매를 라이선스로 명명하는 것은 법을 잘 준수하려고 하는 소비자를 위하하는 효력이 생기게 된다고 비판한다.

794) John A Rothchild, supra note 665, at 16; William W. Fisher, PROPERTY AND CONTRACT ON THE INTERNET, 73 Chi.-Kent L. Rev. 1203(1997), at 1207.

퓨터 프로그램 복제물의 제작과 배포를 제한하고 있다고 해서 컴퓨터 프로그램 복제물에 대한 소유권이 부정될 수 없는 것이라고 한다.[795] 동산이나 부동산에 대한 법률에 의한 사용제한이 그것의 소유권을 부정하지 못하는 데, 계약에 의한 사용제한이 동산이나 부동산에 대한 소유권을 부정할 수는 없다고 한다.[796] 따라서 컴퓨터 프로그램에 대한 사용제한을 그 내용으로 하고 있는 라이선스계약은 사용제한이 붙어 있는 매매계약으로 이해하여야 한다고 한다.[797]

Rothchild에 의하면 라이선스계약에 포함되어 있는 제한 중 가장 흔한 것이 컴퓨터 프로그램의 소유권은 공급자에게 유보되어 있다는 조항인데, 이러한 조항만으로는 컴퓨터 프로그램 거래의 성질을 매매가 아닌 라이선스로 파악할 수는 없다고 한다.[798] 그에 따르면 동산의 공급인과 양수인이 자신들의 거래를 리스로 이름붙인 경우에도 그 리스기간이 그 동산이 효용성을 유지하는 기간보다 상당히 단기인지, 동산의 공급인이 리스기간이 경과하면 실제로 그 동산의 점유를 회복할 의사가 있는지 등을 판단하여서 그 실질을 판단하여야 할 것이고 계약의 명칭에 구속될 것은 아니라고 한다. 또한 미국 통일상법전 § 2-401(1)은 매도인이 매수인에게 인도한 동산의 소유권을 유보하는 것은 담보권설정의 효력만 있다고 규정하고 있으므로 당사자가 리스로 이름붙인 거래의 실질이 매매계약이라면 그 소유권유보약정은 소유권유보약정으로는 효력이 없고 담보권설정약정으로만 효력이 발생하게 될 것이라고 한다. 따라서 컴퓨터 프로그램 공급인이 소유권유보조항을 계약에 둔 경우에도 그 계약의 실질이 매매계약이라면 그 조항은 담보권설정의 효력만을 가지게 될 것이라고 한다.[799]

둘째, 컴퓨터 프로그램은 많은 경우에 있어서 라이선스라고 이름붙여진 계약을 통하여 취득되는데, 그 내용을 살펴보면 컴퓨터 프로그램 취득자에게 라이선스가 일회적 대가에 대하여 영구적으로 주어

795) John A Rothchild, supra note 665, at 16.
796) Ibid.
797) Ibid., at 18.
798) Ibid., at 62.
799) Ibid.

지므로 라이선스 취득자의 지위는 전통적인 매매계약에 있어서의 매수인의 지위와 동일하게 된다고 한다. 따라서 라이선스계약은 그 명칭만 매매계약과 다를 뿐, 그 경제적 실체(economic reality)는 매매에 다름 아니라고 한다.[800) 컴퓨터 프로그램 공급자는 라이선스로 명명된 계약을 통하여 컴퓨터 프로그램을 공급하지만 라이선스 기간은 영구적이며 따라서 공급자에게는 동산인 컴퓨터 프로그램의 소유권을 보유하고 라이선스 종료시 이를 반환받고자 하는 의사가 존재하지 않는다고 한다.[801)] 즉 컴퓨터 프로그램 공급자가 컴퓨터 프로그램 거래를 라이선스라고 명명하는 것은 실제로 매매계약을 회피하고 라이선스라는 유형의 계약을 체결하려는 것이 목적이 아니라 저작물인 컴퓨터 프로그램을 보호하기 위한 것이 목적이라고 한다.[802)] 따라서 라이선스계약은 그 본질상 매매계약이라고 한다.

만일 컴퓨터 프로그램에 대한 라이선스 계약에 미국 통일상법전 제2편이 적용되지 않는다고 하면, 컴퓨터 프로그램 공급자로 하여금 거래의 명칭을 조작함으로써 컴퓨터 프로그램 사용자로부터 많은 이익을 박탈하는 것을 용인하는 결과가 될 것이라고 주장한다.[803)] 그러므로 계약당사자들의 권리와 의무는 계약의 명칭(wording)에 의하여 결정될 것이 아니라 당사자들이 궁극적으로 의도한 바(the ultimate results sought)에 의하여야 한다고 한다.[804)]

---

800) SoftMan Products Co. v. Adobe Systems, Inc., 171 F. Supp. 2d 1075 at 1085 (C.D. Cal. 2001).: Andrew Rodau, supra note 671, at 907; Bonna Lynn Horovitz, supra note 662, at 156; Elizabeth I. Winston, supra note 712, at 124-125; John A Rothchild, supra note 665, at 61;

801) Andrew Rodau, supra note 671, at 908.

802) Andrew Rodau, supra note 671, at 908; John A Rothchild, supra note 665, at 61. 그는 컴퓨터 프로그램 공급자가 정말로 매매계약이 아닌 다른 유형의 계약을 체결하기를 원한다면 그 계약의 명칭을 라이선스라고 명명하는 행위 외에 추가적인 조치를 취해야 할 것이라고 한다.

803) Bonna Lynn Horovitz, supra note 662, at 162-163; Mark A. Lemley, INTELLECTUAL PROPERTY AND SHRINKWRAP LICENSES, 68 S. Cal. L.Rev. 1239(1995), at 1239는 컴퓨터 프로그램 판매자들은 라이선스계약을 통하여 컴퓨터 프로그램 취득자들에게 저작권법이 허용하고 있는 권리를 포기하고 컴퓨터 프로그램의 처분에 대한 수많은 제한을 용인할 것을 강요하는 것이라고 비판하고 있다.

셋째, 현행 미국 저작권법에 따르면 지적재산권의 보유자는 자신의 지적재산권을 매도하거나 라이선스할 수 있고, 지적재산을 기반으로 하여서 제작된 제품을 판매할 수 있을 뿐이라고 한다.[805] 지적재산인 컴퓨터 프로그램 저작물을 기반으로 하여서 생산된 제품인 컴퓨터 프로그램의 거래를 라이선스라고 명명하는 것은 지적재산의 소유자와 그것의 사용자간의 이해관계를 조정하고 있는 현재의 지적재산권법 체계와 맞지 않는 '사적인 입법(private legislation)'으로서 허용될 수 없다고 한다.[806] 라이선스계약은 당사자 일방이 지적재산권을 보유하고 그 상대방은 그 지적재산을 이용하고자 할 때 체결하는 계약으로, 라이선스 취득자는 그 지적재산권을 취득하지 않고 단지 그 지적재산을 계약에서 허용된 방법으로 이용할 수 있게 될 뿐이라고 한다. 따라서 지적재산인 컴퓨터 프로그램 저작물을 기반으로 하여서 생산된 제품인 컴퓨터 프로그램을 라이선스 하는 것은 전통적인 라이선스의 범위를 넘어서는 것으로서 허용될 수 없다고 한다.[807]

---

804) Andrew Rodau, supra note 671, at 868, 902; Bonna Lynn Horovitz, supra note 662, at 163; Elizabeth I. Winston, supra note 712, at 122. 그는 계약의 성질을 결정하기 위해서는 그 계약의 당사자들의 의도를 파악하는 것이 선행되어야 한다고 주장한다. 계약의 조건으로부터 당사자들의 의도가 분명한 경우에는 그에 따르면 되지만 일반적으로는 한 당사자의 의도는 계약에서 사용된 언어와 다르다고 한다. 또한 계약은 명시적으로 라이선스라고 표현되어 있지만 그 계약의 주변환경들은 그러한 명시적 표현과 모순되는 경우도 있다고 한다. 이러한 경우에 법원은 그 계약의 언어만을 볼 것이 아니라 당사자들의 합의의 본질을 파악해야 한다고 하면서 라이선스로 표현된 계약의 청약이 매매계약의 청약으로 이해되기 위해서 특정한 표현이 반드시 등장해야만 하는 것은 아니라고 주장한다; John A Rothchild, supra note 665, at 61.

805) Elizabeth I. Winston, supra note 712, at 95.

806) Elizabeth I. Winston, supra note 712, at 94; Lothar Determann, Aaron Xavier Fellmeth, supra note 677, at 3. 그는 미국 의회가 DMCA(Digital Millenium Copyright Act)를 입법하지 않은 것은 저작권법을 통하여 저작권자와 일반 사용자간에 형성된 이해관계의 균형이 깨지는 것을 원하지 않았기 때문이라고 평가한다; John A Rothchild, supra note 665, at 33. 미국의 현행 저작권법은 라이선스의 개념을 정의하고 있지 않지만 몇몇 조항에서 저작물의 사용허락이란 의미로 사용하고 있다. 예컨대 저작권법 제101조, 제112조(e)(1), 제115조(a)(1), 제203조.

807) Elizabeth I. Winston, supra note 712, at 99, 102. 그는 계약의 자유는 보호되어야 하는 것이지만 무제한한 것은 아니며 현존하는 지적재산법체계를 깨뜨리

Rothchild에 의하면 전통적으로 라이선스란 허락(permission)을 의미하는데, 라이선스를 취득하게 되면 저작물이나 특허권의 보호대상인 발명(invention)을 그렇지 않았으면 저작권이나 특허권침해가 되었을 방법으로 이용할 수 있게 된다고 한다.[808] 현행 저작권법은 컴퓨터 프로그램 저작물에 대한 라이선스는 인식하고 있지만 동산인 컴퓨터 프로그램에 대한 라이선스는 알지 못하고 있는데도 불구하고 컴퓨터 프로그램 개발자들은 라이선스계약을 통하여 컴퓨터 프로그램을 거래하고 있고 이러한 라이선스계약은 동산에 대한 사용허락을 주는 전통적인 계약유형들, 예컨대 매매, 임대차, 리스, 사용대차 등과 그 본질이 같은 것인가, 아니면 전통적인 계약유형 어디에도 속하지 않는 전혀 새로운 법률관계를 창설하는 것인가라는 심각한 의문을 불러일으킨다고 한다.[809] 그러면서 그는 이러한 질문에 답하기 위해서는 라이선스계약 관계의 실체를 살펴보아야 하는데, 컴퓨터 프로그램에 대한 라이선스 취득자(licensee)는 그 컴퓨터 프로그램을 반환할 필요없이 영구적으로 사용할 수 있으므로 이러한 관계는 전통적인 계약유형 중 매매계약관계 내지는 사용제한이 붙어있는 매매계약에 해당한다고 한다.[810]

넷째, 컴퓨터 프로그램의 공급시에 컴퓨터 프로그램의 사용자는 그 공급시에 대가를 일회에 지불하고 그 공급을 통하여 컴퓨터 프로그램의 멸실에 대한 위험(risk of loss)이 사용자에게로 이전되는데 이는 매매계약의 전형적 특징이라고 한다.[811] 즉 컴퓨터 프로그램의 공

는 계약의 유효성을 인정하기 전에 우선 그러한 사적인 입법형태가 가져올 영향에 대한 신중한 검토가 필요할 것이라고 충고한다; Lothar Determann, Aaron Xavier Fellmeth, supra note 677, at 6은 컴퓨터 프로그램의 라이선스를 인정하는 것은 컴퓨터 프로그램 시장에 있어서 경쟁과 소비자 보호라는 공공정책(public policy)에 반하는 것이라고 비판한다; John A Rothchild, supra note 665, at 33.

808) John A Rothchild, supra note 665, at 33.

809) Ibid., at 34.

810) Ibid., at 35.

811) Elizabeth I. Winston, supra note 712, at 127; Lothar Determann, Aaron Xavier Fellmeth, supra note 677, at 13은 저작물의 복제물을 거래하는 것은 그 복제물에 대한 소유권을 거래하는 것이며, 이것은 저작물에 대한 저작권이나 배타적 사용권을 거래하는 것과는 구별되어야 한다고 주장한다. 그리고 이러한 구별은 미국 저작권법 제202조에 명문으로 규정되어 있다고 한다.

급후에는 사용자는 이를 다시 반환하거나 일정한 기간의 경과후에 파괴해야 할 의무를 부담하지 않으며 그 프로그램이 멸실된 경우에는 그 손실을 자신이 감수해야 한다면 그 거래는 라이선스라고 볼 수 없으며 매매계약으로 보아야 한다고 한다.[812)]

마지막으로 컴퓨터 프로그램을 사용하기 위해서 저작권자로부터 복제권을 취득할 필요가 없으므로 라이선스계약의 내용이 될 복제권의 설정이 필요없으므로 컴퓨터 프로그램 거래를 라이선스계약으로 볼 수 없게 된다고 한다. 컴퓨터 프로그램은 다른 저작물의 복제물과는 달리 그것을 사용하기 위해서는 최소한 1회 이상 그 저작물이 복제될 것을 필요로 한다.[813)] 그렇지만 컴퓨터 프로그램의 사용을 위하여 저작권자로부터 컴퓨터 프로그램 저작물에 대한 복제권을 취득할 필요는 없다고 한다.[814)] 왜냐하면 미국 저작권법 제117조는 컴퓨터 프로그램의 적법한 소유자는 그것의 사용을 위하여 필수적인 복제행위를 저작권자의 허락이 없이도 할 수 있다고 규정하고 있으므로 이 규정에 따라서 컴퓨터 프로그램의 구매자는 자신이 구매한 컴퓨터 프로그램을 사용할 수 있게 되기 때문이라고 한다.[815)] 따라서 컴퓨터 프로그램의 구매자는 자신이 구매한 컴퓨터 프로그램의 복제물에 대한 소유권만을 취득하면 저작권법 제117조에 따라서 그것의 사용에 필수적인 복제행위를 할 수 있으므로 컴퓨터 프로그램 저작물에 대한 복제권을 구매하거나 라이선스 계약을 통하여 설정받아야 할 필요가

---

812) In re Kollar, 286 F.3d 1326, 1330-31(Fed. Cir. 2002); Elizabeth I. Winston, supra note 712, at 127. 이에 대하여 Jean Braucher, supra note 678, at 278은 컴퓨터 프로그램의 라이선스는 매매라고 하면서 컴퓨터 프로그램에 대하여는 동산매매에 있어서 위험의 이전에 관한 미국 통일상법전 §§ 2-509, 2-510의 규정을 적용하는 것은 타당한 결론에 이를 수 없고, 오히려 컴퓨터 프로그램의 이전 후에도 위험은 여전히 매도인이 부담하도록 하는 것이 타당할 것이라고 한다. 매수인은 컴퓨터 프로그램을 거의 비용을 들이지 않고 얼마든지 다시 생산해 낼 수 있다는 점이 이러한 주장에 대한 논거이다.

813) 미국에서는 컴퓨터 프로그램의 램에의 읽어들임을 복제라고 이해하는 것이 일반적이고 판례의 태도도 마찬가지이다. MAI Sys. Corp. v. Peak Computer Inc., 991 F.2d 511, 518 (9th Cir. 1993); Lothar Determann, Aaron Xavier Fellmeth, supra note 677, at 16.

814) Lothar Determann, Aaron Xavier Fellmeth, supra note 677, at 17.

815) 17 U.S.C. § 117.

없게 된다고 한다.[816]

나. 라이선스계약으로 보는 견해

컴퓨터 프로그램 거래의 본질은 유체물인 정보저장매체를 거래하려는 것이 아니고 무형의 지적재산인 컴퓨터 프로그램 저작물에 대한 사용권을 설정해 주는 라이선스 계약으로 이해하여야 한다는 견해이다.[817] 컴퓨터 프로그램의 거래는 책, 음반, 비디오테이프 등의 거래와는 다르므로 이것들의 거래와는 달리 취급되어야 하며, 복제행위에 대하여 매우 취약한 컴퓨터 프로그램 저작물의 보호를 위해서 컴퓨터 프로그램 개발자들은 매매계약이 아닌 라이선스 계약을 선택할 수 밖에 없으며 이를 인정하지 않게 되면 컴퓨터 프로그램 산업이 존속할 수 없게 될 것이라고 한다.[818]

또한 컴퓨터 프로그램 저작물이 아니라 컴퓨터 프로그램 복제물의 라이선스도 가능하다는 견해도 있고,[819] 더 나아가 다양한 내용으로 구성된 라이선스 그 자체가 거래의 대상물이라고 주장하는 견해도 있다.[820] 그 논거는 다음과 같다.

첫째, 컴퓨터 프로그램은 유체의 정보저장매체를 말하는 것이 아니라 컴퓨터로 하여금 일정한 기능을 수행하도록 하는 무형의 정보

---

816) Lothar Determann, Aaron Xavier Fellmeth, supra note 677, at 17.

817) Christian H. Nadan, supra note 716, at 266; Sean F. Crotty, THE HOW AND WHY OF SHRINKWRAP LICENSE VALIDATION UNDER THE UNIFORM COMPUTER INFORMATION TRANSACTIONS ACT, Rutgers L.J. 745(2002), at 770; Christopher B. Yeh, WALL DATA INC. V. LOS ANGELES COUNTY SHERIFF'S DEPARTMENT: LICENSE VERSUS SALE AT THE CROSSROADS OF CONTRACT AND COPYRIGHT, 22 Berkeley Tech. L.J. 355(2007), at 356; Morris E. Fischer, supra note 699, at 96; Alia Susann Zohur, supra note 697, at 497; Robert W. Gomulkiewicz, THE LICENSE IS THE PRODUCT: COMMENTS ON THE PROMISE OF ARTICLE 2B FOR SOFTWARE AND INFORMATION LICENSING, 13 Berkeley Tech. L.J. 891(1998), at 896.

818) Robert W. Gomulkiewicz, supra note 817, at 891; Christian H. Nadan, supra note 716, at 266.

819) Christian H. Nadan, supra note 716, at 274.

820) Robert W. Gomulkiewicz, supra note 817, at 896; Christopher B. Yeh, supra note 817, at 362.

그 자체를 말하는 것으로 정보저장매체와는 구별하여야 하며, 동산이 아니라고 한다. 따라서 컴퓨터 프로그램은 매매의 목적물이 될 수 없다고 한다.[821] 컴퓨터 프로그램도 책이나 음반 또는 비디오테이프 등의 거래와 달리 취급될 이유가 없다는 비판에 대해서는 컴퓨터 프로그램은 책이나 음반 등과는 달리 개발에 막대한 비용이 들어가지만 손쉽게 비용을 들이지 않고 복제하는 것이 가능하기 때문에 책이나 음반 등과 동일하게 취급하는 것은 타당하지 않고, 전통적인 지적재산권법에 의한 보호만으로는 부족하게 되어 사적인 규율의 형태인 라이선스계약을 통하여 컴퓨터 프로그램 저작자의 권리를 보호할 수 있도록 해야 할 필요가 있다고 반박한다.[822]

둘째, 저작권법상의 최초판매원칙을 회피하는 것이 컴퓨터 프로그램 개발자뿐만 아니라 컴퓨터 프로그램 사용자에게도 이익이 된다고 한다.[823] 컴퓨터 프로그램을 매매하는 경우에는 매수인은 최초판매원칙에 따라서 이를 제3자에게 자유롭게 처분할 수 있으므로 컴퓨터 프로그램 개발자는 결국 그 컴퓨터 프로그램의 개발을 위해 투자한 비용을 그 컴퓨터 프로그램의 복제물의 최초의 매각대금으로부터 회수할 수밖에 없게 되는데, 이 때 컴퓨터 프로그램 개발자는 가격차별정책을 사용할 수 없게 되어 그 컴퓨터 프로그램에 대하여 지불능력이 많은 자와 적은 자를 차별하여 각각 다른 가격에 컴퓨터 프로그램을 공급할 수 없게 된다고 한다.[824] 따라서 결국 상인이 아닌 일반 사용자들도 가격차별정책을 실시할 경우 지불하게 될 대금보다 더 많은 대금을 지불하여야 하게 된다고 한다.[825]

현재 사용되고 있는 라이선스 계약의 내용을 살펴보면 컴퓨터 프

---

821) Alia Susann Zohur, supra note 697, at 473.

822) Christian H. Nadan, supra note 716, at 266.

823) Christian H. Nadan, supra note 716, at 276.

824) Ibid.

825) Christian H. Nadan, supra note 716, at 277-279. 그는 컴퓨터 프로그램의 가격차별정책이 컴퓨터 프로그램 개발자의 컴퓨터 프로그램 개발을 촉진시킨다는 점에 대해서 동의하지 않더라도 최소한 가격차별정책이 교육이나 기타 비상업적 목적을 위한 컴퓨터 프로그램 이용자에게 컴퓨터 프로그램을 보다 낮은 가격에 공급할 수 있게 해준다는 점은 인정해야 할 것이라고 주장한다.

로그램 복제물을 매매하는 것보다 라이선스 하는 것이 소비자에게 더 많은 권리를 인정하게 된다고 한다. 대부분의 라이선스 계약은 컴퓨터 프로그램에 대한 복제권, 2차 저작물 제작권, 배포권 그리고 네트워크 서버에서의 사용권 등을 인정하고 있어 소비자에게 다양한 선택의 기회를 제공한다는 점에서 매매보다 유리하다고 한다.[826)]

셋째, 컴퓨터 프로그램의 라이선스계약을 인정해야 할 정책적인 필요가 있다고 한다.[827)] 컴퓨터 프로그램 산업은 많은 비용과 노동력 및 시간을 요하는 산업인데, 그 결과물에 대한 침해는 간단하고 비용이 거의 들지 않는 방법에 의해서 이루어지므로 그에 대한 특별한 보호를 하지 않으면 결국 장기적으로는 컴퓨터 프로그램 산업의 생산성과 컴퓨터 프로그램 개발능력이 떨어지게 될 것이고 이것은 다시 일반 공중의 생산성을 저하시키는 결과로 될 것이라고 한다. 따라서 라이선스 계약을 통하여 저작권법상의 최초판매원칙의 적용을 피할 수 있게 해 줌으로써 컴퓨터 프로그램 개발자들이 이윤을 극대화 할 수 있도록 해줄 정책적 필요가 있다고 한다.[828)]

第3節 컴퓨터 프로그램에 대한 개발자계약의 유효성

컴퓨터 프로그램의 개발자가 직접 최종사용자에게 컴퓨터 프로그램을 공급하는 경우도 있지만 현재에는 중간상인을 통하여 컴퓨터 프로그램을 유통시키는 것이 일반화되었다. 이렇게 중간상인이 개입된 유통구조에서는 컴퓨터 프로그램 개발자가 자신의 이익을 지키기 위하여 개발한 라이선스 약관조항을 자신과 직접적인 계약관계가 없는 최종사용자에게 적용할 수 없게 되는 문제가 발생하게 된다. 따라서 컴퓨터 프로그램의 개발자들은 컴퓨터 프로그램의 최종사용자들과 직

826) Robert W. Gomulkiewicz, supra note 817, at 899.

827) Christopher B. Yeh, supra note 817, at 359; Christian H. Nadan, supra note 716, at 279.

828) Christopher B. Yeh, supra note 817, at 359; Christian H. Nadan, supra note 716, at 279.

접적인 계약관계를 맺을 수 있는 다양한 형태의 라이선스계약 체결방법들을 고안해 내게 되었다.[829] 슈링크랩 라이선스(shrink-wrap license), 클릭랩 라이선스(click-wrap license), 인스톨랩 라이선스(install-wrap license) 등이 그것들이다.[830] 이하에서는 개발자계약[831]의 법적 성질, 위의 방법들을 통하여 컴퓨터 프로그램 개발자와 최종사용자 간에 계약이 체결될 수 있는지의 여부 그리고 개별적인 개발자계약 조항들의 유효성에 관하여 살펴보기로 한다.

Ⅰ. 개발자계약의 법적 성질

1. 컴퓨터 프로그램 거래로 보는 견해

개발자계약을 컴퓨터 프로그램 거래로 보는 견해이다.[832] 이에 따르면 컴퓨터 프로그램의 거래는 컴퓨터 프로그램의 구매자가 컴퓨터 프로그램을 판매하는 상점에 가서 대가를 지급하고 컴퓨터 프로그램을 양수하는 때에 성립하는 것이 아니라 컴퓨터 프로그램의 개발자가

---

829) Elizabeth I. Winston, supra note 712, at 100.

830) 슈링크랩 라이선스는 컴퓨터 프로그램의 겉포장에 인쇄되어 있거나 그 안에 함께 포장되어 있는 형태의 라이선스계약조항을 의미하고, 클릭랩 라이선스란 인터넷을 통하여 컴퓨터 프로그램을 다운로드 받기 전에 제시되어 그에 동의한다는 버튼을 클릭하여야만 다운로드 절차를 개시할 수 있는 형태로 제시되는 라이선스계약조항을 말한다. 그리고 인스톨랩이란 컴퓨터 프로그램을 컴퓨터에 설치하는 과정에서 화면에 나타나는 계약조항으로 이에 동의하지 않으면 컴퓨터 프로그램의 설치절차가 더 이상 진행되지 않는 형태로 제시되는 라이선스 계약조항을 말한다. Christian H. Nadan, supra note 716, at 345. 참조.

831) 미국의 문헌에서는 슈링크랩 라이선스(shrink-wrap license), 클릭랩 라이선스(click-wrap license), 인스톨랩 라이선스(install-wrap license) 등과 같은 방법을 통하여 체결되는 계약에 관한 통칭이 사용되지 않고 있지만 논의의 편의를 위해서 이하에서는 독일에서와 마찬가지로 이를 '개발자계약'으로 부르기로 한다.

832) ProCD, Inc. v. Zeidenberg, 86 F.3d 1447, at 1450(7th Cir. 1996); 이 판례는 컴퓨터 프로그램 개발자와 최종 사용자 사이에 중간 배포자가 개입되어 있는 경우에 슈링크랩 라이선스계약의 유효성을 최초로 인정한 판례이다. Robert. J. Morrill, supra note 709, at 548. 그는 컴퓨터 프로그램 사용자가 개발자계약이라는 컴퓨터 프로그램 거래의 관행을 이미 숙지하고 있는 경우에만 컴퓨터 프로그램 사용자를 구속하게 된다고 한다.

개발자계약의 청약에서 제시한 동의방법을 통하여 동의하는 순간에 성립하게 된다고 한다.833)

2. 컴퓨터 프로그램 거래와는 별개의 계약으로 보는 견해

개발자계약을 컴퓨터 프로그램 거래와는 별개의 계약으로 이해하는 견해이다. 이에 따르면 컴퓨터 프로그램 거래는 컴퓨터 프로그램 배포자(distributor)와 컴퓨터 프로그램 사용자 간의 매매계약 또는 라이선스계약이고, 개발자계약은 매매계약 또는 라이선스계약을 통하여 컴퓨터 프로그램 사용자가 취득하게 될 권리를 제한하기 위해서 컴퓨터 프로그램 개발자와 컴퓨터 프로그램 사용자 간의 독립한 계약이라고 한다.834) 개발자계약을 컴퓨터 프로그램 거래로 보는 견해에 대하여는 계약은 일반적으로 청약과 승낙으로 볼 수 있는 행위를 통하여 성립하게 되는 데, 컴퓨터 프로그램을 소매상점에서 구입하는 경우에는 일반적으로 청약과 승낙으로 볼 수 있는 행위가 존재하므로 컴퓨터 프로그램 거래가 그 순간 성립하게 되는 것이고 개발자계약은 그것과는 구별되는 별개의 계약으로 보아야 한다고 비판한다.835)

---

833) ProCD, Inc. v. Zeidenberg, 86 F.3d 1447, at 1452(7th Cir. 1996); Brower v. Gateway 2000, Inc., 676 N.Y.S.2d 569, at 571-572(N.Y.A.D. 1 Dept.,1998)은 컴퓨터 프로그램을 주문하고 그것을 수령할 때 계약이 성립하는 것이 아니라 컴퓨터 프로그램 구매자가 구매한 컴퓨터 프로그램을 수령하여 그 속에 포함되어 있는 계약조항들을 충분히 검토한 뒤 그 계약의 성립에 동의한 때에 성립하게 된다고 한다. 이러한 견해에 의하면 중간상인과 컴퓨터 프로그램의 취득자간에는 어떠한 계약관계도 존재하지 않게 되어 문제이다. 중간상인은 컴퓨터 프로그램을 공급하고 취득자는 이에 대하여 금전을 지급하는 데, 이들 간에는 어떠한 법률관계도 발생하지 않게 된다고 설명할 수 있는지 의문이다.

834) Jean Braucher, supra note 678, at 266; John A. Rothchild, supra note 679, at 53; Thomas Lee Hazen, supra note 710, at 143; Morris E. Fischer, supra note 699, at 96은 컴퓨터 프로그램 배포자와 컴퓨터 프로그램 사용자 간의 계약은 개발자계약에 대한 개발자의 청약에 승낙할 수 있는 권리를 매매하는 계약이고 개발자계약은 이와는 구별되는 별개의 계약으로서 컴퓨터 프로그램 개발자와 사용자간에 체결되는 계약이라고 한다; Christian H. Nadan, supra note 716, at 351.

835) Robert J. Morrill, supra note 717, at 540; Jean Braucher, AMENDED ARTICLE 2 AND THE DECISION TO TRUST THE COURTS: THE CASE AGAINST ENFORCING DELAYED MASS-MARKET TERMS, ESPECIALLY FOR

Ⅱ. 개발자계약의 체결 가능성

1. 슈링크랩 라이선스를 통한 계약체결 가능성

가. 긍정설

컴퓨터 프로그램을 포장하고 있는 포장재 겉면에 인쇄되어 있는 슈링크랩 라이선스를 통하여 컴퓨터 프로그램의 개발자는 컴퓨터 프로그램 거래의 청약을 하는 것이며 컴퓨터 프로그램의 구매자가 구매한 컴퓨터 프로그램을 반환하지 않고 사용함으로써 개발자가 한 청약에 승낙하게 된다고 한다.[836] 미국 통일상법전 § 2-204는 "동산의 매매계약은 매매계약의 존재를 승인하는 양 당사자의 행위를 포함하여 합의가 되었음을 보여주기에 충분한 방법으로 체결될 수 있다"고 규정하고 있는데, 컴퓨터 프로그램의 개발자는 청약의 주체(as master of the offer)로서 특정한 행위를 통하여 승낙을 하도록 제안할 수 있고 승낙을 이루는 행위의 유형을 제한할 수도 있다고 한다. 그리고 컴퓨터 프로그램의 구매자는 컴퓨터 프로그램의 개발자가 제안한 행위를 함으로써 개발자계약에 승낙할 수 있다고 한다.[837]

이와 같이 계약체결 전에 대가가 먼저 지불되고 계약조건이 그 후에 승낙자에게 알려지는 형태의 계약[838]은 보험계약, 비행기표 구매, 콘서트 입장권의 구매, 약품이나 전자제품 등의 구매에 있어서 일반화 되어 있다고 한다. 그리고 만일 이러한 형태의 계약성립을 부정한다면 모든 계약조건이 계약체결 전에 협상절차를 거쳐 합의되어야 할 것인데, 그렇게 된다면 계약체결 비용의 상승으로 인하여 제품의 가격상승으로 이어질 것이며 인터넷 등의 통신망을 통한 계약성립이 힘들어 지게 될 것이라고 한다.[839]

SOFTWARE, 2004 Wis. L. Rev. 753(2004), at 769-771.

836) ProCD, Inc. v. Zeidenberg, 86 F.3d 1447, at 1452(7th Cir. 1996).

837) Ibid.

838) 이러한 유형의 계약을 'pay-now-terms-later'계약이라고 부르기도 한다. Christian H. Nadan, supra note 716, at 346.

839) Ibid., at 1451-1452.

나. 부정설

슈링크랩 라이선스를 통하여는 개발자와 소비자간에 계약이 성립할 수 없다고 한다. 계약의 성립을 위하여는 청약과 승낙 그리고 약인(consideration)이 있어야 하는데, 컴퓨터 프로그램의 포장을 뜯는 행위는 승낙에 해당할 수 없다고 한다.[840] 청약자가 승낙의 방법을 지정할 수는 있지만 승낙의 개념을 일반인이 이해하는 바를 넘어서 확장할 수는 없다고 한다.[841] 컴퓨터 프로그램의 매수인은 이미 매매계약을 통하여 취득한 컴퓨터 프로그램을 사용하기 위하여 그 포장을 뜯는 것인데, 청약자가 이를 승낙으로 본다고 하여 그 행위가 진정한 승낙이 되는 것이 아니고 그것은 '강요된 동의(coerced agreement)'에 불과하여 승낙의 효력이 발생하지 않는다고 한다.[842] 또한 슈링크랩 라이선스에는 컴퓨터 프로그램의 개발자가 구매자에게 컴퓨터 프로그램을 복제하여 사용하는데 동의한다는 내용, 개발자의 책임을 제한하는 내용, 구매자의 권리를 제한하는 내용 등이 포함되어 있는 데, 컴퓨터 프로그램의 구매자는 컴퓨터 프로그램 복제물의 소유자로서 저작권법 §117(a)에 의해서 저작권자의 동의가 없어도 컴퓨터 프로그램의 사용을 위해서 필수적인 복제행위를 할 수 있다. 그러므로 컴퓨터 프로그램의 사용권을 준다는 슈링크랩 라이선스 조항은 허구(illusory)에 불과한 것이고 실질적으로는 아무런 대가없이 자신이 매매계약을 통하여 취득한 컴퓨터 프로그램에 대한 사용권에 대한 제한에 동의하게 되는 것인데, 이러한 동의에는 약인(consideration)이 결여되어 있어 슈링크랩 라이선스를 통하여 계약을 체결할 수는 없다고 한다.[843]

2. 인스톨랩 라이선스를 통한 계약체결 가능성

컴퓨터 프로그램을 컴퓨터에 설치하는 과정에서 화면에 나타나고 이에 동의하지 않으면 설치절차가 진행되지 않는 방식으로 체결되는

840) Mark A. Lemley, supra note 803, at 1248.
841) Jean Braucher, supra note 835, at 758.
842) Ibid.
843) John A. Rothchild, supra note 679, at 105.

개발자계약을 인소톨랩 라이선스라고한다. 인스톨랩 라이선스를 통하여 개발자계약이 체결될 수 있는지에 관하여는 슈링크랩 라이선스에 있어서와 동일한 내용의 긍정설과 부정설이 대립하고 있으므로 반복적인 논의는 생략하기로 한다.

3. 클릭랩 라이선스를 통한 계약체결 가능성

클릭랩 라이선스는 슈링크랩 라이선스나 인스톨랩 라이선스와는 달리 컴퓨터 프로그램을 취득하기 전에 제시되며 컴퓨터 프로그램을 구매하려는 자가 이에 동의하지 않으면 컴퓨터 프로그램을 취득할 수 없다. 따라서 슈링크랩 라이선스계약의 체결가능성에 관한 부정설의 논거들이 클릭랩 라이선스를 통한 개발자계약의 체결에 관하여는 타당하지 않다고 한다.[844] 컴퓨터 프로그램 구매자는 컴퓨터 프로그램 거래의 체결전에 그 계약조항을 미리 알 수 있으며 이에 대하여 동의 버튼을 클릭함으로서 명시적인 승낙의 의사표시를 하게 된다고 한다. 그리고 이러한 승낙의 의사표시는 강요된 것이 아니라고 한다.[845]

Ⅲ. 개별 약관조항의 유효성

1. 문제의 소재

슈링크랩 라이선스, 클릭랩 라이선스 또는 인스톨랩 라이선스 등을 통하여 개발자계약이 체결된다 하더라도 그 개별적인 계약조항들이 유효한지 여부는 여전히 문제된다고 한다. 특히 문제가 되는 것은 컴퓨터 프로그램의 복제금지 조항과 배포금지 조항인데, 이들의 유효성에 관하여서는 비합리적인 계약조항으로서 미국 통일상법전 § 2-302에 따라서 무효가 되는지 여부, 공공정책에 반하는 계약조항으로서 무효인지 여부, 그리고 저작권법 § 301(a)에 따른 연방법우선의 원칙에 따라서 무효가 되는지 여부가 논의되고 있다.[846] 이하에서 이에

844) Christian H. Nadan, supra note 716, at 346.

845) Ibid.

관하여 각각 살펴보기로 한다.

2. 비합리성(Unconscionability)의 문제

미국 통일상법전 §2-302(1)은 법원은 계약이나 계약조항이 그 체결시점을 기준시점으로 하여 불합리하다고 판단하는 경우에는 그 계약의 집행을 거부하거나, 불합리한 조항을 제외한 나머지 계약부분만을 집행하거나 또는 그 불합리한 조항의 적용을 불합리한 결과가 발생하지 아니하는 방법으로 제한할 수 있다고 규정하고 있다.[847] 여기서 계약이나 계약조항의 불합리성은 절차적 불합리성(procedural unconscionability)과 실질적 불합리성(substantive unconscionability)으로 나누어지는 데, 절차적 불합리성은 계약당사자 중 일방 당사자에게 실효성 있는 선택의 가능성이나 교섭력이 결여되어 있는 경우에 인정될 수 있고, 실질적 불합리성은 계약의 내용이 일방 당사자에게 불합리하게 유리한 경우에 인정될 수 있다고 한다.[848]

개발자계약은 그 체결과정에서 실질적으로 교섭이 이루어지지 않고 컴퓨터 프로그램의 매수인들이 계약의 체결여부에 대한 실효성 있는 선택권을 갖지 못하므로 절차적 불합리성이 존재하게 된다고 한다.[849] 그리고 그 내용은 컴퓨터 프로그램 매수인의 권리를 제한하고, 특히 복제금지조항이나 배포금지조항은 저작권법에서 컴퓨터 프로그램의 매수인에게 인정하고 있는 권리를 박탈하는 것으로서 실질적으로 불합리한 것이라고 한다.[850]

---

846) Thomas Lee Hazen, supra note 710, at 142 이하; Mark A. Lemley, supra note 803, at 1254 이하; John A. Rothchild, supra note 679, at 52 이하; Lothar Determann, Aaron Xavier Fellmeth, supra note 677, at 64 이하; Jean Braucher, supra note 835, at 274.

847) 원문은 다음과 같다: If the court as a matter of law finds the contract or any term of the contract to have been unconscionable at the time it was made the court may refuse to enforce the contract, or it may enforce the remainder of the contract without the unconscionable term, or it may so limit the application of any unconscionable term as to avoid any unconscionable result.

848) Mark A. Lemley, supra note 803, at 1254.

849) Ibid.

3. 공공정책(Public Policy)의 문제

계약조항이 공공정책에 반하는지 여부를 판단하기 위해서는 많은 요소들이 고려되는 데, 그 중의 하나가 법률에 의해 규정된 공공정책이라고 한다. 저작권법은 저작물에 대한 저작자의 이해관계와 일반 공중(public)의 이해관계의 조정을 위한 법률인데, 이러한 이해관계를 조정하고 있는 저작권법의 조항은 공공정책을 반영하고 있는 것이라고 한다.[851] 저작권법은 저작물의 복제물의 소유자에게 그것의 배포권을 주고 있고, 컴퓨터 프로그램의 사용을 위해서 필연적인 복제행위를 할 수 있도록 허용하고 있는데, 이러한 이해관계의 조정을 깨뜨리는 개발자계약상의 복제금지조항이나 배포금지조항은 공공정책에 반하는 것으로서 무효라고 한다.[852]

4. 연방법 우선권(Preemption)의 문제

미국 저작권법 § 301(a)는 1978년 1월 1일 이후에는 저작권법 § 106에 명시된 저작물에 대한 배타적인 권리들 중 어느 하나에 상응하는(equivalent) 법률상 또는 형평법상의 권리는 저작권법에 의해서만 규율된다. 이후에는 누구도 저작물에 대하여 저작권법에 규율된 권리에 상응하는 권리를 보통법이나 주법에 의해서 가질 수 없다고 규정하고 있다.[853] 이와 같이 어떠한 사항에 관하여 연방차원에서 결정하는 경우에는 그 사항에 관한 주법의 규정을 무효로 한다는 원칙을 연방법 우선의 원칙(preemption)이라고 한다. 그런데 개발자계약의 조항들이 연방법우선의 원칙에 의해서 무효가 되는지에 관하여는 긍정설과 부정설이 대립하고 있다.

긍정설에 따르면 컴퓨터 프로그램 개발자는 컴퓨터 프로그램 구매

850) Ibid; Thomas Lee Hazen, supra note 710, at 156; Jean Braucher, supra note 835, at 274.

851) Thomas Lee Hazen, supra note 710, at 151.

852) Ibid; Lothar Determann, Aaron Xavier Fellmeth, supra note 677, at 64; Jean Braucher, supra note 835, at 274; Mark A. Lemley, supra note 803, at 1255.

853) 17 U.S.C. § 301(a).

자가 개발자계약에 반하는 방법으로 컴퓨터 프로그램을 사용하거나 배포하는 경우 그를 각 주의 계약법에 따라서 계약위반을 이유로 제소하게 될 것인데, 이와 같이 개발자계약의 복제금지조항이나 배포금지조항의 효력을 인정하고 이에 대한 위반행위에 대하여 법원에 제소할 수 있도록 허용하는 주의 계약법은 연방법인 저작권법 § 109의 최초판매원칙과 § 117의 컴퓨터 프로그램 사용에 필수적인 복제행위를 할 수 있는 권리를 제한하는 것으로서 연방법우선의 원칙에 의하여 무효가 된다고 한다.[854] 그 외에도 개발자계약의 효력을 인정하는 주법이 아니라 개발자계약 자체가 연방법우선의 원칙에 의해서 무효가 된다고 주장하는 견해도 있다.[855] 계약에 의해서는 배타적인 권리가 발생할 수 없으므로 계약에 관해서는 일반적으로 연방법 우선의 원칙이 적용될 수 없지만 인스톨랩 라이선스 계약은 그 컴퓨터 프로그램을 취득하는 모든 자와 계약관계를 만들게 되고 이는 배타적인 권리를 발생시키는 것과 사실상 동일하므로 이러한 경우에는 연방법 우선의 원칙이 적용되어야 한다고 한다.[856] 이에 반하여 부정설은 저작권법상의 연방법 우선의 원칙은 저작권법에 규정된 배타적인 권리와 상응하는 권리는 연방법에 의해서만 규율될 수 있다는 원칙인데, 계약은 당사자 간에만 효력이 발생하는 것이고 배타적인 권리를 규율하는 것이 아니므로 계약에 관해서는 연방법 우선의 원칙이 적용되지 않는다고 한다.[857]

854) John A. Rothchild, supra note 679, at 93; Mark A. Lemley, supra note 803, at 1272; Lothar Determann, Aaron Xavier Fellmeth, supra note 677, at 64.

855) John A. Rothchild, supra note 679, at 98.

856) Ibid.

857) ProCD, Inc. v. Zeidenberg, 86 F.3d 1447, at 1453-1454(7th Cir. 1996).

第 4 章

한국에서의 논의

第4章 한국에서의 논의

第1節 개관

컴퓨터 프로그램 저작물의 보호방법에 관한 논의는 우리 나라에서도 비교적 활발하게 이루어지고 있으나, 컴퓨터 프로그램 거래의 법적 성질이 무엇인지에 관하여서는 아직까지는 체계적인 논의가 이루어지지 않고 있고, 판례도 나오지 않고 있다. 그런데 독일에서의 논의를 살펴보는 과정에서 밝혔듯이 컴퓨터 프로그램의 거래는 저작권법의 보호대상인 컴퓨터 프로그램 저작물의 거래와는 구별되는 것이다.[858] 그리고 그 거래과정에서 발생하는 문제들, 예컨대 컴퓨터 프로그램에 하자가 있는 경우에 어떠한 법률효과가 발생하는가, 컴퓨터 프로그램을 취득한 자가 자신의 취득한 컴퓨터 프로그램을 제3자에게 재판매할 수 있는가, 취득한 컴퓨터 프로그램이 멸실된 경우에 그 위험은 누가 부담하는가 그리고 컴퓨터 프로그램을 할부로 거래하는 경우에는 할부거래에관한법률이 적용되는가 등의 문제는 컴퓨터 프로그램 거래의 법적 성질이 결정되어야만 설명될 수 있다.

컴퓨터 프로그램 거래처럼 새로운 유형의 계약인 것처럼 보이는 거래의 법적 성질을 결정하기 위한 체계적인 방법론이 먼저 만들어져야 할 것이고, 그 방법론에 따라서 컴퓨터 프로그램 거래의 법적 성질을 판단해야 할 것이다. 따라서 이하에서는 먼저 새로운 유형의 계약의 법적 성질을 결정하는 방법론으로서의 계약유형론에 관하여 살펴보고, 이에 따라서 컴퓨터 프로그램 거래의 법적 성질을 체계적으로 구성해 보고자 한다.

---

858) 이에 관하여 자세한 것은 이 책 제2장 제2절 Ⅰ.1. 컴퓨터 프로그램의 개념 및 제2장 제2절 Ⅱ.1.컴퓨터 프로그램 거래의 개념 참조.

第2節 계약유형론

Ⅰ. 문제의 소재

유형(Typus)이란 특정한 사실관계들(bestimmte Sachverhalte)을 특정한 관점에서 분류(Einordnung)하는데 있어서 필요한 하나의 구조적인 모형(ein Strukturmuster)을 말하고, 법학에 있어서 유형이란 특정한 사실관계들을 법적인 관점에서 분류하는데 있어서 필요한 하나의 구조적인 모형을 의미한다. 이러한 구조적인 모형은 하나의 사실관계를 다른 사실관계와 법적으로 구별되도록 하는 권리와 의무들로 이루어져 있다.[859] 각 사실관계에서 발생하는 권리와 의무들은 그 의미적·기능적 상호관계들(in ihrem Sinn-und Funktionszusammenhängen) 속에서 가치평가되고 그에 따라서 각각 다른 사실관계에서 발생하는 권리와 의무들과 분류된다. 이러한 분류를 통해서 하나의 사실관계의 법적 유형이 결정된다.[860]

우리 법은 다양한 유형의 계약을 규정하고 있는데, 이렇게 법에 규정된 계약유형인 전형계약이 어떠한 의미를 가지는 것인지, 그리고 현실 거래계에서 다양하게 발생하는 계약을 어떠한 방법을 통하여 어떠한 유형으로 분류하여야 하는 것인지 이하에서 살펴보기로 한다.

Ⅱ. 계약유형의 의의

1. 전형계약과 비전형계약

우리 민법은 제2장 제2절부터 제15절까지에 증여, 매매, 교환, 소비대차, 사용대차, 임대차, 고용, 도급, 현상광고, 위임, 임치, 조합, 종신정기금, 화해의 14개의 계약유형을 규정하고 있으며, 채권총칙편에는 보증계약과 경개계약을 규정하고 있고, 그 밖에도 상법에 다양한

---

859) Leenen, a.a.O., S. 42 ff.

860) Leenen, a.a.O., S. 43; Martinek, a.a.O., S. 19.

유형의 계약을 규정하고 있다. 이렇게 법에 규정된 계약의 유형을 전형계약이라 하고 법에 규정되어 있지는 않지만 현실 거래계에서 다양한 모습으로 나타나는 계약을 비전형계약이라고 한다.[861]

전형계약에 관한 민법의 규정은 일상생활 속에서 빈번하게 이용되는 계약을 유형화하여 그러한 유형의 계약관계에 관한 가장 보편적인 내용을 규정함으로써 계약의 해석에 있어서 표준을 마련한 것으로 평가된다.[862] 구체적으로 존재하는 계약의 모습은 천차만별이어서 이러한 구체적인 계약들을 일정한 구조적 틀을 통하여 유형화하지 않고서는 구체적인 계약관계들을 규율하는 것이 불가능하기 때문에 계약의 유형화가 이루어졌다고 한다.[863] 그리고 각 계약유형을 규율하는 규정의 내용은 합리적이고 성실한 계약당사자라면 그러한 유형의 계약을 체결할 때 약정하였을 사항들을 규정해 놓은 것이라고 한다.[864]

그런데 이러한 전형계약에 관한 규정들은 대부분 임의규정에 불과하고 당사자들은 계약자유의 원칙상 자신들이 체결하는 계약의 내용을 자유롭게 결정할 수 있으므로 전형계약이 체결된 경우에도 당사자의 의사가 일차적으로 존중되어야 하고, 당사자의 의사가 불확실하거나 계약내용에 관한 약정이 흠결된 경우에만 전형계약의 규정들이 보충적으로 적용될 수 있다고 한다.[865] 나아가 전형계약은 산업사회 초

---

861) 김주수, 채권각론, 삼영사, 1997, 169면; 주석 민법, 〔채권각칙(2)〕 (김상용 집필부분), 146면; 김상용, 채권각론(상), 법문사, 1999, 38면; 곽윤직, 채권각론, 박영사, 2001, 136면은 민법 제2장 제2절부터 제15절까지에 규정된 계약유형만을 전형계약이라 하고 민법의 다른 부분에 규정된 보증계약과 경개계약, 그리고 상법과 다른 특별법에 규정된 계약유형은 '전형적 계약'으로 부르고 있다; 김증한·김학동, 채권각론, 박영사, 2006, 9면은 민법 제2장 제2절부터 제15절까지에 규정된 계약만이 엄격한 의미의 전형계약을 말하고 나머지 계약유형의 광의의 전형계약에 속한다고 설명한다; 김형배, 채권각론, 신정판, 박영사, 2001, 79-80면은 민법 제2장 제2절 이하에 규정된 14종의 계약을 전형계약으로 그 이외의 계약을 비전형계약으로 정의하고 있다; 김동훈, 산업구조의 변천에 따른 새로운 계약유형, 고시계 1997년 3월호, 101면은 좁은 의미의 전형계약은 민법 계약각칙 부분에 규정된 14종의 계약을 말하며, 그 밖에 민법이나 상법에 규정된 계약유형도 전형계약에 속한다고 한다.

862) 김주수, 상게서, 170면; 김증한·김학동, 상게서, 10면.

863) 김형배, 전게서, 275면.

864) 주석 민법, 〔채권각칙(2)〕 (김상용 집필부분), 148면.

기의 경제·사회상을 반영하는 역사적인 산물로서 오늘날 후기산업사회의 다양한 욕구를 만족시키기에는 부족하다고 평가하기도 한다.[866]

2. 전형계약 규정의 표준적 기능

전형계약에 관한 규정들은 대부분 임의규정이므로 계약의 당사자들이 전형계약을 체결하면서 그 유형의 계약관계를 규율하는 임의규정의 적용을 원하지 않는 경우에는 계약자유의 원칙상 합의를 통하여 그 규정의 적용을 배제할 수 있는 것이 원칙이다. 이러한 계약자유의 원칙이 정당화 될 수 있는 근거는 이성적이고 합리적인 인간이 스스로 자기결정(Selbstbestimmung)하면 그 결과에 대하여 스스로 책임(Selbstverantwortung)을 져야한다는 사상을 그 기초로 하고 있는 것이다.[867] 그러나 계약자유의 원칙의 근저에 있는 이상적 인간상은 실존하는 구체적 인간과는 다른 것이어서 이를 바탕으로 한 계약자유의 원칙도 수정될 수밖에 없었다.[868]

전형계약에 관한 규정은 임의규정이지만 이를 합리적이고 성실한 계약당사자라면 그러한 유형의 계약을 체결할 때 약정하였을 사항들을 규정해 놓은 것이라고 이해한다면, 전형계약에 관한 임의규정들은 그러한 유형의 계약관계에서 합리적인 이해관계의 조정을 위한 표준적인 내용을 정하고 있다고 볼 수 있을 것이다.[869] 유의할 것은 계약의 당사자들에게는 자신들의 계약관계의 내용을 자유롭게 결정할 수 있는 자유, 전형계약 중 특정한 유형의 계약을 선택할 자유는 인정될 수 있지만, 특정한 유형의 전형계약을 체결하면서 그 계약유형을 규율하는 법률상의 규정의 적용을 회피하기 위해서 자신들이 체결하는 계약의 유형을 법률의 규정과는 달리 결정할 자유는 없다고 할 것이다. 즉 실제로 존재하는 계약의 유형을 결정하는 것은 당사자들의 자

---

865) 김주수, 전게서, 170면; 곽윤직, 전게서, 137면; 김상용, 전게서, 39면; 민법주해, 채권(5) (이주흥 집필부분), 13면; 김증한·김학동, 전게서, 10면.

866) 김동훈, 신종계약의 입법방안, 민사법학 제18호(2000. 5.), 한국민사법학회, 217면.

867) 김상용, 민법총칙, 법문사, 1999, 79면.

868) 김상용, 상게서, 81면.

869) 김형배, 전게서, 278면; 주석 민법, 〔채권각칙(2)〕 (김상용 집필부분), 149면.

유의 영역에 속하지 않는다고 할 것이다.[870]

전형계약에 관한 법률의 규정들이 합리적 기준으로 작용한다는 사실은 계약체결단계에서 교섭력이 부족한 사회적 약자를 보호해야 할 필요가 있는 계약유형에서, 그리고 계약의 내용이 당사자들의 실질적인 교섭을 통하여 결정되는 것이 아니라 당사자 중 일방이 계약체결 전에 일방적으로 작성해 제시하는 약관에 의해 계약이 체결되는 경우에 잘 드러나게 된다.[871] 우리 민법은 제652조에서 임대차계약에 관한 제627조, 제628조, 제631조, 제635조, 제638조, 제640조, 제641조, 제643조 내지 제647조에 위반하는 약정으로 임차인이나 전차인에게 불리한 것은 그 효력이 없다고 규정하고 있다.[872] 이러한 편면적 강행규정은 계약체결과정에서 교섭력이 약한 사회적 약자의 보호를 위해서 전형계약에 관한 규정 중 일부를 강행규정화한 것이다. 이러한 편면적 강행규정은 전형계약관계를 규율하는 규정들은 그러한 계약관계에서 발생하는 이해관계의 대립을 합리적으로 조정하는 표준적 기능을 수행하고 있음을 그 정당성의 전제로 하고 있다고 생각된다.[873]

약관의규제에관한법률 제6조 제1항은 신의성실의 원칙에 반하여 공정을 잃은 약관조항을 무효로 규정하고 있고, 동조 제2항 제1호는 고객에 대하여 부당하게 불리한 조항을, 제2호는 고객이 계약의 거래형태 등 제반사정에 비추어 예상하기 어려운 조항을, 3호는 계약의 목적을 달성할 수 없을 정도로 계약에 따르는 본질적 권리를 제한하는 조항을 불공정 한 것으로 추정하는 것으로 정하고 있다. 이중 동조 제1항 제1호 소정의 고객에게 부당하게 불리한 조항인지를 판단하

870) 홍춘의, 컴퓨터 소프트웨어의 오류와 민사책임, 기업법연구, 제20권 제1호 (2006. 3.), 한국기업법학회, 346면은 당사자 사이에 계약의 성질에 대한 합의가 있으면 그것이 우선하게 될 것이라고 하는데, 이는 실제로 존재하는 계약의 유형을 실제와 달리 결정하는 것은 당사자들에게 맡겨진 것은 아니라고 할 것이므로 의문이다.

871) 김형배, 전게서, 279면은 전형계약규정은 사회적 약자의 보호와 관련해서 표준적 기능을 가지는 반강행적 효력규정으로 작용하기에 이르렀다고 평가한다; 주석 민법, 〔채권각칙(2)〕 (김상용 집필부분), 149면.

872) 그 외에도 제608조에서는 소비대차계약에 있어서 제606조와 제607조에 반하는 것으로서 차주에게 불리한 약정의 효력을 부인하고 있다.

873) 주석 민법, 〔채권각칙(2)〕 (김상용 집필부분), 149면도 같은 견해임.

는 기준의 하나로 전형계약에 관한 임의규정을 든다.[874] 전형계약에 관한 임의규정은 합리적인 기준을 제시한 것인데, 약관의 제시자가[875] 그러한 기준으로부터 이탈함으로써 이익을 얻고자 하는 경우에는 그를 통해 상대방에게 발생할 불이익을 보상해 줄 다른 이익을 제공하거나 그밖에 그 불이익을 정당화할 사유가 있어야만 그러한 일탈이 고객에게 부당하게 불리한 것이 아니라고 한다.[876] 또한 동조 제2항 제3호 소정의 계약에 따르는 본질적인 권리란 한 계약의 유형을 다른 계약의 유형과 구별해주는 권리를 말하는데, 이러한 권리를 계약의 목적을 달성할 수 없을 정도로 제한하는 약관조항은 공정을 잃은 것으로 추정된다. 그 취지는 계약의 당사자들이 어느 유형의 계약을 체결하기로 선택한 경우에는 약관에 의해서는 그 유형의 계약에 있어서 본질적인 권리를 제한하여 그 유형의 계약을 선택하여 당사자가 달성하고자 했던 목적을 해쳐서는 안 된다는 것으로 이해된다.[877] 이와 같은 약관에 관한 내용통제는 편면적 강행규정과 마찬가지로 전형계약에 관한 규정이 그 유형의 계약관계의 공정성을 담보하는 기준으로 작용한다는 점을 그 출발점으로 삼고 있는 것으로 이해된다.[878]

Ⅲ. 계약유형의 결정

1. 계약유형의 결정 방법

874) 이은영, 약관규제법, 박영사, 1994, 185면.

875) 약관의 규제에 관한 법률 제2조 제2항은 계약의 일방 당사자로서 타방 당사자에게 약관을 계약의 내용으로 할 것을 제안하는 자를 '사업자'로 정의하고 있다.

876) 이은영, 전게서, 185면은 사업자가 임의규정의 규율로부터 벗어남으로서 얻게 되는 이익을 '일탈이익'이라고 하고, 고객이 이와는 반대로 임의규정이 부여하고 있는 법적 지위를 유지함으로써 누리게 될 이익을 '유지이익'이라고 설명하면서 사업자의 이탈이익을 위하여 고객의 유지이익을 희생시켜서는 안 된다고 한다.

877) 이와 같은 계약유형의 변경은 약관에 의해서는 불가능하지만 개별약정에 의해서는 얼마든지 가능할 것이다.

878) 김형배, 전게서, 279면., 주석 민법, 〔채권각칙(2)〕 (김상용 집필부분), 149면.

앞에서 살펴본 대로 유형이란 특정한 사실관계들을 특정한 관점에서 분류하는데 있어서 필요한 하나의 구조적인 모형을 말하고, 법학에 있어서 유형이란 특정한 사실관계들을 법적인 관점에서 분류하는데 있어서 필요한 하나의 구조적인 모형을 의미한다. 이러한 구조적인 모형은 하나의 사실관계를 다른 사실관계와 법적으로 구별되도록 만드는 권리와 의무들로 이루어져 있다. 그리고 각 사실관계에서 발생하는 권리와 의무들은 그들의 의미적·기능적 상호관계 속에서 각각 다른 사실관계에서 발생하는 권리와 의무들과 구별된다. 이러한 분류를 통해서 하나의 사실관계의 법적 유형이 결정된다.[879] 즉, 계약의 유형은 그 계약관계에서 발생하는 권리와 의무의 의미적·기능적 상호관계를 분석하여 그 결과를 전형계약의 권리와 의무의 상호관계와 비교하여 결정하게 될 것이다.[880] 이러한 비교에 있어서 양자가 어느 범위에서 그리고 어떤 강도로 서로 일치하고 있는가에 대한 판단을 위해서는 가치판단이 필요한 전체적인 고찰(wertende Gesamtbetrachtung)이 필요하다고 한다.[881] 그리고 유형이라는 것은 개념에 비해 상대적인 개방성(Offenheit)을 가지므로 유형의 標識가 모두 만족되는 경우에만 그 유형으로의 분류가 허용되는 것은 아니다.[882]

계약의 유형을 결정하기 위해서는 먼저 계약관계에서 발생하는 권리와 의무를 정확하게 확정하고 그 권리와 의무들이 그 의미상·기능상 어떠한 관계에 놓여 있는지를 분석하는 작업이 선행되어야 한다. 이러한 작업을 위해서는 계약의 내용을 정확하게 확정해야 하는데, 이는 법률행위의 해석을 통하여 이루어진다. 법률행위의 해석에서는 계약의 당사자들이 실질적으로 합의한 내용이 중요하며 당사자들이

879) 계약유형의 결정은 이렇듯 법적인 가치판단이 필요한 작업이므로 당사자의 의사에 맡겨질 수 없다는 점이 분명해진다.

880) 김형배, 전게서, 280면은 계약을 그 계약의 목적과 채무내용을 고려하여 법률에 규정된 전형계약 중에서 가장 근접한 유형으로 분류하는 방법으로 계약유형을 결정하게 된다고 한다. 이에 관하여 자세한 것은 이 책 제2장 제2절 Ⅳ. 계약유형론 참조.

881) Oechsler, Schuldrecht Besonderer Teil, S. 12; Schmid, CR 1994, 515; 김형배, 전게서, 280면도 같은 견해로 이해됨.

882) 최봉경, 개념과 유형, 법철학연구 제6권 제1호(2003), 한국법철학회, 10면.

사용한 계약유형에 관한 명칭에 구애될 것은 아니라고 한다.[883]

2. 계약유형 결정의 효과

계약의 당사자들은 그들이 체결하는 계약이 어떠한 유형의 계약인지를 문제삼지 않고 단지 그 계약의 내용을 결정하려는 것이 보통이다.[884] 그런데 전형계약에 관한 규정들은 합리적 기준으로 기능하므로 당사자들이 체결한 계약이 1차적으로 전형계약의 어느 하나에 해당하는지 검토해야 할 것이다.[885] 이를 통하여 어떤 계약이 전형계약의 한 유형에 해당하는 것으로 판단되는 경우에는, 그 유형을 규율하는 규정은 합리적인 기준을 제시하고 있는 것이므로 이를 부당하게 제한하거나 박탈하는 것은 허용되지 않는다고 할 것이다.[886] 다음으로 어떤 계약이 전형계약의 어떠한 유형으로도 분류될 수 없다고 판단되는 경우에는 그 계약관계에 유사한 전형계약에 관한 규정을 무리하게 유추적용 하여서는 안 되고, 그 계약관계의 특성, 당사자의 이해관계, 거래의 관행 등을 고려하여 구체적 사정에 부합하는 새로운 규범을 발견해야 할 것이라고 한다.[887]

3. 새로운 유형의 계약의 규율에 관한 판례의 태도

우리 대법원은 새로운 유형의 계약의 규율에 대해서 유사한 전형계약 조항을 직접 적용하지 않고 그 계약유형의 특수성을 고려하여 구체적으로 타당한 결론을 내리려는 태도를 취하고 있는 것으로 보인다. 이하에서는 새로운 유형의 계약으로 볼 수 있는 리스계약, 팩토링계약, 프랜차이즈계약, 전속계약의 규율에 관한 판례의 태도를 살펴보

883) 김형배, 상게서, 280면.
884) 김증한·김학동, 전게서, 11면.
885) 김증한·김학동, 전게서, 11면.
886) 김형배, 전게서, 279면.
887) 김증한·김학동, 전게서, 11면; 김상용, 전게서, 41면. 이와 관련하여서는 소위 혼합계약(gemischte Verträge)을 어떻게 규율할 것인지에 대해서 상세한 논의가 있다. 이에 관하여는 김형배, 전게서, 282면 이하 참조.

기로 한다.

대법원은 리스계약을 "시설대여회사가 대여시설 이용자가 선정한 특정물건을 새로이 취득하거나 대여받아 그 물건에 대한 직접적인 유지, 관리책임을 지지 아니하면서 대여시설이용자에게 일정기간 사용케 하고 그 기간에 걸쳐 일정대가를 정기적으로 분할하여 지급받으며 그 기간 종료후의 물건의 처분에 관하여는 당사자간의 약정으로 정하는 계약"이라고 설명하면서, 그 규율에 관하여는 형식적으로는 임대차계약과 유사하나 그 실질은 물적금융이고 임대차계약과는 여러 가지 다른 특질이 있기 때문에 리스계약은 비전형계약이고 따라서 이에 대하여는 민법의 임대차에 관한 규정이 바로 적용되지는 아니한다고 판시하였다.[888)]

팩토링계약에 관하여는 팩토링 회사가 가맹점의 고객에 대한 매출채권을 채권양도의 형식을 빌려 직접 청구하는 법률관계를 형성하는 것으로 파악하면서 그 실질은 팩토링 회사가 가맹점과 구매자 사이의 할부매매계약에 있어서 금융을 제공하는 것이 주된 내용을 이루고 있고 또한 그와 같은 채권양도는 제3자 사이에서 이미 성립한 기존의 채권을 그 실현단계에서 양도하는 것이 아니라 계약의 성립단계에서부터 팩토링 회사가 금융을 제공하는 당사자로서 적극 개입함으로써 사실상 채권이 발생됨과 동시에 그 양도가 이루어지는 것으로 보고 있어 채권양도와 금융제공이 혼합된 계약으로 이해하고 있다.[889)]

대번원은 프랜차이즈계약이란 프랜차이저가 보유한 영업 지식과 경험, 기술에 관한 노하우와 상호 등 각종 영업표지와 경영지도 및 지원을 프랜차이지에게 제공하고, 프랜차이지는 이를 활용하여 영업을 하고 프랜차이저에게 영업표지와 노하우의 사용대가를 지급하기로 하는 계약으로 파악하고 있어, 프랜차이즈 계약을 비전형계약으로 보고 있다.[890)]

---

888) 대법원 1986. 8. 19. 선고 84다카503, 504 판결; 대법원 1997. 11. 28. 선고 97다26098 판결; 대법원 1999. 9. 3. 선고 99다23055 판결; 대법원 2004. 9. 13. 선고 2003다57208 판결.

889) 대법원 1994. 4. 12. 선고 93도1735 판결. 19995년 개정된 상법 제46조 제21호에 영업상 채권의 매입·회수 등에 관한 행위를 추가함으로써 팩토링을 상행위에 포함시켰다.

일정한 예능적 활동으로서의 노무를 제공하는 자가 특정의 사업자에게 전속하는 전속계약에는, 다른 곳에 노무를 제공하는 것을 일체 인정하지 않는 완전전속계약, 사업자의 허락을 받은 경우에만 다른 곳에 노무를 제공할 수 있는 준전속계약, 사업자로부터 노무제공의 요청이 있으면 반드시 노무제공을 하지 않으면 안 되는 계약관계인 우선전속계약 등으로 분류할 수 있다고 하여 전속계약을 민법 제655조의 고용계약과는 다른 것으로 파악하고 있다.[891)]

第3節 컴퓨터 프로그램 거래의 법적 성질 결정의 선결문제들

앞에서 살펴본 계약유형론에 따라서 컴퓨터 프로그램 거래의 법적 성질을 결정하기 위해서는 컴퓨터 프로그램 거래에서 발생하는 권리와 의무가 무엇인지를 결정해야 한다. 그런데 거래의 목적물이 무엇인지에 따라서 그 거래로부터 발생하는 당사자의 권리와 의무가 달라질 수 있으므로, 컴퓨터 프로그램 거래에서 발생하는 권리와 의무를 확정하기 전에 그 거래의 목적물인 컴퓨터 프로그램의 법적 성질이 무엇인지를 확정하는 작업이 선행되어야 할 것이다.[892)] 또한 컴퓨터 프로그램은 저작권법에서 보호의 대상으로 하고 있는 컴퓨터 프로그램 저작물을 포함하고 있는 것이므로, 저작권법 상의 규정들이 컴퓨터 프로그램 거래에서 발생하는 권리와 의무에 어떠한 영향을 미치게 되는지도 선결과제로서 해결되어야 할 것이다.

Ⅰ. 컴퓨터 프로그램의 법적 성질

1. 논의의 의미

---

890) 대전지법 2002. 8. 14. 선고 2001가합9179 판결.
891) 대법원 1993. 2. 9. 선고 92다33176 판결.
892) 이에 관하여 자세한 논의는 이 책 제2장 제2절 Ⅰ.2. 컴퓨터 프로그램의 법적 성질 참조.

거래의 목적물인 컴퓨터 프로그램이 물건인지 여부는 컴퓨터 프로그램 거래의 법적 성질을 결정함에 있어서 중요한 선결문제이다. 거래의 목적물의 성격에 따라 그 거래에서 발생하는 당사자의 급부의무의 내용이 달라질 수 있기 때문이다. 그 밖에도 컴퓨터 프로그램의 물건성 인정 여부는 물권법상의 법률관계와 제조물책임법의 적용 여부의 판단에 관해서도 중요한 의미를 가진다.[893]

2. 물건성을 긍정하는 견해

컴퓨터 프로그램의 물건성을 긍정하는 견해가 있다.[894] 이에 따르면 컴퓨터 프로그램 저작물은 제작자의 정신적 노동의 산물로서 무체재산이지만, 컴퓨터 프로그램 저작물이 유형의 정보저장매체에 저장되는 경우에는 복제물로서 유형물에 해당하므로 민법 제98조 소정의 물건에 해당한다고 한다.[895] 무체재산인 컴퓨터 프로그램 저작물이 정보저장매체에 저장됨으로써 하나의 경제적 가치를 갖는 컴퓨터 프로그램으로 화체된다고 한다.[896] 그리고 컴퓨터 프로그램을 인터넷 등을 통하여 다운로드 하는 경우에는 유형의 정보저장매체와의 결합을 인정할 수 없으므로 컴퓨터 프로그램의 물건성을 인정할 수 없다

---

893) 제조물책임법 제2조제1호는 제조물이란 다른 동산이나 부동산의 일부를 구성하는 경우를 포함한 제조 또는 가공된 동산을 말한다고 규정하고 있어 컴퓨터 프로그램이 동산으로 인정되는 경우에만 그 제조자는 제조물책임법상의 책임을 지게 될 것이다.

894) 정규, 소프트웨어 거래에서 Shrinkwrap 계약의 유효성, 비교사법 제8권 제1호(2001. 6.), 한국비교사법학회, 1096면; 이승우, 컴퓨터 소프트웨어 생산자의 민사책임, 민사법연구 제10집 제2호(2002), 대한민사법학회, 78면; 황찬현, Shrinkwrap 계약, 인터넷법률 3호(2000. 11.), 법무부, 16면; 홍춘의, 컴퓨터 소프트웨어의 오류와 민사책임, 기업법연구 제20권 제1호(2006), 한국기업법학회, 350면; 권대우, 소프트웨어 및 디지털 콘텐츠 이용에 따른 책임에 관한 민사법리의 적용, 정보사회에 대비한 일반법 연구(Ⅳ), 정보통신정책연구원, 2002, 258면; 신봉근, 컴퓨터소프트웨어와 제조물책임, 인터넷법률 통권 제27호(2005. 01.), 법무부, 109면.

895) 홍춘의, 전게논문, 350면; 권대우, 전게논문, 256-258면; 이승우, 전게논문, 78면; 신봉근, 전게논문, 195면.

896) 이승우, 전게논문, 78면.

는 비판에 대하여는, 디스켓이나 CD만이 정보저장매체인 것은 아니며, 컴퓨터 프로그램이 다운로드되는 경우에는 정보저장매체인 컴퓨터의 하드디스크에 저장되어 화체되어야만 컴퓨터 프로그램으로서 작동할 수 있고, 따라서 이 경우에도 컴퓨터 프로그램의 물건성이 부정되는 것은 아니라고 한다.897)

3. 물건성을 부정하는 견해

이에 반하여 부정설은, 우리 민법 제98조는 유체물 및 전기 기타 관리할 수 있는 자연력을 물건으로 정의하고 있는데, 컴퓨터 프로그램은 개발자의 창작활동에서 나온 정신적 산물로서 무형의 정보이고 유체물, 전기, 관리가능한 자연력 어디에도 해당하지 않으므로 물건으로 볼 수 없다고 한다.898) 또한 컴퓨터 프로그램의 본질은 무형의 정보에 있는 것이고 유형의 정보저장매체에 있는 것이 아니라고 한다.899) 따라서 컴퓨터 프로그램이 정보저장매체에 화체되어 하나의 유체물이 된다고 파악하는 것은 지나친 논리의 비약이라고 비판한다.900) 또한 컴퓨터 프로그램이 독립한 거래의 목적물로 거래되는 초기에는 정보저장매체에 결합하여서만 거래될 수 있었으므로 이를 물건으로 파악할 수도 있었지만, 인터넷과 같은 정보통신망이 일반화되면서 컴퓨터 프로그램은 유체물에 화체되지 않은 상태로 거래될 수 있고, 이렇게 거래되는 컴퓨터 프로그램의 물건성을 인정하는 것은 현행법 하에서는 불가능하다고 한다.901)

---

897) 홍춘의, 전게논문, 350면; 권대우, 전게논문, 257면; 신봉근, 전게논문, 195면.

898) 오병철, 디지털정보계약법, 법문사, 2005, 22-25면; 정완, 소프트웨어의 버그(bug)에 대한 법적 책임, 재산법연구 제20권 제2호(2003. 12.), 한국재산법학회, 280면; 주지홍, 소프트웨어하자로 인한 손해의 제조물책임법리 적용여부, 민사법학 제25호(2004), 한국민사법학회, 456면.

899) 정완, 전게논문, 280면; 주지홍, 전게논문, 457면.

900) 주지홍, 전게논문, 455면.

901) 오병철, 전게서, 23면.

4. 각 학설의 검토

컴퓨터 프로그램의 물건성을 긍정하면 컴퓨터 프로그램의 거래는 물건을 목적물로 하는 전형계약이 될 수 있고, 컴퓨터 프로그램에 하자가 있는 경우 제조자는 제조물책임법에 따른 책임을 부담하게 될 것이다. 그러나 컴퓨터 프로그램을 무체재산으로 이해하게 되면 컴퓨터 프로그램의 거래는 물건을 목적물로 하는 전형계약으로 이해될 수 없게 되고, 제조물책임법의 적용도 부정되어야 한다는 결과에 이르게 될 것이다.[902] 컴퓨터 프로그램의 성질을 어떻게 이해하는 것이 이론적으로 또한 결과에 있어서도 타당한 것인지 이하에서 살펴보기로 한다.

독일에서의 컴퓨터 프로그램의 물건성에 관한 논의를 검토하면서 이미 밝힌 바와 같이, 컴퓨터 프로그램의 물건성에 관한 물음에 정확하게 답을 하기 위해서는 물건성을 확인하려고 하는 대상물이 무엇인지 정확하게 확정하는 작업이 선행되어야 할 것이다. 우리가 물건성을 확정하려고 하는 대상물인 컴퓨터 프로그램은 컴퓨터 프로그램 저작물의 복제물로서 거래의 대상이 되는 것을 의미한다는 점을 염두에 두어야 할 것이다.[903] 우리가 물건성을 확정하려고 하고 그것의 거래의 법적 성질을 논하려고 하는 컴퓨터 프로그램은 어떠한 정신적인 것이 아니고, 마치 책, 음반, 혹은 비디오테이프가 그러하듯이 구체적인 컴퓨터 프로그램 저작물이 유형의 정보저장매체에 유체화된 것이다.[904] 컴퓨터 프로그램을 비물질적 재화로 보는 견해는 저작권법의 보호대상인 정신적인 저작물과 물질적인 존재로서 거래의 목적물인 복제물을 구분하지 않고 있다는 점에서 문제가 있다고 생각한다.[905]

컴퓨터 프로그램이 정보저장매체에 저장되지 않은 채 정보통신망

---

902) 주지홍, 전게논문, 454면 이하는 소프트웨어는 동산이 아니므로 이에 제조물책임법이 적용될 수 없고 소프트웨어의 거래를 규율하는 계약법원칙에 따라서 해결해야 할 것이라고 한다; 이에 관한 독일에서의 논의는 이 책 제2장 제2절 Ⅰ.2.바. 각 학설의 검토 부분 참조.

903) Baus, a.a.O., S. 27; 이에 관하여 자세한 것은 이 책 제2장 제2절 Ⅰ.2.바. 각 학설의 검토 부분 참조.

904) Baus, a.a.O., S. 27; Bydlinski, AcP 198, 307; König, NJW 1993, 3122.

905) König, NJW 1993, 3121 ff. 그는 컴퓨터 프로그램을 비물질적 재화로 보는 학자들의 이러한 태도에 대해서 혹평하고 있다.

을 통하여 공급되어질 수 있다는 사실은 컴퓨터 프로그램의 물건성에 대한 반대논거로서 수용될 수 없다. 정보저장매체 없는 컴퓨터 프로그램의 공급에서 우리가 물건성을 판단해야 하는 대상은 공급인의 컴퓨터에 존재하고 있는 컴퓨터 프로그램과 양수인의 컴퓨터에 복제되어서 새로 생성되는 또 하나의 컴퓨터 프로그램이다.[906] 이 두 개의 컴퓨터 프로그램은 모두 하드디스크라는 정보저장매체에 유체화되어 존재하는 것으로서 민법 제98조 소정의 물건이다. 컴퓨터 프로그램이 정보통신망을 통하여 정보저장매체 없이 공급될 수 있다는 사실은, 그를 통하여 컴퓨터 프로그램의 법적 성질을 결정하게 될 컴퓨터 프로그램의 성질(Eigenschaft)이 아니라, 단지 컴퓨터 프로그램의 거래방법을 묘사한 것에 불과한 것이다.[907]

우리 민법 제98조는 유체물 및 전기 기타 관리할 수 있는 자연력을 물건으로 정의하고 있다. 컴퓨터 프로그램은 전기 기타 관리할 수 있는 자연력이 아니므로,[908] 결국 유체물에 해당하는지 여부가 컴퓨터 프로그램이 우리 민법상 물건인지 여부의 판단에 있어서 핵심사항이 될 것이다. 유체물이란 인간이 지배가능한 물질(Materie)이 공간을 차지하고 존재하고 있는 것(das räumliche Zutagetreten)을 의미한다.[909] 그리고 어떠한 대상이 유체물인지 여부의 판단에 있어서 중요한 것은 최신의 자연과학지식이 아니라 일반적인 거래관념(allgemeine Verkehrsanschauung)이라고 한다.[910] 이러한 설명은 컴퓨터 프로그램의 물건성을 판단함에 있

---

906) Vgl. BGH Urt. v. 15. 11. 2006 - Ⅻ ZR 120/04, CR 2007. 75(76).

907) Hoeren, a.a.O., S. 32 Rn. 76; Krauß, a.a.O., S. 17; Marly, a.a.O., S. 53 Rn. 109. 이에 관하여 자세한 것은 이 책 제2장 제2절 Ⅰ.2.라. 컴퓨터 프로그램을 독일 민법 제90조상의 물건으로 보는 견해의 논거3 참조.

908) 오병철, 전게서, 24-25면.

909) Erman/Michalski, § 90 Rn. 1; jurisPK-BGB/Vieweg, § 90 Rn. 8; Soergel/Marly, § 90 Rn. 1; Staudinger/Dilcher, §90 Rn. 1; a.A. Weitz, a.a.O., S. 37 ff. 그에 의하면 유체물의 개념은 시대별로 관점별로 달라졌으며 민법제정당시에도 두 가지의 유체물 개념이 존재하였다고 한다; 김상용, 민법총칙, 법문사, 1999, 286면; 백태승, 민법총칙, 281면; 주석민법, 〔총칙(2)〕(이한구 집필부분), 219면; 민법주해〔Ⅱ〕, 총칙(2)(김병재 집필부분), 28면.

910) Erman/Michalski, § 90 Rn. 1; jurisPK-BGB/Vieweg, § 90 Rn. 8. 그에 의하면 최근의 자연과학적 지식에 의하면 빛(Licht)은 입자라고 하는데 그렇다고 빛을 유체물로 볼 수는 없다고 한다; Münch-Komm/ Holch, § 90 Rn. 23;

어서도 그대로 통용되어야 할 것이다. 거래의 대상물인 컴퓨터 프로그램이 정보처리기기의 조정기능을 수행하기 위해서는 필연적으로 유체화되어 있을 것을 전제로 한다.[911] 따라서 유체화되어 있지 않은 거래의 대상물인 컴퓨터 프로그램 그 자체라는 것은 존재하지 않으며, 이러한 필수적인 유체화속에서 컴퓨터 프로그램의 물건성을 인정할 수 있을 것이다.[912]

또한 컴퓨터 프로그램의 물건성을 인정하는 경우에만 컴퓨터 프로그램에 대한 물권적 청구권의 행사가능성, 제조물책임법의 적용가능성이 문제없이 설명될 수 있으므로, 컴퓨터 프로그램의 물건성을 인정하는 것이 결과론에 있어서도 타당할 것이다.

Ⅱ. 저작권법 상의 선결문제

1. 문제의 제기

컴퓨터 프로그램 저작자를 보호하기 위하여 우리나라에서는 1986년 12월 31일 개정되어 1987년 7월 1일부터 시행된 저작권법은 제4조 제1항 제9호에서 저작물의 하나로 컴퓨터 프로그램 저작물을 들고 있고, 동조 제2항에서는 컴퓨터 프로그램 저작물의 보호 등에 관하여 필요한 사항은 따로 법률로 정한다고 규정하고 있었다. 이에 따라 컴퓨터프로그램보호법이 제정되어 컴퓨터 프로그램 저작물에 대한 보호를 규정하고 있었다. 컴퓨터프로그램보호법은 컴퓨터 프로그램 저작물 저작자의 권리 그 밖에 컴퓨터 프로그램 저작물과 관련된 권리를 보호하고, 그 공정한 이용을 도모하는 것을 목적으로 하는 법률로서 컴퓨터 프로그램 저작물의 보호에 관하여 규율하고 있을 뿐, 컴퓨터

Staudinger/Marly, § 90 Rn. 1; 주석민법, 〔총칙(2)〕 (이한구 집필부분), 220면.

911) Baus, a.a.O., S. 27; Bydlinski, AcP 198, 307; Krauß, a.a.O., S. 16 f; Hoeren, GRUR 1988, 342; Marly, a.a.O., S. 50 Rn. 103; BGH Urt. v. 15. 11. 2006 - XII ZR 120/04, CR 2007. 75(76).

912) Baus, a.a.O., S. 27; Krauß, a.a.O., S. 17. 이에 관하여 자세한 것은 이 책 제2장 제2절 Ⅰ.2.라. 컴퓨터 프로그램을 독일 민법 제90조상의 물건으로 보는 견해의 논거3 참조.

프로그램 복제물의 거래의 법적 성질에 관하여는 규율하지 않고 있었다. 그 후 2009년 4월 22일 개정된 저작권법에 컴퓨터프로그램보호법의 내용이 흡수되고 2009년 7월 23일을 기준으로 컴퓨터프로그램보호법은 폐지되었다. 그런데 아래에서 자세히 살펴보겠지만, 컴퓨터 프로그램 복제물을 사용하기 위해서는 책이나 음반의 사용과는 달리 컴퓨터 프로그램 저작물을 복제해야만 한다. 그리고 컴퓨터 프로그램 저작물에 대한 복제권은 저작권법 제16조에 따라 원칙적으로 저작권자에게 배타적으로 귀속된다. 한편 저작권법은 일반 공중의 컴퓨터 프로그램 저작물에 대한 이용가능성을 보장하기 위하여 일정한 경우 저작권자의 동의가 없어도 컴퓨터 프로그램 저작물을 복제할 수 있는 예외를 인정하고 있다. 따라서 컴퓨터 프로그램 사용을 위하여 필수적인 복제행위가 저작권법이 인정하고 있는 예외에 해당하지 않는다고 판단하는 경우에는 컴퓨터 프로그램 복제물의 취득자는 그것의 사용의 위해서 저작권자로부터 동의를 얻기 위한 법률행위를 다시 하여야 할 것이고, 그 반대의 경우에는 컴퓨터 프로그램의 소유자는 저작권자의 동의가 없어도 컴퓨터 프로그램을 사용할 수 있을 것이다.

독일에서의 논의를 검토하면서 설명한 바와 같이 컴퓨터 프로그램을 사용하기 위해서는 우선 그것을 컴퓨터의 하드디스크에 인스톨하여야 하고, 이렇게 인스톨과정을 거쳐서 하드디스크에 생성된 컴퓨터 프로그램을 사용하기 위해서는 하드디스크에 있는 컴퓨터 프로그램이 RAM에 불러 들여져야 한다.[913) 컴퓨터 프로그램을 RAM에 읽어 들이는 것이 저작권법 제2조 제22호의 복제에 해당하는지 여부에 관하여는 견해의 대립이 있다. 그러나 컴퓨터 프로그램의 인스톨이 복제에 해당한다는 점에 대하여는 의문의 여지가 없다.[914)]

이러한 저작물의 복제는 저작재산권자만 할 수 있으며 제3자가 복제행위를 하기 위해서는 원칙적으로 저작권자의 동의를 얻어야만 한다. 그런데 저작권법 제101조의5 제1항은 "프로그램의 복제물을 정당

913) 이에 관하여 자세한 것은 이 책 제2장 제2절 Ⅲ.1.가. 컴퓨터 프로그램의 사용과정 참조.

914) 이에 관하여 자세한 것은 이 책 제2장 제2절 Ⅲ.2.다. 컴퓨터 프로그램의 하드디스크에의 설치 참조.

한 권한에 의하여 소지·이용하는 자는 그 복제물의 멸실·훼손 또는 변질 등에 대비하기 위하여 필요한 범위에서 해당 복제물을 복제할 수 있다"고 규정하고 있는 바, 컴퓨터 프로그램의 인스톨이 이에 해당하는 것으로서 저작권자의 동의없이도 가능한 것인지 문제된다.

만일 컴퓨터 프로그램의 사용을 위하여 필연적으로 복제행위가 필요하다면 컴퓨터 프로그램의 취득자는 컴퓨터 프로그램의 사용을 위해서 저작권재산권자로부터 동의를 얻어야만 할 것이고, 이를 위하여 컴퓨터 프로그램 저작재산권자와 법률관계를 맺어야 할 것이다. 그리고 컴퓨터 프로그램의 사용을 위해서 컴퓨터 프로그램 저작재산권자로부터 복제행위에 대한 동의를 얻어야 한다면, 컴퓨터 프로그램의 공급자는 컴퓨터 프로그램 취득자에게 단순히 컴퓨터 프로그램을 공급할 의무 외에도 컴퓨터 프로그램의 사용에 필수적인 저작재산권자의 동의 내지는 사용권을 확보해 줄 또 하나의 급부의무를 부담하게 될 것이고, 그렇다면 컴퓨터 프로그램 거래를 단순한 매매계약으로 볼 수만은 없을 것이다. 따라서 컴퓨터 프로그램의 사용과정에 복제행위가 필연적인지 그리고 그 복제행위를 하기 위해서 컴퓨터 프로그램 저작재산권자의 동의가 필요한지 여부는 컴퓨터 프로그램 거래의 법적 성질을 결정함에 있어서 중요한 선결과제가 된다고 할 것이다.

2. RAM 저장의 복제 여부

과거 컴퓨터프로그램보호법 제2조 제3호는 복제라 함은 프로그램을 유형물에 고정시켜 새로운 창작성을 더하지 아니하고 다시 제작하는 행위를 말한다고 정의하고 있었고, 저작권법 제2조 제22호는 복제는 인쇄·사진촬영·복사·녹음·녹화 그 밖의 방법에 의하여 유형물에 고정하거나 유형물로 다시 제작하는 것을 말하며, 건축물의 경우에는 그 건축을 위한 모형 또는 설계도서에 따라 이를 시공하는 것을 포함한다고 규정하고 있다. 이에 따르면 컴퓨터 프로그램의 복제를 인정하기 위해서는 컴퓨터 프로그램을 유형물에 고정시킬 것이 요구된다. 램이 유형물인 점은 분명하나 램에의 읽어 들임이 고정에 해당하는지에 대하여는 견해의 대립이 있다.

일부는 컴퓨터 프로그램을 램에 읽어 들이는 것도 유형물에 고정되는 것이고, 그 고정이 일시적이라고 해서 복제로 보는 데 어려움이 있는 것은 아니라고 한다.[915] 이에 대하여 램은 그 특성상 전기의 공급이 끊어지면 읽어 들인 정보가 모두 상실되므로 램에 컴퓨터 프로그램을 읽어들인다고 하여도 유형물에 고정되었다고 볼 수 없고, 컴퓨터 프로그램의 사용을 위해서 필수적인 램에의 읽어들임을 복제로 본다면 컴퓨터 프로그램 저작자에게 독점적 사용권을 인정하게 되는 결과가 될 것인데 이는 저작권의 통상적인 권리범위를 넘어서서 특허권과 유사한 권리를 인정하게 되어 부당하다는 반대 견해가 있다.[916]

독일에서는 한국과 마찬가지로 컴퓨터 프로그램을 램에 읽어들이는 것이 복제에 해당하는지에 관하여 긍정설과 부정설이 대립하고 있고,[917] 미국에서는 복제에 해당한다는 것이 학설 및 판례의 태도이다.[918] 생각건대 복제란 저작물의 유체적 고정(körperliche Festlegung)을 의미하는데, 여기서 고정이라는 개념은 일정한 정도의 안정적인 물질화(ein gewisses Ausmaß an stabiler Materialisierung)를 그 개념요소로 한다고 할 것이다.[919] 따라서 전기의 공급이 끊어지면 모든 정보를 잃게 되는 램에의 저장은 복제를 인정할 정도의 안정적인 물질화가 이루어진 것으로 평가하기 어렵다고 판단된다. 또한 컴퓨터 프로

---

915) 송상현·김문환·양창수, 컴퓨터프로그램보호법 축조연구, 서울대학교 출판부, 1989, 105면; 서달주, 한국저작권법, 박문각, 2007, 250면.

916) 이해완, 저작권법, 박영사, 2007, 923면; 김두안, 프로그램에 대한 사용허락계약의 법리, 산업재산권 제9호(1998), 한국산업재산권법학회, 90면; 정상기, 소프트웨어의 일시적 복제와 전송권, 산업재산권 제17호(2005), 한국산업재산권법학회, 271면은 현행법상 램 저장은 복제에 해당하지 않지만 이를 포함할 수 있도록 법을 개정할 필요가 있다고 한다; 배정한, 인터넷 거래에서 컴퓨터 RAM에의 일시적 저장의 복제권 침해문제, 국제상학 제17권 제2호(2002. 8.), 238면; 오병철, 전게서, 41면; 이충훈, 애플리케이션서비스제공자(ASP)의 민사법적 책임에 관한 연구, 프로그램심의조정위원회, 2002, 75-76면.

917) 이에 관하여 자세한 것은 이 책 제2장 제2절 Ⅲ.2.가. 컴퓨터 프로그램의 램으로의 읽어들임 참조.

918) MAI Sys. Corp., v. Peak Computer, Inc., 991 F.2d 511, 517-20, 26 U.S.P.Q.2d (BNA) 1458, 1463-64 (9th Cir. 1993).

919) Hoeren, GRUR 1988, 354. 이에 관하여 자세한 것은 이 책 제2장 제2절 Ⅲ.2. 가.2) 논거2 참조.

그램을 램에 읽어들이는 것을 복제로 이해하게 되면 컴퓨터 프로그램의 저작권자에게 컴퓨터 프로그램에 대한 독점적인 사용권까지를 인정하는 결과가 될 것이라는 지적이 설득력이 있다고 생각된다.[920] 우리 저작권법 및 컴퓨터프로그램보호법은 독일이나 미국처럼 컴퓨터 프로그램 사용과정에 있어서 필수적인 복제행위는 저작권자의 동의없이도 할 수 있다는 저작권에 대한 제한규정을 두고 있지 않다가 2011년 12월 2일 저작권법을 개정하면서 제35조의2에 "컴퓨터에서 저작물을 이용하는 경우에는 원활하고 효율적인 정보처리를 위하여 필요하다고 인정되는 범위 안에서 그 저작물을 그 컴퓨터에 일시적으로 복제할 수 있다. 다만, 그 저작물의 이용이 저작권을 침해하는 경우에는 그러하지 아니하다"라는 규정을 두어 컴퓨터 프로그램의 이용을 위하여 필수적인 복제행위를 허용하는 규정을 두었다.[921]

3. 컴퓨터 프로그램 설치의 문제

일반적으로 사용자에게 공급되는 컴퓨터 프로그램은 그 형태 그대로는 개별 사용자의 컴퓨터에서 구동되어질 수 없기 때문에, 매우 용량이 작은 컴퓨터 프로그램을 제외한다면 거의 대부분의 컴퓨터 프로그램은 그것이 처음으로 사용되기 전에 먼저 사용자의 컴퓨터에 설치(Installation)되어야 한다.[922] 이러한 컴퓨터 프로그램의 인스톨이 복제에 해당한다는 것은 명백하다. 그렇다면 컴퓨터 프로그램을 사용하기 위해서는 저작권자로부터 복제에 대한 동의를 얻어야만 하는 것인가라는 의문이 든다.

폐지된 컴퓨터프로그램보호법 제17조 제1항은 "프로그램저작권자는 다른 사람에게 그 프로그램의 사용을 허락할 수 있다"고 규정하고 있었는데, 여기서 컴퓨터 프로그램의 사용이 의미하는 것이 무엇인지 문제되었다. 일부는 컴퓨터 프로그램의 설치와 실행도 사용에 해당하

920) 이해완, 전게서, 923면; 오병철, 전게서, 41면.

921) 독일 저작권법 제69d조 제1항, 미국 저작권법 § 117(a)(1)도 우리 저작권법 제35조의2와 동일한 내용을 규정하고 있다.

922) 이에 관하여 자세한 것은 이 책 45면 참조.

고 컴퓨터프로그램보호법 제7조 제1항이 프로그램저작권의 내용을 규정하면서 복제·개작·번역·배포·발행 및 전송할 권리만을 언급하고 있지만, 컴퓨터 프로그램의 사용권은 프로그램저작권의 본질적 내용 중 하나라고 하였다.[923] 따라서 컴퓨터 프로그램을 설치하기 위해서는 저작권자로부터 동법 제17조 제1항에 따라서 사용허락을 받아야 한다고 주장하였다. 이에 반하여 동법 제17조 제1항의 사용은 동법 제7조 제1항에서 정한 행위만을 말하며, 컴퓨터 프로그램을 실행시키는 행위는 사용에 해당하지 않는다고 주장하는 견해도 있었다.[924] 이에 따르면 컴퓨터 프로그램을 실행하는 것이 동법 제7조 제1항 소정의 행위에 해당하지 않는 한 동법 제17조 제1항의 사용허락의 대상이 되지 않는다고 한다. 컴퓨터 프로그램의 설치행위는 동법 제7조 제1항에 규정된 복제행위에 해당하는 것이 명백하므로 일단은 제17조 제1항의 사용허락의 대상이 된다고 할 것이었다.

그런데 위에서 살펴본 바와 같이 우리나라의 컴퓨터프로그램보호법은 컴퓨터 프로그램 사용과정에 있어서 필수적인 복제행위는 저작권자의 동의가 없어도 할 수 있다는 복제권에 대한 제한규정을 두고 있지 않다가 2011년 개정 저작권법 제35조의2에 일시적 복제에 대한 허용규정을 두었다. 한편 저작권법 제101조의5는 제1항에서 "프로그램의 복제물을 정당한 권한에 의하여 소지·이용하는 자는 그 복제물의 멸실·훼손 또는 변질 등에 대비하기 위하여 필요한 범위에서 해당 복제물을 복제할 수 있다"고 규정하고 있다.[925] 컴퓨터 프로그램을 하드디스크에 설치하는 것이 복제물의 멸실·훼손 또는 변질 등에 대비하기 위하여 필요한 범위 안에서 당해 복제물을 복제하는 것인지에 대한 논의는 찾아볼 수 없었다. 그런데 컴퓨터 프로그램을 인스톨하는 것은 CD 등에 저장된 컴퓨터 프로그램 복제물의 멸실·훼손 또는 변질에 대비하는 것도 그 목적으로 하는 것이므로, 컴퓨터 프로그램의 설치는 동법 제101조의5 제1항에 따라 허용되는 것으로 이해하여

923) 윤선희, 지적재산권법, 세창출판사, 2004, 362면.

924) 이해완, 전게서, 923면; 오병철, 전게서, 205면.

925) 2009년 4월 22일 개정되어 2009년 7월 23일부터 시행된 저작권법에 동조가 신설되었다.

야 할 것으로 생각된다.

Ⅲ. 소결

이상의 논의를 정리하면 컴퓨터 프로그램 복제물은 컴퓨터 프로그램 저작물과는 구별되는 것으로서 유체물로서 물건이다. 그리고 컴퓨터 프로그램의 사용과정에 필수적인 RAM에의 읽어들임에서는 유체물에의 고정이 발생하지 않으므로 복제에 해당하지 않는다고 할 것이다. 만일 이를 복제라고 본다고 하여도 이는 저작권법 제 35조의2에 의하여 허용되는 것이므로 복제를 위하여 저작재산권자로부터 복제권을 취득할 필요가 없다. 이와는 달리 컴퓨터 프로그램을 하드디스크에 설치하는 것은 복제행위에 해당한다. 따라서 컴퓨터 프로그램 복제물의 소유권을 취득한 자는 컴퓨터 프로그램을 사용하기 위해서는 원칙적으로 컴퓨터 프로그램 저작재산권자로부터 저작권법 제46조 제1항에 따라서 이용허락을 받아야 할 것이다. 그런데 저작권법 제101조5 제1항은 프로그램의 복제물을 정당한 권원에 의하여 소지·이용하는 자는 그 복제물의 멸실·훼손 또는 변질 등에 대비하기 위하여 필요한 범위 안에서 해당 복제물을 복제할 수 있다고 규정하고 있고, 컴퓨터 프로그램의 설치는 이 요건을 만족시키므로 동법 제101조5 제1항에 따라 허용되는 것으로 이해하여야 할 것이다. 따라서 컴퓨터 프로그램 복제물의 소유자는 저작재산권자의 동의가 없어도 컴퓨터 프로그램을 사용하기 위하여 컴퓨터에 설치할 수 있다고 생각된다. 이렇게 본다면 컴퓨터 프로그램의 복제물을 취득한 자가 이를 사용하기 위해서 저작권자로부터 사용권을 설정 받거나 복제행위에 대한 동의를 얻기 위해서 그와 별개의 법률관계를 맺을 필요가 없게 된다.

第4節 컴퓨터 프로그램 거래의 법적 성질

컴퓨터 프로그램 거래의 법적 성질의 확정은 두 단계를 걸쳐 이루어진다. 첫 번째 단계에서는 계약당사자의 합의로부터 발생하는 급부의무가 무엇인지를 확정하여야 한다.[926] 이러한 첫 번째 작업은 컴퓨터 프로그램 거래의 당사자의 법률행위의 해석을 통해서 도출되어야 할 것이다.[927] 이 과정에서 컴퓨터 프로그램 거래의 당사자들이 어떠한 이해관계의 대립구조 속에 놓여 있는지를 고려하여야 할 것이다.[928] 여기서는 컴퓨터 프로그램 거래의 당사자들이 어떠한 이해관계를 가지는 지, 그리고 당사자들이 부담하는 급부의무는 무엇이고 그러한 급부의무들이 서로 어떠한 관계를 가지고 있는지에 관한 논의가 이루어져야 할 것이다. 다만 이러한 논의는 독일과 한국에서 특별히 달라질 것이 없다고 판단되므로 독일에서의 논의의 장에서 설명한 것으로 대신하기로 한다.[929] 두 번째 단계에서는 첫 번째 단계에서 확정된 주된 급부의무를 법전에 규정되어 있는 전형계약들의 그것들과의 비교를 통해서 컴퓨터 프로그램 거래의 계약유형적 분류가 이루어지게 된다.[930]

계약유형론에 따라서 컴퓨터 프로그램 거래의 법적 성질이 결정되면 그에 따라서 컴퓨터 프로그램에 하자가 있는 경우 어떻게 규율하여야 하는지 여부, 컴퓨터 프로그램을 재판매 할 수 있는지 여부, 컴퓨터 프로그램이 멸실된 경우 누가 위험을 부담하는지 여부 및 컴퓨터 프로그램을 할부거래를 통하여 취득하는 경우에는 할부거래에관한

---

926) Chrocziel, CR 1989, 678. 이에 관하여 자세한 것은 이 책 제2장 제2절 Ⅳ. 2. 계약에 전형적인 급부의무를 통한 계약유형의 확정 참조.

927) 김상용, 민법총칙, 423면.

928) 김상용, 상게서, 434면은 법률행위의 해석의 표준으로 당사자의 목적 등의 제반사정을 들고 있는데, 당사자들이 법률행위를 하는 목적을 이해하기 위해서는 당사자들의 이해관계의 대립이 어떠한 모습인가 하는 점도 포함되어야 할 것으로 생각된다.

929) 이에 관하여 자세한 것은 이 책 제2장 제3절 컴퓨터 프로그램 거래의 당사자들의 권리와 의무 참조.

930) Lenhard, a.a.O., S. 193 ff; Sickinger, a.a.O., S. 22 f; 김형배, 전게서, 280면.

법률이 적용되는지 여부 등이 결정될 수 있게 된다.

이하에서는 우선 컴퓨터 프로그램 거래가 정확하게 무엇을 말하는 것인지를 살펴보고, 그 유형을 나누어 각각의 계약유형의 법적 성질이 무엇인지 그리고 각 학설에 따를 경우 어떠한 결과에 이르게 되는지 살펴보기로 한다.

Ⅰ. 컴퓨터 프로그램 거래의 개념 및 유형

1. 개념

컴퓨터 프로그램 거래(Softwareüberlassungsvertrag)란 컴퓨터 프로그램 공급자(Softwarelieferant)에게 유상 혹은 무상으로 특정한 컴퓨터 프로그램 사용자(Softwareanwender)에 대하여 합의한 컴퓨터 프로그램을 인도해야 할 의무를 부담시키는 계약을 말한다.[931] 즉 컴퓨터 프로그램 공급자가 사용자에게 합의된 컴퓨터 프로그램을 넘겨줌으로써 사용자가 그 컴퓨터 프로그램을 적법하게 사용할 수 있게 해주는 것을 내용으로 하는 계약이 컴퓨터 프로그램 거래이다.[932] 컴퓨터 프로그램 거래라는 용어는 법적으로 중립적이며 어떠한 특정한 계약유형과도 관련되어 있지 않다.

컴퓨터 프로그램의 거래는 컴퓨터 프로그램 접속계약(Application Service Provide, ASP)과는 구별하여야 한다. 컴퓨터 프로그램 접속계약에서는 서비스 제공자의 서버에 설치되어 있는 컴퓨터 프로그램을 사용자의 클라이언트 단말기를 통하여 이용만 할 뿐이고, 컴퓨터 프로그램이 사용자에게 공급되는 것이 아니기 때문이다.[933] 이러한 프로그램 접속계약의 법적 성질에 관하여는 컴퓨터 프로그램의 임대차계약으로 보는 견해[934]와 사용허락계약으로 보는 견해[935]가 있다.

---

931) 그러나 유상의 컴퓨터 프로그램공급이 일반적인 경우이고 따라서 더 중요한 의미가 있으므로 이 논문에서는 무상의 컴퓨터 프로그램공급은 다루어지지 않을 것이다.

932) Kindermann, GRUR 1983, 154; Lenhard, a.a.O., S. 7; Marly, a.a.O., S. 17 Rn. 39.

933) 오병철, 전게서, 469면; 이충훈, 전게논문, 55면.

934) 이충훈, 전게논문, 54면.

2. 유형

컴퓨터 프로그램 거래의 법적 성질을 논함에 있어서 컴퓨터 프로그램 거래의 유형을 컴퓨터 프로그램의 종류에 따라서 표준 컴퓨터 프로그램의 공급과 주문형 컴퓨터 프로그램의 공급으로, 공급기간에 따라서 영구적 공급과 일시적 공급으로 나누어서 설명하는 것이 편리할 것으로 생각된다. 컴퓨터 프로그램은 그 사용자의 범위에 따라서 표준 컴퓨터 프로그램과 주문형 컴퓨터 프로그램으로 나눌 수 있다. 시장에 존재하는 다수의 고객들의 사용을 위한 것으로 특정한 고객의 주문에 의해서 생산된 것이 아닌 컴퓨터 프로그램을 표준 컴퓨터 프로그램이라 하고, 이에 반해서 특정한 사용자의 특별한 사용목적에 따라서 제작되는 컴퓨터 프로그램은 주문형 컴퓨터 프로그램라고 한다.[936]

주문형 컴퓨터 프로그램의 영구적인 공급의 경우에는 독일의 학설과 판례는 일치하여 독일 민법 제631조 이하의 도급계약이 성립한다고 하고 있고,[937] 우리나라의 학설[938]과 판례[939]도 도급계약으로 보고 있으므로 이에 관한 논의는 생략하기로 한다. 따라서 이하에서는 표준 컴퓨터 프로그램의 영구적 거래와 일시적 거래의 법적 성질에 관하여 살펴보기로 한다.

Ⅱ. 컴퓨터 프로그램의 영구적 거래의 법적 성질

1. 정보저장매체와 함께 공급하는 경우

정보저장매체에 저장된 컴퓨터 프로그램의 영구적 거래의 성질에

---

935) 오병철, 전게서, 469면.

936) Hoeren, a.a.O., S. 3 Rn. 6; Marly, a.a.O., S. 19 Rn. 42; Mehrings, NJW 1986, 1905; Sodtalbers, a.a.O., S. 121 Rn. 177.

937) Bartl, CR 1985, 13; Braun, BB 1992, 154; Dörner/Jersch, IuR 1988, 138; Hoeren, a.a.O., S. 3 Rn. 8; Marly, a.a.O., S. 19 Rn. 42; Mehrings, NJW 1986, 1904; Sodtalbers, a.a.O., S. 121 Rn. 177.

938) 김동훈, 소프트웨어공급계약 등에 관한 판례연구, 민사법학 제15호(1997.4.), 한국민사법학회, 358면; 권대우, 전게논문, 244면; 홍춘의, 전게논문, 346면.

939) 대법원, 1996. 7. 30. 선고 95다7932 판결.

관하여는 이를 매매계약으로 이해하는 견해와 매매계약과 라이선스계약의 혼합계약으로 이해하는 견해가 대립하고 있고, 이를 순수한 라이선스계약으로 이해하는 견해는 찾아볼 수 없었다.[940]

가. 매매계약으로 이해하는 견해

컴퓨터 프로그램을 정보저장매체에 저장하여 이를 영구적으로 사용할 수 있도록 공급하는 계약은 매매계약이라고 이해하는 견해이다. 이러한 견해는 다시 물건의 매매로 이해하는 견해, 무체물의 매매로 이해하는 견해, 권리의 매매로 이해하는 견해로 나누어진다.

그런데 우리 민법 제563조 제1항은 매매는 당사자 일방이 재산권을 상대방에게 이전할 것을 약정하고 상대방이 그 대금을 지급할 것을 약정함으로써 그 효력이 생긴다고 하여 재산권을 그 목적물로 하고 있다.[941] 따라서 재산적 가치가 있는 권리이면 모두 매매의 목적물이 될 수 있고, 물건의 매매의 경우에도 정확하게는 그 물건의 소유권이 매매의 목적물이라고 할 것이다.[942] 그러나 민법이나 문헌에서 물건을 매매의 목적물로 설명하는 경우가 많이 발견된다.[943] 예컨대 민법 제580조 제1항은 "매매의 목적물에 하자가 있는 때에는…"이라고 규정하고 있고, 제581조 제1항은 "매매의 목적물을 종류로 지정한 경우에도 그 후 특정된 목적물에 하자가 있는 때에는…"이라고 규

940) 오병철, 전게서, 290면도 "오프라인 상점에서 소프트웨어가 저장된 CD를 판매의 방법으로 구입하는 것을 라이선스계약이라고 명시적으로 주장하는 견해는 우리 학계에서 찾아볼 수 없다"고 하고 있다.

941) 독일 민법은 우리 민법과는 달리 제433조에서 물건의 매매를 매매의 기본형태로 정하고 이에 관한 규정들을 제434조 이하에 두고 있다. 그리고 제453조 제1항에 권리의 매매와 그 밖의 목적물의 매매에 관하여는 물건의 매매에 관한 규정이 준용된다고 규정하고 있다.

942) 주석 민법, 〔채권각칙(2)〕 (윤달원 집필부분), 382면; 민법주해 〔XIV〕, 채권(7) (박해성 집필부분), 111면.

943) 예컨대 김형배, 전게서, 312면은 매도인은 목적물을 인도하여야 한다고 설명하면서 매매의 목적물이 동산인 경우와 부동산인 경우로 나누어 설명하고 있다; 주석 민법, 〔채권각칙(2)〕 (윤달원 집필부분), 383면도 "매매의 목적물이 토지인 경우…"라고 표현하고 있다; 민법주해 〔XIV〕, 채권(7) (박해성 집필부분), 112면은 "매매의 목적물은 동산부동산 그리고 불특정물특정물 어느 것이든 상관없다"고 설명한다.

정하고 있다. 그리고 재산권 외에도 기업, 고객, 기업비밀, 상표, 상호, 아이디어 등도 매매의 목적물이 될 수 있다고 설명하기도 한다.[944] 이렇게 본다면 결국 우리 민법은 재산권의 매매를 기본형으로 하고 물건의 매매와 그 밖의 목적물의 매매를 인정하고 있다고 생각된다.[945]

1) 물건의 매매로 보는 견해

컴퓨터 프로그램은 물건이고 그것의 영구적 공급은 물건의 매매라고 한다.[946] 그 근거로서 표준 컴퓨터 프로그램은 대량으로 거래되는데, 그 가격이 일정하게 정하여져 있고 정해진 가격을 컴퓨터 프로그램을 인도받기 전에 지급하지 않으면 거래가 이루어지지 않는다는 점, 그 거래가 종료된 후에는 일정한 사용료를 정기적으로 지급하지 않는다는 점을 고려할 때 컴퓨터 프로그램의 거래형태는 매매에 가깝다고 한다.[947]

2) 권리의 매매로 보는 견해

컴퓨터 프로그램 거래를 권리의 매매로 보는 견해가 있다.[948] 이에 따르면 유형화된 디스켓이나 CD 자체는 거래의 목적이라고 볼 수 없으며, 디지털 정보를 그 사용권과 함께 구입하는 것이므로 실제로는 프로그램 1본을 사용할 권리를 구입하는 것이라고 한다.

3) 무체물의 매매로 보는 견해

컴퓨터 프로그램의 취득자가 대금을 지불하고 취득하려는 것은 유체물인 정보저장매체가 아니라 그것에 저장되어 있는 무체물인 컴퓨터

---

944) 주석 민법, 〔채권각칙(2)〕 (윤달원 집필부분), 382면; 이은영, 채권각론, 박영사, 2000, 290면.

945) 물건의 매매의 경우에는 정확하게 말하면 물건자체가 매매의 목적물이 아니라 물건의 소유권이 매매의 목적물이 되고 물건은 소유권의 객체로서 의미를 갖게 된다.

946) 정규, 전게논문, 1096면; 이승우, 전게논문, 81면; 홍춘의, 전게논문, 346면; 황찬현, 전게논문, 15면.

947) 정규, 전게논문, 1096면.

948) 권대우, 전게논문, 246면.

프로그램이고, 그 거래의 형태는 프로그램이라는 재산이 취득자에게 급부되고 그 대가로 금전이 지급되므로 재산권이 이동하고 그 대가가 지불되는 매매계약에 해당한다는 견해이다.[949] 그러면서 민법상 매매 규정은 유체물을 대상으로 하는 것이지만, 무체물을 급부목적물로 하는 경우에도 거래내용의 실체에 맞게 준용할 수 있다고 주장한다.[950]

나. 매매계약과 라이선스계약의 혼합계약으로 이해하는 견해

컴퓨터 프로그램의 거래는 유체물인 정보저장매체에 관한 매매계약과 디지털 정보인 컴퓨터 프로그램의 사용에 관한 사용허락계약이 결합된 계약이라고 한다.[951] 정보저장매체에 관한 계약은 물건의 소유권에 관한 계약이고, 디지털 정보인 컴퓨터 프로그램의 사용에 관한 사용허락계약은 무형물에 대한 것으로 정보저장매체에 관한 계약과 구별되어야 한다고 한다.[952] 무형의 컴퓨터 프로그램은 저작권에 의해서 보호되는 것이므로 그것을 사용하기 위해서는 저작권자의 사용허락을 필수로 하므로 저작권자와 사용허락을 위한 계약이 필요하게 된다고 한다.[953] 그리고 계약체결의 당사자와 시기에 관하여는 정보저장매체의 매매계약은 컴퓨터 프로그램의 배포자와 매수인간에 체결되고, 그 후에 컴퓨터 프로그램의 취득자와 저작권자 사이에 사용허락계약이 체결된다고 한다.[954]

---

949) 정완, 전게논문, 208면.

950) 정완, 상게논문, 208면.

951) 오병철, 전게서, 298면; 배대헌, Mass-Market License 체결과 소비자보호, 비교사법 제5권 2호(1998. 12.), 한국비교사법학회, 233면; 김병일, 컴퓨터 정보거래와 라인센싱, 디지털재산법연구 제1권 제1호(2001), 한국디지털재산법학회, 203면.

952) 오병철, 전게서, 298면.

953) 김병일, 전게논문, 192면.

954) 오병철, 전게서, 269-298면은 컴퓨터 프로그램의 사용허락에 관한 계약을 컴퓨터프로그램보호법 제17조 제1항의 사용허락계약과는 구별되는 최종사용계약이라고 부르면서 최종사용계약은 동법 제7조 제1항이 규정하고 있는 "프로그램을 복제·개작·번역·배포·발행 및 전송"하는 행위가 아니라 컴퓨터 프로그램을 순수히 사적으로 '실행'하는 데 필요한 권리를 허락하는 것이라고 한다. 그러면서 컴퓨터 프로그램은 서적과 같은 전통적인 정보재와는 달리 권리침해의 가능성이 높으므로 순수한 사적인 '실행'을 위한 권리도 필요하다고 주장한다. 그러나 전통적인 정보재라고 파악하고 있는 음반이나 책도 디지털

다. 학설의 검토

어떤 계약의 법적 성질을 결정한다는 것은 그 계약이 전형계약의 유형 중 어떤 것으로 분류될 수 있는 것인지 또는 어느 것으로도 분류될 수 없는 것인지를 결정하는 것을 의미한다.[955] 계약의 유형은 그 계약관계의 당사자들의 합의에서 발생하는 급부의무를 전형계약의 각 유형의 급부의무와 비교함으로써 결정하게 된다. 그리고 계약관계에서 발생하는 급부의무가 무엇인지는 법률행위의 해석을 통하여 밝혀져야 할 문제이고, 각 전형계약관계에서 발생하는 급부의무가 무엇인지는 각 유형의 계약관계를 규율하고 있는 법규정에서 도출해 낼 수 있다. 컴퓨터 프로그램 거래의 법적 성질을 결정함에 있어서도 이와 마찬가지로 그 계약관계에서 발생하는 급부의무를 전형계약의 각 유형의 그것과 비교하여야 할 것이다.[956]

컴퓨터 프로그램을 정보저장매체에 저장하여 공급하는 경우에 공급자는 유체물로서 우리 민법 제98조에 따른 물건인 컴퓨터 프로그램의 점유를 이전할 의무와 그 컴퓨터 프로그램에 대한 소유권을 양수인에게 이전할 의무를 부담하게 된다. 양수인은 이에 대한 반대급부로서 합의한 대금을 지급할 의무를 부담하게 된다. 이러한 당사자의 급부의무는 민법 제563조의 매매계약의 그것과 일치한다. 따라서 컴퓨터 프로그램을 정보저장매체에 저장하여 공급하는 경우에는 물건의 매매계약이 성립하게 된다.

그런데 취득한 컴퓨터 프로그램을 사용하기 위해서 그 컴퓨터 프로그램을 컴퓨터의 하드디스크에 인스톨하는 과정이 기술적으로 필수적인데, 컴퓨터 프로그램의 인스톨은 저작권법 제2조 제22호의 복제

정보를 저장하고 있는 경우에는 컴퓨터 프로그램과 마찬가지로 복제가 용이하고 권리침해의 가능성이 높아지게 되므로 컴퓨터 프로그램만을 특별히 취급하는 것을 정당화하는 근거로 복제의 용이성 및 높은 권리침해의 가능성을 드는 것은 설득력이 떨어진다고 생각된다; 김병일, 전게논문, 192면.

955) 어떠한 계약이 전형계약으로 분류될 수 없다고 하는 것은 결국 비전형계약이라는 것인데, 이것 역시 그 계약의 유형을 결정하는 것이라고 볼 수 있을 것이다.

956) 컴퓨터 프로그램 거래관계에서 당사자들이 부담하게 되는 급부의무가 무엇인지에 관한 자세한 논의는 이 책 제2장 제3절 컴퓨터 프로그램 거래의 당사자들의 권리와 의무 참조.

에 해당하는 것이 명백하다. 그러나 프로그램의 복제물을 정당한 권원에 의하여 소지·이용하는 자는 그 복제물의 멸실·훼손 또는 변질 등에 대비하기 위하여 필요한 범위 안에서 해당 복제물을 복제할 수 있다"는 동법 제101조5 제1항에 의해서 인스톨행위를 하기 위해서 컴퓨터 프로그램의 매수인이 저작권자로부터 사용권을 취득할 필요는 없을 것이다. 따라서 디지털 정보를 그 사용권과 함께 구입하는 것이므로 실제로는 프로그램 1본을 사용할 권리를 구입하는 것이라는 견해와, 무형의 컴퓨터 프로그램은 저작권에 의해서 보호되는 것이므로 그것을 사용하기 위해서는 저작권자의 사용허락을 필수로 하므로 저작권자와 사용허락을 위한 계약이 필요하게 된다고 하는 견해에는 찬성할 수 없다. 만일 컴퓨터 프로그램의 사용을 위해서는 저작권자로부터 사용권을 설정받아야 한다고 이해한다면 컴퓨터 프로그램의 취득을 위해서 매도인과 매매계약을 체결해야 하고 이와는 별도로 저작권자와 사용권 설정계약을 체결해야 하는데, 이와 같이 계약당사자가 다른 두 개의 계약을 하나의 혼합계약으로 파악할 수 있는 것인지 의문이다. 또한 컴퓨터 프로그램의 소유권을 취득한 자가 사용권 설정계약을 체결하지 않으면 이를 사용할 수 없게 되는 결과에 이르게 되는데, 소유물을 사용할 수 없는 소유권이라는 것이 존재하게 되어 역시 문제이다.[957)]

정보저장매체에 저장된 컴퓨터 프로그램을 영구적 사용을 위하여 공급하는 경우에 매매계약이 성립하는 것으로 이해하게 되면 컴퓨터 프로그램의 하자담보에 관하여는 매매계약의 하자담보규정이 적용되고, 컴퓨터 프로그램이 멸실되는 경우에는 멸실의 위험은 매수인이 부담하게 될 것이다.[958)] 그리고 저작권법 제20조 단서에 따라서 컴퓨

957) 컴퓨터 프로그램 거래를 물건의 매매계약과 사용허락계약의 혼합계약이라고 이해하는 견해에 의하면 사용허락계약은 shrinkwrap 방식이나 clickwrap 방식으로 체결된다고 하는데, 예컨대 A가 상인으로부터 구매한 컴퓨터 프로그램의 포장을 B가 개봉하게 되면 A는 컴퓨터 프로그램의 소유권을 취득하지만 사용권이 없게 되고, B는 컴퓨터 프로그램의 소유권은 없지만 사용권을 취득하게 되는 문제가 발생한다.

958) 이에 관하여 자세한 것은 권대우, 전게논문, 245면 이하; 이승우, 전게논문, 91면 이하; 정완, 전게논문, 276면 이하 참조.

터 프로그램의 취득자는 자신이 취득한 컴퓨터 프로그램을 재판매할 수 있을 것이다. 컴퓨터 프로그램을 할부로 매수한 경우에는 할부거래에관한법률이 적용되는 결과에 이르게 된다. 매매계약과 라이선스 계약의 혼합계약으로 이해하는 견해에 의하여도 이와 동일한 결과에 이르게 된다.[959] 그러나 하자담보책임이 발생하여 유체물인 정보저장 매체에 관한 매매계약이 해제되거나 할부거래에관한법률 제5조에 따라서 정보저장매체에 관한 매매계약이 철회된 경우 디지털 정보인 컴퓨터 프로그램의 사용에 관한 사용허락계약의 운명이 어떻게 될 것인지 불명확하게 되는 문제가 발생한다. 또한 정보저장매체는 저작권법 제20조 단서에 따라서 제3자에게 재판매할 수 있지만, 사용권을 제3자에게 양도할 수 있는 것인지도 명확하지 않다. 따라서 결과론적 측면에 있어서도 정보저장매체에 저장된 컴퓨터 프로그램을 영구적 사용을 위하여 공급하는 경우에 매매계약이 성립하는 것으로 이해하는 것이 타당할 것이다.

컴퓨터 프로그램 거래의 법적 성질을 매매계약으로 이해한다고 하여서 이를 라이선스계약 내지는 매매계약과 라이선스계약의 혼합계약으로 이해하는 경우보다 컴퓨터 프로그램 저작자의 권리보호에 소홀하게 되는 것도 아니다. 컴퓨터 프로그램 저작권에 대한 침해행위는 위법한 복제행위를 통하여 이루어지는데, 컴퓨터 프로그램 거래를 매매계약으로 이해한다고 하여서 컴퓨터 프로그램의 매수인이 컴퓨터 프로그램을 자유롭게 복제할 수 있는 복제권을 취득하는 것이 아님은 분명하기 때문이다. 컴퓨터 프로그램을 복제하여 저작권자의 권리를 침해하는 것은 컴퓨터 프로그램 거래의 법적 성질과는 관계가 없는 사실상의 문제일 뿐이며, 컴퓨터 프로그램 거래를 라이선스계약으로 본다고 하여서 컴퓨터 프로그램의 복제행위가 더 어렵게 되지도 않는다. 따라서 컴퓨터 프로그램 저작자의 권리를 보호하기 위하여 컴퓨터 프로그램 거래의 법적 성질을 라이선스계약으로 파악해야 할 이유

959) 오병철, 전게서, 361면은 컴퓨터 프로그램 거래는 매매계약은 아니지만 민법 제567조에서 매도인의 담보책임에 관한 규정을 매매계약 이외의 유상계약에도 준용하도록 명시하고 있으므로 유상의 컴퓨터 프로그램 거래에 대해서는 매도인의 담보책임 규정이 준용된다고 한다.

도 없다고 할 것이다.

2. 정보저장매체 없이 공급하는 경우

가. 매매계약으로 이해하는 견해

정보저장매체에 저장된 컴퓨터 프로그램의 영구적 거래를 물건의 매매계약으로 이해하는 견해는 컴퓨터 프로그램이 CD나 디스켓 같은 정보저장매체에 저장되지 않은 채 인터넷 등의 정보통신망을 통하여 전송되는 경우에도 매매계약이 성립된다고 본다.[960] 이에 따르면 컴퓨터 프로그램이 인터넷 등을 통하여 공급되는 경우에도 그것이 작동하기 위해서는 컴퓨터의 하드디스크라는 유체물에 저장되어 유체물화 되어야하므로 컴퓨터 프로그램의 유체물성을 인정할 수 있고, 컴퓨터 프로그램을 정보저장매체에 저장하여 거래하는 경우와 인터넷 등을 통하여 다운로드 하는 방식으로 거래하는 경우에 있어서 계약당사자의 이해관계는 동일하므로 양자를 법적으로 달리 취급하는 것은 타당하지 않다고 한다.[961]

정보저장매체에 저장된 컴퓨터 프로그램의 영구적 거래를 권리의 매매로 보는 견해와 무체물의 매매로 보는 견해도 컴퓨터 프로그램을 전송하는 방식으로 거래하는 경우에도 각각 이를 무체물의 매매[962]와 권리의 매매[963]로 보고 있다. 그러나 이에 관한 특별한 논거를 들고 있지는 않다.

나. 라이선스계약으로 이해하는 견해

컴퓨터 프로그램의 거래는 유체물인 정보저장매체에 관한 매매계

960) 정규, 전게논문, 1112면., 황찬현, 전게논문, 16면; 홍춘의, 전게논문, 350면; 이승우, 전게논문, 80면; 김동훈, 전게논문, 358면은 소프트웨어를 전송하는 경우 정보저장매체는 전혀 존재하지 않으나 이 경우에도 매매계약의 규정을 유추적용할 수 있을 것이라고 한다.

961) 홍춘의, 전게논문, 349면.

962) 정완, 전게논문, 280면.

963) 권대우, 전게논문, 246면.

약과 디지털 정보인 컴퓨터 프로그램의 사용에 관한 사용허락계약이 결합된 혼합계약이라고 이해하는 견해는, 컴퓨터 프로그램이 인터넷 등의 정보통신망을 통하여 공급되는 경우에는 유체물인 정보저장매체의 매매계약은 문제가 되지 않으므로, 무체재산인 컴퓨터 프로그램의 사용을 허락하는 라이선스계약만이 존재하게 된다고 한다.[964)]

일부 견해에 의하면 컴퓨터 프로그램은 디지털화된 정보로서 그 복제의 용이성으로 인하여 책이나 음반 같은 것들과 달리 취급되어야 한다고 한다. 책이나 음반의 사용권능은 정보를 저장하고 있는 유형물의 소유권의 한 내용이지만 컴퓨터 프로그램은 그 사용을 위해서 소위 '최종사용권'이 필요하다고 한다.[965)] 이 최종사용권을 취득하기 위한 계약은 정보저장매체에 저장된 컴퓨터 프로그램을 취득하는 경우에는 컴퓨터 프로그램 취득계약과 별개의 계약으로 존재하지만, 컴퓨터 프로그램이 다운로드 방식으로 취득되는 경우에는 최종사용권의 취득을 위한 계약만이 존재하게 된다고 한다.[966)]

다. 학설의 검토

컴퓨터 프로그램을 정보저장매체에 저장하지 않고 공급할 수 있는 다양한 방법 중 실제로 가장 많이 이용되고 있는 것은 인터넷을 통하여 컴퓨터 프로그램을 사용자의 컴퓨터 하드디스크로 다운로드하는 방법이다. 따라서 이에 한정하여 컴퓨터 프로그램을 정보저장매체 없이 공급하는 계약의 법적 성질을 살펴보기로 한다. 인터넷을 통한 컴퓨터 프로그램의 제공자는 자신의 서버에 컴퓨터 프로그램을 다운로드 할 수 있도록 준비해 두고 취득자는 이를 자신의 컴퓨터 하드디스크로 다운로드 하게 된다. 다운로드 과정에서 제공자의 서버컴퓨터에 저장되어 있는 컴퓨터 프로그램은 작은 용량의 데이터 패킷으로 분할

---

964) 오병철, 전게서, 298면; 김병일, 전게논문, 230면.

965) 이 최종사용권은 컴퓨터프로그램보호법 제17조 제1항의 사용허락계약에 의하여 취득하는 사용권과는 구별되는 것이라고 한다. 컴퓨터프로그램보호법 제17조 제1항에 있어서 사용은 동법 제7조 제1항에 규정된 복제·개작·번역·배포·발행 및 전송행위만을 말하는 것이라고 한다. 오병철, 전게서, 299-307면.

966) 오병철, 전게서, 298면.

되어 취득자의 컴퓨터를 향해서 다양한 경로를 통하여 전송된다. 취득자의 컴퓨터에 이러한 데이터 패킷들이 도착하게 되면 취득자의 컴퓨터는 자동으로 각 데이터 패킷을 재조합하여 완전한 컴퓨터 프로그램 복제물을 생성하게 된다. 이러한 과정을 통하여 취득자의 하드디스크에는 제공자의 서버에 존재하는 컴퓨터 프로그램과 구별되는 새로운 물건인 컴퓨터 프로그램이 존재하게 되고, 취득자는 그것의 점유와 소유권을 취득하게 되는 것이다. 따라서 컴퓨터 프로그램 제공자는 취득자의 하드디스크에 새로 생성될 컴퓨터 프로그램에 대한 점유와 소유권을 양도하는 것으로 볼 수 있다. 이렇게 이해한다면 인터넷을 통하여 컴퓨터 프로그램을 다운로드하는 방법으로 취득하는 경우에도 물건의 매매계약이 성립하는 것으로 볼 수 있을 것이다. 따라서 컴퓨터 프로그램의 취득자는 저작권법 제20조 단서에 따라서 자신의 하드디스크에 생성된 컴퓨터 프로그램 복제물을 제3자에게 배포할 수 있게 된다.[967)]

컴퓨터 프로그램을 정보저장매체에 저장하여 거래하는 경우와 정보저장매체 없이 거래하는 경우에 거래 당사자의 이해관계는 동일하다. 그럼에도 불구하고 양자를 다른 성질의 계약으로 파악하여 정보저장매체에 저장된 컴퓨터 프로그램의 거래는 매매계약과 라이선스계약의 혼합계약으로 이해하고, 정보저장매체 없이 이루어지는 컴퓨터 프로그램 거래는 라이선스계약으로 이해하는 것은 타당하지 못하다고 생각된다.

일부 견해는 컴퓨터 프로그램을 사용하기 위해서는 저작권법 제46조의 이용허락계약에서 발생하는 이용권이 아닌 소위 '최종사용권'이라는 것이 필요하다고 하나, 이는 다음과 같은 점에서 따를 수 없다. 저작권자에게 주어지는 저작권이라는 절대권의 내용은 저작권법이 인정하고 있는 것에 한하여야 하는데, 법률의 규정에서 인정하고 있지

---

967) 자신의 컴퓨터 하드디스크에 생성된 복제물의 형태 그대로 이를 처분할 수 있다는 의미이다. 이것을 다른 정보저장매체에 옮기게 되면 또 하나의 복제물이 생성되는 것이고 이렇게 생성된 복제물은 프로그램저작권자 또는 프로그램배타적발행권자 등의 허락을 받아 판매의 방법으로 거래에 제공된 것이 아니므로 처분할 수 없다.

도 않은 컴퓨터 프로그램의 '최종사용권'이 저작권자에게 있다고 하는 것은 타당하지 않다.[968] 또한 컴퓨터 프로그램의 복제가 용이하다는 점이 이러한 최종사용권의 인정을 정당화할 수 있는 근거로 작용할 수도 없을 것이다. 최종사용권이라는 개념을 인정해야 한다고 주장하는 견해에 의하면 최종사용이란 구 컴퓨터프로그램보호법 제7조 제1항에 규정된 프로그램을 복제·개작·번역·배포·발행 및 전송행위를 제외한 컴퓨터 프로그램의 '실행'을 의미하는 것이라고 한다. 그렇다면 컴퓨터 프로그램의 복제행위를 방지하기 위해서 복제권이 포함되지 않는 '최종사용권'이 인정되어야 한다는 결과에 이르게 되는데, 이는 논리적으로 타당하지 않은 것으로 생각된다.

3. 법적 성질 결정의 결과

컴퓨터 프로그램의 영구적 거래의 법적 성질을 매매계약으로 보면 다음과 같은 결과에 이르게 된다. 컴퓨터 프로그램에 하자가 있는 경우에는 매매계약의 하자담보책임규정이 적용된다. 그리고 컴퓨터 프로그램의 매수인은 저작권법 제20조 단서에 따라서 자신이 취득한 컴퓨터 프로그램을 자유롭게 처분할 수 있게 된다. 취득한 컴퓨터 프로그램이 멸실된 경우에는 취득자는 소유자로서 멸실의 위험을 부담하게 되고, 할부거래를 통하여 컴퓨터 프로그램을 취득한 경우에는 할부거래에관한법률이 적용될 것이다. 이하에서 이에 관하여 각각 살펴보기로 한다.

가. 하자담보책임

컴퓨터 프로그램의 영구적인 거래를 매매계약으로 보게 되면 컴퓨터 프로그램에 하자가 존재하는 경우에 민법 제570조 이하의 하자담보책임규정이 적용될 것이다. 다만 컴퓨터 프로그램의 특성으로 인하

968) 오병철, 전게서, 332면도 우리 법제는 저작권자의 권리의 규율에 관하여 한정열거주의를 취하고 있으므로 프로그램저작자에게 '최종사용권'이 존재하는가는 의문이며 이러한 의문은 결국 입법적으로 해결할 수밖에 없을 것이라고 인정하고 있다.

여 민법상의 하자담보책임규정이 그대로 적용될 수 있는지 여부에 대하여는 약간의 의문이 있다.

하자담보책임의 성립요건에 관하여는 컴퓨터 프로그램에 하자가 존재하는지 여부의 판단에 있어서 정보저장매체에 하자가 있어서 컴퓨터 프로그램을 사용할 수 없거나 프로그램의 사용과정에서 오류가 발생하는 경우에는 하자의 인정에 의문이 없으나, 컴퓨터 프로그래밍 과정에서 논리적 오류가 발생한 경우에는 하자가 존재하는지 여부에 관하여 다툼이 있다. 일부 견해는 인간의 인식능력은 한계가 있어 복잡한 컴퓨터 프로그램 전체를 인식하여 그것에 오류가 있는지 확인하는 것은 불가능하므로 일정한 정도 이상으로 복잡한 컴퓨터 프로그램을 오류없이 개발하는 것은 불가능하므로 컴퓨터 프로그래밍 과정에서 논리적 오류가 발생한 경우에 하자가 존재하는지를 판단함에 있어 이를 고려하여야 한다고 한다.[969] 그러나 컴퓨터 프로그래밍 과정에서 발생한 오류는 컴퓨터 프로그램의 표현만이 아니라 기능에 영향을 미치게 된다는 점, 그리고 하자담보책임은 무과실책임이고 하자의 존재여부를 판단할 때에는 과실여부는 문제가 되지 않는다는 점을 고려하면 컴퓨터 프로그래밍 과정상의 오류가 하자인가를 판단함에 있어서 컴퓨터 프로그램은 완전할 수 없다는 점을 고려할 이유는 없다고 할 것이다.[970]

영구적 컴퓨터 프로그램 거래는 종류물의 매매계약이다.[971] 따라서 컴퓨터 프로그램에 하자가 있는 경우에는 종류물매매에 관한 민법 제581조가 적용된다. 이에 따르면 매수인은 하자로 인하여 계약의 목적을 달성할 수 없는 경우에 한하여 계약을 해제할 수 있고 그 밖의 경우에는 손해배상만을 청구할 수 있다. 또한 매수인은 계약해제나 손해배상의 청구를 하지 아니하고 하자없는 물건을 청구할 수 있다. 하자담보책임의 효과로서 계약해제나 손해배상청구에 관하여는 컴퓨

969) 권대우, 전게논문, 247면; 정완, 전게논문, 277면; 홍춘의, 전게논문, 346면; Engel, BB 1985, 1165; Mehrings, NJW 1986, 1904; Müller-Hengstenberg, CR 1989, 901.

970) 같은 견해 Marly, a.a.O., S. 377 Rn. 841.

971) 홍춘의, 전게논문, 346면.

터 프로그램의 매매에 있어서 특별한 점이 없지만 완전물급부청구권에 관하여는 약간의 문제가 있다. 정보저장매체에 하자가 있는 경우에는 완전물급부청구권을 행사하는 데 아무런 문제가 없다. 그러나 프로그래밍 과정에서의 오류가 있는 경우에는 완전물급부청구권을 행사할 수 없는 경우가 대부분일 것이다. 프로그래밍 과정에서의 오류는 그 버전의 컴퓨터 프로그램 모두에 존재하게 되므로 완전물이 존재하지 않을 뿐만 아니라, 프로그래밍 상의 오류를 수정하기 위해서는 그 컴퓨터 프로그램의 소스코드를 알아야 하는데 컴퓨터 프로그램의 매도인으로서는 소스코드를 알 수 없고, 이를 알고 있다하여도 그 오류를 수정하여 컴퓨터 개선된 컴퓨터 프로그램을 수정할 수 있는 능력이 없는 경우가 대부분이기 때문이다.[972] 따라서 컴퓨터 프로그램에 프로그래밍 과정에서의 오류가 있는 경우에는 완전물급부청구권의 이행이 불가능한 경우가 일반적일 것이다.

나. 재판매가능성

우리 저작권법 제20조는 "저작자는 저작물의 원본이나 그 복제물을 배포할 권리를 가진다. 다만, 저작물의 원본이나 그 복제물이 해당 저작재산권자의 허락을 받아 판매 등의 방법으로 거래에 제공된 경우에는 그러하지 아니하다"고 규정하여 컴퓨터 프로그램에 관하여도 최초판매원칙을 인정하고 있다. 따라서 컴퓨터 프로그램의 매수인은 자신이 취득한 특정한 컴퓨터 프로그램 복제물을 저작자의 동의없이도 제3자에게 임의로 처분할 수 있다. 이러한 점은 컴퓨터 프로그램이 정보저장매체 없이 전송되는 방법으로 매도되는 경우에도 마찬가지이다. 이 경우 컴퓨터 프로그램의 매수인은 자신이 취득한 컴퓨터 프로그램 복제물의 형태 그대로만 그것을 처분할 수 있고 그것을 복제하여 처분할 수는 없다.

그러나 컴퓨터 프로그램의 매수인은 자신이 취득한 컴퓨터 프로그램을 영리를 목적으로 하여 대여하지는 못한다. 저작권법 제21조가 "제20조 단서에도 불구하고 저작자는 판매용 음반이나 판매용 프로그

972) 권대우, 전게논문, 249면.

램을 영리를 목적으로 대여할 권리를 가진다"고 규정하고 있기 때문이다.

다. 멸실위험의 부담

컴퓨터 프로그램을 물건으로 보고 그것의 영구적 거래를 매매계약으로 보면 컴퓨터 프로그램의 매수인은 양도받은 컴퓨터 프로그램의 소유자가 된다. 따라서 양도받은 컴퓨터 프로그램이 멸실되는 경우에 그 위험을 매수인이 부담하게 된다.

라. 할부거래에관한법률의 적용

할부거래에관한법률은 동산을 할부거래를 통하여 매수하는 경우에 적용된다. 따라서 컴퓨터 프로그램을 물건으로 보고 그것의 영구적인 거래를 매매계약으로 보게 되면 컴퓨터 프로그램을 할부로 구매하는 경우에는 할부거래에관한법률이 적용된다. 그러므로 동법 제4조에 따라서 할부계약은 일정한 사항을 기재한 서면으로만 체결하여야 하고, 매수인은 동법 제5조에 따라서 일정한 기간 안에 특별한 사유가 없어도 할부계약에 관한 청약을 철회할 수 있다.

Ⅲ. 컴퓨터 프로그램의 일시적 거래의 법적 성질

1. 학설의 대립

컴퓨터 프로그램이 영구적 사용을 위하여 공급되는 것이 아니라 일시적인 사용만을 위하여 공급되는 경우, 그 계약의 법적 성질이 무엇인지에 관하여는 우리나라에서는 특별한 논의가 이루어지지 않고 있다. 다만 단편적으로 임대차계약이 성립한다고 주장하는 견해[973]와 이 경우에도 매매계약이 성립한다고 주장하는 견해가 있다.[974]

---

973) 김두안, 전게논문, 110면은 프로그램의 영구적 교부, 즉 후에 반환·파기를 예정하지 않는 교부는 매매계약에, 일시적인 교부는 임대차계약에 유사하다고 한다.

974) 정완, 전게논문, 280면은 소프트웨어 거래를 무체물의 매매계약으로 보면서,

2. 학설의 검토

컴퓨터 프로그램이 일시적인 사용을 위하여 공급되는 경우에는, 공급인은 양수인에게 약정한 컴퓨터 프로그램을 약정한 기간동안 사용할 수 있도록 허용해야 할 의무를 부담하고, 양수인은 그에 대하여 약정한 사용대가를 지급하고 약정한 기간이 경과한 뒤에는 그 컴퓨터 프로그램을 반환하거나 폐기할 의무를 부담한다. 이러한 당사자의 급부의무는 민법 제618조에 규정된 임대차계약의 그것과 동일하다. 따라서 컴퓨터 프로그램이 일시적인 사용을 위하여 공급되는 경우에는 임대차계약이 성립하는 것으로 판단된다. 이러한 점은 컴퓨터 프로그램이 다운로드를 통하여 일시사용을 위하여 공급되는 경우에도 마찬가지이다. 다만 정보저장매체 없이 컴퓨터 프로그램을 일시적 사용을 위하여 공급하는 경우에 컴퓨터 프로그램 공급자의 이해관계는 일반적으로 사용을 위하여 공급한 컴퓨터 프로그램을 반환받는데 존재하지 않는다. 따라서 컴퓨터 프로그램 임차인의 반환의무는 임대인에 의해 공급된 컴퓨터 프로그램의 반환 외에 임차인의 컴퓨터에 여전히 존재하고 있는 복제물을 더 이상 사용하지 않을 의무와 이를 삭제할 의무를 포함하는 것이라고 해야 할 것이다.[975]

3. 법적 성질 결정의 결과

일시적 사용을 위하여 컴퓨터 프로그램을 공급하는 경우에는 임대차계약이 성립한다. 따라서 임차물인 컴퓨터 프로그램에 하자가 존재

당사자 간에 어떠한 내용의 소유권을 설정하더라도 자유라고 한다. 따라서 재산권을 이전하고 일정한 기간이 경과하면 더 이상 사용할 수 없다는 내용으로 소유권을 설정하는 것도 가능하고 이것이 임대차와 유사하다는 이유만으로 이를 임대차계약으로 볼 필요는 없다고 한다. 그러므로 소프트웨어의 사용에 대한 기간제한이 있는가의 여부에 관계없이 사용허락계약은 매매계약의 일종으로 보는 것이 타당하다고 한다. 우리 나라는 물권법정주의를 택하고 있는데 일정한 기간이 경과하면 사용, 수익권능이 소멸하는 내용의 소유권을 당사자 간의 합의를 통하여 설정할 수 있다고 할 수 있는지 의문이다.

975) 이에 관하여 자세한 것은 이 책 제2장 제4절 Ⅰ.2.가.임대차계약으로 보는 견해 참조.

하는 경우에는 임대인은 하자담보책임을 부담하게 된다. 그리고 임대인의 담보책임에 대해서는 민법 제567조에 따라서 매도인의 담보책임에 관한 규정이 준용된다.

임대차계약을 통하여 컴퓨터 프로그램을 취득한 경우에는 최초판매의 원칙이 적용되지 않으므로 임차인은 컴퓨터 프로그램을 처분할 수 없고, 목적물이 임차인의 과실없이 멸실된 경우에는 그 멸실의 위험은 임차인이 아니라 그 목적물의 소유자가 부담하게 된다. 그리고 할부거래에관한법률도 적용되지 아니한다.

Ⅳ. 소결

컴퓨터 프로그램의 거래란 컴퓨터 프로그램 저작물의 거래가 아니라 컴퓨터 프로그램 저작물을 바탕으로 하여서 생성된 복제물의 거래를 말하는 것이다. 이 컴퓨터 프로그램 복제물은 민법 제98조의 물건이며, 이것을 영구적인 사용을 위하여 취득자에게 그 점유와 소유권을 이전하는 경우에는 매매계약이 성립한다. 이러한 점은 컴퓨터 프로그램을 전송의 방법으로 거래하는 경우에도 마찬가지이다. 복제물인 컴퓨터 프로그램의 사용을 위하여 컴퓨터 프로그램 저작권자로부터 어떠한 사용권도 설정받을 필요가 없으므로 이를 권리의 매매로 보는 견해나 정보저장매체에 대한 매매계약과 정보에 대한 사용권 설정계약의 혼합계약으로 보는 견해는 타당하지 못하다. 컴퓨터 프로그램에 대하여 매매계약이 체결되면 매매계약의 하자담보책임규정이 적용되고, 컴퓨터 프로그램의 매수인은 소유자로서 그 컴퓨터 프로그램 복제물의 멸실의 위험을 부담하고, 그 컴퓨터 프로그램을 제3자에게 자유롭게 처분할 수 있게 된다. 그리고 일시적인 사용을 위하여 컴퓨터 프로그램의 점유를 이전하는 경우에는 임대차계약이 성립하게 될 것이다.

第5節 컴퓨터 프로그램 거래와 개발자계약의 관계

Ⅰ. 논의의 필요성

컴퓨터 프로그램 개발자들은 자신들이 개발한 정신적 산물인 컴퓨터 프로그램에 대한 보호를 더욱 강화하기 위해서 기존의 정신적 산물인 책이나 음반 등의 거래방식과는 다른 방식의 거래를 개발해 내었다. 즉 컴퓨터 프로그램에 대한 보호장치로서 저작권이 갖고 있는 '한계'를 극복하고 자신들의 이윤을 더욱 극대화하기 위해서 라이선스라는 방법으로 컴퓨터 프로그램을 거래하고 있다. 그런데 컴퓨터 프로그램 개발자가 직접 자신이 개발한 컴퓨터 프로그램을 유통시키는 경우도 있지만, 중간에 하나 혹은 다수의 상인이 개입되는 경우가 일반적이다. 이렇게 중간에 상인이 개입된 유통구조 속에서 컴퓨터 프로그램 개발자는 컴퓨터 프로그램의 사용자에게 컴퓨터 프로그램의 사용에 대한 여러 가지 제한을 부과하기 위해서 직접 컴퓨터 프로그램 사용자와 접촉하려고 시도한다. 소위 슈링크랩라이선스(shrinkwrap-license), 클릭랩라이선스(clickwrap-license) 등은 이러한 시도의 구체적인 방법들이다. 이 경우 컴퓨터 프로그램의 취득자는 컴퓨터 프로그램은 중간상인으로부터 취득하고, 그 후에 컴퓨터 프로그램의 사용에 관하여는 개발자가 제시한 방법에 따라 라이선스 약관에 동의할 것을 요구받게 된다. 이와 같이 계약관계가 분리되는 모습을 보이게 되어 컴퓨터 프로그램 거래의 법적 성질을 파악하기 어렵게 만든다.

따라서 컴퓨터 프로그램 개발자들이 개발해 낸 슈링크랩라이선스, 클릭랩라이선스라는 거래방식이 컴퓨터 프로그램의 거래의 성질을 판단하는 데 있어서 어떠한 의미를 갖는지, 개발자 계약과 컴퓨터 프로그램 거래계약은 별개의 계약인지, 그리고 컴퓨터 프로그램을 사용하기 위해서는 반드시 개발자계약을 체결해야만 하는 것인지 등의 문제점이 해결되어야 할 것이다. 또한 개발자계약을 체결하려는 다양한 방법들을 통하여 개발자계약이 체결될 수 있는 것인지 그리고 만일 개발자계약이 체결될 수 있다면 그 계약의 내용은 유효한 것인지 여부도 함께 해결되어야 할 문제이다.

Ⅱ. 개발자계약의 개념 및 법적 성질

1. 개발자계약의 개념 및 유형

개발자계약이란 컴퓨터 프로그램의 개발자가 컴퓨터 프로그램의 사용자와 체결하는 계약을 말한다. 우리 나라에서는 개발자계약이라는 용어를 사용하지 않고 주로 슈링크랩 라이선스계약이라는 용어를 사용하고 있으나, 이는 컴퓨터 프로그램 개발자가 사용자와 직접 계약관계를 맺는다는 점이 잘 드러나지 않으므로, 독일에서 사용되고 있는 'Herstellervertrag'을 번역한 개발자계약이라는 용어를 사용하기로 한다.

다양한 유형의 개발자계약체결방법이 사용되고 있지만 그 중 가장 전형적으로 사용되는 것은 슈링크랩(shrinkwrap) 방식과 클릭랩(clickwrap) 방식이라고 할 것이다. 슈링크랩 방식은 대량으로 거래되는 표준 컴퓨터 프로그램의 거래에서 주로 사용되는 개발자계약방법이다. 이것은 정보저장매체에 저장된 컴퓨터 프로그램의 포장의 겉면에 계약조건을 기재하거나 포장의 겉면에는 슈링크랩방식에 의한 개발자계약이 체결된다는 사실만을 기재하고 계약조건은 포장안에 동봉하는 형식을 취하고, 컴퓨터 프로그램이 저장된 CD 등을 밀봉하고 있는 포장재를 뜯는 순간 개발자계약의 체결에 동의하게 된다고 의제하는 방법을 통하여 개발자계약을 체결하려는 방식이다.[976] 이와는 달리 개발자계약의 조건이 컴퓨터 프로그램을 인스톨하는 과정에서 화면에 제시되고 화면상의 동의버튼을 클릭함으로써 개발자계약을 체결하려는 방법을 클릭랩방식이라고 한다.[977]

2. 개발자계약의 법적 성질

가. 컴퓨터 프로그램 거래의 약관으로 이해하는 견해

개발자계약의 조항을[978] 컴퓨터 프로그램 거래의 약관으로 이해

---

976) 김병일, 전게논문, 194면; 배대헌, 전게논문, 221면; 오병철, 전게서, 310면; 정규, 전게논문, 1090면; 정완, 전게논문, 279면; 황찬현, 전게논문, 3면.

977) 김병일, 전게논문, 194면; 배대헌, 전게논문, 222면; 오병철, 전게서, 315면; 정완, 전게논문, 279면; 황찬현, 전게논문, 4면.

하는 견해가 있다.[979] 이에 따르면 컴퓨터 프로그램 거래와 별개의 개발자계약이 체결되는 것이 아니라 개발자계약의 조항은 프로그램 거래의 약관에 불과하다고 한다. 따라서 계약관계는 컴퓨터 프로그램의 매도인과 매수인 사이에 성립하는 것이며, 개발자계약의 약관은 매도인의 매매계약의 조건을 제시하고 있는 것이라고 이해한다.[980] 이 견해에 따르면 결국 개발자계약이라는 개념을 부정하는 결과에 이르게 될 것이다.

나. 컴퓨터 프로그램의 사용권 설정계약으로 이해하는 견해

개발자계약을 컴퓨터 프로그램 거래와는 구별되는 독립된 계약으로 이해하는 견해이다.[981] 컴퓨터 프로그램을 사용하기 위해서는 컴퓨터 프로그램을 저장하고 있는 유체물인 정보저장매체의 매매계약과는 별도로 컴퓨터 프로그램 저작권자로부터 사용권을 설정받아야 하는데, 바로 이러한 사용권 설정을 위한 계약이 개발자계약이라고 이해한다. 컴퓨터 프로그램의 거래의 당사자는 매도인과 매수인인데 반해서, 개발자계약의 당사자는 저작권자와 사용자라고 한다.[982]

다. 학설의 검토

개발자계약이란 개념의 독자성을 부인하고 이를 컴퓨터 프로그램 거래에 부수된 약관으로 이해하는 견해의 약점은 컴퓨터 프로그램이

---

978) 정확하게는 shrinkwrap 라이선스나 clickwrap 라이선스에 포함된 계약조항을 말한다.

979) 정규, 전게논문, 1109면과 황찬현, 전게논문, 6면은 컴퓨터 프로그램 거래는 물건의 매매계약이고 개발자계약의 조항들은 매매계약에 부수되어 있는 약관이라고 한다. 정완, 전게논문, 280면은 컴퓨터 프로그램 거래는 무체물의 매매계약이고 개발자계약의 조항들은 이 매매계약의 약관이라고 한다.

980) 정규, 전게논문, 1110면.

981) 김병일, 전게논문, 202면; 배대헌, 전게논문, 219면; 오병철, 전게서, 297면은 이를 최종사용계약이라고 부르고 있다.

982) 오병철, 전게서, 298면. 예외적으로 컴퓨터 프로그램이 다운로드 방식으로 공급되는 경우에는 최종사용계약만이 존재하게 된다고 한다. 그러나 이 경우에도 컴퓨터 프로그램을 취득하기 위한 계약과 (만일 사용권이 필요하다면)사용권 설정계약은 별개의 계약으로 존재한다고 파악하는 것이 타당할 것이다.

개발자로부터 직접 취득자에게 공급되지 않고 중간에 하나 혹은 다수의 중간상인이 개입하는 경우에 분명히 드러난다. 취득자는 중간상인으로부터 컴퓨터 프로그램을 취득하게 되는데, 이 때 중간상인은 개발자계약의 조항을 자신이 체결하는 계약의 약관으로 제시하지 않는다. 오히려 중간상인과 취득자 간에 컴퓨터 프로그램 거래가 체결된 후에 컴퓨터 프로그램의 개발자가 취득자와 직접적인 계약관계를 맺기 위해서 사용한 약관이 취득자에게 제시되는 것이다. 즉 개발자계약의 청약자는 컴퓨터 프로그램의 개발자이지 중간상인이 아니다. 따라서 개발자계약을 컴퓨터 프로그램 거래에 부수된 약관으로 이해할 것이 아니라 개발자와 취득자 간에 체결되는 독립된 계약으로 이해해야 할 것이다.

개발자계약을 독립된 계약으로 이해하는 경우에도 이를 컴퓨터 프로그램에 대한 사용권 설정계약으로 이해할 것은 아니다. 컴퓨터 프로그램 거래를 통하여 컴퓨터 프로그램을 취득한 자는 위에서 살펴본 바와 같이 저작권자로부터 사용권을 설정받지 않아도 당연히 그 컴퓨터 프로그램을 사용할 수 있기 때문이다.[983] 개발자계약의 내용을 살펴보면 컴퓨터 프로그램의 사용권설정과 함께 사용에 대한 제한을 그 주요내용으로 하고 있다. 그런데 사용권설정 부분은 의미없는 조항이 되므로, 결국은 취득자의 사용권을 제한하는 계약으로서 전형계약에 포함될 수 없는 신종계약으로 이해하는 것이 타당하다고 생각된다.[984]

III. 개발자계약의 유효성

1. 개발자계약의 성립가능성

개발자계약의 유효성은 개발자계약의 체결을 전제로 한다. 따라서

983) 이에 관하여는 자세한 것은 이 책 제4장 제3절 Ⅱ. 저작권법 상의 선결문제들 참조.

984) 이에 관하여 자세한 것은 이 책 제2장 제5절 Ⅱ. 개발자계약의 법적 성질 참조. 같은 견해: Baus, a.a.O., S. 43; Hoeren, a.a.O., S. 147 Rn. 403; Schuhmacher, CR 2000, 641 ff.

먼저 개발자계약이 슈링크랩(shrinkwrap) 방식과 클릭랩(clickwrap) 방식으로 체결될 수 있는 것인지 살펴보아야 할 것이다. 개발자계약은 약관의 형태를 취하고 있으므로 계약체결에 관한 일반적인 검토와 약관을 통한 계약체결의 문제로 나누어 살펴볼 수 있을 것이다.[985)]

가. 슈링크랩 방식을 통한 계약체결의 가능성

슈링크랩 방식을 통한 개발자계약의 체결가능성에 관하여 민법 제532조의 의사실현에 의한 계약성립을 인정할 수 있다는 견해가 있다.[986)] 민법 제532조는 청약자의 의사표시나 관습에 의하여 승낙의 통지가 필요하지 아니한 경우에는 계약은 승낙의 의사표시로 인정되는 사실이 있는 때에 성립한다고 규정하고 있는데, 슈링크랩 방식의 컴퓨터 프로그램 거래에 있어서는 프로그램 사용자가 저작권자에게 개발자계약의 체결에 대한 승낙의 통지를 요하지 않는 것이 관습이며 승낙의 의사표시로 인정되는 사실인 포장이나 밀봉장치의 파손으로 계약이 성립할 수 있다고 한다.[987)]

이러한 견해는 다음과 같은 두 가지 점에서 문제가 있다고 생각된다. 첫째로 이 견해는 의사실현을 묵시적 의사표시와는 다른 사실행위로 이해하고 있는 견해를 근거로 하고 있다.[988)] 그런데 일정한 행위로부터 효과의사가 추단되는 경우라는 것은 의사표시를 직접적인 목적으로 하지 않는 행위를 통하여 효과의사가 외부로 표출되는 경우를 뜻하는 묵시적 의사표시와 다르지 않다고 생각된다.[989)] 의사실현을 이렇게 이해한다면 의사실현에 의한 계약성립도 결국 청약과 승낙

---

985) 그러나 개발자계약에 있어서 약관의 계약편입과 관련하여 특수한 문제가 제기되는 것은 아니므로 이에 대해서는 논하지 않기로 한다.

986) 배대헌, 전게논문, 240면; 오병철, 전게서, 313면; 정규, 전게논문, 1111면.

987) 오병철, 전게서, 313면은 슈링크랩 방식의 계약체결은 의사실현에 의한 계약체결로서 승낙의 통지없이 승낙으로서의 법적 가치를 갖는 사실만으로 계약이 체결되는 경우라고 한다.

988) 이러한 견해로는 곽윤직, 채권각론, 55면; 김형배, 전게서, 110면, 이은영, 민법총칙, 박영사, 2002, 455면; 백태승, 민법총칙, 법문사, 2000, 315면.

989) 주석민법, 〔채권각칙(1)〕(안춘수 집필부분), 197면; 민법주해〔Ⅱ〕, 총칙(2)(송덕수 집필부분), 146면; 김증한·김학동, 전게서, 48면.

에 의하게 되고, 다만 승낙의 의사표시가 청약자에게 도달하지 않아도 될 뿐이다.[990] 따라서 슈링크랩방식에 의한 개발자계약의 체결에 있어서는 포장이나 밀봉장치의 파손행위가 묵시적인 승낙의 의사표시인지의 여부가 이 방식에 의한 계약체결가능성의 핵심이라고 할 것이다.

여기서 슈링크랩 방식을 통한 개발자계약의 체결가능성에 관하여 민법 제532조의 의사실현에 의한 계약성립을 인정할 수 있다는 견해의 두 번째 문제점이 드러난다. 이 견해에 의하면 포장이나 밀봉장치의 파손행위로부터 승낙의 의사가 인정될 수 있다고 한다. 그러나 포장이나 밀봉장치의 파손행위가 과연 묵시의 승낙의 의사표시인지는 의문이다. 물건의 매매계약인 컴퓨터 프로그램거래를 통하여 컴퓨터 프로그램의 소유권을 취득한 자는 매매계약 외에 다른 어떠한 법률행위가 없어도 그 컴퓨터 프로그램을 자유롭게 사용할 수 있다. 그런데 자신의 컴퓨터 프로그램을 사용하기 위해서 포장을 뜯는 자에게는 자신의 사용권능을 제한하는 개발자계약에 대한 슈링크랩방식에 의한 청약에 대하여 승낙한다는 효과의사가 존재하지 않는 것이 일반적일 것이다.[991] 효과의사가 없는 경우에 의사표시가 존재하지 않으므로 아무런 법률효과도 발생하지 않는다고 하면 상대방의 보호가치 있는 신뢰가 보호받지 못하게 되다. 따라서 표시행위가[992] 객관적인 제3자

---

990) 주석민법, 〔채권각칙(1)〕 (안춘수 집필부분), 197면.

991) 라이선스계약이라고 표시된 약관에 동의한다는 인식은 가질 수 있으므로 사용권 설정계약에 동의한다는 효과의사의 존재를 인정할 수 있는 경우는 있을 것이다. 그러나 앞에서 살펴본 바와 같이 사용권설정은 불필요한 것이므로 라이선스계약이라고 표시된 개발자계약은 사용권을 제한하기 위한 비전형계약으로 이해해야 할 것이다. 컴퓨터 프로그램의 포장을 뜯는 경우에 이러한 사용권제한계약의 청약에 동의한다는 효과의사는 인정되기 어려울 것이다. 이러한 경우 표시의사가 결여되어 있다고 보는 것이 독일에서의 다수의 견해이다. Baus, a.a.O., S. 49; Marly, a.a.O., S. 221 Rn. 469; Schuhmacher, CR 2000, 643. 일부는 컴퓨터 프로그램 사용자는 컴퓨터 프로그램 개발자에 의한 포장에의 표시를 통하여 자신의 행위의 의미에 대해 인식할 수 있게 되므로 그에게 표시의사가 결여되는 것이 아니라 효과의사(Geschäftswille, Rechtsfolgewille)가 결여되는 것이라고 한다. Hoeren, a.a.O., S. 150 Rn. 415 ff.

992) 표시행위란 내심의 의사를 외부에 표명하는 행위이므로 정확하게 말하면 효과의사가 없는 경우에는 표시행위라고 할 수 없을 것이다. 그러나 어떠한 행위가 객관적인 상대방에게 그 행위자가 일정한 법률효과의 발생을 의욕하였

의 위치에서 보았을 때 일정한 법률효과발생의 의욕을 추단할 수 있는 것인 때에는 상대방의 보호가치 있는 신뢰의 보호를 위해서 그 표시행위로부터 추단되는 법률효과의 발생을 인정해야 할 것이다.[993] 이에 따르면 컴퓨터 프로그램의 포장을 뜯는 행위가 객관적인 제3자의 입장에서 볼 때 개발자계약에 대한 승낙이라는 의미가 부여될 수 있어야 슈링크랩 방식의 개발자계약의 성립을 인정할 수 있을 것이다. 어떠한 행위에 승낙이라는 의미가 부여될 수 있기 위해서는 그러한 거래관행이 존재해야 할 것이고, 그러한 거래관행이 인정되기 위해서는 그러한 거래에 참여하는 자들 사이에서 지배적인 거래현실로서 거래참여자들로부터 동의를 얻고 있어야 하며 상당한 기간 지속된 것이어야 할 것이다.[994] 컴퓨터 프로그램 거래에 있어서 슈링크랩 방식을 이용한 개발자계약의 체결시도가 널리 행해지고 있는 것은 사실이다. 즉 슈링크랩 방식을 이용한 개발자계약체결의 관행은 존재한다고 할 것이다.[995] 그러나 이러한 관행은 거래참여자들로부터 동의를 얻지 못하고 있고, 자신의 이익을 보호하려는 목적을 가진 소수의 컴퓨터 프로그램 개발자들에 의해서 일방적으로 만들어진 것으로서 거래관행이 될 수 없다고 보아야 할 것이다.[996] 만일 위와 같은 거래관행이 인정될 수 있다 하더라도 슈링크랩 방식을 통해서는 개발자계약이 체결될 수 없을 것이다. 슈링크랩 방식을 사용하는 개발자는 승낙

을 것이라고 이해될 수 있는 경우에는 그 법률효과의 발생근거가 되므로 이러한 점에서 단순히 행위라고 하지 않고 표시행위 내지는 표시라는 용어를 사용하고 있는 것으로 이해된다.

993) 민법주해〔Ⅱ〕, 총칙(2)(송덕수 집필부분), 141면; 주석민법, 〔총칙(2)〕(김형배 집필부분), 307면; 김상용, 민법총칙, 336면; 백태승, 전게서, 313면. 이러한 결론은 효과의사의 본질을 소위 '내심의 효과의사'가 아니라 '표시상의 효과의사'로 이해하는 견해를 취하는 경우에도 동일하다.

994) Baus, a.a.O., S. 49; BGH Urt. v. 30. 03. 1990 - Ⅴ ZR 113/89, NJW 1990, 1723; BGH Urt. v. 27. 10. 1951 - Ⅱ ZR 102/50, NJW 1952, 257; Marly, a.a.O., S. 211 Rn. 471; Palandt/Heinrichs, § 133 Rn. 21; Soergel/Wolf, § 157 Rn. 63.

995) 오병철, 전게서, 322면도 슈링크랩 방식의 계약체결은 이미 거래관행이라 보아도 좋을 것이라고 한다.

996) 같은 견해: Baus, a.a.O., S. 50; Brehm in: FS für Baumann, S. 599; Marly, a.a.O., S. 222 Rn. 471.

의 의사표시의 도달을 포기하였으므로, 슈링크랩약정에 있어서는 보호가치 있는 표시행위의 상대방이 될 수 없을 뿐만 아니라, 개발자는 자신이 스스로 신뢰하고자 하는 상황을 결정하였으므로 그의 신뢰는 컴퓨터 프로그램의 포장을 뜯는 자의 행위에 기초하는 것이 아니라 자기 스스로의 결정에 기초하게 되므로 결국 그의 신뢰는 보호할 가치가 없기 때문이다.[997] 따라서 슈링크랩 방식을 통하여서는 개발자계약이 체결될 수 없을 것이다.

나. 클릭랩 방식을 통한 계약체결의 가능성

개발자계약의 체결을 위한 약관이 컴퓨터 프로그램의 설치과정에 화면에 나타나고 이에 대한 동의버튼을 클릭하는 방법으로 개발자계약이 체결될 수 있는지 문제된다. 이에 관하여 클릭랩 방식에 의한 계약체결은 민법 제531조의 의사실현이 아니라 청약과 승낙의 의사표시의 합치에 의한 계약체결이며, 슈링크랩 방식과는 달리 계약체결 전에 계약의 내용을 모두 검토할 수 있는 기회를 가지므로 계약의 성립을 인정하는 데 문제가 없다고 하는 견해가 있다.[998]

그러나 이 견해는 슈링크랩 방식을 통한 계약체결가능성을 논함에 있어서와 마찬가지로 의사실현을 묵시적 의사표시와 다른 것으로 이해하는 점에서 문제가 있다. 또한 컴퓨터 프로그램의 설치과정에서 동의버튼을 클릭하는 것은 자신이 구입한, 따라서 이미 사용권을 갖는 컴퓨터 프로그램의 사용을 위한 준비를 하기 위한 것이지 또 다른 법률행위를 하려는 것이 아니므로, 이 때에도 행위자에게는 개발자계약의 체결을 향한 효과의사가 결여되어 있다고 할 것인데, 이 점을 간과하고 있다. 효과의사가 결여된 경우에 계약체결이 효과를 인정할 수 있는지 여부에 관해서는 슈링크랩 방식의 계약체결 가능성에서 설명한 것이 그대로 적용될 수 있을 것이다.

---

997) 같은 견해: Lenhard, a.a.O., S. 100; Schuhmacher, CR 2000, 643; 이에 관하여 자세한 것은 이 책 제2장 제5절 Ⅲ. 1. 개발자계약의 성립 가능성 참조.
998) 오병철, 전게서, 316면.

2. 개별적인 개발자계약 조항의 유효성[999)]

가. CPU 조항의 유효성

많은 개발자계약은 해당 컴퓨터 프로그램을 특정한 컴퓨터에서만 사용하는 것을 허용하고 있는 데, 이러한 조항을 CPU 조항이라고 한다. CPU 조항은 저작권법 제101조의5에 위반하는 계약조항이며, 저작권법 제101조의5는 강행규정이므로 이에 반하는 계약조항은 무효라고 한다.[1000)]

생각건대 저작권법은 저작자의 배타적인 권리보호와 일반 대중의 저작물 이용에 대한 이해관계의 합리적인 조절을 위한 법률이므로 그 규정의 일반적인 성격은 강행규정으로 이해하고, 이에 반하는 계약조항은 무효로 보는 것이 타당할 것이다. 저작권법 제101조의5를 강행규정으로 이해하지 않는 경우에도 CPU 조항은 약관의 규제에 관한 법률 제6조 제2항 제1호 및 제2호 그리고 동조 제1항에 따라서 무효라고 할 것이다.

약관의 규제에 관한 법률 제6조 제1항은 신의성실의 원칙에 반하여 공정을 잃은 약관조항은 무효로 하고 있고, 동조 제2항은 1. 고객에 대하여 부당하게 불리한 조항, 2. 고객이 계약의 거래형태 등 제반사정에 비추어 예상하기 어려운 조항은 공정을 잃은 것으로 추정하고 있다. CPU 조항은 컴퓨터 프로그램의 소유자가 자신의 소유물을 자신이 원하는 컴퓨터에 설치하여 사용할 수 있는 가능성을 아무런 대가나 합리적인 이유없이 제한하는 것으로 고객에 대하여 부당하게 불리한 조항일 뿐만 아니라 고객이 계약의 거래형태 등 제반사정에 비추어 예상하기 어려운 조항으로 공정을 잃은 것이라고 할 것이다.[1001)] 개발자계약의 본질은 앞에서 본 바와 같이 컴퓨터 프로그램 소유자의

---

999) 이하의 논의는 개발자계약의 체결가능성을 전제하고 있는 것이며, 개별약정이 아닌 약관을 통하여 계약이 성립한 경우에 그 약관조항의 유효성에 관한 것이다. 필자는 이미 밝힌 대로 개발자계약의 체결가능성을 부정하고 있다.

1000) 김병일, 전게논문, 224면; 배대헌, 전게논문, 245면.

1001) 물건의 매도인이 아닌 제3자가 매도인으로부터 매수한 물건의 사용에 제한을 가하려고 한다는 사정은 일반적으로 예상할 수 있는 사항이 아님은 분명하다고 할 것이다.

사용권을 제한하는 것인데, 개발자는 그러한 본질을 드러내지 못하는 라이선스약관이라는 용어를 사용하고 있어, 이러한 사정하에서 고객이 개발자계약의 약관에 동의하면서 자신이 구입한 컴퓨터 프로그램을 특정한 CPU에서만 사용할 의무를 부담하게 된다는 것을 예상하는 것은 일반적으로 기대불가능하기 때문이다.

나. 배포금지조항의 유효성

배포금지조항이란 컴퓨터 프로그램의 매수인이 자신이 매수한 컴퓨터 프로그램을 제3자에게 매도하는 것을 금지하거나 이를 특정한 조건하에서만 허용하는 것을 내용으로 하는 약관조항을 말한다. 이러한 배포금지조항의 유효성에 관하여는 저작권법 제20조에 위반하는 것인데, 이 규정은 강행규정이므로 배포금지조항은 무효라는 견해[1002]와 컴퓨터 프로그램 거래는 매매가 아닌 사용권 설정계약이므로 저작권법 제20조가 적용되지 않고 따라서 배포금지조항은 유효하다는 견해[1003]가 대립하고 있다.

배포금지조항의 유효성은 물권적 유효성과 채권적 유효성으로 나누어 생각해 볼 수 있을 것이다. 물권은 채권에 비하여 강한 양도성을 가지고 있으므로 물권에 대하여 양도금지 특약을 하여도 그것은 당사자 사이에서 채권적 효력이 있을 뿐이며 물권적 효력은 없다고 할 것이다.[1004] 따라서 물건인 컴퓨터 프로그램에 대한 배포금지조항도 물권적 효력을 갖지 못한다고 할 것이다.

배포금지조항은 채권적 효력 역시 갖지 못하는 것으로 생각된다. 왜냐하면 최초판매원칙을 규정하고 있는 저작권법 제20조 단서는 강행규정으로 이해하는 것이 타당할 것이고, 자신의 소유물의 처분을 금지하는 것은 고객에게 부당하게 불리하고 고객이 계약의 거래형태 등 제반사정에 비추어 예상하기 어려운 것이기 때문이다. 또한 컴퓨터 프로그램의 개발자는 자신이 유통시킨 컴퓨터 프로그램의 소유권이 누구에게 귀속되는가에 관하여서는 아무런 이해관계를 가지지 못

1002) 김병일, 전게논문, 224면.
1003) 배대헌, 전게논문, 244면.
1004) 곽윤직, 물권법, 박영사, 2001, 18면.

하므로 배포금지조항을 정당화할만한 아무런 이유도 존재하지 않는다고 할 것이다. 따라서 배포금지조항은 약관의 규제에 관한 법률 제6조 제2항 제1호 및 제2호 그리고 동조 제1항에 따라서 무효라고 할 것이다.

그 밖에도 이러한 배포금지조항은 저작권자 자신이 이미 중간상인에게 매매의 방법으로 유통시킨 컴퓨터 프로그램을 그 중간상인이 소비자에게 유통시키는 경우, 그 중간상인과 소비자 사이의 계약은 매매계약이 아니라고 주장하는 것으로서 저작권자의 선행행위와 모순되는 것이므로 그 유효성을 인정할 수 없을 것이다.

第 5 章

결 론

第5章 결론

(1) 컴퓨터 프로그램 거래의 법적 성질 결정의 필요성

(a) 컴퓨터 프로그램 거래를 둘러싸고 많은 법적 분쟁들이 발생할 수 있다. 거래의 목적물인 컴퓨터 프로그램에 하자가 있는 경우 누가 어떠한 내용의 책임을 부담해야 하는가가 문제된다. 그런데 컴퓨터 프로그램에 관한 하자담보책임 문제를 해결하기 위해서는 먼저 컴퓨터 프로그램 거래가 전형계약유형에 포함될 수 있는 것인지 아니면 새로운 유형의 계약인지를, 즉 컴퓨터 프로그램 거래의 법적 성질을 판단하여야 할 것이다. 왜냐하면 만일 컴퓨터 프로그램 거래가 법전에 규정된 전형계약 가운데 하나에 해당한다면 그 유형의 계약에 관한 하자담보책임규정이 적용될 것이지만, 컴퓨터 프로그램 거래가 전형계약 유형의 어느 것에도 해당하지 아니하는 경우에는 어느 계약유형의 규정이 컴퓨터 프로그램 거래에 유추적용될 수 있는지 아니면 컴퓨터 프로그램 거래에 관하여 완전히 새로운 규율을 만들어내야 하는지 문제될 것이기 때문이다. 이처럼 컴퓨터 프로그램 거래의 법적 성질을 결정하는 것은 컴퓨터 프로그램에 관한 하자담보책임문제를 해결하기 위한 선결과제에 해당한다.

(b) 컴퓨터 프로그램 거래의 법적 성질을 결정하는 것은 그밖에도 컴퓨터 프로그램 취득자가 자신이 취득한 컴퓨터 프로그램이 더 이상 필요없게 된 경우에 이를 제3자에게 처분할 수 있는지를 판단함에 있어서도 선결과제로서 의의를 갖는다. 우리 저작권법 제20조는 "저작자는 저작물의 원본이나 그 복제물을 배포할 권리를 가진다. 다만, 저작물의 원본이나 그 복제물이 해당 저작재산권자의 허락을 받아 판매 등의 방법으로 거래에 제공된 경우에는 그러하지 아니하다"고 규정하고 있다. 이에 따르면 컴퓨터 프로그램의 취득자가 자신이 취득한 컴퓨터 프로그램을 계속하여 배포하기 위해서는 그 컴퓨터 프로그램이 '판매'의 방법으로 거래에 제공되어야 한다. 따라서 컴퓨터 프로그램

거래의 법적 성질을 매매로 본다면 저작권법 제20조 단서의 요건이 갖추어져 컴퓨터 프로그램의 매수인은 그 컴퓨터 프로그램을 재판매할 수 있지만, 컴퓨터 프로그램 거래를 라이선스계약으로 본다면 라이선스 취득자는 판매의 방법으로 컴퓨터 프로그램을 취득한 것이 아니므로 이를 재판매할 수 없게 될 것이다.

(2) 독일에서의 논의

독일에서는 1980년대 초반부터 컴퓨터 프로그램 거래의 법적 성질에 관한 논의가 시작되어 다양한 이론적 시도들이 이루어져 왔다. 그 중 가장 주요한 것은 컴퓨터 프로그램 거래를 매매계약으로 이해하는 견해와 라이선스계약으로 이해하는 견해이다. 컴퓨터 프로그램 거래를 매매계약으로 이해하는 견해는 컴퓨터 프로그램을 물건으로 이해한다. 이에 따르면 컴퓨터 프로그램이 기능하기 위해서는 반드시 유체물인 정보저장매체에 저장되어야 하는데, 이와 같이 유체물에 저장된 컴퓨터 프로그램은 정보저장매체와 분리할 수 없는 일체로서 물건이 된다고 한다. 따라서 물건인 컴퓨터 프로그램을 대가를 받고 영구적으로 공급하는 것을 매매계약에 해당하고 일시적으로 사용하도록 하는 것은 임대차에 해당한다고 한다. 독일의 연방대법원도 컴퓨터 프로그램이란 하나의 정보저장매체에 유체화되어 있는 컴퓨터 프로그램을 말하는 것이고 따라서 물건이라고 판시하였다. 그리고 컴퓨터 프로그램의 거래의 법적 성질에 관하여는 일회의 반대급부를 지급하고 컴퓨터 프로그램을 자유롭게 처분할 수 있도록 취득하는 것은 매매계약이며 그 컴퓨터 프로그램에 하자가 있는 경우에는 매매계약의 하자담보책임규정이 적용된다고 판시하였다. 이에 반하여 컴퓨터 프로그램 거래를 라이선스계약으로 이해하는 견해는 컴퓨터 프로그램을 무체재산으로 이해한다. 컴퓨터 프로그램은 정보저장매체와는 구별되는 것이고 정보저장매체에 저장되어 있는 컴퓨터 프로그램의 경우에도 그 가치는 컴퓨터 프로그램 자체에 있는 것이지 정보저장매체에 있는 것이 아니므로 컴퓨터 프로그램은 무체재산이라고 한다. 그리고 컴퓨터 프로그램의 거래는 이러한 무체재산에 대한 사용권을 설정해주는 라이선스계약이라고 한다.

(3) 미국에서의 논의

미국에서도 오래 전부터 컴퓨터 프로그램 거래가 매매계약인지 라이선스계약인지에 관하여 다투어지고 있다. 컴퓨터 프로그램 거래를 매매계약으로 보는 견해는 컴퓨터 프로그램을 동산으로 이해한다. 컴퓨터 프로그램을 소설책, 음반, 비디오테이프 등과 달리 취급할 이유가 없다고 한다. 따라서 컴퓨터 프로그램의 거래는 순수한 동산의 매매이고 이에는 미국 통일상법전 제2편의 매매에 관한 규정이 적용된다고 한다. 이에 반하여 컴퓨터 프로그램 거래의 본질은 유체물인 정보저장매체를 거래하려는 것이 아니고 무체재산인 컴퓨터 프로그램에 대한 사용권을 설정해 주는 것이므로 이를 라이선스계약으로 이해해야 한다는 견해도 주장되고 있다. 미국의 판례는 컴퓨터 프로그램 거래를 매매계약으로 본 것도 있고 라이선스계약으로 본 것도 있어 아직까지 통일된 입장을 보이지 못하고 있다.

(4) 우리나라에서의 논의

이와 같이 컴퓨터 프로그램에 관한 법률문제를 해결함에 있어 중요한 의미가 있음에도 불구하고 독일과 미국에서는 아직까지 컴퓨터 프로그램 거래의 법적 성질에 관하여 통일된 견해를 보이지 못하고 있다. 독일과 미국에서의 논의를 바탕으로 우리나라에서의 컴퓨터 프로그램 거래의 법적 성질은 아래와 같이 설명될 수 있을 것이다.

(a) 계약유형론

먼저 컴퓨터 프로그램 거래의 법적 성질을 결정하기 위한 방법론에 관하여 우리나라에서는 특별한 논의가 이루어지지 않고 있으나 독일에서는 계약유형론이라는 방법론에 따라서 컴퓨터 프로그램 거래의 법적 성질을 규명하고 있다. 이에 따르면 새로운 거래유형이 등장하는 경우에는 먼저 그 거래가 전형계약 중 어느 한 유형에 포섭될 수 있는지를 판단하여야 한다고 한다. 왜냐하면 각 전형계약에 관하여는 그 유형의 계약을 규율하고 있는 법률에서 그 유형의 계약관계에서 발생하는 문제에 대한 합리적인 해결책이라고 판단되는 내용을 규율하고 있으므로, 새로운 거래유형이 전형계약으로 분류될 수 없는 경우에야 신종계약의 성립을 인정할 수 있기 때문이라고 한다. 이러한 독일의 계약유형론은 우리나라에서의 컴퓨터 프로그램 거래의 법적 성질을 판단함에 있어서도 타당한 방법론이라고 판단된다.

계약유형론에 따르면 실제로 존재하는 계약이 어떤 유형으로 분류할 것인가는 그 계약관계에서 발생하는 당사자들의 급부의무가 무엇이고 그 급부의무가 어떠한 의미적·기능적 관계에 놓여 있는가에 따라 결정된다. 그리고 거래의 당사자들인 자신의 거래를 무엇이라고 명명하는가는 그 거래의 법적 성질을 결정함에 있어서 결정적 요소가 될 수 없고 단지 많은 고려요소들 중 하나일 뿐이라고 한다.

계약유형론에 따라서 컴퓨터 프로그램 거래의 법적 성질을 밝히기 위해서는 컴퓨터 프로그램 거래에서 발생하는 당사자의 급부의무를 확정하는 것이 필요하다. 이를 위해서는 먼저 거래의 목적물인 컴퓨터 프로그램이 무엇인지 그리고 그 법적 성질은 어떠한지 판단해야 할 것이다. 만일 컴퓨터 프로그램이 물건이라면 컴퓨터 프로그램 거래는 물건을 목적물로 하는 계약유형 중 하나가 될 것이고, 컴퓨터 프로그램이 물건이 아니라 무체재산이라면 컴퓨터 프로그램 거래는 물건을 목적물로하는 거래유형에 해당할 수 없을 것이다. 또한 컴퓨터 프로그램은 저작권법에 의해서 보호되는 객체이므로 이러한 점이 컴퓨터 프로그램 거래에서 발생하는 급부의무에 어떠한 영향을 미치는지도 먼저 검토되어야 한다.

(b) 컴퓨터 프로그램의 물건성

독일과 미국 그리고 우리나라에서 컴퓨터 프로그램이 물건인지에 관하여 이를 긍정하는 견해와 부정하는 견해의 대립이 있다. 독일과 미국 그리고 우리나라에서 긍정설은 유사한 논거를 들어 컴퓨터 프로그램의 물건성을 긍정하고 있다. 그에 따르면 컴퓨터 프로그램은 컴퓨터 프로그램의 조정기능을 그 본질로 하는데, 이러한 본질적 기능을 수행하기 위해서는 유체물인 정보저장매체에 결합되어야 하고, 이러한 결합 속에서 컴퓨터 프로그램의 유체성을 인정할 수 있을 것이라고 한다. 따라서 컴퓨터 프로그램과 정보저장매체는 분리될 수 없는 경제적 일체를 이루는 것이고 유체물이므로 물건이라고 한다. 이러한 점은 어문저작물이 종이에 결합되어 책으로 존재하고 책은 유체물로서 물건이 되는 것과 마찬가지라고 설명한다. 이에 반하여 부정설은 컴퓨터 프로그램과 정보저장매체는 일체를 이루는 것이 아니므로 이를 분리할 수 없는 경제적 일체로 다룰 수 없다고 한다. 그리고 이러한 점은 컴퓨터 프로그램이 정보통신망을 통하여 전송될 수 있다는 점이 잘 보여주고 있다고 주장한다. 사견으로는 컴퓨터 프로그램은 물건으로 파악하는 것이 타당하다고 생각한다. 긍정설처럼 컴퓨터 프로그램은 정보저장매체에 저장되어 있어야만 컴퓨터의 조정기능을 수행할 수 있으므로 컴퓨터 프로그램과 정보저장매체는 분리할 수 없는 경제적 일체로 파악하는 것이 타당하다. 컴퓨터 프로그램의 정보통신망을 통한 전송가능성은 컴퓨터 프로그램이 정보저장매체 없이 컴퓨터 프로그램이 존재할 수 있다는 것을 보여주는 것이 아니라 전송자의 하드디스크라는 정보저장매체에 존재하는 컴퓨터 프로그램이 수신자의 하드디스크라는 정보저장매체에 복제되어 새로 생성될 수 있다는 점을 보여줄 뿐이다. 따라서 컴퓨터 프로그램의 전송가능성은 컴퓨터 프로그램 거래의 특수한 방법 중 하나일 뿐이고 컴퓨터 프로그램의 물건성을 긍정하는 논거나 부정하는 논거의 어느 것으로도 사용될 수 없다고 생각된다.

(c) 사용권 설정필요 여부

컴퓨터 프로그램을 사용하기 위해서는 이를 사용자의 컴퓨터에 설치하는 것이 필수적이고 이 설치과정에서 컴퓨터 프로그램이 복제된다. 그런데 이러한 복제행위는 독일, 미국 그리고 우리나라 모두에서 저작권법에 의해서 컴퓨터 프로그램 저작권자의 배타적 권리로 규정되어 있다. 따라서 컴퓨터 프로그램의 복제행위를 하기 위해서는 원칙적으로 컴퓨터 프로그램 저작권자로부터 동의를 얻거나 사용권을 취득해야만 한다. 그런데 이렇게 되면 컴퓨터 프로그램의 취득자는 자신이 취득한 컴퓨터 프로그램을 사용하기 위해서는 항상 컴퓨터 프로그램 저작자로부터 사용권을 취득하기 위해서 컴퓨터 프로그램 취득을 위한 법률행위와는 별개의 법률행위를 해야 한다는 결과에 이르게 된다. 이러한 문제를 해결하기 위해서 독일과 미국의 저작권법은 컴퓨터 프로그램의 복제물의 소유권을 취득한 자는 그 컴퓨터 프로그램의 사용을 위해서 필수적인 복제행위는 저작권자의 동의없이도 할 수 있는 것으로 규정하고 있다. 따라서 컴퓨터 프로그램 복제물의 소유권자는 자신이 취득한 컴퓨터 프로그램을 사용하기 위해서 저작권자로부터 사용권을 설정받아야 할 필요가 없다.

우리 저작권법은 제35조의2에서 컴퓨터 프로그램의 이용과정에서의 일시적인 복제를 허용하고 있어 컴퓨터 프로그램의 램에의 읽어들임이 복제에 해당하는지 여부와 관계없이 복제물의 소유자는 그 컴퓨터 프로그램의 이용을 위하여 필수적인 램에 컴퓨터 프로그램을 읽어들이는 행위를 저작재산권자의 동의없이도 할 수 있다. 또한 우리 저작권법 제101조5 제1항은 "프로그램의 복제물을 정당한 권원에 의하여 소지·이용하는 자는 그 복제물의 멸실·훼손 또는 변질 등에 대비하기 위하여 필요한 범위 안에서 해당 복제물을 복제할 수 있다"고 규정하고 있는데, 컴퓨터 프로그램을 하드디스크에 설치하는 것은 컴퓨터 프로그램을 사용하기 위한 목적도 있지만 그 컴퓨터 프로그램의 멸실·훼손 또는 변질 등에 대비하기 위한 목적도 있다고 할 것이다. 따라서 컴퓨터 프로그램 복제물의 정당한 소유자는 저작권법 제101조5 제1항에 따라서 저작재산권자의 동의없이도 그 컴퓨터 프로그램을 자신의 컴퓨터 하드디스크에 복제하여 사용할 수 있을 것이다. 그러므로 컴퓨터 프로그램 거래의 당사자들은 컴퓨터 프로그램의 사용에 필수적인 복제행위에 대하여 사용권을 설정해 줄 급부의무를 부담하지는 않는다는 결론으로 이르게 된다.

(d) 컴퓨터 프로그램 거래의 법적 성질

이상의 논의를 통하여 컴퓨터 프로그램은 물건이며 그 소유자는 컴퓨터 프로그램의 사용을 위하여 필수적인 복제행위는 저작권자의 동의없이도 할 수 있다는 점이 분명해진다. 이에 따라 컴퓨터 프로그램 거래의 법적 성질은 다음과 같이 설명될 수 있을 것이다.

① 먼저 컴퓨터 프로그램을 영구적인 사용을 위하여 공급하는 경우에는 컴퓨터 프로그램의 공급자는 물건인 컴퓨터 프로그램의 소유

권과 점유를 이전할 의무를 부담하게 되고 취득자는 그에 대하여 일회적인 대가를 지급할 의무를 부담하게 된다. 이러한 당사자들의 권리·의무는 전형계약 중 매매계약의 그것과 일치한다. 그렇다면 결국 물건인 컴퓨터 프로그램을 영구적으로 공급하는 경우에는 매매계약이 체결된다고 할 것이다. 이에 반하여 컴퓨터 프로그램 거래를 라이선스계약으로 파악하는 견해도 제기되고 있다. 그러나 이에 대하여는 라이선스계약이란 무체재산에 대한 사용권을 설정해주는 계약인데 컴퓨터 프로그램은 물건으로 보아야 할 뿐만 아니라, 컴퓨터 프로그램의 사용을 위하여 저작권자로부터 사용권을 설정받을 필요도 없으므로 컴퓨터 프로그램에 대한 라이선스 계약은 불가능하다는 독일의 이론적 분석이 타당한 것으로 생각된다. 또한 물건에 대한 라이선스는 불가능한 것이며, 라이선스계약을 통하여 저작권법이 컴퓨터 프로그램 저작권자와 일반 공중의 이해관계를 조절하여 만든 저작권법의 규정의 적용이 회피된다는 점에서 컴퓨터 프로그램을 라이선스계약으로 파악하는 것은 부당하다는 미국에서의 논의는 우리에게도 큰 시사점을 주는 것으로 생각된다.

② 일시적인 사용을 위해서 컴퓨터 프로그램을 공급하는 경우에는 공급자는 컴퓨터 프로그램을 사용가능하도록 공급할 의무를 부담하고 취득자는 사용기간에 따라 사용료를 지급하고 사용기간이 경과하면 취득한 컴퓨터 프로그램의 사용을 중단하고 이를 반환하거나 파기해야 할 의무를 부담하게 된다. 이러한 거래당사자들의 급부의무는 전형계약 중 임대차계약의 그것과 일치한다. 따라서 일시적 컴퓨터 프로그램 거래는 임대차계약으로 파악하는 것이 타당하다.

③ 위와 같이 컴퓨터 프로그램 거래의 법적 성질을 결정하게 되면 다음과 같은 결과에 이르게 된다. 컴퓨터 프로그램을 영구적 사용을 위하여 공급하는 경우에는 매매계약이 체결되므로 컴퓨터 프로그램에 하자가 있는 경우에는 매도인은 매매계약상의 하자담보책임을 부담하게 된다. 그리고 매수인은 그 컴퓨터 프로그램을 매매를 통하여 취득하였으므로 저작권법 제20조 단서에 따라서 그 컴퓨터 프로그램을 제3자에게 처분할 수 있게 된다. 또한 매수인은 취득한 컴퓨터 프로그램의 소유자가 되므로 그 컴퓨터 프로그램이 멸실되는 경우에는 그

멸실의 위험을 부담하게 될 것이고 만일 컴퓨터 프로그램을 할부거래를 통하여 취득하는 경우에는 할부거래에관한법률이 적용될 것이다. 컴퓨터 프로그램이 일시적 사용을 위하여 공급되는 경우에는 임대차계약이 체결되므로 컴퓨터 프로그램에 하자가 있는 경우에는 임대차의 하자담보책임규정이 적용될 것이다. 그리고 컴퓨터 프로그램의 취득자는 그 컴퓨터 프로그램을 판매의 방법으로 취득한 것이 아니므로 저작권법 제20조 단서에 따라서 그가 취득한 컴퓨터 프로그램을 제3자에게 처분할 수 없게 된다. 또한 그는 컴퓨터 프로그램의 소유권을 취득하지 못하므로 그것이 멸실된 경우에도 멸실의 위험을 부담하지 않게 된다.

④ 독일, 미국 그리고 우리나라 모두 최초판매원칙을 명문으로 인정하고 있기 때문에 컴퓨터 프로그램이 매매를 통하여 공급되면 독일, 미국 그리고 우리나라에 있어서 그 소유자는 자신이 취득한 컴퓨터 프로그램을 저작권자의 동의없이 자유롭게 처분할 수 있게 된다. 이러한 최초판매원칙의 적용을 피하기 위해서 컴퓨터 프로그램 개발자들은 컴퓨터 프로그램 공급을 매매가 아니라 라이선스로 명명하고 있다. 컴퓨터 프로그램 거래를 매매계약이 아닌 라이선스계약으로 구성하려는 저작권자의 시도는 슈링크랩이나 클릭랩 방식의 개발자계약의 체결노력에서도 찾아볼 수 있다. 이러한 개발자계약은 컴퓨터 프로그램의 매매나 임대차계약과는 독립된 별개의 계약이다. 그리고 개발자계약의 주된 내용은 컴퓨터 프로그램 취득자가 갖게 되는 컴퓨터 프로그램에 대한 사용권능을 제한하는 것이다. 그러나 컴퓨터 프로그램의 취득자는 이미 컴퓨터 프로그램 거래를 통하여 컴퓨터 프로그램에 대한 사용권능을 취득하게 되므로 자신이 이미 사용할 수 있는 컴퓨터 프로그램을 사용하기 위해서 그 포장을 뜯거나 설치하는 행위에서 개발자계약을 체결하려는 의사표시를 인정할 수 없을 것이다. 컴퓨터 프로그램의 개발자들이 컴퓨터 프로그램의 포장을 뜯거나 설치하는 행위에 개발자계약에 대한 동의의 의사를 일방적으로 결합시킨 것에 불과하므로 슈링크랩 방식이나 클릭랩 방식을 통하여는 개발자계약이 체결될 수 없을 것이다. 그리고 만일 슈링크랩 방식이나 클릭랩 방식을 통하여 개발자계약이 체결될 수 있다 하더라도 개발자계약

에 포함되어 있는 CPU조항과 배포금지조항 등은 약관의규제에관한법률에 따라서 그 유효성이 인정될 수 없을 것이다. 또한 이러한 개발자계약 조항들은 저작권자 자신이 이미 중간상인에게 매매의 방법으로 유통시킨 컴퓨터 프로그램을 그 중간상인이 소비자에게 유통시키는 경우, 그 중간상인과 소비자 사이의 계약은 매매계약이 아니라고 주장하는 것으로서 저작권자의 선행행위와 모순되는 것이므로 그 유효성을 인정할 수 없을 것이다.

〈참고문헌〉

1. 국내문헌

- 단행본 -
곽윤직, 채권각론, 박영사, 2001(인용: 곽윤직)
______, 물권법, 박영사, 2001(인용: 곽윤직, 물권법)
김상용, 민법총칙, 법문사, 1999(인용: 김상용, 민법총칙)
______, 채권각론(상), 법문사, 1999(인용: 김상용)
김주수, 채권각론, 삼영사, 1997
김증한·김학동, 채권각론, 박영사, 2006
김형배, 채권각론, 박영사, 2001
민법주해, 집필자, 박영사, 1999
백태승, 민법총칙, 법문사, 2000
송상현·김문환·양창수, 컴퓨터프로그램보호법 축조연구, 서울대학교 출판부, 1989
서달주, 한국저작권법, 박문각, 2007
오병철, 디지털정보계약법, 법문사, 2005
윤선희, 지적재산권법, 세창출판사, 2004
이은영, 민법총칙, 박영사, 2002(인용: 이은영, 민법총칙)
______, 채권각론, 박영사, 2002(인용: 이은영)
______, 약관규제법, 박영사, 1994(인용: 이은영 약관규제법)
이해완, 저작권법, 박영사, 2007
주석민법, 집필자, 한국사법행정학회, 2000

- 논문 -
권대우, 소프트웨어 및 디지털 콘텐츠 이용에 따른 책임에 관한 민사법리의 적용, 정보사회에 대비한 일반법 연구(Ⅳ), 정보통신정책연구원, 2002, 258면
김동훈, 소프트웨어공급계약 등에 관한 판례연구, 민사법학 제15호

(1997. 4.), 한국민사법학회, 358면.

______, 산업구조의 변천에 따른 새로운 계약유형, 고시계 1997년 3월호

______, 신종계약의 입법방안, 민사법학 제18호(2000. 5.), 한국민사법학회, 217면.

김두안, 프로그램에 대한 사용허락계약의 법리, 산업재산권 제9호 (1998), 한국산업재산권법학회, 90면.

김병일, 컴퓨터 정보거래와 라인센싱, 디지털재산법연구 제1권 제1호 (2001), 한국디지털재산법학회, 203면.

배대헌, Mass-Market License 체결과 소비자보호, 비교사법 제5권 2호 (1998. 12.), 한국비교사법학회, 233면

배정한, 인터넷 거래에서 컴퓨터 RAM에의 일시적 저장의 복제권 침해문제, 국제상학 제17권 제2호(2002. 8.), 238면

신봉근, 컴퓨터소프트웨어와 제조물책임, 인터넷법률 통권 제27호 (2005. 1.), 법무부, 109면.

이승우, 컴퓨터 소프트웨어 생산자의 민사책임, 민사법연구 제10집 제2호(2002), 대한민사법학회, 78면.

이충훈, 애플리케이션서비스제공자(ASP)의 민사법적 책임에 관한 연구, 프로그램심의조정위원회, 2002, 75-76면.

정 규, 소프트웨어 거래에서 Shrinkwrap 계약의 유효성, 비교사법 제8권 제1호(2001. 6.), 한국비교사법학회, 1096면.

정상기, 소프트웨어의 일시적 복제와 전송권, 산업재산권 제17호(2005), 한국산업재산권법학회, 271면

정 완, 소프트웨어의 버그(bug)에 대한 법적 책임, 재산법연구 제20권 제2호(2003. 12.), 한국재산법학회, 280면.

주지홍, 소프트웨어하자로 인한 손해의 제조물책임법리 적용여부, 민사법학 제25호(2004), 한국민사법학회, 456면.

최봉경, 개념과 유형, 법철학연구 제6권 제1호(2003), 한국법철학회, 10면.

컴퓨터프로그램보호위원회 편, 2007년도 SW정품사용 실태 및 의식 조사연구, 2008

홍춘의, 컴퓨터 소프트웨어의 오류와 민사책임, 기업법연구, 제20권 제1호(2006. 3.), 한국기업법학회, 346면

황찬현, Shrinkwrap 계약, 인터넷법률 3호(2000. 11.), 법무부, 16면.

2. 독일문헌

Alpert, Frank Kommerzielle Online-Nutzung von Computerprogrammen, CR 2000, S. 345 ff.

Bartl, Harald Rechtliche Problematik der Softwareverträge, BB 1988, S. 2122 ff.

______ Hardware, Software und Allgemeine Geschäftsbedingungen, CR 1985, S. 13 ff.

Bartsch, Michael Softwareüberlassung – was ist das?, CR 1992, S. 393 ff.

______ Softwarepflege nach dem neuen Schuldrecht, NJW 2002, S. 1526 ff.

______ Das neue Schuldrecht – Auswirkungen auf das EDV-Vertragsrecht, CR 2001, S. 649 ff.

______ Rechtsmängelhaftung bei der Überlassung von Software, CR 2005, S. 1 ff.

______ Das BGB und die modernen Vertragstypen, CR 2000, S. 3 ff.

______ Weitergabeverbote in AGB-Verträgen zur Überlassung von Standardsoftware, CR 1987, S. 1 ff.

Bauer, Ines/Witzel, Michaela Nacherfüllung beim Kauf von Standardsoftware, ITRB 2003, S.109 ff.

V. Baum, Florina Gestaltung von Software- Maintenance- Verträgen in der internationalen Praxis, CR 2002, S. 705 ff.

Baus, Christoph A. Verwendungsbeschränkungen in Softwareüberlassungsverträgen, Köln 2004(Zit. Baus)

______ Umgehung der Erschöpfungswirkung durch Zurückhaltung von Nutzungsrechten?, MMR 2002, S. 14 ff.

Berger, Christian Zum Erschöpfungsgrundsatz beim Vertrieb von sog.

"OEM"-Software, NJW 1997, S. 300 ff.

______ Urheberrechtliche Erschöpfungslehre und digitale Informationstechnologie, GRUR 2002, S. 198 ff.

Bömer, Roland Die Pflichten im Computervertrag, München 1988(Zit. Bömer)

______ Risikozuweisung für unvermeidbare Softwarefehler, CR 1989, S. 361 ff.

Bormann, Werner Rechtsnatur und Rechtsschutz der Software, DB 1991, S. 264 ff.

Bösert, Bernd Nießbrauch von Computerprogrammen, Köln 1992(Zit. Bösert)

Brandi-Dohrn, Matthias Die gewährleistungsrechtliche Einordnung des Software-Überlassungsvertrages, CR 1986, S. 63 ff.

Braun, Bernd Überlassung von Computerprogrammen an den Anwender als Werkvertrag, BB 1992, S.154 ff.

Bräutigam, Peter/Rücker, Daniel Softwareerstellung und § 651 BGB – Diskussion ohne Ende oder Ende der Diskussion?, CR 2006, S. 361 ff.

Busse, Aliki Softwarevertrieb in Netzen, CR 1996, S. 389 ff.

Busse, Christian von Verträge über Freeware und Shareware, Berlin 2002(Zit. Busse)

Bydlinski, Peter Der Sachbegriff im elektronischen Zeitalter: zeitlos oder anpassungsbedürftig?, AcP 198(1998), S. 287 ff.

Cichon, Caroline Internetverträge, 2. Aufl., Köln 2005(Zit. Cichon)

Chrocziel, Peter Verwendungsbeschränkungen in Softwareüberlassungsverträgen, Teile Ⅰ und Ⅱ, CR 1989, S. 765, 790 ff.

Damm, Ole Zivil, urheber und wettbewerbsrechtliche Fragen zum Handel mit Software, Münster 2004(Zit.

Damm)

Deike, Thies Open Source Software: IPR-Fragen und Einordnung ins deutsche Rechtssystem, CR 2003, S. 9 ff.

Diedrich, Kay Typisierung von Softwareverträgen nach der Schuldrechtsreform, CR 2002, S.473 ff.

Dörner, Heinrich/Jersch, Ralf Die Rechtsnatur der Softwareüberlassungsverträge, IuR 1988, S.137 ff.

Dreier, Thomas Rechtsschutz von Computerprogrammen, CR 1991, S.577 ff.

______ Verletzung urheberrechtlich geschützter Software nach der Umsetzung der EG-Richtlinie, GRUR 1993, S. 781 ff.

Dreier, Thomas/Schulze, Gernot Urheberrechtsgesetz, 2. Aufl., München, 2006(Zit. Dreier/Schulze/Verfasser)

Eickmeier, Lars/Eickmeier, Jens Der Verkauf von Standardsoftware mit Installationsverpflichtung, CR 1993, S.73 ff.

Engel, Friedrich-Wilhelm Mängelansprüche bei Software- Verträgen, BB 1985, S. 1159 ff.

Ernestus, Justus Nutzung und Vervielfältigung eines Computerprogramms, CR 1989, S. 784 ff.

Ernst, Stefan Urheberrechtliche Probleme bei der Veranstaltung von On-demand-Diensten, GRUR 1997, 592 ff.

Feil, Thomas/Leitzen, Werner EVB-IT Überlassdung Typ B, CR 2002, S. 480 ff.

Fischl, Thomas Softwarekauf mit Kündigungsklausel?, ITRB 2004, S. 286 ff.

Fikentscher, Wolfgang Schuldrecht, 10. Aufl., Berlin 2006(Zit. Fikentscher)

Goldmann, Bettina/Redecke, Rebecca Gewährleistung bei Softwarelizenzverträgen nach dem Schuldrechtsmodernisierungsgesetz, MMR 2002, S. 3 ff.

Gorny, Peter/Killian, Wolfgang Computer-Software und Sachmängelhaftung, Stuttgart 1985(Zit. Verfasser in: Gorny/Killian)

v. Gravenreuth, Freiherr Juristisch relevante technische Fragen zur Beurteilung von Computer-Programmen, GRUR 1986, S. 720 ff.

Haberstumpf, Helmut Der Ablauf eines Computerprogramms im System der urheberrechtlichen Verwertungsrechte, CR 1987, S. 409 ff.

______ Neue Entwicklung im Software-Urheberrecht, NJW 1991, S. 2105 ff.

Henssler , Eberhard Die zivil- und urheberrechtliche Behandlung von Software, MDR 1993, S. 489 ff.

Heussen, Benno Urheber- und lizenzrechtliche Aspekte bei der Gewährleistung für Computersoftware – Zugleich zum Problem der Rechtsnatur von Lizenzverträgen -, GRUR 1987, S. 779 ff.

Hilty, Reto Der Softwarevertrag – ein Blick in die Zukunft. Konsequenzen der trägerlosen Nutzung und des patentrechtlichen Schutz von Software, MMR 2003, S. 3 ff.

Hoenike, Mark/Hülsdunk, Lutz Leistungskomponenten und Vertragsbeziehungen bei kommerziellen Musik-Download-Plattformen im Internet, MMR 2004, S. 59 ff.

Hoeren, Thomas Softwareüberlassung als Sachkauf, München

1989(Zit. Hoeren)

______ Softwareüberlassung an der Schnittstelle von Urheber- und Vertragsrecht, GRUR 1988, S. 340 ff.

______ Der Softwareüberlassungsvertrag als Sachkauf. Ansätze zu einer neuen Vertragstypologie im Bereich der Standardsoftware, CR 1988, S. 908 ff.

______ Softwareüberlassungsvertrag als Sachkauf – Konsequenzen aus dem Urteil des BGH vom November 1987, RDV 1988, S. 115 ff.

______ Überlegungen zur urheberrechtlichen Qualifizierung des elektronischen Abrufs, CR 1996, S. 517 ff.

Hoeren, Thomas/ Schuhmacher, Dirk Verwendungsbeschränkungen im Softwarevertrag, CR 2000, S. 137 ff.

Huppertz, Peter Handel mit Second Hand-Software, CR 2006, S. 145 ff.

Junker, Abbo Die Entwicklung des Computervertragsrechts in den Jahren 1988 und 1989, NJW 1990, S. 1575 ff.

______ Die Entwicklung des Rechtsschutzes für EDV-Leistungen in den Jahren 1988 und 1989, NJW 1991, S. 2117 ff.

______ Ist Software Ware?, WM 1988, S. 1249 ff.

Kindermann, Manfred Vertrieb und Nutzung von Computersoftware aus urheberrechtlicher Sicht, GRUR 1983, S. 153 ff.

______ Was ist Computer- Software?, ZUM 1985, S. 2 ff.

Knies, Bernhard Erschöpfung online?, GRUR int. 2002, S. 314 ff.

Koch, Frank Computer-Vertragsrecht, 6. Aufl., Freiburg 2002(Zit. Koch)

______ Kaufrechtliche Vorgaben für Verträge zur Software-Erstellung, ITRB 2002, S. 297 ff.

Köhler, Helmut Rechtsfragen zum Softwarevertrag. Zugleich Besprechung des BGH-Urteils vom 25. März 1987, CR 1987, S. 827 ff.

Kolle, Gert Der Rechtsschutz der Computersoftware in der Bundesrepublik Deutschland, GRUR 1982, S. 455 ff.

______ Schutz der Computerprogramme, Bericht der deutschen Landesgruppe, GRUR Int. 1985, S. 29 ff.

König M. Michael Software(Computerprogramme) als Sache und deren Erwerb als Sachkauf, NJW 1993, S. 3121 ff.

______ Sind Standardprogramme materielle Wirtschaftsgüter?, CR 1989, S. 372 ff.

______ Zur Sacheigenschaft von Computerprogrammen und deren Überlassung, NJW 1990, S.1584 ff.

______ Die Qualifizierung von Computerprogrammen als Sachen i. S. des § 90 BGB, NJW 1989, S. 2604 ff.

______ Zur rechtlichen Bewertungen der Überlassung von Quellprogrammen/-codes, NJW 1992, S. 1731 ff.

______ Das Computerprogramm im Recht, Köln 1991(Zit. König)

Kort, Michael Software－eine Sache?, DB 1994, S. 1505 ff.

Kotthoff, Jost Softwareerstellungs-Verträge nach der Schuldrechtsmodernisierung, K&R 2002, S. 105 ff.

Krauß, Wolfgang Die Auswirkungen der Schuldrechtsreform auf Softwareverträge, Münster 2004(Zit. Krauß)

Larenz, Karl Methodenlehre der Rechtswissenschaft, 6. Aufl., Berlin, 1991

Larenz, Karl/Wolf, Manfred Allgemeiner Teil des Bürgerlichen Rechts, 9. Aufl., München 2004(Zit. Larenz/Wolf, Allgemeiner Teil des BGB)

Larenz, Karl/Canaris, Claus-Wilhelm Lehrbuch des Schuldrechts Band Ⅱ, Halbband 2 Besonderer Teil, 13. Aufl., München 1994(Zit. Larenz/Canaris, Schuldrecht Ⅱ/2)

Lauer, Jörg Verträge über Software-Leistungen in der Praxis, BB 1982, S. 1758 ff.

Leenen, Detlef Typus und Rechtsfindung, Berlin, 1971(Zit. Leenen)

Lehmann, Michae Rechtsschutz und Verwertung von Computerprogrammen, 2.Aufl., Köln 1993 (zit.: Verfasser in: Lehmann)

______ Der neue europäische Rechtsschutz von Computerprogrammen, NJW 1991, S. 2112 ff.

______ Das neue Software-Vertragsrecht － Verkauf und Lizenzierung von Computerprogrammen, NJW 1993, S. 1822 ff.

______ Vermieten und Verleihen von Computerprogrammen, CR 1994, S. 271 ff.

Lenhard, Frank Vertragstypologie von Softwareüberlassungsverträgen, München 2006(Zit. Lenhard)

Mäger, Stephan Der urheberrechtliche Frschöpfungsgrundsatz bei der Veräußerung von Software, CR 1996, S. 522 ff.

Malzer, Hans Michael Der Softwarevertrag, Köln 1991(Zit. Malzer)

Marly, Jochen Softwareüberlassungsverträge 4. Aufl., München 2004(Zit. Marly)

______ Die Qualifizierung der Computerprogramme als Sache nach § 90 BGB, BB 1991, S. 432 ff.

Martinek, Michael Moderne Vertragstypen Band I: Leasing und Factoring, München 1992(Zit. Martinek)

Medicus, Dieter Bürgerliches Recht, 20. Aufl., München 2004

Mehrings, Josef Computersoftware und Gewährleistungsrecht, NJW 1986, S. 1904 ff.

______ Computersoftware und Mängelhaftung, GRUR 1985, S. 189 ff.

Merveldt, Christina Gräfin v. Zulässigkeit langfristiger Laufzeiten für Softwareüberlassungsverträge, CR 2006, S. 721 ff.

Metzger, Axel Die Zulässigkeit von CPU-Klauseln in Softwarelizenzverträgen, NJW 2003, S. 1994 ff.

Mincke, Wolfgang Die Rechtliche Einordnung des Softwareerwerbs – Bedenken gegen die Sachkauf-Theorie, jur-pc 1991, S. 932 ff.

Moritz, Hans-Werner Überlassungsverträge, CR 1989, S. 1049 ff.

______ Überlassung von Programmkopien – Sachkauf oder Realakt in Vertrag sui generis?, CR 1994, S. 257 ff.

______ Vervielfältigungsstück eines Programms und seine berechtigte Verwendung, MMR 2001, S. 94 ff.

Moritz, Hans-Werner/Tybusseck Barbara Computersoftware, 2. Aufl., München 1992(Zit. Moritz/Tybusseck)

Nicolini, Käte/Ahlberg, Hartwig(Hg.) Urheberrechtsgesetz, 2. Aufl., München 2000(Zit. Möhring/Nicolini/Verfasser)

Mäger, Stefan Der urheberrechtliche Erschöpfungsgrundsatz bei der Veräußerung von Software, CR 1996 S. 522 ff.

Müglich, Andreas Vertragstypologie de. Leistung in den neuen EVB- IT Pflege S, CR 2003, S. 633 ff.

_____ Die Anwendbarkeit des Sachmängelgewährleistungsrechts bei der ON-LINE-Übertragung von Standardsoftware, Baden-Baden 1991(Zit. Müglich)

Müller-Hengstenberg, Claus D. Die Bedeutung des Kaufrechts für die Computersoftware, NJW 2000, S. 3545 ff.

_____ Computersoftware ist keine Sache, NJW 1994, S. 3128 ff.

_____ Vertragstypologie der Computersoftwareverträge, CR 2004, S. 161 ff.

Nordemann, Wilhelm CPU-Klauseln in Software-Überlassungsverträgen, CR 1996, S. 5 ff.

Oechsler, Jürgen Schuldrecht Besonderer Teil Vertragsrecht, München 2003(Zit. Oechsler)

Oetker, Hartmut/Maultzsch, Felix Vertragliche Schuldverhältnisse, 2. Aufl., Berlin 2004(Zit. Oetker/Maultzsch)

V. Ohlen, Jürgen Die rechtliche Einordnung des Softwareüberlassungsvertrages, Göttingen 1991(Zit. Ohlen)

Palandt, Otto Bürgerliches Gesetzbuch, 65. Aufl., München 2006(Zit. Palandt/Verfasser)

Polley, Romina Verwendungsbeschränkungen in Softwareüberlassungsverträgen, CR 1999, S. 345 ff.

Pres, Andreas Gestaltungsformen urheberrechtlicher Softwarelizenzverträge, Köln 1994(Zit. Pres)

_____ Gestaltungsformen urheberrechtlicher Softwarelizenzverträge, CR 1994, S. 520 ff.

Rebmann, Kurt/Säcker, Jürgen/Rixecker, Roland(Hg.) Münchner Kommentar zum Bürgerlichen Gesetzbuch, 4.

Aufl., München 2004(Zit. Münch-Komm/Verfasser)

Redeker, Helmut Softwareerstellung im neuen Schuldrecht. Gestaltungsmöglichkeiten in Formularverträgen und allgemeinen Geschäftsbedingungen, ITRB 2002, S. 119 ff.

______ Abgrenzung zwischen Werk- und Dienstvertrag, ITRB 2001, S. 109 ff.

______ Wer ist Eigentümer Goethes Werther?, NJW 1992, S. 1739 ff.

Rehbinder, Manfred Urheberrecht, 14. Aufl., München 2005(Zit. Rehbinder)

Rupp, Hans Georg Verstößt die unbefugte Benutzung eines urheberrechtlich geschützten Computerprogramms gegen §§ 97 ff., 106 UrhG?, GRUR 1986, S. 148 ff.

Ruppelt, Martin Die Überlassung von Computerprogrammen, Baden-Baden 1990(Zit. Ruppelt)

Saenger, Ingo Zum Beginn der Verjährungsfrist bei kaufrechtlichen Gewährleistungsansprüchen, NJW 1997, S. 1945 ff.

Schmid, Joachim Probleme der Rechtsnaturbestimmung moderner Vertragstypen, CR 1994, S. 513 ff.

D. Schneider, Jochen Probleme des Vertragsschlusses bei Schutzhüllenverträgen, CR 1996, S. 657 ff.

Schneider Jörg Softwarenutzungsverträge im Spannungsfeld von Urheber- und Kartellrecht, München 1988(Zit. Schneider)

Scholz, Matthias/Haines Alexander, Hardwarebezogene Verwendungsbeschränk-ungen in Standardverträgen zur Überlassung von Software, CR 2003, S. 393 ff.

Schricker, Gehard Urheberrecht, 3. Aufl., München, 2006(Zit. Schricker/Verfasser)

Schröder, Georg Softwareverträge, 2. Aufl. München 2002(Zit.

Schröder)

Schuhmacher, Dirk Wirksamkeit von typischen Klauseln in Softwareüberlassungsverträgen, CR 2000, S. 641 ff.

Schwarz, Benno Die rechtliche Einordnung von Softwareüberlassungsverträgen im deutschen Recht, Regensburg 1992(Zit. Schwarz)

Schwarz, Mathias Urheberrecht und unkörperliche Verbreitung multimedialer Werke, GRUR 1996, S. 836 ff.

Sickinger, Mirko Vertrieb von Standardsoftware, Köln 1993(Zit. Sickinger)

Sodtalbers, Axel Softwarehaftung im Internet, Frankfurt a.M. 2006(Zit. Sodtalbers)

Soergel, Siebert Bürgerliches Gesetzbuch, 13. Aufl., Stuttgart 2000(Zit. Soergel/Verfasser)

Stichtenoth, Jonas Softwareüberlassungsverträge nach dem Schuldrechtsmodernisierungsgesetz, K&R 2003, S. 105 ff.

Sucker, Michael Lizenzierung von Computersoftware, CR 1989, S. 353 ff.

Suppert, Stefan/Greissinger, Christian Gebrauchthandel mit Softwarelizenzen, CR 2005, S. 81 ff.

Taeger, Jürgen Außervertragliche Haftung für fehlerhafte Computerprogramme, Tübingen 1995(Zit. Taeger)

Thewalt, Stephan Softwareerstellung als Kaufvertrag mit werkvertraglichem Einschlag, CR 2002, S. 1 ff.

Troller, Alois Der urheberrechtliche Schutz von Inhalt und Form der Computerprogramme, CR 1987, S. 278 ff.

Ulmer, Detlef Der Bundesgerichtshof und der moderne Vertragstyp "Softwareüberlassung", CR 2000, S. 493 ff.

Voss, Eileen Rechtsmängelhaftung bei der Überlassung von Software, CR 1994, S. 449 ff.

Wächter, Michael Was bedeutet Ablieferung von Standardsoftware: Ablieferung von Software, Einräumung eines

Nutzungsrechts oder Softwareeinführung beim Kunden, Jur-PC Web-Dok. 242/2000, Abs. 1 ff.

Wandtke, Artur/Bullinger, Winfried Praxiskommentar zum Urheberrecht, 2. Aufl. München, 2006(Zit. Wandtke/ Bullinger/Verfasser)

Weick, Günther Die Idee des Leitbilds und die Typisierung im gegenwärtigen Vertragsrecht, NJW 1978, S. 11 ff.

Weitz, Manfred Software als Sache, Münster 1998(Zit. Weitz)

Westermann, Peter(Hg.) Erman Bürgerliches Gesetzbuch, 11. Aufl., Köln 2004(Zit. Erman/Verfasser)

V. Westphalen, Friedrich Graf Der Software- Entwicklungsvertrag-Vertragstyp-Risikobegrenzung, CR 2000, S. 73 ff.

Wiebe, Andreas Know-how-Schutz von Computersoftware, München 1993(Zit. Wiebe)

Witte, Andreas Eigentumsanspruch und Urheberrecht bei Standardsoftware, DStR 1996, S. 1049 ff.

______ Urheberrechtliche Gestaltung des Vertriebs von Standardsoftware, CR 1999, S. 65 ff.

Witzel, Michaela Vertragsgestaltung bei Standardsoftware im Vertrieb, ITRB 2004, S. 180 ff.

Zahrnt, Christoph Überlassung von Softwareprodukten nach neuem Urheberrecht, CR 1994, S. 455 ff.

______ Gewährleistung bei der Überlassung von Standardsoftware, IuR 1986, S. 252 ff.

______ Vollpflege von Standardsoftware, CR 2004, S. 408 ff.

Zecher, Jan Andreas Zur Umgehung des Erschöpfungsgrundsatzes bei Computerprogrammen, Baden-Baden 2004(Zit. Zecher)

3. 미국문헌

Braucher, Jean contracting out of article 2 using a "license" label: a strategy that should not work for software products, Loy. L.A. L. Rev. 261(2006)

Braucher, Jean amended article 2 and the decision to trust the courts: the case against enforcing delayed mass-market terms, especially for software, 2004 Wis. L. Rev. 753(2004)

Crotty, Sean F. the how and why of shrinkwrap license validation under the uniform computer information transactions act, Rutgers L.J. 745(2002)

Determann, Lothar/Fellmeth, Aaron Xavier don't judge a sale by its license: software transfer under the first sale doctrine in the united states and the european community, 36 U.S.F. L. Rev. 1(2001)

Fischer, Morris E. why "shrink wrap" licensing agreements should be enforceable against software users knowledgeable of their existence, 12 J. Suffolk Acad. L. 63(1998)

Fisher, William W. property and contract on the internet, 73 Chi.-Kent L. Rev. 1203(1997)

Goldman, Ruhama Dankner from gaius to gates: can civilian concepts survive the age of technology?, Loy. L. Rev. 147(1996)

Gomulkiewicz, Robert W. the license is the product: comments on the promise of article 2b for software and information licensing, 13 Berkeley Tech. L.J. 891(1998)

Hazen, Thomas Lee contract principles as a guide for protecting intellectual property rights in computer software:

the limits of copyright protection, the evolving concept of derivative works, and the proper limits of licensing arrangements, 20 U.C. Davis L. Rev. 105(1986)

Horovitz, Bonna Lynn computer software as a good under the uniform commercial code: taking a byte out of the intangibility myth, 65 B.U.L. Rev. 129(1985)

Lemley, Mark A. intellectual property and shrinkwrap licenses, 68 S. Cal. L. Rev. 1239(1995)

Mogey, James A. software as UCC goods: a critical look, 34 How. L.J. 299(1991)

Morrill, Robert J. contract formation and the shrink wrap license: a case comment on Procd, inc. v. Zeidenberg, 32 New Eng. L. Rev. 513(1998)

Nadan, Christian H. software licensing in the 21st century: are software "licenses" really sales, and how will the software industry respond?, AIPLA Quarterly Journal Volume 32, Number 4(2004)

Rice, David A. licensing the use of computer program copies and the copyright act first sale doctrine, 30 Jurimetrics J. 157(1990)

Rodau, Andrew computer software: dose article 2 of the uniform commercial code apply?, 35 Emory L.J. 853(1986)

Rothchild, John A. the incredible shrinking first-sale rule: are software resale limits lawful?, 57 Rutgers L. Rev. 1(2004)

Winston, Elizabeth I. why sell what you can license? contracting around statutory protection of intellectual property, 14 Geo. Mason L. Rev. 93(2006)

Yeh, Christopher B. Wall data inc. v. Los Angeles county sheriff's department: license versus sale at the crossroads of contract and copyright, 22 Berkeley Tech. L.J. 355(2007)

Zohur, Alis Susann — acknowledging information technology under the civil code: why software transactions should not be treated as sales, Loy L. Rev. 461(2004)

컴퓨터 프로그램 거래는 매매계약이다

초판 1쇄 인쇄 | 2013년 11월 15일
초판 1쇄 발행 | 2013년 11월 29일

지은이 | 허명국
발행인 | 노건일
발행처 | 한림대학교 출판부
(200-702) 강원도 춘천시 한림대학길 1(옥천동 1)
출판등록 제48호(1983. 3. 10)
전화번호 033) 248-2875~6 팩스 033) 248-2879
전자우편 press@hallym.ac.kr
홈페이지 press.hallym.ac.kr
인쇄처 | 고려출판사

값 15,000원

ISBN 978-89-6402-032-6 93360